제4판

PSYCHOLOGY FOR HUMAN UNDERSTANDING

인간이해를 위한 심리학

| 김이영 · 배헌석 · 이명화 공저 |

양성원

머리말

과학으로서의 심리학은 150여 년의 역사를 가진 비교적 젊은 학문이다. 즉, 동서고금을 통해 여러 현인들이 설파했던 인간의 본질에 관한 많은 글들은 우리에게 혜안을 주고 있지만, 과학적 방법을 통한 인간의 이해는 짧은 역사를 지니고 있다. 이와 같이 짧은 역사에도 불구하고 1970년대 이후로 심리학은 행동 및 사회과학 분야에서 비약적인 발전을 거듭해 오고 있는 학문이다. 특히 최근에는 심리학에 대한 관심이 폭발적으로 증가하면서 심리학의 다양한 영역을 다루는 연구자도 과거에 비해 많이 증가하였고, 그에 따른 학술적 연구도 그 양과 질적인 측면에서 상당히 향상되었다. 또한 일반인을 위한 심리학 서적도 많이 출판됨으로써 심리학의 대중화에 크게 기여하고 있는 실정이다.

이처럼 심리학에 대한 향상된 학술적 연구와 사회적 관심에도 불구하고 저자들이 십 몇 년 동안 심리학 개론 과목을 수업해 오면서 두 가지 어려움을 가지게 되었는데, 첫째는 심리학의 주제와 범위가 매우 넓기 때문에 강의하기가 어려운 학문이라는 것이다. 즉, 미시적 수준의 신경세포의 활동에서부터 거시적 수준의 문화에 이르기까지 다루어야 하고, 건강을 위한 내용에서부터 정신병이 가져다주는 비극까지 다루어야 하는 것이 심리학 개론이다. 둘째는 수강하는 학생들은 심리학에 많은 관심을 가지고 있지만 또한 심리학에 대한 잘못된 생각을 가지고 있는 경우도 흔하다는 것이다. 예로, 어떤 학생은 타인의 마음을 읽을 수 있는 능력을 얻기 위해 수강을 하거나 어떤 학생은 자신의 마음을 알기 위해 수강을 하는 경우이다. 이러한 맥락에서 저자들은 그동안 생활 속에서 관심이 많은 주제를 주요내용으로 다루면서 심리학의 학문적 특성과 연구방법에 주안점을 두고 강의를 해 왔다.

따라서 본 저서는 일상생활과 밀접한 관련이 있는 14개의 주제로 구성하였다. 구체적으로 1장 심리학의 이해에서는 심리학의 본질, 심리학의 역사, 현대심리학의 학파, 인간의 이해방법, 심리학 분야 및 심리학의 연구방법을 소개하였고, 2장 생물학적 기초에서는 신경계 세포인 뉴런, 인간의 정보전달, 신경계의 구조, 신경심리 연구방법, 뇌손상과 인지기능의 이상 및 뇌발달을 위한 방안들을 기술하였다. 3장 감각과 지각에서는 감각과정과 지각과정의 경로, 시지각, 청지각, 기타 감각기관, 형태와 거리 및 깊이지각 그리고 지각항등성과 착각에 대해 기술하였다. 4장 학습에서는 학습의 정의와 다양한 학습이론들을 소개하였고, 5장 기억에서는 기억의 정의, 과정으로서의 기억, 구조로서의 기억, 기억의 재구성 및 기억과 관련된 뇌부위와 손상에 대해 기술하였다. 6장 발달에서는 발달의 정의, 인간발달단계에 따른 특징과 영유아발달에 대해 소개하였고, 7장 동기와 정서에서는 각각의 개념과 이론들을 기술하였다. 8장 성격에서는 성격의 정의, 성격형성의 영향요인, 성격이론들 및 성격평가 방법에 대해 기술하였고, 9장 스트레스와 대응행동에서는 스트레스 정의, 스트레스의 양면성, 반응, 측정, 성격유형과 스트레스 및 대응행동을 제시하였다. 10장 심리검사와 지능에서는 심리검사의 조건, 표준화된 심리검사 및 지능에 대해 소개하였고, 11장 이상행동에서는 정상과 이상의 판단기준, 정신장애의 분류, 정신장애의 역사 및 원인, 주요 정신장애 및 정신장애의 치료에 대해 구체적으로 제시하였다. 12장 사회심리학에서는 사회지각, 대인사고, 대인기술, 사회적 영향 및 집단역동을 기술하였고, 13장 사랑 · 결혼 그리고 성에서는 사랑과 결혼 및 성에 대한 유익한 정보들을 소개하였고, 14장 범죄 및 교정심리에서는 범죄심리학, 다양한 범죄와 특성, 법정심리학 및 교정심리학에 대해 기술하였다.

본 책은 심리학이라는 쉽지 않은 학문을 독자들이 조금이나마 쉽게 이해할 수 있도록 나름의 노력을 하였지만 앞으로도 부족한 부분은 꾸준히 보완하고 새로운 연구 결과를 지속해서 최신화할 계획이며, 이러한 작업을 통해 이 개론서의 완성도를 높이는 데 애쓸 생각이다.

끝으로 이 개론서가 심리학을 공부하는 학생들에게 도움이 되기를 바라고, 이 책의 발행을 위해 적극적으로 성원해 주신 도서출판 양성원의 강철원 사장님과 직원 여러분께 감사의 말씀을 전한다.

2025년 6월

저자 일동

차례

Chapter 01

심리학의 이해

배울 내용

1. 심리학의 본질 / 2. 심리학의 역사 / 3. 현대심리학의 학파
4. 인간의 이해방법 / 5. 심리학의 분야 / 6. 심리학의 연구방법

학습목표

1. 심리학의 정의와 역사를 이해한다.
2. 현대심리학의 학파와 인간 이해방법을 이해한다.
3. 심리학의 분야와 연구방법을 이해한다.

최근 입시에서 타 학과에 비해 심리학과 경쟁률이 높으며, 세계에서도 심리학의 인기는 매우 높은 추세이다. 그 이유는 최근 성폭력, 자살 등의 사회문제와 행복추구 등 인간 개개인뿐 아니라 사회적으로도 인간심리에 대해 관심이 많아지면서 심리학으로 해결할 수 있는 문제들이 많아졌기 때문이다. 그러나 아직도 일부의 사람들은 심리학이 사람의 마음을 알아내는 비결을 연구하는 학문이라든가, 독심술, 심령과학으로 또는 철학이나 생물학의 일부로 잘못 생각하고 있는 경우가 많다. 실제로 저자가 다른 사람을 만나 심리학을 전공했다고 인사를 했을 때, 자신의 속마음을 들킬까 봐 이야기하기를 주저하거나, 심리학을 전공하면 관상, 수상 등과 같은 것을 볼 수 있는 것으로 생각하여, 자신의 미래에 대해 이야기해 달라고 하는 경우를 가끔씩 경험하였다. 그러나 심리학은 어떤 신비스러운 것을 연구하는 것도 아니고 사색만 하는 학문도 아니며, 우리의 일상생활에서 행동하고 생각하는 것들을 과학적으로 체계화하려는 학문이다. 지금부터 심리학의 정의와 인접학문과의 관계를 살펴봄으로써 심리학이 어떤 학문인가를 개념적으로 이해해 보자.

1. 심리학의 본질

1) 심리학의 정의

동물을 대상으로 하는 학문이 동물학이라면 인간을 대상으로 하는 학문은 심리학(psychology)이다. 심리학이라는 단어는 영혼이라는 뜻의 그리스어인 'psyche'와 어떤 주제를 연구한다는 의미의 'logy'라는 단어가 합성된 것이다. 이 시기의 희랍 철학자들은 '심리학은 영혼(soul)을 연구하는 것으로서 형태, 색은 없지만 그 존재를 느낄 수 있는 마음을 대상으로 연구하는 것'으로 간주하였다.

현대심리학이 탄생된 후 그 정의를 살펴보면, 처음에는 심리학을 정신과정에 관한 과학으로서 내적인 경험(감각, 감정, 사고, 의욕)을 포함하는 의식을 연구하는 학문으로 정의하였다. 그리고 20세기 초에는 행동주의의 발달과 객관적으로 측정될 수 있는 현상들만 연구하는 과학주의가 대두됨에 따라 심리학도 과학성이 강조되어 객관적으로 관찰 가능한 외현적인 행동에 관한 연구로 한정시켜 심리학을 정의한 적도 있었다.

이와 같이 심리학에 대한 개념정의는 심리학을 둘러싼 학파의 시대적 흐름에 따라 변화되어 오긴 하였으나 최근 많은 학자들은 심리학이란 "인간의 행동과 정신과정을 과학적인 방법으로 연구하는 학문"으로 정의하는 데 동의하고 있다. 다시 말해 인간을 이해하기 위해 체계적이고 과학적인 방법으로 연구하는 학문이 심리학이라는 것이다. 또한 과학으로서의 심리학은 연구를 통해 얻어진 결과로 일반적인 법칙이나 원리를 구성하고, 인간행동을 기술하고, 이해하고, 설명하며, 예측하고 통제하는 데 그 목적이 있다. 이러한 목적을 통해 궁극적으로 심리학이 추구하는 것은 인간의 삶의 질을 향상시키는 데 있다(박권생 외, 2004).

지금까지의 심리학에 대한 정의를 살펴보면 심리학이란 그 연구대상이 인간의 행동과 정신과정이라는 것을 알 수 있다. 그리고 인간의 행동과 정신과정을 연구하는 방법으로 과학적인 방법을 채택하고 있다는 것을 알 수 있다.

2) 심리학과 인접학문과의 관계

심리학을 기초로 최근 발달된 학문으로는 사회과학, 행동과학, 인지과학이 있다. 사회과학은 인류학, 경제학, 정치학, 사회학, 언어학, 지리학, 역사학 등과 같은 전문분야의 도움을 받아 인간의 모든 현상을 총체적으로 이해하고자 하는 포괄적인 과학이며, 행동과학은 개인의 행동에 초점을 두는 분야로 심리학, 언어학, 인류학이 포함된다. 사회과학은 상호작용하고 있는 사람들의 집단에 대해 관심을 가지는 것으로, 예로 교실에서의 집단 상호작용에 관심을 가지는 것이다. 이에 비해 행동과학은 개인에 초점을 두는 학문으로, 예로 교육장면에서 한 아동의 읽기, 산수문제 해결능력 등을 연구하는 것이다. 그리고 인지과학은 1970년대 이후 전산학의 발달과 더불어 인간의 인지적인 과정을 컴퓨터 프로그램으로 개발하여 소위 인공지능의 연구를 통하여 발전된 학문으로 연구주제는 지각, 기억, 추리와 같은 인지과정을 신경과학[1], 인류학, 언어학, 철학 등의 전문분야들과 관련하여 종합적으로 이해하고자 하는 새로운 학문이다.

2. 심리학의 역사

심리학의 역사를 말할 때 흔히 "심리학의 과거는 길지만 그 역사는 짧다"라고 말한다. 이는 고대부터 인간을 이해하고자 하는 것에 대한 관심은 많았으나, 이러한 관심이 하나의 과학적인 학문으로 발전된 현대심리학의 역사는 그리 오래되지 않았다는 것을 의미한다. 심리학이 하나의 학문으로 탄생된 것은 철학적인 배경과 자연과학적인 배경에 의해서이다.

---

1) 최근에는 인지심리학과 신경과학을 결합한 인지신경과학(cognitive neuroscience)이 출현하였다. 이는 인지과정과 뇌 활동 간의 관계를 밝히려는 연구분야이다. 인지신경과학자들은 뇌의 연구를 통해 정신과정의 본질, 조직 그리고 작동을 밝히려고 한다. 뇌와 인지의 관계는 뇌의 특정 부위를 손상한 사람들이 보이는 특정 인지능력의 상실을 보여 주는 사례들을 통해 드러나고 있다.

1) 철학적 배경

모든 학문의 근원은 고대 희랍의 철학에 있다. 고대에는 인간 자체의 생물학적 속성인 신체와 철학적 속성인 마음(psyche)에 관하여 주로 사색적으로 기술하는 것에 중점을 두었다. 따라서 고대 사상가들은 주로 인간의 신체와 마음에 관하여 논의하였으며, 이 관계에서 인간을 지배하는 법칙을 찾으려 하였다. 이러한 심신관계론에 있어 누군가는 마음과 신체가 따로 존재한다는 심신이원론을 주장하였고, 또 누군가는 이 둘은 별개가 아닌 동일체라는 심신일원론을 주장하였다.

(1) 심신이원론과 심신일원론

심신이원론을 처음 주장한 사람은 플라톤(Platon, 427~347 B.C)이다. 그는 인간의 마음을 신체와 별개로 존재하는 영혼으로 여기며 현존하는 사물의 실체와 그 영혼의 실체를 분리하여 사색하였다. 반면 심신일원론을 주장한 대표적인 학자는 아리스토텔레스(Aristoteles, 384~322 B.C)이다. 그는 사물적인 신체에 생명이 있게 하는 것이 바로 마음인 영혼이며, 이 생명 속에 있는 영혼을 心(마음)이라고 하였다. 이 사상은 육신 속에 있는 영혼의 본질을 파헤침으로써 인간을 이해할 수 있다는 심리학적 사고를 자극하였고, 종교적으로는 육신은 영혼의 지배를 받는 것이며 육신 속에 있는 영혼을 개발해야 한다는 신학이론의 기초가 되었다. 아리스토텔레스 이후 중세까지 학문의 암흑시대로 마음에 대한 생각은 그의 사상을 벗어나지 못했다.

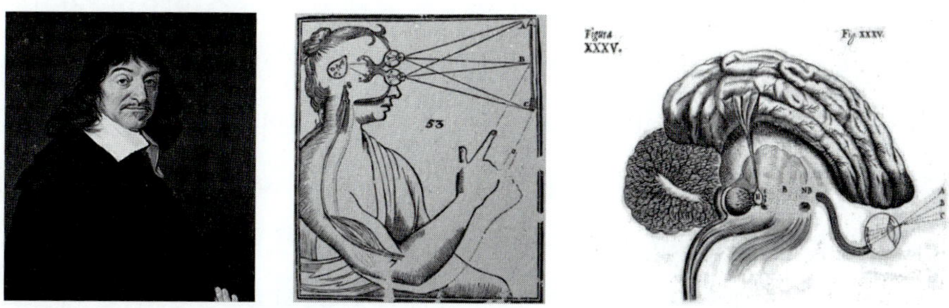

그림 1-1 데카르트가 상상한 뇌의 인지과정

중세로 넘어와 데카르트(Descartes, 1596~1650)는 인간의 마음을 "몸(신체)은 완전한 기계이며, 관의 다발 같은 신경은 대뇌로 집중되고 그 속에 프네우마가 흐르고 있다. 동물은 이러한 시스템에 의해 움직이는 자동기계에 불과하지만, 인간은 신체 이외에 독립된 마음을 가지고 있고, 인간의 신체와 마음은 대뇌 속에 있는 송과체(송과선)에서 서로 연락을 주고받는다"라고 주장하였다. 이러한 주장은 인간을 신체와 마음으로 분리하여 생각하였기 때문에 심신이원론이라고 한다. 즉, 육체를 단순히 영혼에 예속시키던 사상에서 탈피하여 육체란 유기체이며 영혼과는 관계없이 그 자체의 기능과 작용을 한다는 유기체론을 주장하였다. 다시 말해 영혼과 육체는 각각 독립되어 있으면서 상호작용한다는 심신이원론을 주장하였다. 그리고 스피노자(Spinoza, 1632~1677)는 마음과 육체는 마치 종이의 앞뒷면과 같아서 동일 실체의 양면에 지나지 않는다고 하여 심신일원론을 주장하였고, 라이프니츠(Leipniz, 1646~1716)는 마음과 신체는 별개의 실체이지만 이들이 작용하는 기능이 병행한다는 심신병행론(심신이원론)적 입장을 취하였다.

(2) 경험론과 인식론

철학자들이 이렇게 몸과 마음의 관계를 토론하는 한편, 마음이란 무엇인가에 대한 철학적인 사색도 있었다. 구체적으로 로크(Locke, 1632~1704)는 경험론을 주장하였는데, 이는 우리의 마음이라는 것은 갓 태어나서는 백지와 같으나 경험을 통해서 마침내 정신을 형성한다는 것이다. 그의 주장에 의하면 인간의 본성은 경험에 의해 형성되는 정신의 가장 기본적인 단위인 감각 연구를 통해 이해할 수 있으며, 직접적인 경험만이 지식을 얻는 수단이 되어 진리로 도달할 수 있는 있는 방법임을 강조하였다. 또한 칸트(Kant, 1724~1804)는 인식론을 주장하였는데, 인식의 문제를 사색함으로써 '마음에 존재하는 것과 객관세계에 존재하는 것과의 사이에 어떤 관계가 있는가?' 하는 물음과 그것들을 해결하려고 노력하였다.

이와 같이 인간에 대한 심신이원론, 심신일원론, 유기체론, 경험론 및 인식론 등의 철학적인 사상들이 심리학 탄생에 영향을 주었다.

2) 자연과학적 배경

인간이해에 있어서 자연과학적인 측면을 강조하게 된 것은 데카르트의 유기체론에서 출발되었다. 즉, 데카르트 이전에는 아리스토텔레스의 사상에 기초를 둔 신성불가침(神聖不可侵) 사상이 지배적이었지만 종교개혁과 데카르트의 유기체론으로 인해 생명현상에는 육체를 구성하는 사물 자체의 법칙도 관여되는 것이어서 모든 생명현상을 오로지 영혼의 작용에만 귀속시킬 수 없다는 사상이 대두되었다. 동물이나 인간도 다른 기계와 똑같이 연구될 수 있다는 데카르트의 사상으로 인해 그때까지 금기로 되어 왔던 인체 해부도 자유롭게 되면서 신경생리학적인 연구가 활발하게 진행되었다.

구체적으로 뮐러(Müller, 1838)는 신경에너지의 원리를 밝혔고, 헬름홀츠(Helmholtz, 1850)는 신경충격의 전이속도를 측정하였으며, 베버(Webber, 1846)와 페흐너(Fechner, 1860)는 물리적 자극과 심리적인 감각 사이의 관계를 양적으로 측정하는 방법을 발견하면서 반사신경 기제와 의식작용의 기초가 되는 감각의 물리학적 근거를 찾는 데까지 이르면서, 정신물리학의 발전과 더불어 현대심리학 성립의 기초를 마련하였다.

또한 다윈(Darwin, 1809~1882)은 1859년 『종의 기원』이라는 책에서 진화론을 주장하였다. 즉, 생물은 환경에 적응하도록 진화되었으며, 신의 자유의지에 의해 존재하는 것이 아니라는 그의 주장은 심리작용을 과학적으로 연구할 수 있는 길을 열었다. 다윈의 영향을 받은 갈톤(Galton, 1822~1922)은 인간에게 유전자에 의한 개인차가 있다고 주장하며, 지능과 같은 특질들을 측정할 수 있는 방법을 고안하기도 하였다. 물론 그의 측정 도구들은 원시적이고 지능 측정에 있어 그다지 타당하지 않았지만 현 시대의 지능검사, 성격검사와 같은 심리검사의 첫 시도라는 점에서 의의를 지닌다. 다윈의 제자 피어슨(Pearson, 1857~1936)과 스피어만(Spearman, 1863~1945) 등의 도움을 받아 수집했던 많은 자료들을 정리하기 위해 개발된 통계적 방법들은 현대심리학과 과학적 연구방법에 크게 영향을 미쳤다.

이와 같은 신경심리학적 연구 등 자연과학적인 배경들이 심리학 성립에 영향을 주었다.

3) 현대심리학의 성립

현대심리학은 의식에 관한 철학자들의 경험론과 인식론의 이론을 배경으로 신경감각생리를 발전시킨 과학적 방법과 자극의 물리적 속성을 측정하는 방법을 도입하여 의식을 과학적 방법으로 연구하는 데서부터 시작되었다. 이러한 연구를 최초로 정립한 사람이 빌헬름 분트(Wilhelm Wundt)였다. 그는 1879년에 독일 라이프치히 대학에 의식 연구를 위한 심리실험실을 처음으로 소개하였는데, 이때를 현대심리학의 출발점으로 본다. 다시 말해 이때를 기점으로 하여 철학에서 관념적, 사변적으로 다루어졌던 심리학이 과학적인 현대심리학으로 독립되었다고 본다.

3. 현대심리학의 학파

심리학은 철학적 배경과 자연과학적인 배경에 의해 1879년 하나의 학문으로 탄생하였다. 이후 현대심리학 발전에 크게 공헌한 초기 심리학파들과 그들의 연구를 구체적으로 살펴보면 다음과 같다.

1) 구성주의(Structuralism)

빌헬름 분트(1832~1920)

독일의 심리학자 · 철학자로 근대 심리학의 아버지라 일컬어진다. 바덴에서 태어났으며, 튀빙겐 · 하이델베르크 · 베를린 대학에서 철학과 생리학을 배웠고 하이델베르크 대학의 조교를 거쳐 라이프치히 대학 교수를 지냈다. 당시까지의 감각생리학과 영국 연상파의 심리학을 종합하여 실험심리학을 확립하였다. 여러 나라에서 모여들었던 제자들이 각지에서 심리학 교실을 신설하고 연구와 교육을 시작함으로써 이후 심리학 발전에 큰 영향을 끼쳤다.

최초의 심리학 학파인 구성주의는 19세기에 생겨났다. 구성주의자들은 물질을 분석하고 세포, 분자, 원자로 분류하는 생물학자, 화학자, 물리학자들의 노력에 영향을 받았다. 그리고 구성주의 심리학은 자연과학의 대상인 외적 경험의 대상과 전혀 다른 내적 경험, 즉 우리의 사고, 감정 그리고 의지를 연구해야 한다고 주장하면서 그 연구대상을 의식으로 삼았다. 그리고 자기의 의식적 경험을 스스로 관찰하여 언어로써 보고하는 분석적 내성법(analystic introspection)이라는 방법을 통해 마음의 구성요소를 분석하고 이러한 구성요소가 어떻게 상호작용하는가를 발견하려고 시도하였다. 분석적 내성법은 피험자들에게 소리와 같은 자극을 제시한 후에 피험자로 하여금 그 소리로 인해 생겨나는 심상, 느낌, 감각에 대해 보고하도록 하는 것이다. 이런 내성법은 피험자가 연구에 참여하기 위해서는 그 전에 만 번의 내성을 수행해야만 했고, 그런 후에 1~2초간 주어지는 자극에 대한 반응으로 내성적 보고를 위해 20분 정도가 소요되었다. 내성법은 언어적으로 보고되는 것으로 심리학자들은 특정한 자극에 대한 내성법적 보고가 자극의 변화에 대해 일관되지 못하기 때문에 신뢰할 수 없다고 주장하였다. 그럼에도 불구하고 이 방법에 의해 티치너(Tichener)가 미각을 분석한 결과 미각이 짠맛, 쓴맛, 단맛, 신맛으로 구성된다는 것을 발견하였다.

2) 기능주의(Functionalism)

윌리엄 제임스(William James, 1842~1910)

미국의 심리학자 · 철학자로 실용주의 철학운동과 기능주의 심리학 운동의 주도자이다. 그는 뉴욕에서 장남으로 태어났으며, 특이한 기질의 유창한 말솜씨를 가진 사람으로 재치를 보였다. 1872년 하버드 대학교 생리학 전임 강사로 임명되어 1876년까지 재직했다. 그는 그 당시 생리학이 아니라 심리학을 가르치기로 결정했는데, 이는 정신에 관한 기존의 관심, 특히 당시의 미국 대학들에서 확고한 위치를 차지하고 있던 신학적 관심에 대한 도전이었다. 그로부터 심리학은 정신과학이 아니라 실험과학으로 성립되기 시작하였다.

기능주의라 불리는 심리학파는 구성주의에 반대하여 의식의 내용(주제)을 문제 삼지 않고 의식이 생활에서 어떠한 기능을 가지는지를 문제로 삼았다. 1907년 앤젤(Angell)은 미국의 실용주의적 철학사상에서 출발하여 "기능주의 심리학은 정신요소를 연구하는 심리학파와는 반대로 정신의 작용을 연구하는 학문이다. 즉, 의식이 무엇이냐를 연구하는 것이 아니라 의식이 왜, 어떻게 작용하는가를 연구하는 심리학이다"라고 하여 심리학은 의식의 구성요소를 연구하는 것보다 의식의 기능을 연구하는 것이 더 실용성이 있다고 하였고, 의식적 과정은 개인의 생활과 환경에 대한 적응에서 그 기능을 연구해야 한다고 주장하였다.

따라서 기능주의는 의식을 전체적, 기능적으로 보았으며 의식의 기능과 흐름을 연구하는 데 중점을 두었다. 즉, 기능주의는 유기체가 자신의 지각능력을 가지고 어떻게 환경 속에서 기능하는가에 관심을 가졌다.

3) 정신분석(Psychoanalysis)

상상력과 예민한 관찰력을 가진 지그문트 프로이트(Sigmund Freud, 1856~1939)에 의해 창조된 정신분석학 이론은 심리학 역사에 중요한 부분을 차지하였다. 정신분석은 인간행동을 결정하는 요소로서 무의식에서의 동기와 갈등 및 유아 초기의 경험을 강조하는 학파이다. 프로이트의 이론은 다른 어느 이론보다도 더 많이 대중문화에 흡수되었으며, 우리는 그 개념들에 이미 친숙해 있는 경우가 많다. 프로이트는 정신분석이라고 하는 심리치료법을 개발하였는데, 정신분석은 환자들로 하여금 스스로 마음속 깊은 곳에 있는 갈등에 대한 통찰을 하도록 하고 사회적으로 허용되는 방식으로 원망의 표현 및 욕구의 충족이 이루어지도록 도와준다.

지그문트 프로이트(1856~1939)

오스트리아 정신과 의사이며, 모라비아주 프라이베르크(지금의 체코 프로시보르) 출생으로 정신분석학 창시자이다. 빈대학 의학부를 졸업한 뒤 1882년 빈 종합병원에서 신경임상의로 근무하였다. 1886년 빈에서 신경병원을 개업하고 많은 임상관찰을 통해 인간의 마음에 본인이 의식하지 못하는 무의식 존재를 설정하였다. 브로이어(Breuer)와 함께 히스테리 치유 방법을 연구하였고, 1893년 카타르시스법을 확립하였고, 최면술 대신 자유연상법을 임상에 적용하여 1896년 이 치료법을 "정신분석"이라고 명명하였다.

에릭 홈부르거 에릭슨(Erik Homburger Erikson, 1902~1994)

에릭슨은 덴마크계 독일인으로 미국에서 활동한 발달심리학자이자 아동정신분석학자이다. 인간의 사회성 발달이론으로 유명하고 정체감 위기(Identity Crisis)라는 말을 만들어 냈다. 주요 업적은 인간의 전 생애에 걸친 발달심리학(life span developmental psychology)을 다룬 것이다. 그는 복잡한 출생배경과 불우한 성장환경으로 인해 평생에 걸쳐서 자아정체감에 대해 관심을 가졌다.

칼 융(Carl Jung, 1875~1961)

융은 심리학의 대가 중 한 명이다. 융은 프로이트의 절친한 동료였다. 실제로 프로이트는 그의 이론적인 상속인으로 융를 생각했다. 그래서 정신분석의 황제로서 융에게 아버지와 같은 역할을 했다. 융은 프로이트의 고유한 통찰들을 재개념화하면서 너무 멀리 떨어져 나가 버렸다. 그러나 융의 이 매우 혁신적인 통찰들은 정말로 훌륭한 것이었다.

알프레드 아들러(Alfred Adler, 1870~1937)

오스트리아의 정신의학자이면서 "개인심리학"을 수립하였다. 인간의 행동과 발달을 결정하는 것은 인간 존재에 보편적인 열등감, 무력감과 이를 보상 또는 극복하려는 권력에의 의지, 즉 열등감에 대한 보상욕구라고 생각하였다. 그는 1870년 오스트리아 빈에서 태어났다. 헝가리계 유대인인 아들러는 어렸을 때 폐렴에 걸려 죽을 고비를 넘겼고 동생 또한 병으로 죽자 의사가 되기로 결심하였다. 1902년 오스트리아 빈에서 프로이트를 중심으로 한 수요모임인 '빈 정신분석학회'를 결성하고 초대 회장을 맡았다.

4) 행동주의(Behaviorism)

존 B. 왓슨(John B. Watson, 1878~1958)

미국 심리학자로서 사우스캐롤라이나주 그린빌에서 출생하였다. 행동주의 심리학의 창시자이며, 본능이나 유전에 대해 환경요인을 강조하였다. 교육, 발달, 임상 면에서 극단적인 환경론을 주장하였으며, 1918년 아동연구에서 최초로 발달문제에 학습원리를 적용하였다.

B. F. 스키너(B. F. Skinner, 1904~1990)

1904년 미국 펜실베이니아주 서스퀴하나에서 출생하였다. 어린 시절부터 예술에 관심이 있었고, 고등학교 시절에는 작가가 되고 싶어 하였으며, 또한 여러 가지 도구를 고안하고 만드는 것을 좋아했다. 이후 과학에 눈을 돌려, 인간을 더 잘 이해할 수 있는 심리학을 선택하였다. 1928년 하바드 대학원에 입학하여, 왓슨과 파블로프(Pavlov)의 저서를 접하고 일찍이 행동주의로 진로를 정하였고, 학문적 심리학에는 관심을 두지 않고 동물을 대상으로 한 실험실 연구에만 몰두하였다.

행동주의는 구성주의와 기능주의를 비판하면서 발생되었다. 즉, 구성주의와 기능주의에서의 의식과 분석적 내성법을 배제하고 객관적인 행동을 연구하는 심리학이 행동주의 심리학이다. 이들은 "직접 경험으로써 의식은 관찰할 수 없으므로 객관적으로 관찰·측정할 수 있는 행동만을 연구하여야 한다. 그러므로 유기체의 자극에 대한 반응의 관계를 밝혀 행동을 예언할 수 있도록 하는 것이 심리학이다"라고 하였다.

다시 말해 행동주의는 관찰 가능하고 측정 가능한 행동만을 연구하자고 주장하는데, 이러한 견해를 논리적 실증주의(logical positivism)라고 한다. 논리적 실증주의자들은 이론이란 관찰한 사실에 근거해야 비로소 정당화될 수 있다고 주장한다. 이러한 견해를 수용하고 있는 행동주의의 대표적인 인물은 왓슨과 스키너이다. 이들은 관찰 가능한 실제만을 인정하며 그리고 가설적인 정신적 요소의 사용을 거부함으로써 '과학적 심리학'을 만들어 냈다. 이 접근법에서는 관찰 가능한 자극과 관찰 가능한 반응 사이의 관계를 강조한다.

초기의 행동주의 심리학자들은 모든 행동을 조건형성의 결과로 보고 인간이해의 기본공식을 자극-반응(stimulus-response)이라고 하여 S-R심리학이라고 한다. 그러나 현실에서는 극단적인 행동주의 심리학파의 자극-반응관계가 물리학에서처럼 단순 함수관계로 성립되지 않는 경우가 많다. 이런 이유로 우드워스(Woodworth, 1869~1962)는 자극-반응 공식 사이에 유기체(organism)를 삽입하여 S-O-R의 공식을 제시하며, 이 유기체 변인, 즉 인간의 마음과 정신과정이 자극과 반응 사이를 연결하여 반응을 최종적으로 결정한다고 주장하면서 톨먼(Tolman, 1866~1959)과 헐(Hull, 1889~1966) 등과 함께 신행동주의 학파를 형성하게 된다.

5) 형태주의(Gestalt psychology)

형태주의는 구성주의의 구성적, 요소적, 분석적, 내성적인 자연과학적 모형에 반대되는 대안적 모형으로서 칸트의 전통을 따르는 독일 철학의 정신활동의 조직에 기반을 두고 있다. 형태주의는 사람들이 어떻게 대상을 전체적인 양식으로 지각하고 경험하는가를 연구하는 현상학에 그 바탕을 두고 있다.

막스 베르트하이머(Max Wertheimer, 1880~1943)

유대계 독일의 심리학자로 게슈탈트 심리학의 창시자이다. 그는 체코 프라하에서 출생하였으며, 프라하 카렐 대학에서 법률 및 범죄심리학을 배우고, 1904년에는 뷔르츠부르크 대학에서 심리학 박사학위를 받았다. 이어 기존의 요소론적 사고방식을 비판하고 지각 및 사고 연구를 전문 영역으로 하여 경험의 전체성을 강조하는 형태심리학을 창조하였으며, 또한 이 학파의 기관지 "심리학 연구" 편집자로서 학파 발전에 지도자적 역할을 하였다.

형태주의는 지각의 연구에서 출발하여 지각이론의 발전에 도움을 주었고, 의식의 문제 또는 모든 현상을 그 구조의 분석적인 기초 위에서 이해하려는 것이 아니고 전체의 형태로서, 장(場)과의 관계에서 그 동적인 측면을 다룸으로써 종래의 분석적인 심리학 이론에 대항하여 심리학의 연구방향을 전체적이고 상호관계된 수준에서, 그리고 전체로서의 인간을 다루려는 현대심리학의 발전에 크게 기여하였다.

6) 실존주의(Existential psychology) 및 인본주의(Humanistic psychology)

장-폴 사르트르(Jean-Paul Sartre, 1905~1980)

그는 1905년 파리에서 태어났다. 파리고등사범학교를 다녔고, 아브르(Havre)와 파리(Paris)에서 고등학교 교사를 지냈으며, 1945년(40세)에 철학과 문학작품에 또 다양한 정치적 활동에 헌신하기 위하여 교육계를 떠났다. 푸꼬(Michel Foucault, 1926~1984)보다 앞서서 사르트르는 광범위한 공공적인 문제를 건드린 프랑스의 드문 철학자 중의 한 사람이며, 젊은이들에게 사유하는 스승으로 간주되었다.

롤로 메이(Rollo May, 1909~1994)

메이는 미국 오하이오에서 태어났다. 부모의 잦은 불화와 이혼, 여동생의 정신질환 등으로 어린 시절을 힘겹게 보냈다. 미시간 주립대학과 오하이오의 오벌린 대학을 졸업한 후 그리스 아나톨리아 대학에서 3년 동안 영어를 가르쳤는데, 이때 심리학자 아들러와 함께 공부하기도 했다. 다시 유럽에서 미국으로 돌아와 유니언신학교에 입학하여 실존주의 신학자 폴 틸리히(Paul Tillich)와 교분을 맺었다. 이곳에서 1938년 학위를 받았다. 메이는 결핵으로 3년 동안 요양소에서 투병생활을 했는데, 이 기간에 접한 키르케고르(Kierkegaard)의 저작과 다양한 실존주의 사상은 훗날 자신의 이론을 정립하는 데 큰 영향을 끼쳤다.

실존주의 심리학자들은 현대생활의 무의미와 소외에 관심을 갖는다. 왜냐하면 그들은 이러한 느낌들이 무감각과 두려움, 그리고 다른 심리적 문제를 야기시킨다고 믿기 때문이다. 실존주의 심리학은 사람들이 정체감에 대한 내적 감각을 되찾아 자유를 얻고 자신의 행동에 책임을 질 수 있도록 한다.

실존주의와 인본주의에서는 현상학적 관점에서 인간을 이해하고자 한다. 이 관점에서는 개인의 주관적인 경험을 강조하는데, 인간이 자기 자신의 현실을 어떻게 지각하는가를 연구함으로써 인간행동을 이해하고자 한다.

인본주의 심리학은 실존주의 심리학과 매우 밀접한 관계를 가지고 있다. 둘 다 사람들은 자신의 잠재력을 실현시키는 법을 배워야 한다고 주장한다. 그러나 실존주의 심리학은 정체성과 의지력에 대한 내적 감각의 회복을 강조하는 데 반해 인본주의 심리학은 비언어적 경험의 가능성, 마음의 통일성, 변화된 의식상태, 구속받지 않는 자유로운 의식상태 등에 초점을 둔다.

에이브러햄 매슬로우(Abraham Maslow, 1908~1970)

1908년 미국 뉴욕에서 태어난 매슬로우는 어린 시절에는 내성적이며 소극적인 사람이었다. 미국 위스콘신 대학 졸업(1934) 이후, 콜롬비아 대학에서 연구활동을 한 뒤, 임상결과를 바탕으로 인간의 욕구를 5단계로 구분·서열화하고 각 단계로의 이동을 결정하는 요소를 분석한 욕구 단계이론을 발표하였다. 이후 학계로 진출하여 브랜다이스 대학 등 여러 대학에서 심리학을 강의하며 이상심리학을 연구하다 인간학적 심리학을 제창한 뒤 창조성과 자기실현 등의 과제에 관심을 두고 동물의 행동이나 병적인 인격보다 성숙하고 건강한 인간에 대해 연구해야 한다고 주장하였다.

칼 로저스(Carl Rogers, 1902~1987)

미국 일리노이주 오우크 파크에서 태어났으며, 인간중심상담기법을 개발하였다. 인간중심상담은 1930~1940년대 미국에서 개발되었으며, 그 당시 상담의 주된 세력이었던 정신분석의 매우 진단적이고 해석적인 면과 지시적인 면에 대한 입장을 반대하고 비지시적 상담을 표방하면서 새로운 상담의 원리를 제시하였다. 그의 비지시적 상담은 내담자의 긍정적인 성장 가능성을 중시한다는 면에서 내담자중심상담으로, 그리고 후에 보다 많은 장면에서 활용되면서 인간중심상담으로 불리게 되었다.

지금까지 현대심리학이 과학으로 발전한 이후 인간의 마음에서 어떤 내용을 어떤 방법으로 연구해 왔는지에 대해 간략히 살펴보았다. 오늘날 심리학자들 중에는 자신을 구성주의나 기능주의자로 단순하게 구분하는 사람은 없다. 형태주의 학파도 지각 및 문제해결에 새로운 현대적 연구방식을 제공했지만 오늘날 자신을 형태주의 심리학자라고 부르는 사람은 거의 없다. 마찬가지로 전통적 행동주의자나 정신분석가라고 하는 사람들의 숫자도 줄고 있다.

4. 인간의 이해방법

심리학에서 인간을 이해하는 방법으로 생물학적 이해방법, 정신분석적 이해방법, 행동적 이해방법, 인본주의 이해방법, 인지적 이해방법, 진화론적 이해방법 및 사회문화적 이해방법 등을 사용한다. 그러나 기억해야 할 것은 현대심리학은 전통적으로 각 학파에서 주장하는 방법의 옳고 그름을 떠나 각 학파의 장점을 가져오는 데 주저하지 않는 통합주의적 방법을 사용한다는 것이다. 따라서 인간의 심리현상을 이해하고 설명하는 데도 다양한 접근방법을 택하고 있다는 것이다. 이러한 설명방법들은 어느 것이 옳고 그르다는 것이 아니라 서로 인간행동에 대한 설명의 강조점이 다를 뿐이어서 심리학에서 모두 중요하게 사용되고 있다는 점을 기억해야 한다.

1) 생물학적 이해방법

생물학적 이해방법으로 인간을 이해하려는 연구자들은 인간의 행동 및 정신활동은 인간의 신경계 및 내분비계가 작용했기 때문이라고 주장한다. 따라서 인간의 심리적 활동을 신경, 생리적 활동으로 설명할 수 있다고 본다. 인간의 뇌는 수많은 신경세포로 이루어져 있다. 또한 이들은 아주 복잡한 신경연결 구조를 가지고 있다. 생물학적인 방법으로 인간을 이해하려는 방법은 인간의 행동과 심리적인 상태를 신체 내부(특히 뇌와 신경계통)에서 일어나는 전기 · 화학적 작용을 중시하는 신경생리학적 기제로 설명하려는 방법이다. 이처럼 생물학적으로 이해하려고 하는 것을 환원주의(reductionism)라고 한다. 환원주의는 인간의 정신도 물리적인 것으로 간주하여 큰 것을 작은 단위로 설명하려는 것이다. 즉, 생리적인 현상을 통해 정신과정을 이해하려고 하는 것을 의미한다. 구체적으로 데카르트는 기계오리의 예를 통해 동물은 자동기계로써 환원적으로 설명될 수 있다고 주장하였는데, 본질적으로 소화되는 오리의 과정은 더 기계적으로 복잡한 버전임을 의미한다고 주장하였다.

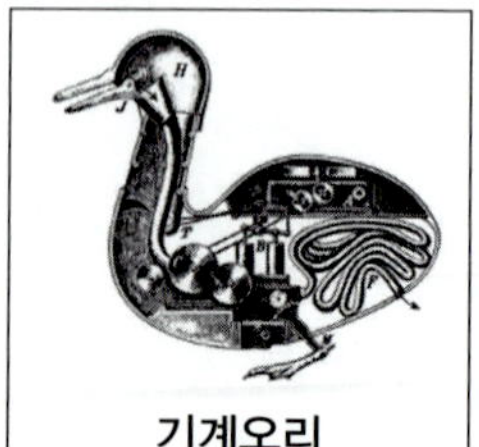

기계오리

2) 정신분석적 이해방법

의식 속에 경험된 사실만을 가지고 인간의 심리적 현상을 이해하고 설명하는 것은 부족하며, 오히려 의식되지 않는 무의식이 더 큰 도움이 되므로 무의식 속에 있는 내용을 해석하고 무의식 속에서 진행되는 과정을 알아야 인간에 대한 이해가 가능하다는 입장이다. 따라서 인간의 행동과 정신과정을 이해하기 위해서는 무의식을 분석해야 한다고 주장한다. 정신분석에 따르면 행동은 강력한 내부 힘에 의해 움직이고 동기화된다. 이 관점에서 인간행동은 선천적인 본능, 생물학적 추동, 그리고 개인적인 욕구와 사회적 요구 간의 갈등을 해결하려는 시도에서 시작된다. 박탈상태, 생리적인 각성, 그리고 갈등은 증기기관차의 석탄 연료처럼 행동에 힘을 공급한다. 이 모델에서 유기체는 그들의 욕구가 충족되고, 추동이 감소되면 반응이 멈춘다. 행동을 주목적인 긴장을 감소시키는 데 있는 것으로 본다.

3) 행동적 이해방법

이 방법은 행동주의 학파에 영향을 받은 것으로 인간을 이해하는 데 있어 눈으로 직접 관찰 가능한 행동을 보고 인간을 이해하자는 것이다. 다시 말해 인간의 심리상태는 행동으로 나타나므로, 외현적으로 드러나는 행동을 관찰함으로써 내면적인 심리현상을 이해할 수 있을 것으로 본다. 따라서 행동주의는, 첫째, 선행적인 환경조건들을 분석한다. 선행적인 환경조건들은 반응하기에 앞서 유기체의 반응을 야기하거나 억제할 수 있는 단계를 설정하는 것이다. 둘째, 연구의 주요 목적인 행동반응을 자세히 살핀다. 왜냐하면 행동은 이해 · 예언 · 통제되어야 하기 때문이다. 마지막으로 반응에 따라 나오는 관찰 가능한 결과를 조사한다.

4) 인본주의 이해방법

인본주의는 정신분석과 행동주의 이해방법의 대안으로 나타났다. 이 관점은 정신분석학파가 주장한 본능적인 영향력에 의해 사람들이 추동되거나 행동주의자들이 주장한 환경에 의해 조정되는 것이 아니라고 본다. 그들은 사람은 선천적으로 선한 의지와 선택능력이 있는 능동적인 창조물이라고 본다. 인간을 위한 주요 과제는 그들의 잠재력을 개발시키고 성장을 위해 부단히 노력하는 것이다. 또한 전인적 인간을 다루고 이것은 인간에 관한 심리학이 전체론적인 접근을 가능하도록 하였다. 외부 관찰자나 연구자들이 본 객관적인 세계보다는 개개인이 경험한 주관적인 세계에 초점을 맞추고 있기 때문에 현상학자로 간주되기도 한다.

5) 인지적 이해방법

인지주의에 따르면 인간은 단지 수동적으로 자극을 지각하는 것이 아니라 자극을 능동적으로 받아들여서 그것을 다시 새로운 형태나 유목으로 변형시킨다고 본다. 즉, 여러 가지 감각입력을 변형시켜 그것을 기호화하여 기억에 저장하였다가 후에 다시 사용할 수 있는 인지기능을 갖고 있기 때문에 인간행동과 심리현상을 이해하고 설명하기 위해서는 인지기능과 인지과정을 분석함으로써 가능하다고 보는 입장이다. 따라서 인지적 이해방법의 가장 중요한 요소는 인간의 주의, 사고, 기억 그리고 이해와 같은 인간의 지식과 앎의 과정이다. 인지적 관점에서 보면 사람들은 생각하기 때문에 행동하고, 인간이기 때문에 생각한다고 본다.

6) 진화론적 이해방법

진화론적 이해는 다윈이 주창한 진화론의 원리에 기초하여 인간의 행동을 설명하려고 한다. 즉, 사회적 행동의 원인을 생존과 재생산을 위해 진화해 온 신체 및 심리적 기제에서 찾으려는 것이다. 이 방법의 핵심 개념인 자연선택에 따르면, 동물은 자손에게 생존과 재생산을 돕는 특성을 물려준다. 특정한 환경에 더 적응할 수 있도록 설계된 특성은 덜 적응적인 특성을 대체하게 된다. 따라서 진화심리학자들은 오늘날 인류가 보이는 심리적 특성이나 행동이 진화적 발달의 산물이라는 자신들의 주장을 입증하기 위해 문화적 보편성, 가령 근친상간에 대한 금지와 같은 특정 관습이나 얼굴 표정을 통한 정서 표현과 같은 행동이 모든 문화에 존재한다는 증거들을 찾고자 노력한다.

7) 사회문화적 이해방법

사회문화적 이해는 사람들이 하는 행동의 원인과 결과가 문화에 따라 어떠한 차이를 보이는지를 규명하는 데 관심을 가진다. 이때 문화는 공유된 신념, 가치, 전통, 언어, 특정 집단의 행동패턴 등으로 넓게 볼 수 있다. 문화는 사회화의 과정을 통해 한 세대에서 다음 세대로 전해진다. 예를 들어, 아이들은 그 사회의 문화를 가족구성원뿐만 아니라 또래집단이나 대중매체를 통해서 배운다. 문화 전수와 학습은 한 문화가 사람들의 심리에 미치는 영향을 유지해 주는 매우 중요한 기제이다. 따라서 사회문화적 접근을 취하는 연구자들은 심리학 연구의 결과가 모든 사람에게 적용되는지 아니면 특정 문화에 속한 소수의 사람들에게만 적용되는지를 판단하고자 한다. 즉, 사회문화적 배경이 인간의 사고, 느낌 그리고 행동에 미치는 영향을 파악하고자 한다.

5. 심리학의 분야

1) 현대심리학의 분야

심리학이란 행동과 그 기초가 되는 생리적, 인지적 과정을 연구하고, 연구결과의 축적된 지식을 실제 생활의 문제에 적용하는 전문 분야이다. 1879년 분트가 독일 라이프치히 대학에 심리학 실험실을 처음으로 설립한 이후로 심리학은 양적 · 질적 발전을 해 왔다. 미국 심리학회의 경우 1892년에 26명의 창립 회원으로 설립되어, 1930년 1,100명, 1980년 5만 명, 2012년 11만 8천 명의 회원이 가입되어 있으며, 54개의 분과학회로 이루어져 있다. 이것은 후기 산업사회가 발전하면서 심리학에 대한 요구가 그만큼 늘어난 추세를 반영하는 것이며, 우리나라의 경우 1946년에 한국심리학회가 창립되었고, 2020년 정회원 수가 24,000여 명이 넘고, 산하의 분과학회가 15개로 증가하였다. 한국심리학회 산하에서 1년 동안 발간되는 학술잡지가 총 11종 27여 권에 달하며, 건강심리전문가, 상담 및 심리치료전문가, 임상심리전문가, 발달심리전문가, 범죄심리전문가, 산업 및 조직심리전문가, 학교심리전문가, 중독심리전문가와 같이 심리전문가 자격증을 수여하고 있으며, 오늘날 심리학자는 각종 다양한 영역에서 전문가로서 직업적 활동을 하고 있다. 즉, 오늘날 심리학은 과학과 전문직으로서 성장하고 있는 추세이다. 뿐만 아니라 미국 전체에서 한 해 배출되는 박사학위 중 약 10% 정도는 심리학 전공자이다(Fowler, 1990).

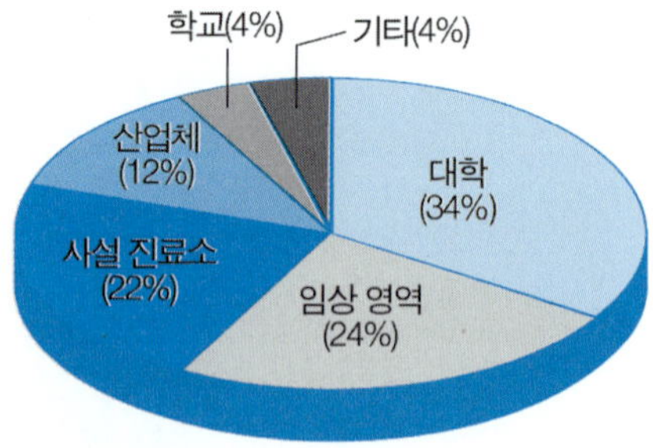

그림 1-2 심리학자들이 종사하는 직업

심리학자들이 종사하는 직업을 통해서도 심리학의 성장을 한눈에 알아볼 수 있다 그림 1-2 . 심리학자들은 아주 다양한 영역에서 활동하고 있다. 한때 대부분의 심리학자들이 대학과 같은 학문적인 영역에 종사했으나 오늘날에는 1/3 정도만이 대학에 근무하고 있고 나머지는 병원, 경찰, 연구기관, 정부기관, 산업체, 학교, 간호시설, 상담소 및 사설진료소 등에서 근무하고 있다. 뿐만 아니라 심리학에서 다루고 있는 하위 영역을 고려할 때 오늘날 심리학은 아주 복잡한 분야이다. 심리학의 양적 · 질적인 성장을 알아보기 위해 현대심리학에서 다루고 있는 다양한 전문영역을 살펴보면, 그림 1-3 에서 보는 것과 같이 대부분의 연구지향적 심리학자들은 이 7가지 영역 중 하나를 전공하고 있다. 그중 사회심리학이 24.7%, 발달심리학 분야가 23.6%로 높은 비중을 차지하고 있는 것으로 나타났다.

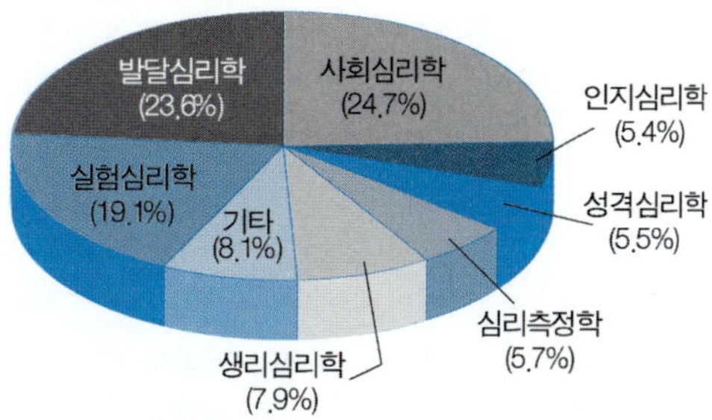

그림 1-3 심리학의 주요 연구영역

2) 심리학에서 배우는 교과목

심리학은 사람이 관련되는 모든 분야에서 다양하게 적용되고 있으며, 최근 들어 심리학자들의 전문분야가 점차적으로 확대되어 가고 있다. 심리학의 분야는 순수연구, 즉 기초적 · 이론적 연구를 중심으로 한 이론심리학 분야(예: 발달심리학, 사회심리학, 성격심리학, 인지심리학, 학습심리학, 생리심리학 등)와 연구결과를 실제에 활용하는 응용심리학 분야(예: 임상심리학, 상담심리학, 학교심리학, 교육심리학, 산업 및 조직심리학, 광고심리학, 범죄심리학, 건강심리학 등)로 구분된다. 대부분 심리학과에서 다루고 있는 주요 교과목과 교과내용을 통해 심리학 분야에 대해 살펴보면 표 1-1 과 같다.

표 1-1 심리학의 주요 교과목 및 내용

교과목	내용
발달심리학	발달심리학은 임신에서 노년에 이르기까지 변화과정을 다룬다. 예전에는 아동심리에 초점을 두었지만 최근에는 청년심리, 성인심리 및 노인심리에 관심을 가지고 각 발달단계에서 경험하게 되는 심리현상과 해결해야 할 과업에 대해 논의한다.

교과목	내용
학습심리학	행동이 어떻게 변화되며 그리고 지식을 어떠한 기제와 원리로 습득하는지를 다루며 또한 이러한 이론들을 학습장면이나 일상생활에서 어떻게 적용할 수 있는지를 다룬다.
생리심리학	생리심리학자들은 인간의 행동 및 정신활동을 특히 인간의 신경계와 내분비계의 작용으로 설명하려고 한다. 이를 위한 연구의 원리와 방법, 그리고 그 결과로 밝혀진 제반 법칙 및 이론을 이해하고, 현실생활에의 적용 가능성을 이해한다.
감각 및 지각심리학	인간의 기본적인 행동은 환경의 변화에 적절하게 대응할 목적으로 이루어진다. 이러한 행동은 환경변화에 대한 올바른 인식을 기초로 가능한 것이다. 따라서 감각기관을 통해 환경의 변화를 알아차리는 과정을 깊이 있게 분석한다.
성격심리학	개인의 성격이 어떻게 형성되고, 왜 사람들이 서로 다른 방식으로 행동하는지를 탐구한다. 즉, 인간의 성격특성을 분석하고, 이러한 특성이 우리의 사고, 감정, 행동에 어떤 영향을 미치는지를 연구한다.
인지심리학	인간의 사고 및 지식습득의 과정과 기제를 다룬다. 주로 정보처리론적 접근법을 토대로 하여 인간의 내적인 인지과정을 익힌다. 구체적으로 정보처리단계이론, 주의이론, 감각기억, 단기기억, 장기기억, 정보처리와 지식의 조직화 및 주제문 이해 등을 익힌다.
사회심리학	개인의 사회행동들, 즉 인상형성, 판단, 귀인, 태도형성 및 변화, 편견, 폭력, 이타 행동 등이 타인과의 상호작용을 통해 어떻게 영향받는지를 과학적 · 체계적으로 연구하여 이를 사회문제의 진단과 처방에 적용한다.
동기 및 정서	동기화는 인간의 개별적 동기와 생활조건의 일시적 상호작용, 즉 일정한 인간의 행위 경향성은 동기강도, 목표나 보상의 값어치와 이에 대한 성공확률성의 함수로 나타난다. 왜 인간은 어느 일정한 행동을 하느냐에 대한 상이한 이론과 연구결과, 즉 욕구감소이론, 기대치이론, 성장이론 등을 다룬다.
스트레스와 정신건강	적응이란 개인적인 욕구와 사회의 요구 간에 조화를 이룬 상태를 말한다. 적응에는 개인의 정신건강이 중요한 역할을 하며, 더하여 환경적 특성이 영향을 준다. 따라서 성격이론, 동기, 좌절, 갈등, 불안에 관한 것과 스트레스와 그 대응책, 그리고 적응실패의 문제, 즉 이상행동, 이상성격 등에 대해 익힌다.
이상심리학	인간의 이상행동은 질병의 증상이며, 개인의 삶의 질을 떨어뜨리고, 그가 속한 가족과 사회에 막대한 영향을 미친다. 이상행동을 다루기 위해, 이상행동의 본질과 이론적 모형, 이상행동의 평가방법, 정신장애 분류체계에 의한 장애별 원인, 증상, 이론 및 치료개입법, 그리고 사례연구를 다룬다.
임상심리학	정신장애를 가진 사람들을 이해하고 도와주는 것이 임상심리학의 과제이다. 이를 위해 인간의 이상행동에 대한 이론들과 진단과 평가방법 및 치료적 개입방안들을 배우고, 나아가 국민정신건강의 측면에서 현행 정신건강 의료전달체계의 문제점을 논하고, 최근의 혁신적 방안들을 검토한다.
상담심리학	스트레스가 많은 현대사회에는 해결하기 힘든 과제에 직면하거나 심리적 문제를 가진 사람들이 많다. 상담은 이러한 사람들의 비적응적 행동과 정서 및 사고를 변화시키려는 목적을 가진 심리학적 개입방법으로, 기본적인 상담이론들과 상담기법의 원리들에 대한 지식을 습득한다.

교과목	내용
심리검사와 활용	심리검사란 개인의 심리적 속성 및 능력을 측정하는 도구이다. 좋은 검사를 제작하기 위해서는 심리측정법에 관한 지식이 요구된다. 따라서 심리검사의 역사와 관련 기초통계 및 검사의 기본적 측정개념 등을 익히며, 성격 및 정신능력과 특수능력을 측정하는 각종 심리검사의 내용을 배우고, 실습을 통하여 심리검사의 수행능력을 향상시킨다.
심리연구법	인간행동과 정신과정을 연구하는 데 필요한 과학적인 방법들의 절차와 장단점을 익히고, 연구목적에 따라 적합한 방법을 선별적으로 적용할 수 있는 기술을 배운다.
심리 · 사회통계학	심리 · 사회통계학에서는 사회과학의 제 문제를 해결하기 위해 여러 가지 방법으로 수집된 자료를 정리하여 기술하는 기법 및 가설 검증의 논리를 익힘으로써 비판적 사고력 함양의 기초를 다지고, 또한 정리된 자료를 분석하고 이를 기초로 결론을 짓는 논리 및 과정을 배우고 익힌다.
광고 및 소비자심리학	상품과 서비스를 구매 이용하는 데 관련된 소비자들의 행동을 심리학의 이론, 방법 및 연구결과를 적용하여 이해하고, 보다 효과적인 광고전략을 수립하고 집행하는 데 필요한 지식과 기술을 다룬다.
산업심리학	산업 장면에서 발생하는 제반 문제들, 즉 선발배치, 평가훈련 및 물리적 작업환경의 설계 등을 심리학적 원리와 방법을 적용하여 연구함으로써 작업능률의 향상과 근로자 개개인의 만족을 도모한다.
조직 및 경영심리학	조직에서 발생하는 제반 인간문제들, 예컨대 작업동기의 유발, 리더십의 문제 및 내외환경 변화에 따른 조직개발 등의 문제를 해결하여 조직의 성장과 발전 및 조직 구성원의 만족을 도모하는 데 필요한 심리학적 이론과 방법을 다룬다.
범죄심리학	인간행동 중에서 부정적인 측면인 범죄행동을 유발한다고 판단되는 여러 요인(사회 및 개인적 요인)을 분석하고, 그러한 요인들이 이러한 부정적인 행동을 유발하는 과정을 따져 봄으로써 범죄행동을 이해한다.
학교심리학	학교 환경에서 발생하는 다양한 심리적 이슈를 이해하고 관리하는 분야로, 학교 내에서 학생들의 학습능력, 심리, 진로, 행동, 건강과 관련된 문제들을 해결하는 데 도움을 주고, 학생의 성장을 촉진하는 개입방안들을 다룬다.
건강심리학	기존의 의학적 접근은 건강보다는 질병에 초점을 맞추고 있다. 하지만 건강심리학은 건강의 유지와 이에 영향을 미치는 심리적 요인을 연구한다. 즉, 건강증진과 질병의 예방, 진단, 치료 및 재활을 위해 스트레스 관리, 통증관리, 건강관리 및 행동의학 등의 내용을 배운다.
긍정심리학	그동안 심리학자들은 우울과 편견, 폭력, 자존감 관리와 비합리성, 그리고 역경을 딛고 일어서는 방법 등 인간의 부정적인 측면에 대해서는 많은 이야기를 했지만 개인의 강점, 미덕, 행복 등 긍정적인 측면에 대한 관심은 적었다. 따라서 긍정심리학은 사람들이 행복하고 성공하며, 자신의 능력을 최대한 발휘할 수 있는 조건과 과정을 연구하는 분야이다. 구체적으로 감사와 용서, 경외심, 영감, 희망, 호기심, 웃음, 행복, 명상, 웰빙 등을 연구한다.

6. 심리학의 연구방법

심리학이란 인간행동과 정신과정을 과학적인 방법으로 연구하는 학문으로 정의된다고 하였다. 즉, 연구대상이 인간행동과 정신과정이며 이 대상을 과학적인 방법으로 연구해야 한다는 것을 의미한다. 그렇다면 과학적인 방법이란 무엇을 의미하는가?

과학적인 방법이라고 할 수 있으려면 다음과 같은 특징을 지녀야 한다. 첫째, 객관성이 있어야 한다. 객관성이란 똑같은 조건에서는 누구나 똑같은 지식을 얻을 수 있어야 한다는 것이다. 즉, 같은 조건의 절차에 따라 연구하였을 때, 같은 결과를 얻었다면 객관성이 있다고 말할 수 있다. 둘째, 대상의 관찰이 가능하도록 구체적이어야 한다. 심리학에서 사용하는 용어는 추상적이거나 관념적이어서 서로 전달되는 의미가 다를 수 있다. 그러므로 용어를 구체적으로 조작하여 정의할 필요가 있다. 셋째, 가설연역적인 방법으로 연구한다는 것을 의미한다. 과학은 가설에서 시작된다. 이 가설은 과학적 방법에 의해 검증되어야 하며, 검증되면 검증된 범위 내에서 타당화되고 일반화되어 적용될 수 있다.

이와 같은 과학적인 방법으로 심리학에서는 다양한 연구방법들을 사용한다. 그중 많이 사용되고 있는 연구방법으로 실험법, 상관연구, 관찰법, 조사법, 검사법, 정신생리학적 방법 및 사례연구에 대해 살펴보면 다음과 같다.

1) 실험법(Experimental method)

실험법은 심리학에서 가장 많이 쓰이는 연구방법으로 인과관계를 알아보기 위해 인위적으로 특정 집단에 처치를 실시하고 그 결과를 비교하는 연구방법이다. 실험법의 특징은 변인 간의 관계를 알아보기 위해 관련된 변인들을 체계적으로 변화시키고 다른 변인들을 일정한 상태로 유지시킨 채 의도적으로 변화시킨 변인이 행동에 어떻게 영향을 미치는지를 알아본다는 점이다. 실험법에서는 어떤 변인을 연구자의 목적에 따라 의도적으로 변화시키는데 이런 변인을 독립변인(independent variable)이라 부른다. 그리고 독립변인의 변화에 의해서 영향을 받는 변인을 종속변인(dependent variable)이라고 한다. 즉, 독립변인이란 실험을 위해 조작·통제되는 변인을 말하며, 종속변인이란 독립변인의 조작결과로 나타나는 변인을 말한다. 실험을 수행할 때 독립변인을 제외하고 종속변인에 영향을 미칠 수 있는 제 변인, 즉 외재변인(external variable)을 엄격히 통제하여야만 하는데 실험조건을 완벽하게 통제하기는 어렵기 때문에 만일 외재변인이 개입될 경우 실험결과를 신뢰하기는 어렵다.

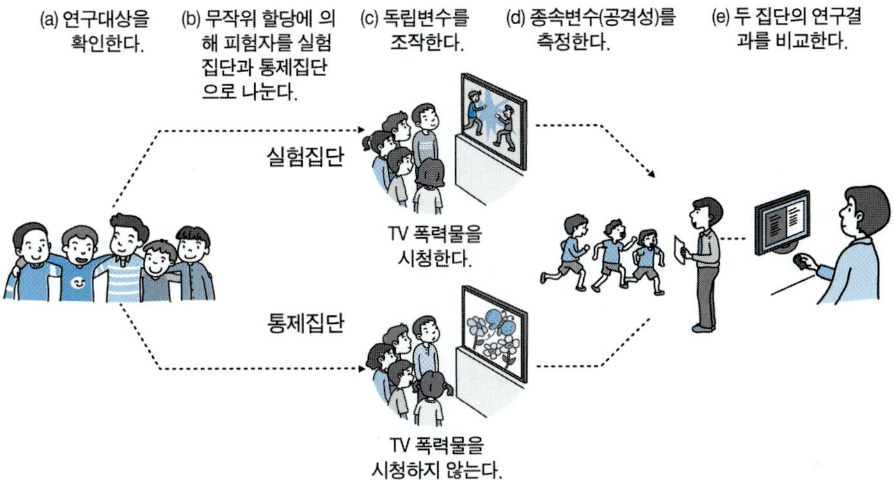

그림 1-4 실험연구의 예

출처: 정옥분(2014). 영아발달. 학지사.

실험연구를 위해서는 실험처치를 가하는 실험집단(experimental group)과 처치의 효과를 비교하기 위하여 실험집단과는 다른 처치를 하거나 아무런 실험처치를 가하지 않는 통제집단(control group)을 사용한다. 실험의 효과는 이러한 집단 간 비교 또는 각 집단의 사전·사후검사 간 비교를 통해서 알 수 있다.

2) 상관연구(Correlation design)

상관연구에서 연구자들은 일반적으로 자연적 생활환경이나 개인정보를 모으면 되고 경험을 바꾸는 노력을 하지 않아도 된다. 그 상황에서 피험자들의 특성과 그들의 행동이나 발달 간에 관계를 보는 것이다. 상관연구에서 상관이란 어떤 변수와 또 다른 어떤 변수와의 관계를 말하며 상관연구는 이 관계를 밝히는 것이다.

따라서 상관연구는 관계를 규명하는 것이기 때문에 인과관계를 추론할 수 없다. 예를 들어, 부모와의 상호작용이 아동의 지능과 관련이 있다는 것을 발견했다고 할지라도, 부모의 행동 차이가 아동들 간의 지능적 차이에 실제적인 원인이 되는지는 명확하지 않다. 사실 그 역인, 지능이 부모와의 상호작용에 영향을 미칠 수도 있기 때문이다. 혹은 연구자가 고려하지 않은 변인 중, 가정에서의 소란함, 주의 산만이 부모와의 상호작용과 아동의 지능 변화에 모두 영향을 미칠 가능성도 있기 때문이다(김이영 외, 2018).

상관연구에서 연구자들은 두 측정이나 변인들 사이에 어떻게 서로 관련이 있는지를 수량화하여 나타내는 상관계수(correlation coefficient)를 사용함으로써 연구를 수행한다 그림 1-5 . 상관계수는 +1.00에서 −1.00까지의 가치로 표기된다. 예를 들어, 상관 −.78은 높고, −.52는 중간이고, −.18은 낮다는 것을 나타내고, +는 정적 상관을 −는 부적 상관을 의미한다.

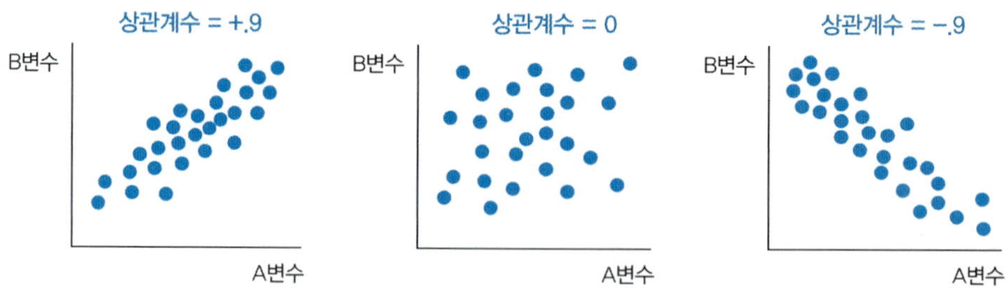

그림 1-5 상관관계와 산포도

출처: 신명희 외(2016). 유아발달. 학지사.

3) 관찰법(Observation method)

관찰법은 연구자가 정밀하고 체계적인 관찰을 통하여 정보를 수집하는 방법으로 연구대상에게 비교적 영향을 주지 않고 정보를 수집할 수 있으며, 비언어적 정보의 수집, 질문지나 심리검사로 파악하기 어려운 정보를 수집하는 데 이점이 있다. 따라서 연구목적에 따라 연구대상자나 상황을 관찰하여 자료를 얻는 가장 일반적인 방법으로, 연구방법이라기보다 자료를 얻기 위한 방법 중의 하나이다. 관찰을 효율적으로 하기 위해서는 관찰대상 · 관찰목적 · 관찰시간 · 관찰장소 등을 미리 숙지하고 관찰내용을 기록하는 방법까지 결정해 두어야 한다. 양적 방법의 관찰에서는 검사지를 준비하여 목적에 따른 관찰사항을 기록한다. 이 방법은 관찰대상의 행동을 검사지에 체크하는 것이므로 의사소통에 한계가 있는 유아 연구에 가장 널리 이용되고 있다. 관찰의 방법으로 사건표집 · 시간표집 · 일화기록 등이 있다.

질적 관찰 연구에서는 메모지를 이용하여 기록하고, 녹음하며, 사진기와 캠코더를 이용해 촬영하면서 자료를 모은다. 이런 경우에는 연구대상자들의 사생활 침해 문제로 윤리적인 문제가 제기될 수 있으므로 반드시 사전에 동의를 구해야 한다. 관찰방법은 직접 현장으로 들어가 연구대상자를 관찰하는 참여관찰과 연구대상자의 외부에서 관찰하는 비참여관찰로 나뉜다. 만약 교사라면 어린이들과 함께 활동하면서 관찰하게 되므로 주로 참여관찰을 할 것이고, 예비교사라면 수업참관과 같이 비참여관찰을 할 경우가 많을 것이다. 어떠한 경우든 자연스러운 상황에서 있는 그대로의 자료를 수집하는 것이 중요하다. 초기 발달연구자인 게젤(Gesell)은 인위적으로 관찰실을 만들어 놓고 관찰실 밖에서 일방경(one-way mirror)을 통해 관찰하는 방법을 고안하기도 하였다.

4) 조사법(Survey method)

실험이나 직접관찰로 연구하기 어려운 문제들은 면접(interview)이나 질문지(questionnaire)를 통해 연구할 수 있다. 먼저 면접법은 질적 연구의 대표적인 방법이다. 연구자와 연구대상자가 1:1로 혹은 집단으로 우호적인 분위기 속에서 이루어지게 된다. 면접법은 매우 계획적인 질문으로 구성되어야 하기 때문에 면접 전에 개인이나 사회적 정보를 미리 준비하여야 하며, 개방적인 면접이 될 수 있도록 하는 것이 중요하다.

질문지법은 어떤 문제에 대하여 미리 작성된 체계적인 질문지를 사용하여 어떠한 사실에 대한 정보수집이나 개인의 의식, 의견, 태도, 감정 등에 대해 자료를 수집하는 방법이다. 질문지는 빠른 시간에 필요한 정보를 손쉽게 얻을 수 있어서 경제적이며 효율적이다. 그러나 글씨를 읽지 못하거나 말을 이해하지 못하는 나이 어린 유아들에게는 사용하기 힘들다.

조사법은 현재 정치적인 여론조사, 소비자 기호, 교육, 건강에 대한 연구 등 많은 부분에서 사용된다. 질문에 대한 응답방법으로는 자유응답법(서술), 양분질문법(예/아니오), 다지선다형(여러 개 중에서 선택), 평정척도법(매우 그렇다, 그렇다, 보통이다, 그렇지 않다, 전혀 그렇지 않다 혹은 3점, 5점, 7점, 9점 평정척도) 등이 사용된다.

5) 검사법

검사법 또는 심리검사법은 표준화된 검사를 통해 개인이나 집단의 특성을 측정하는 방법이다. 20세기 초 비네가 지능검사를 창안한 것으로 시작하여 점차 그 영역이 확대되었다. 표준화된 검사로 널리 사용되는 것으로는 지능, 적성, 태도, 성격검사, 자아개념 등 여러 종류가 있다. 표준화된 검사는 전문가들의 실험을 거쳐 제작되며, 개인의 심리적 특성을 한 번에 여러 측면의 많은 자료를 수집하여 비교적 정확하게 수량화하여 파악할 수 있다는 장점이 있는 반면, 표준화된 검사라 해도 그 신뢰도와 타당도가 높지 않은 것이 있어서 측정상의 오류나 해석상의 오류를 범하기 쉬운 단점도 있다. 영역별 진단도구 검사는 매우 다양하게 보고되고 있는데, 그 중 발달검사, 인지영역검사, 정의영역검사 및 신경심리검사를 중심으로 살펴보면 표 1-2 와 같다.

표 1-2 발달영역별 표준화된 진단 검사

구분	검사도구
발달영역	한국 베일리 영아발달검사(K-BSID II), 한국형 덴버 발달검사 II(K-DDST-II), 한국 영유아발달선별검사, 한국판 아동행동척도(K-CBCL), K-SIB-R 한국판 적응행동검사
인지영역	한국 웩슬러 아동지능검사(K-WISC-III), 한국 유아용 웩슬러 지능검사(K-WPPSI), 카우프만 아동용 지능검사(K-ABC), 한국판 종합학습능력진단검사, 한국판 기초학습능력검사, 유아용 종합 창의성검사(K-CCTYC)
정의영역	유아성격검사, 한국아동인성검사(KPI-C), 아동용 주제통각검사(CAT), HTP 그림검사, 동작성 가족화검사, 벤더 게슈탈트 시지각검사(BGT), 한국판 사회성숙도검사
신경심리영역	연속수행검사(CPT), TOVA, 위스콘신 카드분류검사, ADS

출처: 강혜경 외(2021). 원장일반직무교육(심화). 양성원.

6) 정신생리학적 방법

최근의 발달학자들은 아이들의 지각, 인지 그리고 정서반응의 생물학적 기초를 조사하기 위하여 생리적 반응과 행동 사이의 관계를 측정하는 정신생리학적 방법(psychophysiological method)을 사용하여 왔다. 정신생리학적 방법은 사건을 언어적으로 보고할 수 없거나 걸음마기 영유아의 정신적, 정서적 경험을 해석하는 데 유용하다. 예를 들어, 주의 집중하는 동안에는 심장 박동이 느려진다든가 괴로운 경험일 때는 심장 박동이 증가한다든가 등 특정의 정서표현을 연구하기 위해 사용된다. 그리고 뇌의 전기적 활동을 기록하는 뇌파기록장치(electroencephalogram: EEG)를 이용하여 개인의 각성상태에 따라 뇌파의 움직임이 달라지는 것을 알 수 있다. 또한 뇌 활동의 3차원 그림을 제공하는 기능적 자기공명영상(functional magnetic resonance imaging: fMRI)을 통해 대뇌의 어떤 영역이 기억과 관련되어 있는지를 파악할 수 있다 그림 1-6 .

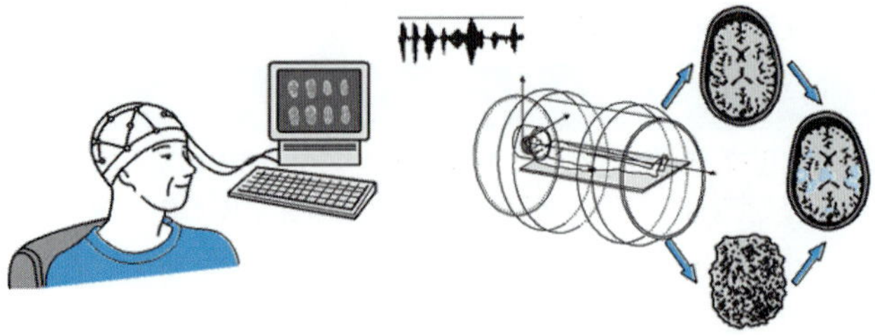

그림 1-6 뇌파기록장치와 기능적 자기공명영상

출처: 신명희 외(2016). 유아발달. 학지사.

7) 사례연구법(Case history)

사례연구법은 개인의 가족관계, 발달사, 가정환경, 심리적 특성 등 개인과 관련된 정보를 검사, 관찰, 면접 등 다양한 방법을 이용하여 포괄적 · 심층적으로 수집하여 총체적으로 검토 · 분석하는 방법이다. 즉, 특정의 개인, 집단 또는 상황에서 발생한 현상에 대해서 실시되는 집중적인 심층조사 방법이다. 사례연구의 대표적인 예가 피아제(Piaget)나 프로이트 연구이다. 피아제는 자신의 세 자녀를 대상으로 출생 초기부터 관찰하여 인지발달이론을 확립하였으며, 프로이트는 자신의 기억과 환자를 사례연구하여 정신분석이론을 확립하였다.

사례연구들이 성격이나 행동문제를 교육적으로 해결하려는 임상적인 연구에 사용되는 대표적인 방법이지만 특정 개인을 대상으로 하기 때문에 연구대상이 제한적이며 사례연구 그 자체를 일반화하는 데 제한점을 가지고 있으며, 외적 타당도가 낮다는 문제점을 가지고 있다.

연습문제

01 현대심리학은 연구의 대상과 방법의 측면에서 어떻게 정의되고 있는가?

02 친구의 흡연행동을 이해하려고 한다. 다음의 각각의 방법으로 이해를 한다면 어떻게 이해를 할 것인가?

1) 생물학적 이해:

2) 정신분석적 이해:

3) 행동적 이해:

4) 인본적 이해:

5) 인지적 이해:

6) 진화론적 이해:

7) 사회문화적 이해:

03 심리학이 과학적인 방법으로 연구하는 이유는 무엇이며, 연구방법에는 어떤 방법들이 이용되는가?

Chapter 02

생물학적 기초

배울 내용

1. 신경계 세포: 뉴런 / 2. 인간의 정보전달과정: 전기 · 화학적 방식
3. 신경계의 구조 / 4. 신경심리 연구방법 / 5. 뇌손상과 인지기능의 이상

학습목표

1. 뉴런의 구조와 기능 및 인간의 정보전달 방법에 대해 이해한다.
2. 뇌의 구조에 대해 이해한다.
3. 현대인의 부적절한 습관이 뇌에 미치는 영향을 파악하고 개선 방안을 모색해 본다.

우리의 행동은 인간이 유기체로서 가지고 있는 여러 생물학적 특성에 많은 영향을 받는다. 우리의 몸은 유전자, 뇌, 신경계, 내부의 기관, 신체 내부의 여러 화학물질과 같은 다양한 요소로 이루어져 있다. 우리가 생각하고 느끼고 행동하는 것은 이러한 요소로 이루어진 우리 몸에 기초해서 이루어지기 때문에, 우리의 모든 활동은 몸이 가지는 특성의 영향을 받지 않을 수 없다. 그래서 우리가 사람들의 정신적 과정과 행동을 이해하기 위해서는 그 기초를 이루고 있는 생물학적 특성을 이해할 필요가 있다. 따라서 본 장에서는 뉴런의 특성, 한 뉴런 내에서와 뉴런과 뉴런 사이에서 일어나는 정보전달과정, 뇌의 구조와 기능 및 현대인의 부적절한 습관이 뇌에 미치는 영향에 대해 알아보고자 한다.

1. 신경계 세포: 뉴런

신경계를 구성하는 세포 중 주된 것은 뉴런(neuron)이다. 뉴런은 수행하는 일에 따라 그리고 위치에 따라 그 모양이 다양하다. 즉, 수행하는 일과 위치에 따라 운동뉴런(motor neuron), 감각뉴런(sensory neuron), 개재뉴런(inter neuron)으로 나눌 수 있는데, 감각뉴런은 감각수용기에서 받은 정보를 뇌나 척수로 보내는 역할을 하며, 운동뉴런은 뇌나 척수에서 근육이나 분비선으로 정보를 전달하는 역할을 한다. 그리고 개재뉴런은 감각뉴런과 운동뉴런 사이를 연결시켜 주는 일을 한다.

뉴런은 수행하는 일에 따라 크기와 모양이 많이 다르지만, 정보를 전달한다는 공통된 특징을 가지고 있다. 뉴런의 기본적인 모양은 그림 2-1 에 제시되어 있다.

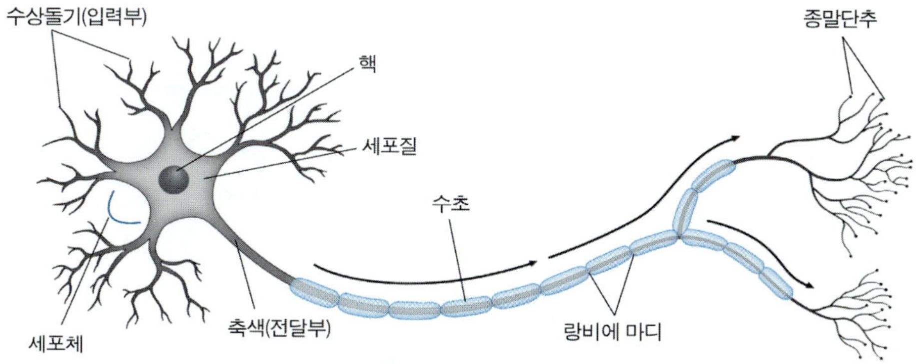

그림 2-1 뉴런(neuron)의 구조

그림 2-1 에서 보는 것과 같이 뉴런은 수상돌기(dendrite), 세포체(soma), 축색(axon), 종말단추(terminal button)로 구성되어 있다. 수상돌기는 세포체에서 뻗어 나온 여러 개의 돌기로 이루어져 있으며, 정보를 받아들이는 역할을 한다. 세포체는 일반적인 세포의 기능을 가지고 있는 부분으로 유전자 정보가 들어 있는 세포핵과 에너지를 생산하는 미토콘드리아 등이 있으며, 여러 가지의 수상돌기로부터 들어온 정보를 통합하는 기

능을 한다. 수상돌기와 세포체를 통해 다음 뉴런으로 정보를 전달하는데, 이때 축색을 통해 전달하게 된다. 축색의 끝에 도착한 정보가 종말단추라는 곳에 도달하면 다음의 뉴런으로 정보를 보내게 된다. 이를 요약하면, 뉴런은 수상돌기, 세포체, 축색, 종말단추로 이루어져 있으며, 기능은 정보를 받아들이고 통합해서 다음 뉴런으로 전달하는 것이다.

종말단추에서 다음 뉴런의 수상돌기는 붙어 있는 것이 아니라 떨어져 있다는 것을 1800년대 후반에 카할(Cajal)이 증명하였는데, 이 공간을 시냅스(synapse) 공간이라고 한다 그림 2-2 . 즉, 뉴런의 신경축색을 통해 전달된 정보는 축색의 끝인 종말단추에 있는 화학물질인 신경전달물질에 의해서 시냅스를 건너 시냅스 후에 있는 뉴런이나 다

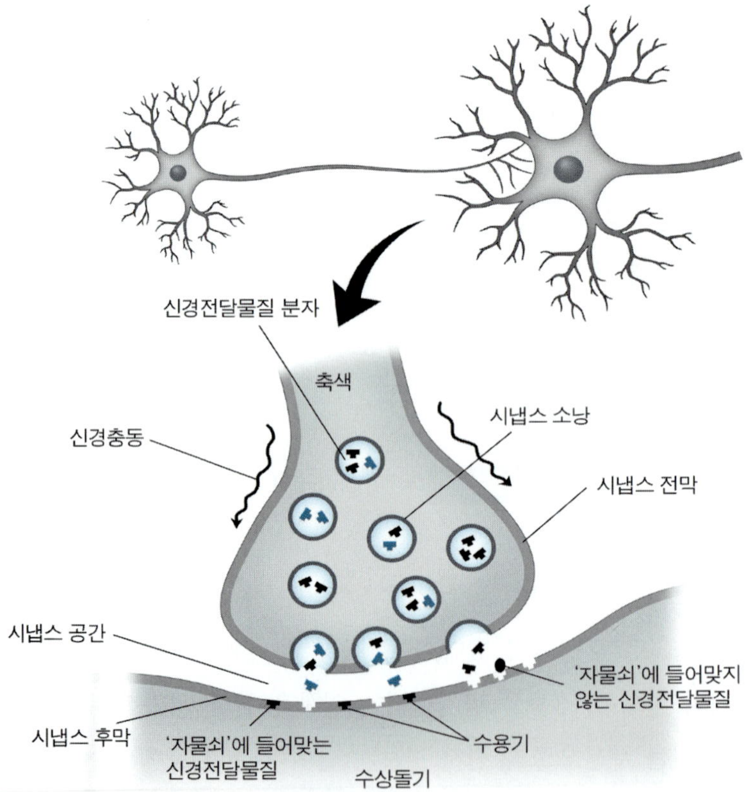

그림 2-2 시냅스 공간

른 세포에 정보를 전달하게 된다. 한 뉴런의 세포체나 수상돌기에는 다른 뉴런의 축색에서 온 종말단추로 이루어진 시냅스가 약 1,000개 정도 있는 것으로 추정된다.

뉴런의 개수는 유전적으로 일정하게 유지되지만, 뉴런 간 시냅스 연결은 경험이나 학습을 하거나 나이가 들어가면서 계속적으로 변하게 된다. 또한 새로운 뉴런과 시냅스를 형성하기도 하고 이전에 형성되었던 시냅스 연결이 사라지기도 한다. 이처럼 경험, 학습 혹은 알코올과 같은 약물에 의해서도 뉴런의 모양과 시냅스 형성은 계속해서 변화하게 된다.

또한 나이가 들면서 수상돌기의 가지뻗기는 변하는데, 사람에 따라 변화의 정도와 유형은 다르다. 그러나 일반적으로 나이가 들어감에 따라 점진적으로 가지뻗기는 줄어들게 되고 뉴런이 죽게 된다. 노인 중에서도 건강한 사람의 경우에는 살아남아 있는 각 뉴런들이 더 많은 뉴런들과 시냅스 연결을 형성하여 뇌에서 시냅스의 총 수는 계속해서 이전처럼 많이 유지된다. 그러나 노인이 되어 치매에 걸린 사람에게는 살아 있는 뉴런이 가지뻗기를 증가시키지 못하며, 경우에 따라서는 그 전보다 가지치기가 감소하기도 한다. 그 결과 뇌에서 시냅스 수는 감소하고 정보처리능력이 감소하게 되어 치매가 더욱 심각해지게 된다.

2. 인간의 정보전달과정: 전기·화학적 방식

위에서 인간의 정보전달에 필요한 뉴런의 구조와 기능에 대해 살펴보았는데, 그렇다면 우리의 뇌, 즉 뉴런은 어떤 방식으로 정보를 전달하는 것일까? 수상돌기에서 받은 정보를 어떻게 종말단추에 보내고, 종말단추에서는 다음 뉴런의 수상돌기로 정보를 어떻게 보내게 되는 것일까? 먼저 손에 들고 있는 펜을 책상 위에 놓고 오른손으로 자신의 왼손을 힘껏 꼬집어 보라. 그러면 당신은 지금 나의 오른손이 왼손을 꼬집고 있으며, 얼마나 아픈지에 대해 알 수 있을 것이다. 즉, 당신의 오른손이 왼손을 꼬집고 있으며, 어느 정도 아픈지를 아는 것은 뇌에서 작용했기 때문이다. '뇌의 작용이라면 어떻게 왼손에서 일어난 현상을 뇌까지 전달할 수 있을까?'라는 의문이 생길 것이다. 지금부터 이런 의문들을 해결해 보고자 한다.

결론부터 말하자면, 인간의 정보전달은 전기적인 방식과 화학적인 방식으로 전달을 하게 된다. 즉, 한 뉴런 내에서는 전기적인 방식으로 정보를 전달하고, 뉴런에서 다음 뉴런으로, 즉 시냅스에서는 화학적인 방식으로 전달하게 된다.

1) 뉴런 내에서의 정보전달: 활동전위

뉴런의 축색막을 사이에 두고 안쪽과 바깥쪽은 전위차이가 있다. 바깥쪽은 Na+ 이온이 안쪽에는 Cl− 이온이 존재하는데, 이 상태를 휴식전위(resting potential)라고 한다. 외부에서 자극이 들어오지 않을 경우에는 휴식전위 상태를 유지하게 된다. 예를 들어, 오른손으로 왼손을 꼬집지 않고 있는 상태가 휴식전위이다. 만약 자극이 들어오게 되면, 즉 오른손이 왼손을 꼬집게 되면 축색을 흥분시키고 축색막을 통해 Na+ 이온이 세포막 내부로 들어오게 되어, 음전하로 구성되어 있던 내부가 양전위로 바뀌게 된다 그림 2-3(a) . 이를 활동전위(action potential)라고 한다. 활동전위가 축색을 통해 가면서 그 다음 부위들을 자극하게 된다. Na+ 이온이 뉴런의 세포막 내부로 들어간 직후 K+ 이온이 밖으로 나와 전위차를 다시 이전 상태로 조절하여 휴식전위 상태가 되도록 한다 그림 2-3(b) . 이와 같이 한 뉴런 안에서의 정보전달은 전기적인 방식으로 이루어진다.

축색을 따라 이루어지는 정보전달에는 Na+ 이온이 내부로 들어오기 때문인데 만약 이 흐름을 차단한다면 뉴런은 정보를 전달할 수 없게 된다. 예로 우리가 수술을 받기 위해 마취제를 투여하면 통증을 느끼지 못하게 되는데, 이 경우 마취제가 Na+ 이온이 흐르는 통로를 막아서 통증에 대한 정보가 뇌까지 전달되지 못하게 하기 때문이다.

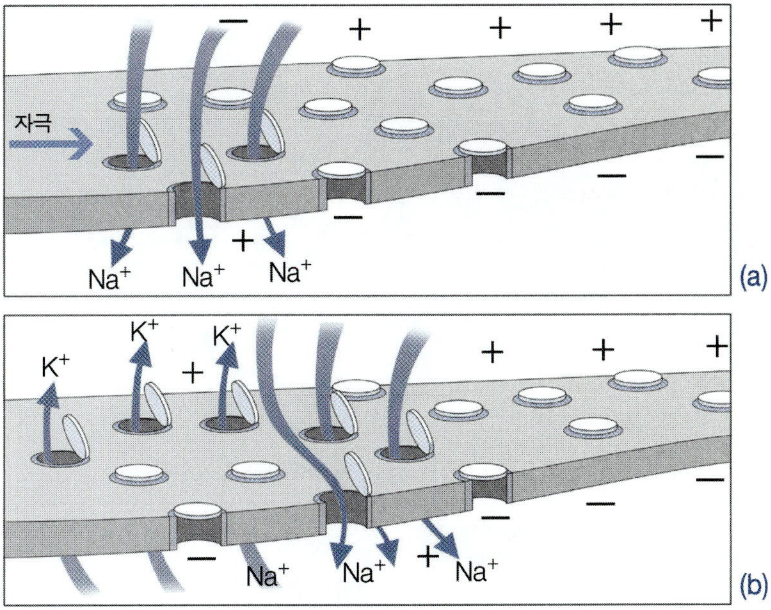

그림 2-3 이온통로

2) 뉴런 간 정보전달: 시냅스 전달

한 뉴런 안에서는 정보가 전기적인 방식으로 전달된다고 하였다. 그러나 뉴런과 뉴런 사이는 서로 떨어져 있고, 이를 시냅스 공간이라고 한다 그림 2-2 . 이 떨어진 공간에서는 전기적인 방법으로 정보를 전달하지 못한다. 우리가 사용하는 전기 스위치를 생각하면 이해하기 쉬울 것이다. 그렇다면 시냅스 공간에서의 정보전달은 어떻게 이루어지는 것일까?

전기적인 방식으로 정보가 종말단추에 도달하게 되면 시냅스 공간으로 신경전달물질(neurontransmitter substance)이라는 화학물질을 방출하게 된다. 다시 말해 활동전위가 축색을 따라 종말단추에 도달하면 종말단추 속에는 신경전달물질이 들어 있는 소낭이 시냅스 공간으로 밀려 나오면서 터지게 된다. 이때 그 속에 들어 있는 신경전달물

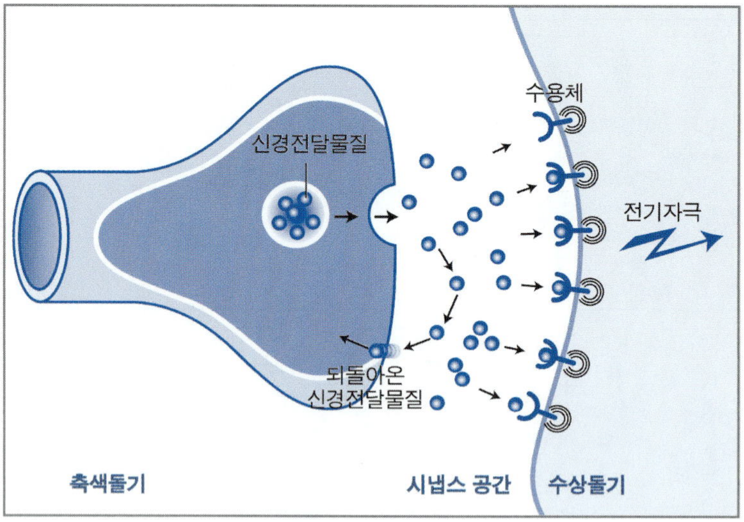

그림 2-4 **뉴런 간 정보전달**

축색돌기 끝(종말단추)에서 분비된 신경전달물질은 시냅스 공간을 지나 그 다음 수상돌기에 전기자극을 전달한다.

질이 시냅스 공간에 방출되고, 이 신경전달물질이 시냅스 후막에 있는 수용기와 결합하여 다음 뉴런으로 정보를 전달하게 된다 그림 2-4 .

현재까지 인간의 뇌 속에는 50여 종 이상의 신경전달물질이 있는 것으로 보고되고 있고, 이 신경전달물질의 종류에 따라 인간의 행동과 감정, 사고 등의 경험이 달라지게 된다. 즉, 특정 신경전달물질이 과잉되거나 결핍되면 어떤 종류의 비정상적인 행동과 감정, 사고가 유발될 수 있으며, 이는 정신질환과 관련이 된다. 또한 이러한 신경전달물질들은 뇌에 골고루 분포되어 있는 것이 아니라, 각각의 뇌 부위에 따라 특정 신경전달물질이 다른 신경전달물질에 비해 더 많이 분포되어 있다는 점도 발견되었다. 뇌에서 활동하고 있는 신경전달물질들 중 그 기능과 역할이 밝혀진 것 중 대표적인 것으로 아세틸콜린(acetylcholine), 도파민(dopamine), 세로토닌(serotonine), 노에피네프린(norepinephrine), 엔돌핀(endorphine) 등이 있다.

먼저 아세틸콜린은 중추신경계와 말초신경계 모두에 분포되어 있다. 골격근의 뉴런에서 이 신경전달물질이 방출되면 근육이 수축하여 운동을 하게 된다. 아마존의 인디언들이 동물을 사냥하기 위해 사용하는 쿠라레(curare)는 아세틸콜린 수용기를 차단하여 아세틸콜린의 정상적인 작용을 못하게 함으로써 동물을 움직이지 못하게 한다(안창일 외, 2012). 그리고 아세틸콜린은 우리의 기억과도 관련되어 있다. 알츠하이머병은 기억장애가 주된 증상인 질환이며, 이런 기억장애는 아세틸콜린을 분비하는 뉴런의 손상 때문이다.

도파민은 운동과 보상에 관련된 신경전달물질이다. 도파민의 분비량이 너무 적으면 행동을 원활하게 하거나 자세를 유지하는 데 어려움을 겪게 되는 파킨슨병(Parkinson's disease)이 발생된다. 반대로 도파민 분비량이 너무 많으면 조현병이 나타나게 되며, 치료를 위해 도파민 길항제를 너무 많이 사용하게 되면 파킨슨병의 증상이 유발된다. 또한 도파민은 동기를 일으키는 신경전달물질로 도파민이 증가하면 보상을 받으려는 동기도 강해진다. 이로 인해 도파민을 증가시키는 행동을 지속하려는 경향을 보이게 된다.

세로토닌은 수면이나 체온조절, 기분 변화와 관련되는 신경계에서 중요하게 작용하며, 우울증과 관련되어 있다. 우울증이 있는 사람들의 뇌에서 세로토닌의 분비량이 정상인들보다 낮은 것으로 나타났다.

노에피네프린은 동기와 정서에 관련된 뇌의 뉴런과 시냅스 부위에서 많이 발견되었고 특히 각성과 관련된 신경계에서 사용되는 것으로 보고되고 있다. 이 물질 또한 기분장애와 관련이 있는데, 노에피네프린의 분비량이 적으면 우울증이 발생된다.

엔돌핀은 고통의 억제와 관련되어 있으며, 과학자들은 이 물질을 내인성 아편제라고 한다. 이 엔돌핀을 이용하여 신경과학자들은 중독 증상을 일으키지 않으면서 통증을 경감시킬 수 있는 진통제를 개발하려고 한다. 또한 연구자들은 그런 연구를 통해 무엇 때문에 마약에 중독되는지 알려고 하고, 그 결과 마약중독을 보다 효과적으로 치료하는 새로운 치료법을 개발하려고 시도하고 있다.

요약하면 한 뉴런 내에서의 정보전달은 전기적인 방식으로 이루어지고 뉴런과 뉴런 사이의 정보전달은 신경전달물질이라는 화학물질을 통해 이루어진다. 이런 이유로 인간의 정보전달은 전기·화학적인 방식으로 이루어진다고 한다.

3. 신경계의 구조

우리 몸 안에 복잡하게 형성되어 있는 신경계의 구조는 말초신경계와 중추신경계로 구분할 수 있다 그림 2-5 . 말초신경계는 다시 체성신경계와 자율신경계로 나눈다. 체성신경계는 피부, 근육, 관절로부터 외부 자극을 받아 중추신경계로 전달하고, 뇌와 척수로부터 받은 정보를 근육으로 전달하여 운동을 하도록 하는 역할을 한다.

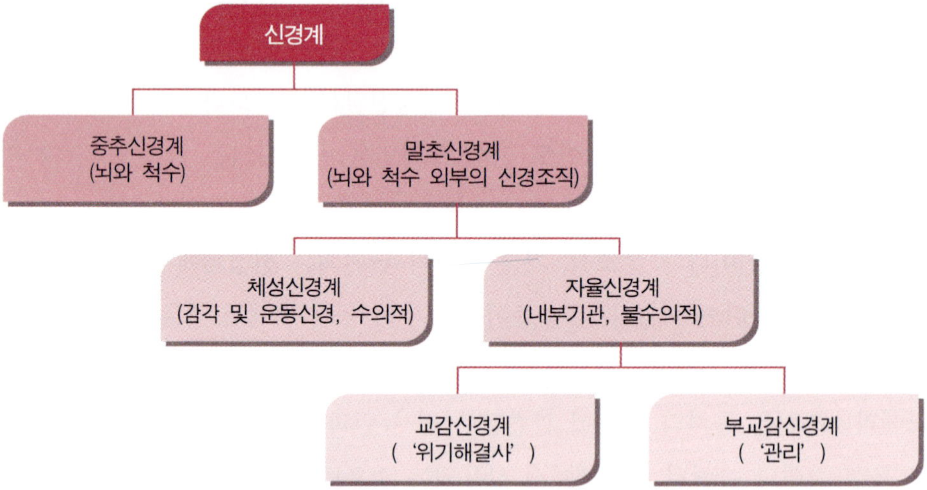

그림 2-5 인간 신경계의 위계적 조직

중추신경계는 뇌와 척수로 이루어진다. 말초신경계는 기능에 따라 분류된다. 즉, 체성신경계는 수의적 행동을 통제하고, 자율신경계는 내적 과정들을 조절하며, 다음의 두 가지로 더 나누어진다. 즉, 교감신경계는 위급상황 시에 행동을 지배하며, 부교감신경계는 평상시의 환경에서 행동과 내적 과정들을 조절한다.

자율신경계는 교감신경과 부교감신경으로 이루어져 있고, 교감신경은 주로 에너지를 소비하는 역할로 우리가 활동을 할 때 활성화되고, 부교감신경은 에너지를 축적하는 역할로 우리 몸이 쉴 때 주로 활성화된다. 자율신경계는 불수의적으로 작용하는 것으로 주된 기능은, 첫째, 내적 신체환경을 적질히 유지시키는 역할을 한다. 둘째는 정서에도 중요한 영향을 미치게 되는데 우리가 어떤 공포, 분노 같은 강한 정서 상태에서 심장박동이 빨라지고 숨이 가빠지고 위가 거북해지기도 하는 현상을 예로 들 수 있다 그림 2-6 .

다음으로 중추신경계는 뇌와 척수로 구분할 수 있다. 척수는 신체의 여러 부위에서 들어오는 정보를 뇌로 보내고, 뇌에서 처리된 정보를 신체의 여러 부위로 보내는 통로 역할을 한다. 척수에 도착한 정보는 뇌로 보내지고, 그 정보들 중 일부는 척수에 있는 운동뉴런과 통제하는 근육으로 신경충동을 보내 척수반사를 일으키기도 한다.

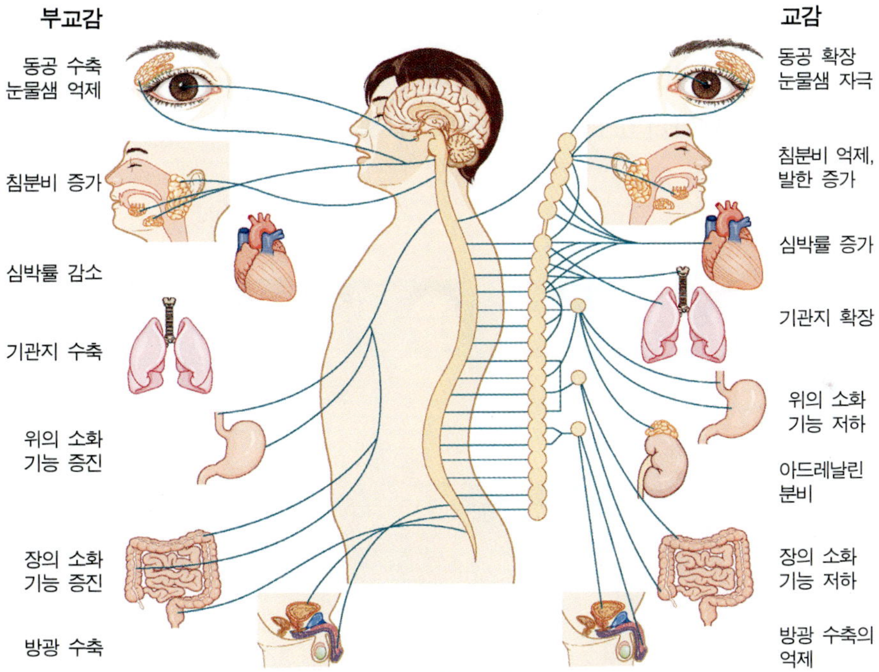

그림 2-6 자율신경계

부교감신경계가 왼쪽에, 교감신경계가 오른쪽에 나타나 있다. 교감신경계의 신경섬유들은 척수 옆에서 신경절(뉴런 세포체의 집합)과 연결을 형성하고 있다.

출처: 박권생 외(2004). 심리학과 삶. 시그마프레스. p.49.

지금까지 말초신경계와 중추신경계에 대해 살펴보았는데, 인간의 정보전달에 있어 가장 중요한 부분이 뇌이다. 뇌에 대해 자세히 살펴보면 다음과 같다.

1) 뇌의 발달

신체 중 두뇌의 발달이 가장 먼저 일어난다. 2개월 된 태아의 경우 두뇌가 먼저 성장하여 머리 크기는 전신의 1/2 정도를 차지한다. 출생 후 신생아의 머리 비율은 전신의 1/4 정도가 되며, 이후 몸통과 팔다리의 성장이 이루어져 성인이 되었을 때는 머리 크기가 전신의 1/6~1/8 정도가 된다(곽노의 외, 2007). 뇌는 생의 초기에 놀라운 속도로 성장·발달한다. 출생 직후 신생아의 뇌 무게는 400g 정도로 성인 뇌의 25~30% 정도에 불과하다. 그러나 만 2세경이 되면 성인 뇌 무게의 75%까지 증가한다. 따라서 대뇌학자들은 태아기의 마지막 3개월부터 생후 첫 2년까지를 두뇌 성장 급등의 시기라고 부른다.

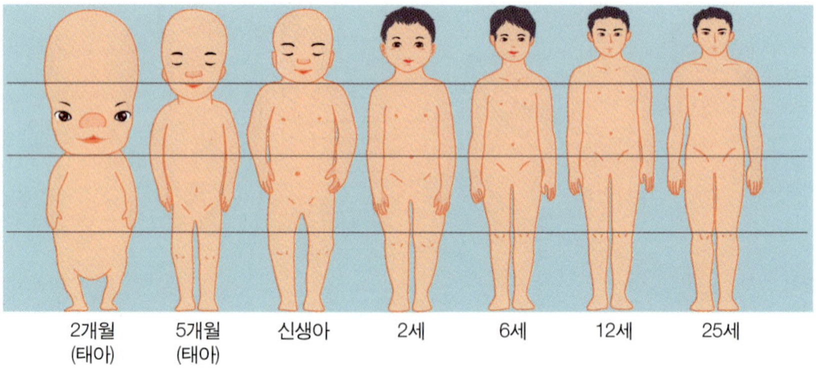

그림 2-7 뇌의 발달

출처: 곽노의 외(2007). 영유아발달. 양서원. p.125.

뇌는 수많은 정보를 무차별적으로 받아들인다. 그런 다음 그중에서 자주 접하는 정보는 다른 것에 비해서 더 집중적으로 처리한다. 따라서 특정한 경험을 자주 반복하면 할수록 그 경험과 관련된 신경세포가 더욱더 확실하게 연결되며, 그만큼 시냅스도 더 많이 형성된다.

2) 뇌의 3중 구조

성인의 경우 뇌의 크기는 1,200~1,800cc 정도이며 무게는 1.3kg 정도이다. 이렇게 작은 뇌이지만 산소 소비량은 전신 소비량의 20%, 포도당 소비량은 전신의 25%를 차지한다. 뇌는 뇌막(meninge)이라고 하는 3겹의 질긴 보호막과 두개골[1])로 보호되어 있으며 뇌막 사이의 공간과 뇌 내부의 공간들은 뇌척수액(cerebro spinal fluid)으로 채워져 있는데, 이 액체는 압력과 충격을 흡수한다.

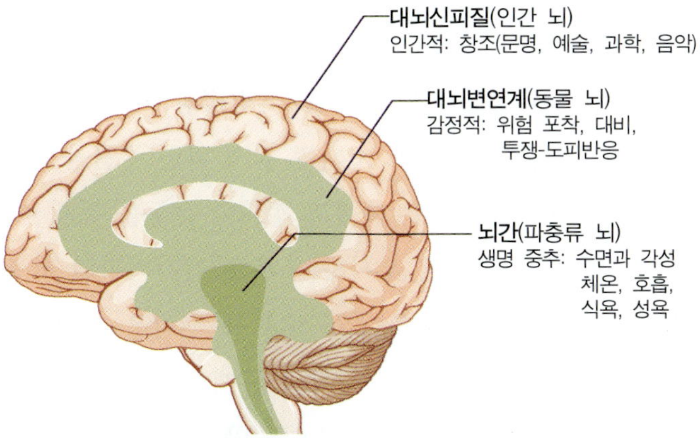

그림 2-8 뇌의 3중 구조

출처: 이시형(2010). 세레토닌하라. 중앙books. p.40.

1) 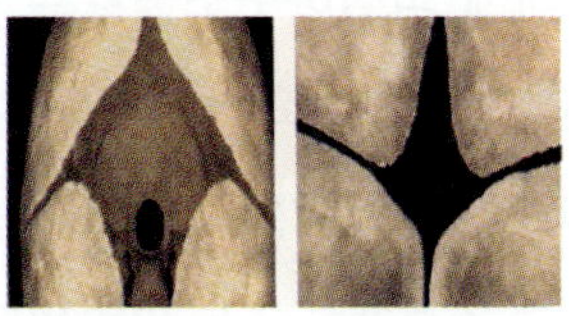

출처: 곽노의 외(2007). 영유아발달. 양서원. p.100.

신생아의 머리뼈: 신생아의 머리는 여러 개의 뼈가 모여 두개골을 이룬다. 신생아 때는 뼈들이 완전히 결합되지 않아 머리에는 6개의 구멍이 있다. 이를 '천문'이라 하는데 우리 눈으로 확인되는 것은 대천문과 소천문이다. 이들 천문은 물렁하고, 두개골이 아직 닫히지 않았기 때문에 누르면 위험하다. 정수리 앞쪽 마름모꼴 부분을 대천문이라 하고, 뒷부분을 소천문이라 하는데 소천문은 생후 6~8주 정도 되면 닫힌다. 그리고 12개월 정도가 되면 대천문 자리가 딱딱해지면서 생후 24개월 내에 모두 닫히게 된다.

그림 2-8 에서 보는 것과 같이 뇌의 구조를 크게 세 가지로 분류하면, 파충류 뇌로 비유되는 뇌간, 동물 뇌로 비유되는 대뇌변연계, 인간의 뇌로 불리는 대뇌신피질로 구분된다. 뇌간은 생명중추이며, 인간의 수면과 각성, 체온, 호흡, 식욕, 성욕을 담당한다. 대뇌변연계는 동물 뇌라고 하며, 위험 포착, 대비, 투쟁-도피반응을 담당한다. 대뇌신피질은 인간 뇌라고 하며, 인간의 창조(문명, 예술, 과학, 음악 등)를 담당하게 된다. 뇌의 외부를 감싸고 있는 것을 '대뇌피질'이라고 한다. 자세한 뇌의 구조와 기능은 그림 2-9 와 같다.

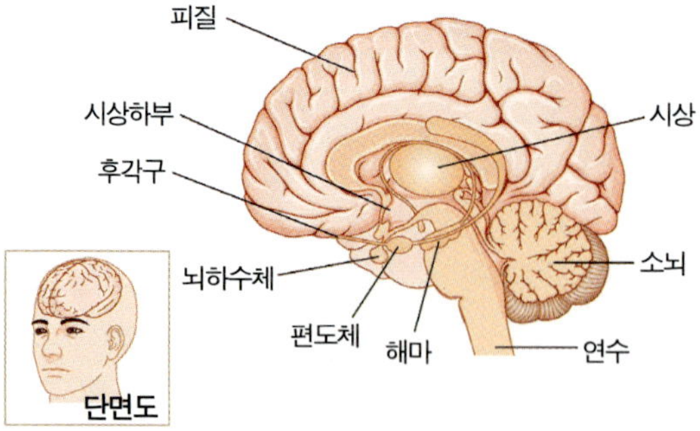

그림 2-9 **뇌의 구조**

뇌간에 위치한 연수는 뇌신경을 통해 호흡, 심장박동, 구토, 기침 그리고 재채기와 같은 생명과 직결된 행동을 담당한다. 소뇌는 깊게 파인 주름을 가진 후뇌의 구조물로서 피아노를 치거나 바느질과 같은 빠르고 정교한 운동을 통제하고 신체의 평행유지를 담당한다. 시상은 대뇌피질에 투사하는 주요 감각기관의 최종 중계소 역할을 한다. 즉, 신체의 감각기관을 통해 들어온 정보 중 후각을 제외하고는 모두 시상을 거쳐 대뇌로 전달된다. 시상하부는 뇌하수체를 통제하여 여러 호르몬 분비를 조절한다. 그리고 시상하부는 동기와 감정적인 행동의 많은 측면들을 조절한다. 만약 시상하부에 손상이 오면 동기적 행동, 즉 먹는 것, 마시는 것, 온도 조절, 성행동을 비정상적으로 하게 된다. 그리고 망상체는 흥분이나 각성, 수면을 조절하는 데 중요한 역할을 하고, 주의집중에도 중요한 역할을 한다. 대뇌피질 아래에 피질하구조물로는 변연계와 기저핵이 있는데 변연계를 구성하는 해마는 학습과 기억에 중요하고, 편도체는 정서, 특히 공포반응에 중요한 역할을 한다(그림 5-3 참조). 기저핵은 점진적이고 느린 운동을 통제하는 기능, 즉 자신에게 익숙하지 않은 행동을 하는 것과 관련된다.

3) 대뇌피질

대뇌피질의 무게는 뇌 전체의 약 80%이며, 표면이 쭈글쭈글하게 주름져 있으며, 좌우 대뇌반구로 나누어져 있다. 이곳에 가득 차 있는 뉴런(신경세포)은 신체 각 부위에서 전달된 정보를 인출하여 몸의 말단으로 명령을 보내는 역할을 한다. 대뇌피질은 각 부위별로 몸의 특정 부위에 반응하므로 뇌파의 기록을 통해 어떤 정신활동을 하는지 알 수 있다. 인간의 뇌 중에서 복잡한 정신활동이 일어나는 부분이 대뇌피질이다. 이 대뇌피질에서 고도의 감각과 지각, 운동과 기술, 사고력, 상상력, 언어활동이 일어난다. 대뇌피질은 다시 네 가지 영역인 전두엽, 측두엽, 두정엽, 후두엽으로 나누어지고, 이 부분을 제외한 나머지는 연합영역으로 대뇌피질의 약 75%를 차지한다 그림 2-10 .

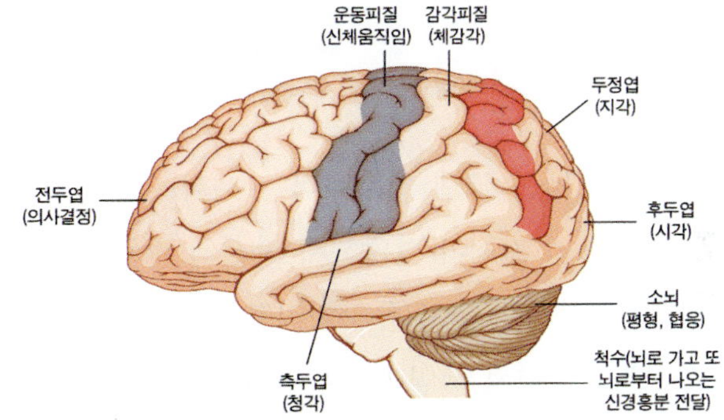

그림 2-10 대뇌피질

좌우 대뇌반구의 후두엽에는 시각정보를 처리하는 1차 시각피질이 있다. 측두엽에는 1차 청각피질이 있어, 청각정보를 처리하게 된다. 전두엽에는 근육을 통제하는 1차 운동피질이 있으며, 이 부분에서는 움직임을 계획 · 통합하고, 부적절한 행동을 억제하는 데 중요한 역할을 한다. 두정엽은 신체 각 부위에서 수용한 체감각 정보를 받아들이고 공간 내에서의 신체적 위치나 운동지각에 중요한 역할을 한다.

한편 뇌 발달이 3세까지는 영역별로 골고루 발달하지만 3세 이후부터는 부위별로 발달이 집중된다. 즉, 발달양상에 차이를 보이는데, 3~6세 사이에는 사고와 인간성을 담당하는 전두엽이 발달하게 되고, 7~12세는 뇌회로가 입체와 공간을 지각하는 두정엽과 소리를 담당하는 측두엽이 발달하게 된다.

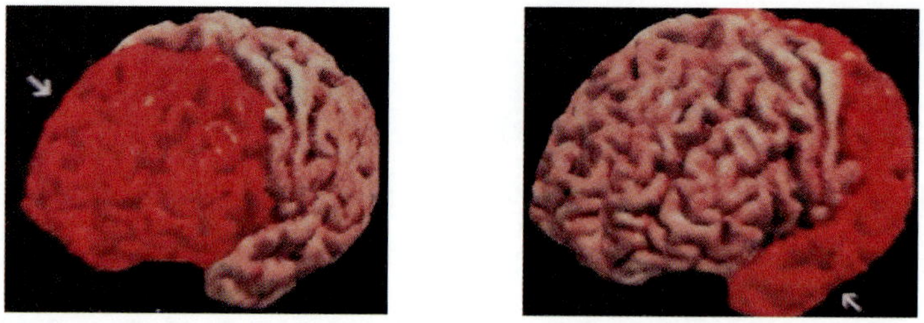

3세~6세 7세~12세

3세에서 6세까지는 전두엽 회로의 시냅스 형성이 활발하고, 7세에서 12세까지는 측두엽과 두정엽 부위의 시냅스 형성이 활발하게 나타남.

그림 2-11 유아기와 아동기의 뇌 발달

출처: 김유미(2004). 두뇌를 알고 가르치자. 학지사.

그리고 뇌는 12세 이후부터는 시각 기능을 담당하는 후두엽 발달로 넘어온다. 이 시기는 보는 기능이 발달해서 자신의 주위를 돌아보고 자신과 타인의 차이를 명확하게 알며, 자신의 외모를 꾸미려고 노력한다. 보기에 화려하고 멋진 연예인 스타나 스포츠맨들에 빠져서 열광하는 것도 시각적인 기능이 유난히 발달한 이 시기의 뇌발달 특징과 관련이 있다. 따라서 이 시기에 나타나는 이러한 특징들을 나무라고 못하게 하는 것보다 자연스럽게 느끼고 행동하도록 허용해 주고 자기 발전을 위한 성찰의 계기가 되도록 격려해 주고 이끌어 줄 필요가 있다.

전두엽은 우리가 미래에 대해 계획을 세울 수 있게 해 주는 뇌의 부분이다. 그리고 개인의 책임감, 윤리의식, 자기통제와 같은 아주 고차원적인 두뇌활동을 주관하는 곳이다. 청소년기가 되면 뇌는 정리를 필요로 하게 된다. 왜냐하면 사고와 판단력과 관련된 뇌의 영역이 갑자기 발달하게 되는데 이 부분에 대한 경험이 거의 없기 때문이다. 그래서 이 부분에 대한 적응이 필요하다. 전두엽이 덜 발달한 청소년기의 뇌는 충동조절이 어렵다. 따라서 청소년들이 갑작스럽게 반항적인 태도를 보이거나, 감정기복이 심하고 심리적·정서적 불안과 충동성을 표출하는 것들을 뇌의 발달과정에 따른 것으로 이해할 필요가 있다. 청소년 교육은 이와 같은 청소년기 뇌발달 과정의 특징을 이해하고, 청소년들에게 올바른 판단을 내릴 수 있는 가치와 행동체계, 좋은 습관들을 형성할 수 있도록 도와야 한다.

글상자

뇌 속의 인체지도: 호문클루스

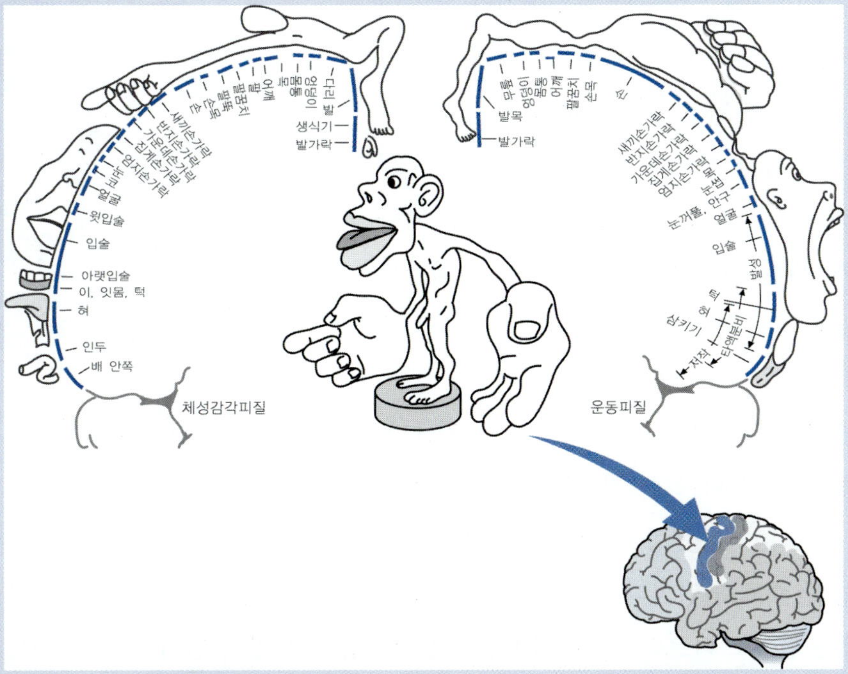

그림 2-12 와일더 펜필드(Wilder Penfield)의 뇌 지도

펜필드의 뇌 지도는 대뇌피질의 기능적 분화양상을 보여 주는 감각 및 운동기능의 지도로, 왜곡된 신체비율은 다양한 각 신체부위에 대뇌피질이 어느 정도로 관여하는지를 보여 주고 있다. 구체적으로 왼쪽은 신체부위로부터 신경정보를 받아들이는 신체감각 영역의 지도이며, 오른쪽은 뇌에서 어떤 신체부위로 신호를 보내는지를 보여 주는 지도이다. 다시 말해 펜필드의 뇌 지도는 인체 각 부위의 운동을 관장하는 영역을 펼쳐 뇌 위에 지도로 만든 것으로 운동신경 부위 면적의 30%가 손에 해당한다(입 17%, 머리 16%). 이 관계를 인형으로 만든 것을 '펜필드의 호문클루스(Homunculus of Penfield)'라고 하는데 손과 입, 혀가 비정상적으로 큰 형태이다. 뇌 지도에서 보면 손과 뇌는 밀접한 관련이 있다. 이는 손을 자주 사용함으로써 뇌를 자극할 수 있음을 시사한다고 할 수 있다.

출처: 강순희 외(2022). 영유아발달. 수양재.

4) 대뇌반구

뇌는 좌반구와 우반구로 나누어진다. 즉, 대뇌반구는 축색다발로 이루어진 뇌량(corpus callosum)으로 연결되어 있다 그림 2-13 . 좌반구는 신체 우측의 정보를 받아들이고, 우반구는 신체 좌측의 정보를 받아들이게 되는데, 뇌량을 통해 좌반구와 우반구가 정보를 교환함으로써 우리는 주변의 환경을 통합된 하나의 세상으로 지각할 수 있게 된다.

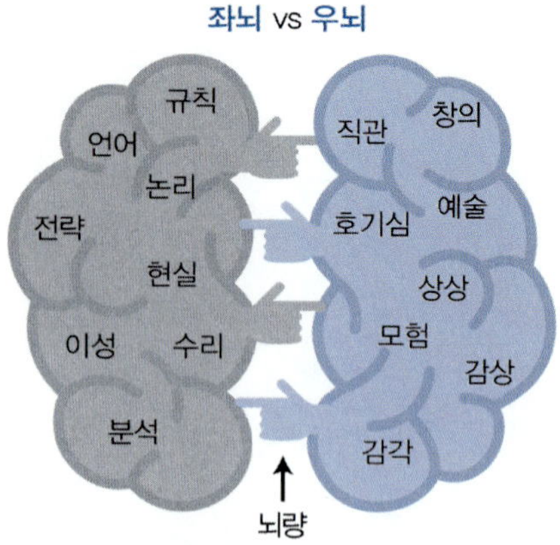

그림 2-13 뇌의 편측성

두 반구는 외형적으로는 비슷하게 생겼으나, 그 기능은 서로 다르다. 좌반구는 수학, 언어, 과학, 논리적인 기능 등을 주로 담당하고, 우반구는 음악, 미술, 공간지각, 직관적인 기능 등을 주로 담당한다. 따라서 어느 쪽의 반구가 손상되는가에 따라 외형적으로 나타나는 현상도 다르다. 특히 좌반구에는 언어중추가 있어 언어능력을 가지고 있는데, 그중 브로카(Broca) 영역에 손상을 입게 되면, 말이 느려지고 발음이 명확하지 못하고 어눌해지는 표현성 언어장애가 나타나고, 베르니케(Wernicke) 영역에 손상을 입게 되면, 말을 빨리 할 수 있고 발음도 명확하지만 전혀 말이 되지 않는 이야기를 하는 수용성·표현성 언어장애 현상을 보이게 된다 그림 2-14 .

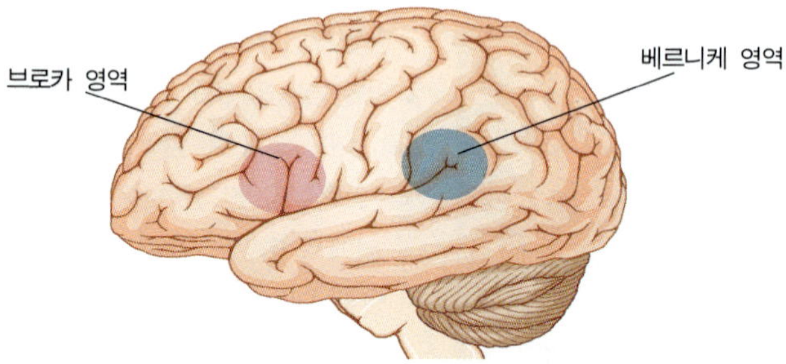

그림 2-14 좌반구에 있는 언어영역

최근에는 뇌가 균형있게 발달하지 않으면 초기에는 한가지 행동이나 물건에 집착하는 행동, 또래보다 말이 늦는 등의 증상으로 나타나면서 다양한 질환을 야기할 수 있다고 주장한다.

4. 신경심리 연구방법

1970년대 이후 뇌의 구조 및 기제에 대해 체계적으로 연구할 수 있는 의학장비들이 개발되어 이전의 전통적인 방법만으로는 밝힐 수 없었던 현상들이 밝혀짐으로써 새로운 변화를 가져오게 되었다.

현재 인지신경심리학자들은 컴퓨터단층 촬영법(CT: Compuerized Axial Tomography), 양전자방출단층 영상기법(PET: Positron Emission Transaxial Tomography), 기능성자기공명 영상기법(fMRI: functional Magnetic Resonance Imaging), 뇌파검사(EEG: Electro- encephalogragy) 등의 신경생리적 감지 기법을 사용하여 정상인이나 뇌손상환자의 뇌에서 뇌의 혈류, 신진대사량의 변화를 측정하고 있으며, 개선된 뇌파 측정 방법을 사용하여 제반 심리현상과 신경계의 관계를 연구하고 있다.

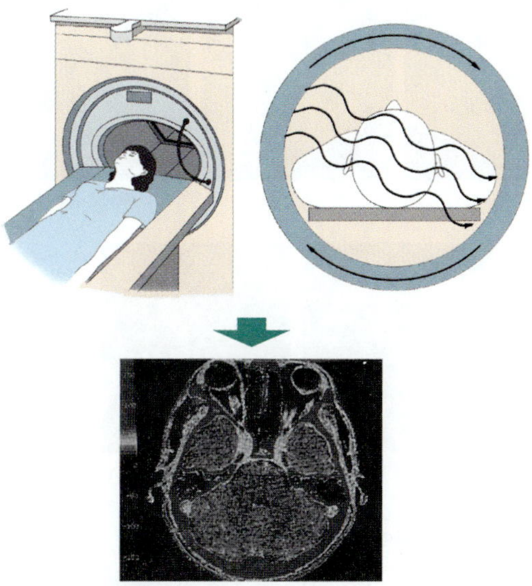

그림 2-15 **컴퓨터 뇌단층촬영술(CT)**

한 번에 1도씩 회전하여, 180도가 이루어질 때까지 계속된다. X-ray가 조직을 통과할 때 조직마다 흡수되는 정도가 다른 것을 컴퓨터로 계산하여 뇌의 영상을 그려 내는 것이다.

출처: Kalat, J. W. (1998). Biological Psychology (5th ed.). Brooks/Cole Publishing Company. p.106.

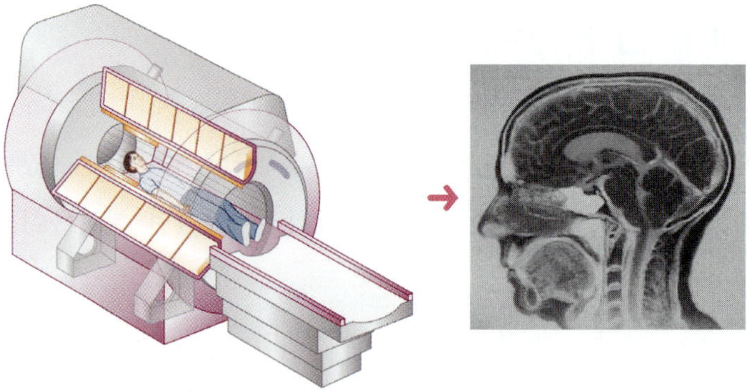

그림 2-16 자기공명술(MRI)

뇌를 방사선에 노출시키지 않고 선명도가 높은 이미지를 생성하는 것으로 강력한 자기장하에서 인체 각 장기 내에 있는 수소 원자핵의 위치 변화에 따라 방출되는 electromagnetic 에너지를 측정하여 영상화하는 것이다.

출처: Kalat, J. W. (1998). Biological Psychology(5th ed.). Brooks/Cole Publishing Company. p.109.

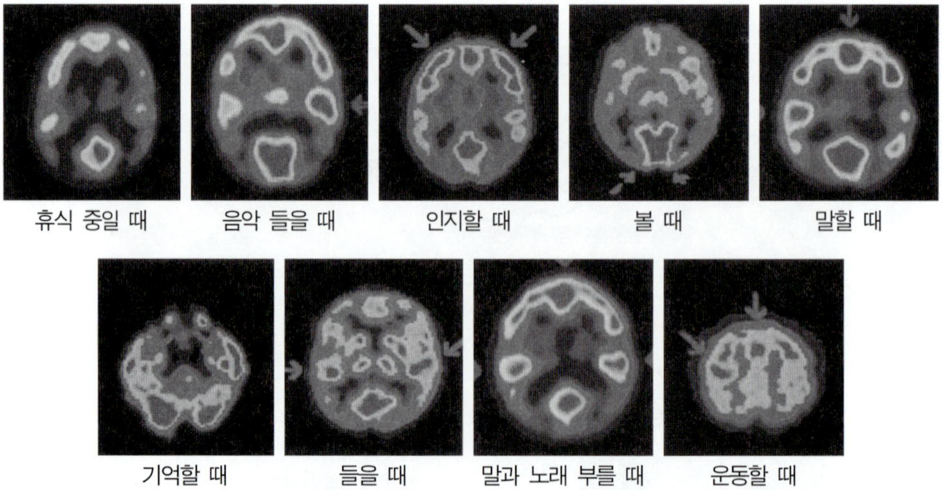

그림 2-17 양전자방출 단층촬영술(PET)

중추신경계에 화학물질을 주입하고 방출되는 양자의 대뇌 각 부위별로 측정한 다음 컴퓨터로 영상화하는 것이다. 이 방법은 혈액 속에 인체에 해가 없는 방사성 원소를 주입하면 방사성 원소가 혈액 속의 포도당과 결합한다. 뇌 속의 포도당의 작용을 직접 통제하는 방법은 없지만 포도당과 결합되어 있는 방사성 원소의 작용은 탐지가 가능하다.

출처: Kalat, J. W. (1998). Biological Psychology(5th ed.). Brooks/Cole Publishing Company. p.108.

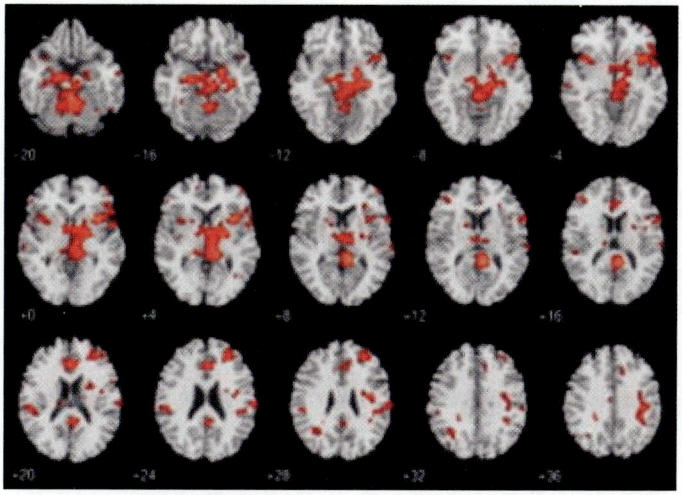

그림 2-18 기능성자기공명 영상기법(fMRI)

PET와 달리 가장 우수한 공간/시간 해상도를 가진 영상법으로 자기공명영상법과 그 촬영원리가 유사하다.

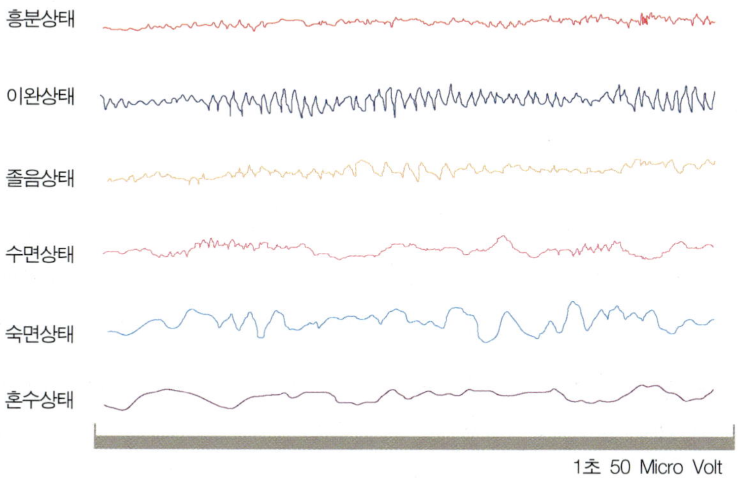

그림 2-19 뇌파활동

뇌파측정은 뇌에서 자발적으로 일어나는 뇌전위의 변화를 측정하는 방법과 특정 사건에 따른 변화를 측정하는 방법이 있다. 일반적인 뇌파측정은 수면과 의식의 수준 및 유형, 정서적 변화를 측정하는 데 사용되고 있고, 이것으로부터 발전된 BEAM(Brain Electrical Activity Mapping)은 뇌파의 보다 상세한 양적 분석을 가능하게 해 준다.

5. 뇌손상과 인지기능의 이상

신경심리학의 주요 연구주제는 뇌의 해부학적 구조뿐만 아니라 뇌의 각 부분이 어떤 기능적 전문화를 이루고 있는가? 하는 것이다. 여기서는 뇌손상에 따라 생기는 심리적, 특히 인지적 기능 이상의 예를 살펴보고자 한다.

1) 실어증(失語症: Aphasia)

언어기능은 신경학과 정신의학 연구에 있어 중요한 통찰을 제공한다. 언어중추는 우세반구, 즉 대뇌의 좌측반구에 있는데, 비우세반구도 언어기능에 다소 기여하고 있다(그림 2-14 참조). 습득한 언어기능이 국소병변에 의해 언어의 표현과 이해에 장애가 있는 상태를 실어증이라고 한다. 다시 말해 뇌의 좌측반구의 손상으로 말을 하지 못하고 언어를 이해하지 못하거나 글을 쓰지 못하는 이상 증상이다.

2) 실행증(失行症: Apraxia)

실행증은 운동마비나 운동장애가 아니면서 행위를 이해하지 못하며 또한 수의적 행위가 불가능한 상태이다. 다시 말해 뇌손상으로 인하여 행동의 부분들이 하나로 통일되지 못하는 경우이다. 이는 두뇌의 전두엽이 손상일 수 있고, 운동의 명령 신호와 부분 명령들을 조직화하는 신경중추에 이상이 생겼기 때문이다. 실행증은 실어증, 실인증과 함께 대뇌의 국소증상으로 나타난다.

3) 실인증(失認症: Agonosia)

대상사물에 대한 인지의 장애를 실인증이라고 한다. 다른 감각기관을 이용하여 확인이 가능하지만 장애가 생긴 그 감각기관으로는 확인할 수 없게 된다.

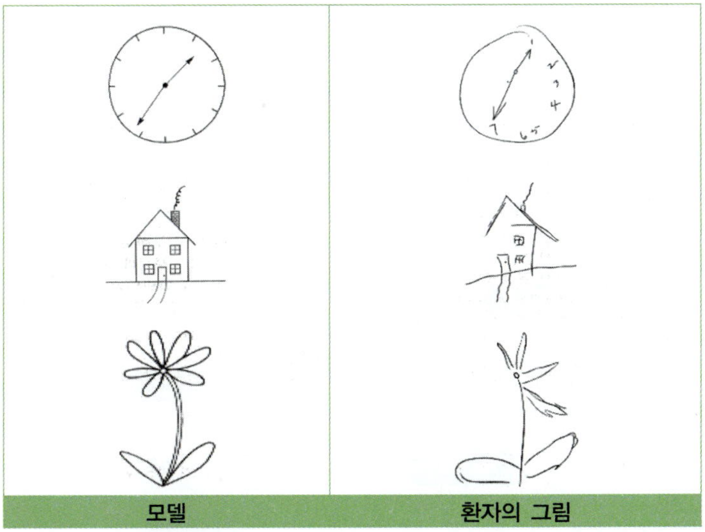

그림 2-20 반측공간실인증 환자의 그림

위의 그림은 반측공간실인증 환자가 그린 그림이다. 그림에서 보는 바와 같이 왼쪽(모델) 그림을 제시하고 그림을 그려 보라고 제시받았을 때 환자는 한쪽을 무시하고 반쪽만 인식하여 그림으로 표현하게 된다.

출처: 민성길(1987). 최신정신의학. ㈜일조각. p.209.

4) 현대인의 부적절한 습관이 뇌에 미치는 영향

(1) 알코올과 인지기능

술을 마실 때 상대방이 술에 취했다는 것을 어떻게 아는가? 혹은 당신은 술을 마시면 평상시와 다르게 행동하는 것은 무엇인가?라는 질문을 하면 대부분의 사람들은 술이 취했다는 사실을 발음이 잘 되지 않거나, 중심을 잘 잡지 못해 비틀거리거나 등의 행동으로 알 수 있다고 대답할 것이다. 또한 술을 마시고 기억이 사라지는 경험도 할 것이다. 이런 현상은 술이 뇌에 영향을 미쳤기 때문이다. 술을 마셨을 때 뇌에 미치는 영향을 구체적으로 살펴보면 그림 2-21 과 같다.

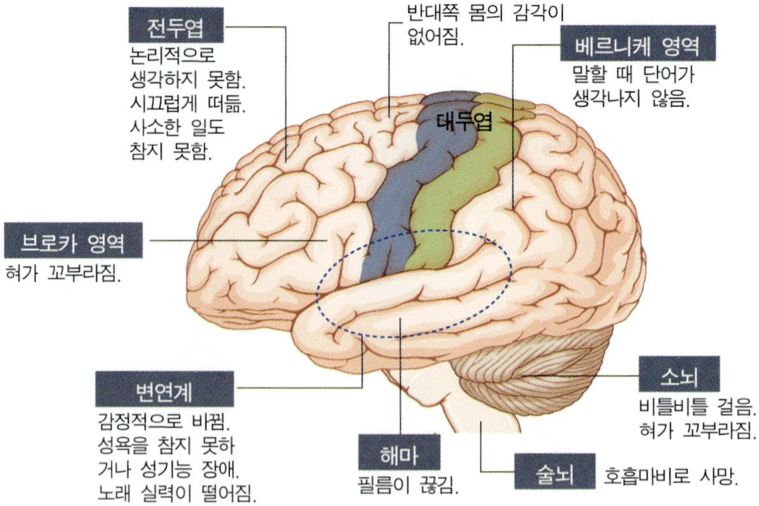

그림 2-21 **알코올이 뇌에 미치는 영향**

알코올이 뇌에 미치는 영향을 구체적으로 살펴보면, 판단력이 흐려져 사소한 일에도 참지 못하고(전두엽), 혀가 꼬부라져 발음이 잘 되지 않고(브로카 영역), 말할 때 단어가 생각나지 않고(베르니케 영역), 감정의 기복이 심하고(변연계), 비틀거리면서 걷고(소뇌), 기억이 사라지는(해마) 등의 경험을 하게 된다(중앙일보, 2007). 소위 '필름이 끊긴다'고 말하는, 즉 술을 마시고 기억이 사라지는 현상을 블랙아웃(black out)이라고 한다. 이는 알코올이 대뇌의 측두엽 해마 부분에 직접 영향을 미쳐 뇌의 정보 입력, 저장, 출력과정 중 입력과정에 이상을 일으킬 때 발생한다.

술을 급히 마시면 간이 알코올을 충분히 분해할 수 없고, 알코올은 혈액 공급량이 많은 뇌에 손상을 주게 된다. 여기에 과음이 반복되면 취중에 무슨 이야기를 하고 무슨 행동을 했는지 기억할 수 없게 되는 블랙아웃을 경험하게 되고, 이는 알코올이 뇌에 손상을 주고 있으니 술을 자제해 달라는 위험신호이다. 이러한 신호를 무시하면 음주는 광범위한 뇌 구조의 위축을 일으키며, 결국 '알코올성 치매'로 진행될 수 있다.

(2) 흡연과 지능

흡연은 호흡기와 폐 등에 부정적인 영향을 미친다는 보고 외에 백내장, 급성골수 백혈병, 자궁암, 신장암, 췌장암 및 위암을 비롯해 신체 내 거의 모든 장기에 부정적인 영향을 미치는 것으로 나타났다. 그리고 최근에는 간접흡연의 부작용에 대한 연구들이 진행되어 그 부작용에 대해 이야기하고 있다. 즉, 담배 연기 속에 포함되어 있는 각종 유독성 물질과 발암물질로 인해 흡연자는 비흡연자에 비해 전반적으로 건강하지 못하고, 일찍 질병에 걸려 사망하는 것으로 보고되고 있다.

지금까지 흡연의 부작용은 주로 신체적인 질병과의 관련성에 대한 연구들이 대부분이었다. 그러나 최근 장기간의 흡연이 지능(IQ)에도 부정적인 영향을 미친다는 연구가 보고되어 그 흥미를 더해 주고 있다.

(3) 휴대폰과 뇌

현대사회에 다양한 도구들이 개발되면서 우리의 생활을 더욱 편리하게 만들었는데, 그중 하나가 휴대폰이다. 휴대폰의 개발로 언제 어디서나 손쉽게 전화를 걸고, 문자를 주고받을 수 있게 되었다. 이런 편리함이 가져온 부작용도 만만치가 않은데, 2022년 실태조사에서 유·아동은 23.2%, 청소년은 34.9%, 성인은 18.3%, 60대는 12.3%가 잠재적 위험군으로 나타났다.

최근 연구에서는 휴대폰의 전자파가 뇌에 있는 산소 라디칼을 생성하면 뇌세포에 있는 DNA의 이중나선구조에 손상이 올 수 있다고 보고하고 있다. 일반적으로 DNA는 세포의 복제와 복구를 담당하는데, 이 기능에 손상이 되면서 돌연변이가 나타날 수 있다는 것이다. 즉, 세포에 돌연변이가 발생해 암이 나타날 수 있다고 주장한다. 또한 뇌는 혈관이 주위를 둘러싸면서 뇌를 보호하고 있는데, 전자파가 뇌혈관을 뚫을 수 있다고 주장하고 뇌혈관 장벽이 손상되면 외부의 여러 독소가 뇌 속에 들어가 뇌를 손상시키게 된다는 것이다.

연습문제

01 뉴런의 구조와 기능은 무엇인가?

02 인간의 정보전달은 전기 · 화학적인 방식으로 이루어진다고 한다.
그 이유는 무엇인가?

03 뇌의 구조에서 다음의 기능은 무엇인가?

1) 연수:

2) 소뇌:

3) 시상:

4) 해마:

5) 기저핵:

6) 편도체:

04 대뇌피질은 그 영역에 따라 네 가지로 구분한다. 대표적인 기능은 무엇인가?

1) 전두엽:

2) 측두엽:

3) 두정엽:

4) 후두엽:

Chapter 03

감각과 지각

배울 내용

1. 감각과정과 지각과정의 경로 / 2. 시지각 / 3. 청지각
4. 기타 감각기관 / 5. 형태와 거리 및 깊이지각
6. 지각항등성과 착각

학습목표

1. 감각과정과 지각과정의 경로를 이해한다.
2. 감각기관의 구조와 기능을 이해한다.
3. 지각의 원리들에 대해 이해한다.

대부분의 사람들은 '감각과 지각을 왜 심리학에서 다루는가?'에 대해 의문을 가질 것이다. 그러나 인간의 행동과 정신과정을 연구하는 심리학에서 감각과 지각에 대한 연구는 가장 기초적인 분야라고 해도 과언이 아니다. 그 이유는 우리 행동의 대부분을 잘 살펴보면 감각과 지각에 의해 이루어지기 때문이다. 즉, 눈으로 보고, 귀를 통해 듣고, 냄새를 맡고, 촉각을 느끼고, 맛을 느끼고 난 뒤, 행동이 나오게 되기 때문이다. 다시 말해 인간행동의 대부분은 감각기관을 통해 받아들인 외부 정보를 기초로 이루어진다고 할 수 있다. 이렇게 감각기관을 통해 들어온 정보에 의미를 부여하고 행동으로 이끄는 것이 지각이다. 따라서 본 장에서는 구체적으로 감각과정을 통해 어떻게 정보가 들어오고, 그 정보를 어떻게 지각하는지에 대한 원리들에 대해 살펴보고자 한다.

1. 감각과정과 지각과정의 경로

만약 선생님이 분필을 들고 "이것이 무엇이냐?"라고 질문한다면 여러분들은 그것은 분필이며, 칠판에 판서할 때 사용하는 것이고, 크기가 어느 정도인지, 어떤 색인지를 알 것이다. 그리고 예전 수업시간에 졸다가 분필에 맞아 본 사람은 그 당시의 상황과 선생님에 대한 추억도 떠올릴 것이다. 그렇다면 이런 과정이 어떻게 일어나는 것일까? 결론부터 이야기하면 이것이 가능한 것은 감각과 지각과정을 통해서이다. 먼저 감각과 지각과정의 경로를 통해 분필을 지각하는 과정을 살펴보면 그림 3-1 과 같다.

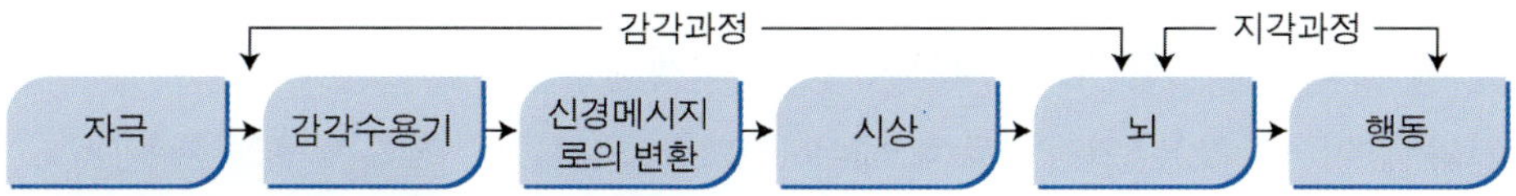

그림 3-1 감각과 지각과정

감각과 지각을 위해서는 먼저 자극이 있어야 한다(예에서 분필이 자극에 해당된다). 자극은 감각기관에 민감한 물리적 에너지 형태로 정의된다. 이 자극은 개인이 외부세계에 적응하는 데 필요한 행동을 결정해 준다. 예로 시각의 자극은 빛에너지이며, 청각의 자극은 소리(음파)이다.

1) 감각과정

감각과정은 자극이 감각수용기에 들어와 뇌까지 가는 과정을 의미한다. 그 과정을 구체적으로 살펴보면, 먼저 자극들은 감각수용기에 등록이 되는데, 감각수용기는 우리가 일반적으로 알 수 있는 5감각기관이다. 즉, 시각, 청각, 후각, 미각, 촉각이다.

감각수용기에 들어오는 정보는 시각이 80%, 청각이 15%를 차지하고, 그 나머지 기관이 5%의 정보를 받아들인다. 그렇다고 시각이 가장 중요하고, 후각, 미각, 촉각은 별로 중요하지 않다는 이야기는 아니다. 생존을 위해서는 나머지도 매우 중요한 역할을 하는데, 예로 난로 옆에서 뜨거운 것을 느끼지 못한다면 생존할 확률이 낮아질 것이다. 이처럼 생존을 위해서는 5감각기관 모두 중요한 역할을 한다.

시각은 눈으로 들어온 빛이 망막상의 세포를 자극함으로써 발생하는 감각이다. 청각은 귀에 들어온 음파가 고막을 통해서 달팽이관을 자극함으로써 발생하고 미각은 입으로 들어온 물질이 혀 표면에 있는 미뢰(味蕾)를 자극함으로써 발생한다. 그리고 촉각은 피부가 자극됨으로써 발생하고 후각은 코로 들어온 냄새가 후각세포를 자극하여 발생한다. 우리가 음식점에 갔다고 가정해 보자. 우리는 주문한 요리를 눈으로 보고(시각), 웨이터로부터 요리에 관한 설명을 듣고(청각), 맛있는 냄새를 맡고서(후각), 스푼을 들고(촉각), 요리를 입에 넣고서 맛을 보게 된다(미각).

이와 같이 5감각은 인간행동에 매우 중요한 의미를 가지는데, 이것을 증명한 실험이 헤론, 도안과 스콧(Heron, Doan & Scott, 1956)의 감각박탈실험이다. 이 실험에서 피험자들은 많은 돈을 받고 실험에 참가하였다. 그들은 광선을 보기는 하지만 특수한 형태는 볼 수 없는 반투명 안경을 쓰고, 접촉자극을 느끼지 못하도록 장갑을 낀 상태에서 침대에 누워 있으면 고액의 돈을 받았다 그림 3-2 . 식사시간과 화장실 가는 시간에만 이런 상황에서 벗어날 수 있었다. 결과 많은 돈을 벌 수 있는데도 불구하고 2~3일 후에는 대부분 실험을 거부하였다. 이런 상황을 참아 내기 어려웠던 것이다. 게다가 48시간 이상 실험에 참가했던 피험자에게서 환각 같은 증상들이 나타났고, 어떤 피험자는 불빛의 섬광과 같은 기하학적인 형태서부터 꿈과 같은 시각적 환각까지도 경험했다고 보고하였다. 말하자면 인간은 감각을 잃어버리게 되면 심리적으로도 정상적인 상태로 있을 수가 없게 되는 것이다.

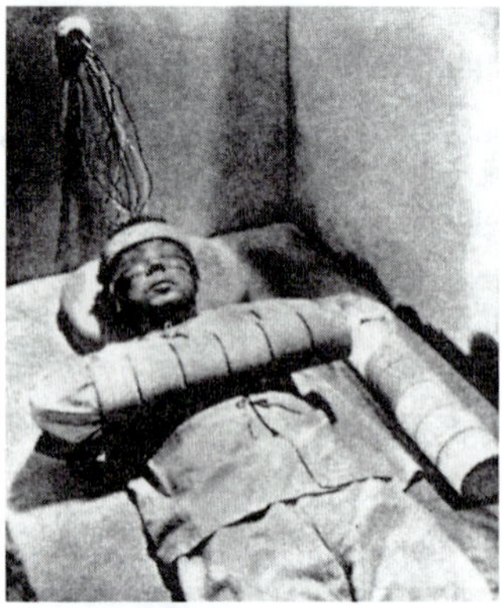

그림 3-2 감각박탈실험

외부에서 들어온 정보가 감각수용기에 등록되면 뇌로 전달하기 위해 신경세포들이 알아들을 수 있는 신호로 바뀌게 되는데, 이것은 전기신호(electrical signal)라고 하고, 신경세포의 작용에 의해 전달되기 때문에 신경메시지(neural messages)라고도 부른다. 다시 말해 감각수용기에 들어온 정보는 신경세포들이 알아들을 수 있는 신경메시지로 변환하게 된다. 그렇다면 신경메시지의 변환은 어디에서 일어날까? 사람의 몸속에서의 정보처리는 신경세포와 시냅스를 통해 일어나는데, 신경세포와 시냅스에서는 주로 전기의 형태로 정보들이 전달되거나 처리된다. 그런데 외부에서 주어지는 자극들은 그 에너지 형태가 각각 다르다. 시각의 경우는 빛에너지, 청각의 경우에는 고막의 압력 변화라는 기계적 에너지, 그리고 냄새와 맛의 경우는 화학적 에너지 형태를 말한다. 따라서 이 정보들을 사람이 이용하려면 외부 자극을 에너지 신경이 이해할 수 있는 전기에너지의 형태로 변환해야 하는데, 바로 이 작업이 감각수용기에서 일어난다. 다시 말해 신경메시지의 변환은 감각수용기에서 일어나게 된다. 신경메시지로 변환한 정보는 시상으로 들어가게 된다(2장에서 시상은 정보의 중계소 역할을 한다는 것을 상기하기 바람). 시상을 통해 정보는 뇌의 각 영역으로 퍼지게 된다. 분필의 경우는 대뇌피질에서 시각을 담당하는 후두엽에서 먼저 정보를 받아들인 다음 대뇌피질 전역으로 정보를 전달하게 된다. 지금까지의 과정을 감각과정이라고 부른다.

2) 지각과정

감각과정을 통해 들어온 정보는 다음으로 지각과정을 통해 행동으로 가능해진다. 앞의 예를 다시 한번 살펴보면, 만약 분필에 대해 학습이 되지 않은 아이에게 보여주면서 이것이 무엇이냐고 물어본다면 아이가 어떻게 대답을 할까? 물론 흰색이고 둥글게 생긴 모양에 대해서는 이야기할 수 있을 것이다(감각과정은 일어남). 그러나 어디에 쓰는 것이며, 그것과 관련된 추억은 떠올리지 못할 것이다. 위의 예처럼 분필이라고 명명하고, 어디에 사용하는 물건인지, 그리고 그와 관련된 추억을 떠올릴 수 있는 것은 지각과정을 통해서 가능하다. 즉, 감각과정을 통해 들어온 정보를 가지고 해석하고 상황을 판단하여 행동에 영향을 미치는 과정을 지각(perception)이라고 한다. 다시 말해 감각한 자극에 대해 의미를 부여하는 과정이다. 해석과 판단에 영향을 미치는 지각과정에는 과거의 경험, 훈련, 기억내용 등의 영향을 많이 받는다.

지금까지 감각과정과 지각과정에 대해서 살펴보았다. 이제는 분필을 보고 분필이라고 명명하고, 그것에 관한 정보를 떠올릴 수 있는 과정에 대해서 알 수 있을 것이다. 지금부터는 감각수용기에서 정보를 받아들이는 시각, 청각, 후각, 미각 및 촉각에 대해 살펴보면 다음과 같다.

2. 시지각

1) 빛에너지

시각의 자극은 빛에너지이다. 빛이란 태양이나 백열등, 형광등과 같은 광원으로부터 방출된 에너지인데, 이는 아주 작은 입자들로 구성된 전자기 방사선(electromagnetic radiation)이다. 다시 말해 빛이란 전자에너지를 뜻하며, 입자가 파장을 그리면서 나아간다. 파장에 따라서 색상이 달라지는데, 인간이 볼 수 있는 빛(가시광선이라고 함)이란 파장이 400nm에서 700nm에 있는 것을 지각할 수 있다.

2) 눈의 구조와 기능

빛에너지가 눈으로 들어오게 되는데 눈의 구조와 기능은 그림 3-3 과 같다. 눈의 구조는 각막과 홍채, 수양액, 동공, 수정체, 유리체, 망막, 중심와, 맹점으로 구성되어 있다. 먼저 각막(cornea)은 눈에 부딪친 에너지가 시각수용세포까지 도달하기 위해 제일 먼저 거치는 부분이다. 각막은 눈을 보호하고, 망막상에 초점이 맺힐 수 있도록 빛을 굴절시키는 역할을 한다. 이 역할을 위해 각막은 타원형처럼 굽어 있는데, 만약 좌우로 균형이 잡힌 타원형이 아니라 숟가락 모양으로 한쪽이 약간 긴 타원형이라면 빛에너지를 망막의 한 방향으로 투영시키기가 어렵다. 이런 상태를 난시(astigmatism)라고 한다. 각막을 통과한 빛에너지는 다음으로 수양액을 통과하게 된다.

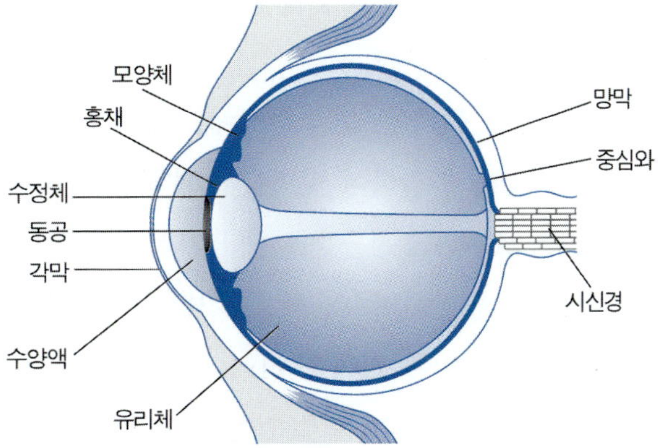

그림 3-3 눈의 구조

수양액(agueous numor)은 각막에 영양분을 공급하는 역할을 한다. 일반적으로 인간의 영양공급은 혈액을 통해 하게 되는데 만약 각막에 영양을 보급하기 위해 혈액으로 영양을 공급하게 된다면 혈관으로 인해 빛이 통과되는 데 매우 제한적일 수밖에 없다. 또한 각막에 영양분을 공급하기 위해 혈액이 지나간다면 우리는 호수 같은 눈, 맑은 눈 등의 언어를 구사할 수 없을 것이다. 이 수양액은 계속 바뀌어야 하는데 수양액이 못 빠져나가게 되어 생기는 것을 녹내장(glaucoma)이라고 한다. 수양액이 빠져나가지 못함으로써 시신경이 빠져나가는 부분에 압력을 가하게 되어 결국 시신경을 파괴하고 실명의 위험에 이르기도 한다. 하지만 현대에는 눈의 압력을 측정할 수 있는 장비들이 개발되어 초기에 발견하면 녹내장은 치유될 수 있다.

수양액을 통과한 빛은 동공(pupil)을 통과하게 된다. 동공이란 눈의 정면에서 보면 홍채(iris)의 가운데 투명하게 보이는 구멍을 말한다. 그러므로 동공은 구조물이 아니라 공간을 의미하며 빛을 통과시키는 역할을 한다. 우리가 많은 정보를 받아들이거나, 관심 있는 현상을 볼 때는 눈이 커진다라고 표현한다. 이것은 동공을 확장시키기 위한 것이다. 즉, 많은 정보를 받아들이기 위해서는 빛의 통과를 많이 해야 하기 때문에 동공을 확대하기 위해 눈을 크게 떠 보는 것이다. 홍채는 근육으로서 빛의 양을 조절하고, 눈의 색을 결정한다. 그리고 홍채의 조절로 동공의 크기가 조절되는 현상은 중추신경계의 명령에 따른 반응이 아니라 빛의 강도에 따라 자율적으로 움직이게 된다.

동공을 통과한 빛은 수정체(crystalline lens)를 통과하게 된다. 수정체는 동공을 통과한 빛의 양을 조절하여 망막상에 맺히도록 하는 역할을 한다. 이를 위해 수정체는 조절작용(accommodation)을 하는데, 망막에 물체의 상이 잘 맺히도록 수정체가 두께를 조절하는 것을 말하며, 이 작용은 빛이 물체에 반사되어 들어오는 거리에 의해 조절된다. 다시 말해 아주 가까운 거리에 있는 물체에서 반사된 빛에너지가 들어오면 수정체는 두꺼워지고, 먼 거리에 있는 물체에서 반사된 빛 에너지가 들어오면 수정체는 얇아진다. 나이가 들면 수정체가 투명하지 않고, 이끼와 같은 것이 끼게 되는데 이 현상을 백내장(catatact)이라고 한다. 이 현상으로 빛에너지가 수정체를 거의 통과하지 못할 때에는 이를 제거하고 인공수정체로 갈아 끼우게 된다. 인공수정체로 갈아 끼우는 백내장 수술을 받고 나면 수정체가 매우 투명하여 사물을 매우 잘 지각할 수 있게 된다. 그러나 인공수정체는 조절작용을 하지 못하기 때문에 수술 후 초점이 맞지 않아 돋보기 안경을 통해 초점을 맞추어야 하는 불편함이 있다.

유리체는 눈의 모양을 둥글게 하는 역할을 한다. 이렇게 유리체를 통과한 빛은 망막상에 맺히게 되는데, 망막에 있는 시각수용기 세포가 빛에너지를 전기적 에너지로 변환시킨다. 망막에는 두 가지의 시각수용세포가 존재하는데, 원추체(cone)와 간상체(rod)가 그것이다. 이 시각수용기는 자극의 밝기와 색상 등에 관한 정보를 시각정보처리기관에 전달해 주는 역할을 한다. 그렇다면 왜 수용기 세포가 두 종류일까? 우리는 빛 자극을 통해 물체가 어디에 있는지, 움직이는지에 대해서도 알아내야 하고, 또 그것이 무엇인지도 알아내야 하는데, 이들을 파악하는 데 필요한 정보의 수준이 다르다. 어디에 있는지 그리고 그것이 움직이는지 여부는 밝기의 차이가 조금만 있어도 대충 파악할 수 있지만 그 물체가 무엇인지를 파악하려면 그보다 훨씬 더 세밀한 정보가 필요하고, 한 종류의 수용기만으로 이 두 가지 목적을 달성하기란 쉽지 않다. 하지만 사람의 눈에는 서로 다른 반응특성을 가진 원추체와 간상체라는 두 종류의 수용기 세포가 있어서 이 두 가지 목표를 달성한다. 즉, 원추체는 색채와 세밀한 부분까지 구분할 수 있는 대신, 빛의 밝기에는 민감하지 않는 반응특성을 보이고, 간상체는 색채 등은 구분하지 못하지만 원추체에 비해 훨씬 약한 밝기의 빛 자극에 대해서도 반응한다. 다시 말해 원추체는 색상을 담당하고, 대부분 망막의 중심와에 분포되어 있으며, 밝은 빛에서 활동을 하는 반면, 간상체는 명암을 담당하고, 중심와 외의 망막의 주변에 분포되어 있으며, 어두운 빛에서 활동을 한다. 따라서 눈이 빛에 순응하는 현상 중 명순응에는 원추체가 암순응에는 간상체가 관여한다. 또한 원추체에 이상이 생기면 색맹이나 색약이 나타나고, 간상체에 이상이 생기면 야맹증이 나타난다.

다음으로 시각의 구조에서 중심와(fovea)와 맹점(blind spot)이 있다. 망막의 가운데는 중심와로 불리는 약간 오목한 부분이 있는데 이 부분은 원추체만 있으며 가장 세밀한 상을 맺는 부분이다. 맹점은 망막의 부위에 자극이 주어져도 우리가 그 자극을 지각할 수 없는 부분이다. 그 이유는 시신경이 눈에서 나오는 부분에는 수용기 세포가 없기 때문이다.

3) 순응

낮에 친구와 극장에 갔을 때, 처음 극장 안으로 들어갔을 때는 자신의 좌석이 어디인지 잘 찾지 못하다가 시간이 조금 지나면 극장 안이 점차 잘 보이게 되어 자신의 자리를 찾았던 경험을 한 번쯤은 가졌을 것이다. 이 현상을 암순응이라 한다. 암순응이 되는 데 걸리는 시간은 간상체와 원추체에 들어 있는 시각 색소물질이 화학적으로 구성되는 데 걸리는 시간의 함수이다. 즉, 극장에 들어가기 전에는 원추체가 시각을 담당하고 있는데 극장에 들어가는 순간 그 역할을 간상체가 담당해야 하기 때문에 암순응 현상이 나타난다. 이와 반대로 영화를 다 관람하고 밖으로 나왔을 때 눈이 부신 것을 경험하게 되는데 이 현상은 명순응이라고 한다. 일반적으로 암순응이 되는 시간보다는 명순응이 되는 시간이 더 짧다.

4) 색채지각

당신은 몇 가지 색을 알고 있는가? 이런 질문을 받고 색 이름을 말한다면 몇 가지를 답하고는 모른다고 할 것이다. 그러나 우리는 수없이 많은 색을 경험한다. 정확한 색 이름을 명명하지는 못해도 무언가 다른 색이라는 것을 지각할 수 있다. 예로 파란색을 보여 주면 파란색이라고 할 것이다. 그런 후 파란색 계통의 색을 보여 주면, 파란색은 아니지만(정확한 색 이름을 명명하지는 못하지만) 조금 전에 보았던 파란색보다 더 파란색, 또 다른 색을 보여 주면 조금 전보다 더 연한 파란색, 파란색보다 좀 더 밝은 파란색 등으로 표현할 수는 있다. 이처럼 우리는 파란색에 대해 정확한 색 이름을 명명하지는 못해도 수없이 많이 지각할 수 있을 것이다. 정상적인 사람은 약 700만 가지의 색을 구분할 수 있다고 한다(Bruce & Green, 1990).

그렇다면 우리는 색을 어떻게 지각할 수 있는가? 빛에너지의 파장이 색채지각에 영향을 미치는데, 이 물음에 대한 대답으로는 삼원색설과 대립과정설을 들 수 있다. 색채지각이론에서 하나 기억해야 할 것은 삼원색설과 대립과정설이 하나는 옳고, 다른 하나는 그른 것이 아니라 시각처리과정 중 각기 다른 단계에서 영향을 미친다는 점이다. 즉, 수용기 수준에서는 삼원색설이 주장하는 방식으로 처리가 일어나지만, 그 이후의 단계에서는 대립과정설이 주장하는 방식으로 처리가 진행된다는 것이다.

(1) 삼원색설

삼원색설은 색채를 결정하는 시각수용세포 세 가지가 존재하고, 이 세 가지 시각수용세포는 파장에 따라서 빛에너지를 여과시키는 역할을 하며, 그 결과 색채를 지각하게 된다는 것이다. 다시 말해 원추체에 있는 세 가지 색 수용기, 파랑, 초록, 빨강계통의 색들의 상대적인 활동 양상에 따라 여러 가지 색을 경험하게 된다고 보는 이론이다. 그러므로 삼원색 이론에서의 색채지각은 세 가지 시각수용세포가 어느 정도의 강도로 작용하는가에 따라서 달라진다는 것이다. 만약 세 가지 종류의 시각수용기 세포 중 한 가지가 없는 경우, 이를 색약(color weakness)이라고 하고, 세 가지 모두가 없는 경우 색맹(color blindness)이라고 한다.

(2) 대립과정설

대립과정설(opponent process theory)은 6개의 심리적 기본색 성질들, 즉 적색, 녹색, 청색, 황색, 흑색 그리고 백색이 있으며, 각각은 자신에 대응하는 상이한 신경과정을 갖고 있다고 주장한다. 이런 색들은 3개의 대립과정 쌍들, 즉 적색-녹색, 청색-황색 그리고 흑색-백색으로 체제화되며 이들은 동시에 나타날 수 없다고 한다. 다시 말해 한 요소의 흥분은 자동적으로 다른 색을 억제한다는 것이다. 예로 적색-녹색 쌍에서 적색이 활성화되면 녹색은 억제되고, 청색-황색에서 청색이 활성화되면 황색이 억제가 된다. 이런 경우 활성화된 적색과 청색이 결합되어 우리가 지각하는 색은 보라색이 된다는 것이다.

3. 청지각

1) 주파수와 진폭

소리는 주파수와 진폭이라는 사인파의 두 가지 물리적 속성에 따라 서로 다르게 들린다. 주파수(frequency)는 주어진 시간에 사인파의 주기(사이클)가 반복되는 횟수로 측정된다. 주기란 한 파의 정점에서 다음 파의 정점까지의 간격이다. 소리의 주파수는 대개 초당 주기의 횟수로 측정되는 헤르츠(Hz)로 표현된다. 진폭(amplitude)은 사인파의 강도와 관련된 물리적 속성인데, 파의 높이로 측정되며 음압(sound pressure)의 단위로 정의된다.

2) 귀의 구조와 기능

귀의 구조는 크게 외이, 중이, 내이로 구분되는데, 각각의 위치와 기능은 다음과 같다 그림 3-4 .

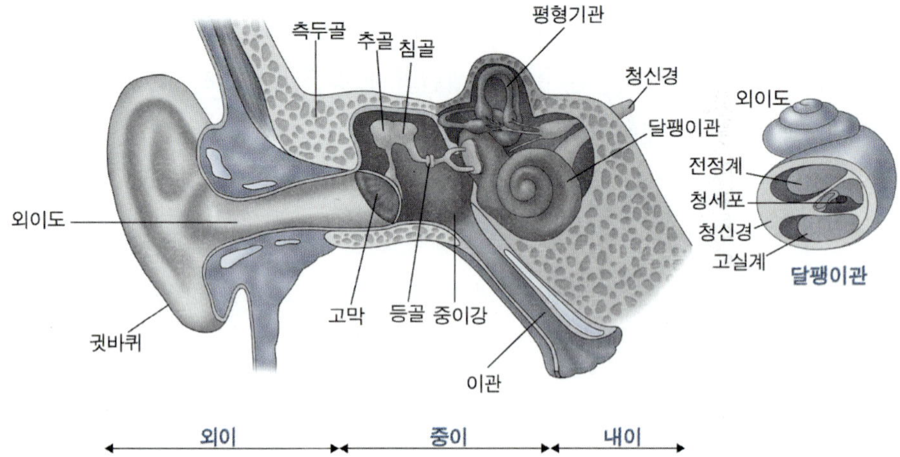

그림 3-4 귀의 구조

(1) 외이(External ear)

외이는 청각기관 중 가장 바깥쪽에 있는 귓바퀴(이개), 외이도, 그리고 고막으로 구성되어 있다. 귓바퀴(이개)는 구조상 깔때기 모양을 하고 있으며 소리를 모아 주는 역할을 한다. 귓바퀴(이개) 기형이나 외상에 의한 절단 또는 일부 손실의 경우 소리를 모아 주는 기능에 영향이 있으나 자각할 정도의 난청은 없으며, 성형 수술을 통해 치료하게 된다. 외이도는 완만한 S자 모양을 이루고 있으며, 고막을 보호하는 역할을 하고 고막이 일정한 온도와 습도를 유지하는 데 도움을 준다.

(2) 중이(Middle ear)

중이는 외이도 골부에 연결되어 고막을 경계로 측두골 내부에 있으며, 이소골과 이내근 등 해부학적 구조물을 싸고 있는 중이강, 측두골, 유양동, 이관 등으로 구성되어 있다. 중이강에는 소리 전달에 있어서 가장 중요한 추골, 침골, 등골의 세 개로 구성된 이소골과 강한 소리로부터 청각기관을 보호하는 데 관여하는 등골근, 고막장근의 이내근이 있다. 이관은 중이강의 압력이 대기와 같도록 유지시켜 주는 환기구멍 역할을 하여 고막이 팽팽하지 않고 느슨한 상태에서 효과적으로 진동할 수 있도록 도와준다. 유아의 이관은 성인과 비교하여 그 길이가 짧고, 골부와 연골부가 연결되는 협부가 불완전하며, 중이강 쪽과 비인강 쪽의 입구 높이가 비슷하여 인두염이 생길 경우 중이염으로 파급되기 쉽다.

(3) 내이(Inner ear)

내이는 청각신호 전달경로에서 대뇌가 인식할 수 있는 방식으로 바꾸어 청신경으로 전달시키는 역할과 몸의 균형을 유지하는 역할을 담당하며, 형태와 내부 구조가 매우 복잡하여 미로라고도 한다. 앞쪽으로부터 청각기능을 담당하는 달팽이관(와우), 균형을 담당하는 전정, 반규관의 세 부분으로 나누어져 있다.

우리가 소리를 지각하기 위해서는 외부 에너지를 뇌 속의 에너지 형태로 변형시키는 과정을 통해 이루어진다. 먼저 공기 속의 음파가 달팽이관(cochlea) 속에 있는 액체의 파로 변환되어야 하고, 이 액체의 파는 기저막을 진동시켜야 하고, 이 진동은 전기적 충격으로 전환되어야 하며, 이 충격이 청각피질까지 전달되어야 우리는 소리를 지각하게 된다. 공기 속의 음파가 달팽이관 속에 있는 액체의 파로 변환되는 과정을 좀 더 자세하게 살펴보면, 첫째, 진동하는 공기분자가 귓속으로 들어간다. 이들 중 일부는 귓구멍으로 바로 들어가고, 나머지는 귓바퀴(pinna)에 반사되어 들어가게 된다. 이 음파는 귓구멍을 통해 귓구멍 끝에 있는 고막(eardrum)까지 전달된다. 그런 다음 음파의 진동에 의해 고막이 움직이기 시작한다. 고막은 바깥 귀의 진동을 내이로 전달하게 된다. 내이의 뼈는 기계적으로 연결되어 있어 고막의 진동을 집중시켜 내이에 위치한 달팽이관으로 전달한다. 둘째, 기저막을 진동시키기 위해서는 공기 속의 음파가 "물 속"의 음파로 바뀌게 된다. 달팽이관은 액체로 차 있으며, 달팽이처럼 감겨 있고, 그 관의 중간에는 기저막(basilar membrane)이 끝까지 깔려 있다. 등골의 진동은 달팽이관의 기저에 있는 난원창을 진동시키고 이 진동은 달팽이관 속 액체를 움직이게 하고 이 움직임은 기저막을 파도처럼 진동시킨다. 셋째, 기저막의 진동이 막에 붙어 있는 작은 모세포를 구부렸다 펴게 함으로써 이루어진다. 이들 모세포가 굽으면서 신경종말을 자극함에 따라 기저막의 기계적 진동이 신경활동으로 변형된다. 마지막으로 신경반응이 달팽이관을 떠나 청신경(auditory nerve)을 따라가고, 이들 청신경 섬유는 뇌간의 와우핵에 모인다. 시각체계의 시신경이 교차되는 것과 비슷하게 각 귀에서 들어오는 자극도 뇌의 양쪽으로 전달된다. 청각 신호는 와우핵 이후의 다른 핵들을 통과한 후에 대뇌피질의 측두엽에 위치한 청각피질(auditory cortex)로 전달되어 소리를 지각하게 된다.

4. 기타 감각기관

1) 후각

우리는 코에 있는 냄새 수용체 세포에서 자극을 받아 냄새 분자의 구조를 인식하게 됨으로써 냄새를 느끼게 된다. 냄새 분자는 만 개 이상의 종류, 약 350가지의 냄새 수용체에 의해 인식되는 것으로 알려져 있다. 냄새 분자를 수용하면 수용체는 활성화되어 뇌 속의 후구라는 곳에 전기적 신호를 보내고 되고, 후구에 집약된 전기

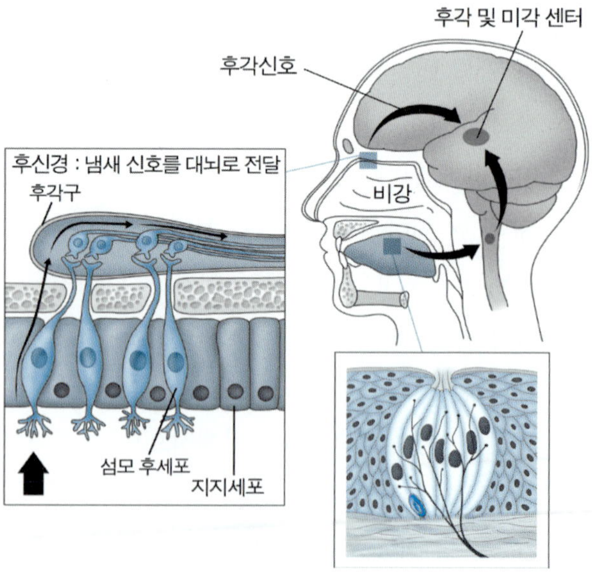

그림 3-5 후각의 구조

신호를 종합하여 우리는 냄새를 지각하게 되는 것이다 그림 3-5 .

2) 미각

우리의 혀는 표면이 우둘투둘한 유두(paillae)로 덮여 있다. 유두 중 대부분은 미뢰(taste bud)라고 하는 미각 수용기 세포를 가지고 있다. 미각 수용기 세포의 반응을 기록해 보면 각 수용기 세포는 네 가지 기본 맛인 단맛, 신맛, 짠맛, 쓴맛 중 한 가지에만 가장 활발하게 반응하는 것으로 나타났다 그림 3-6 . 짠맛을 느끼게 되는 과정을 살펴보면 미뢰의 안쪽과 바깥 부분에는 수용액에 녹아 전기를 띠는 이온이 있다. 혀로 짠맛을 느낄 때는 미뢰 바깥쪽에 있는 이온과 세포막을 사이에 두고 안쪽 세포 내의 이온 농도가 균형이 깨지면서 거기에 전위가 생성되어 전기가 흐르게 되고, 그 결과가 신경으로 전달되어 최종적으로 뇌에서 짠맛을 느끼게 되는 것이다.

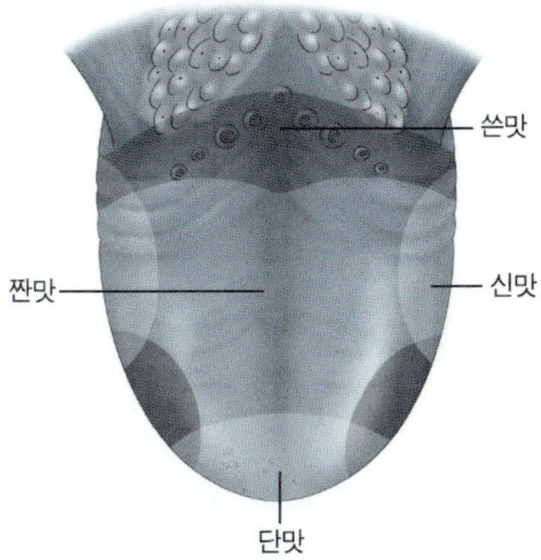

그림 3-6 미각의 구조

3) 촉각과 피부감각

피부는 매우 다양한 기능을 가진 기관이다. 외적인 상처로부터의 보호, 체액유지, 체온조절을 돕는 기능 외에 피부는 압감, 온감 및 냉감을 생성하는 신경종말을 갖추고 있다. 이들 감각경험을 통틀어 촉각 또는 피부감각이라 한다.

그림 3-7 에서 보는 것과 같이 압감, 온감, 냉감 등의 촉감에는 여러 가지 유형의 수용기가 작용한

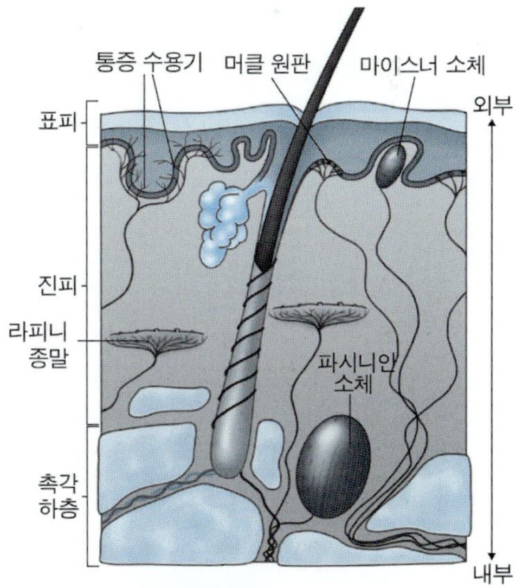

그림 3-7 피부의 구조

다. 예로 마이스너 소체(Meissner corpuscles)는 자극물이 피부를 문지를 때 가장 활발하게 반응하며, 머클 원판(Merkel disks)은 작은 물체가 피부를 지그시 누르고 있을 때 가장 활발하게 작용한다. 또한 온감 담당 수용기와 냉감 담당 수용기는 서로 다르다. 한 가지의 수용기가 온도계처럼 작용하는 것이 아니라 우리의 뇌는 온감 신호와 냉감 신호를 통합하여 환경의 온도 변화를 감지하게 되는 것이다.

5. 형태와 거리 및 깊이지각

인간이 환경에 적응하면서 살아가기 위해서는 어떤 사물이 어디에 있는가를 아는 것은 매우 중요하다. 따라서 환경을 지각하는 유기체는 실제로 다음과 같은 물음을 던지고 있으며, 이에 대한 해답이 생존에 매우 중요하다고 할 수 있다.

- 무엇이 있는가?
- 어디에 있는가?

위의 질문에서 '무엇이 있는가?'에 대한 해답은 우리가 형태지각을 어떻게 하는지, '어디에 있는가?'에 대한 질문은 거리 및 깊이지각을 통해 그 해답을 찾을 수 있다. 이 물음들을 생각하면서 형태지각, 거리 및 깊이지각에 대해 살펴보면 다음과 같다.

1) 형태지각

시각에서 물체를 인식하는 가장 일차적인 수단은 형태지각을 통해서이다. 즉, 형태지각은 우리가 어떤 것이 물체인지, 어떻게 지각하고 인지하는가에 대한 해답을 제공해 준다. 이러한 형태지각은 다음에 제시되는 원리에 따라 이루어지게 된다.

(1) 전경과 배경의 분리

형태를 보는 첫 단계는 그 대상을 배경으로부터 분리하는 것이다. 전경으로 보이는 부분은 보다 응집되어 있고 명료한 윤곽을 갖는다. 이에 비해 배경으로 보이는 부분은 형태가 없고, 전경 뒤에 연장되어 있는 것으로 보인다.

그림 3-8 가역적인 전경-배경 패턴

가역적인 전경-배경 패턴으로 그림(a)는 두 사람의 옆얼굴 그림자로도 보이고, 흰 화병으로도 보인다. 또한 그림(b)는 보는 관점에 따라 젊은 여인으로 혹은 노인으로 보이기도 한다. 그림(c)와 그림(d)에서는 천사들과 악마, 색소폰을 연주하는 사람과 여인을 볼 수 있다.

(2) 지각 집단화

이 원리는 형태주의 심리학자들에 의해 주장된 것으로 그들은 어떤 상황이나 자극을 이해할 때 요소의 합이 아니라 전체적인 맥락에서 지각해야 한다고 주장한다. 다시 말해 자극의 각 부분은 그대로 지각되는 것이 아니라, 대상의 질이나 형태 등의 외적 조건 혹은 유기체의 경험능력 등에 따른 내적 심리조건 등에 의해 어떤 형태로 조직화된다는 것이다. 그리고 그들은 형태를 지각하는 데에는 몇 가지 법칙들이 존재하는데, 그 법칙은 다음과 같다.

① 유사성

여러 가지 물건이 동시에 자극물로 제시될 때 그 형태 혹은 특성이 비슷한 것끼리 하나의 형태 혹은 집단으로 묶어서 지각하려는 경향성이다.

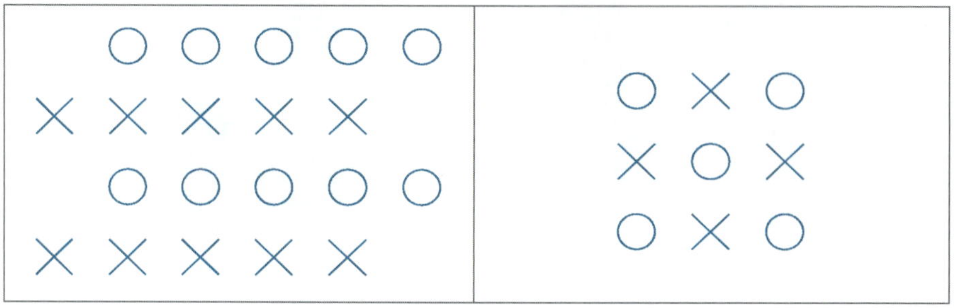

그림 3-9 유사성

위의 그림에서 보면 O는 O끼리 조직화되고, X는 X끼리 조직화되어 각기 선 혹은 정방형을 이루고 있는 것으로 지각한다.

② 근접성

동일한 속성을 지닌 자극들이라면 시공간적으로 보다 근접한 자극들을 하나의 집단으로 지각하려는 경향을 말한다.

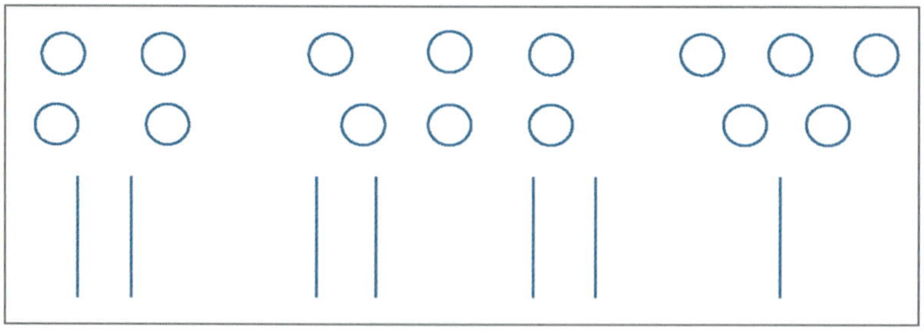

그림 3-10 근접성

위의 그림에서 보면 O는 모여 있는 것끼리(4개, 6개, 5개로), 선은 가까운 것끼리 (2개, 2개, 2개, 1개로) 짝지어 지각한다.

③ 연속성

직선적 또는 원만하게 이어지는 자극들은 하나의 형태로 조직화되어 지각된다.

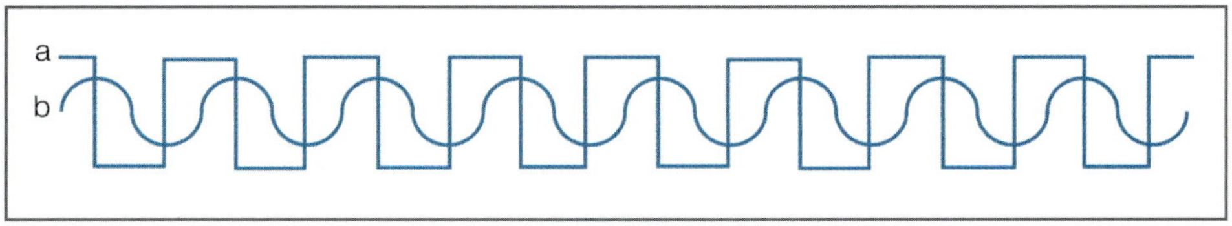

그림 3-11 연속성

선 a와 선 b는 선으로서 연속성과 규칙성을 가지기 때문에 잘 조직화되며 선 이외의 도형으로 지각하지 않는다.

④ 완결성

공백이나 결손된 부분이 있어도 그 부분을 보완하여 완성된 형태로 지각하려는 원리를 말한다.

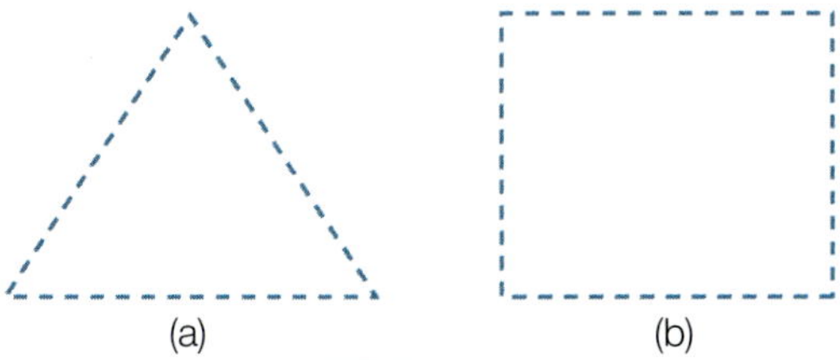

그림 3-12 완결성

(a)와 (b)는 완전한 것은 아니지만 (a)는 삼각형으로 (b)는 사각형으로 지각을 하게 된다.

2) 거리 및 깊이지각

그림 3-13 에서 Ⓐ와 Ⓑ 중 어느 것이 더 멀리 있는 것으로 지각되는가? 여러분들이 Ⓐ가 Ⓑ보다 더 멀리 있는 것으로 지각한다면 이것이 거리 및 깊이지각이다. 다시 말해 이 그림은 현재 2차원의 정보인데 여러

그림 3-13 거리 및 깊이지각

분은 3차원으로 지각하고 있는 것이다. 즉, 망막상에 맺힌 정보는 2차원의 정보인데 우리는 3차원의 정보로 인식한다. 왜 그럴까? 그것은 2차원의 정보에 깊이 및 거리를 지각할 수 있는 단서가 있기 때문이다. 거리지각은 두 눈에 의해서 이루어지기도 하고, 각 눈에 대한 자극 속에 존재하기도 한다.

(1) 양안단서

한 눈을 가지고 있어도 3차원적 형태를 포함해서 색채, 형태 및 공간관계를 볼 수 있다. 그러나 두 눈은 전체 시야가 크며 눈이 협동해서 입체적 시각에 있어 정확한 거리감각을 갖게 된다.

사람의 두 눈은 6.5cm 가량 떨어져 있어 두 눈의 시야는 조금씩 달라 두 눈이 만드는 상에 차이가 생기는데 이는 망막의 부등성에 의한 것으로, 이를 양안부등(retinal disparity)이라고 한다. 예로 자신의 오른손에 볼펜을 잡고 쭉 뻗은 다음 한쪽 눈을 번갈아 가면서 깜박이고, 자신의 손을 얼굴 쪽으로 당긴 다음 번갈아 가면서 깜박거려 보라. 어떤 차이가 있는가? 쭉 뻗은 상태에서의 볼펜의 움직임보다 얼굴 앞으로 당긴 상태에서의 볼펜의 움직임 정도가 더 클 것이다. 이런 차이로 거리를 지각하는 것을 양안단서라고 한다. 즉, 멀리 있을 때와 가까이 있을 때의 물체의 위치 차이를 통해 거리를 파악하게 된다.

(2) 단안단서

거리와 깊이를 한쪽 눈으로도 알 수 있는데, 이에 효과적으로 작용하는 단서들이 있다. 그림 3-14 에서 보는 것과 같이 한 대상이 다른 대상의 시야를 가릴 때, 즉 중첩이 될 때 전자가 가까이 있는 것으로, 크기가 큰 것을 가까이 있는 것으로, 평면상에서 아래쪽에 있는 것을 가까이 있는 것으로, 그리고 거리에 따른 결(texture)의 차이가 있어서 거칠고 세밀한 조직은 가까이 있는 것으로 지각되고, 거리가 멀수록 그 반대로 지각된다.

종합하면 3차원의 지각을 가능하게 하는 단안단서, 양안단서 등에 의한 단서들이 많을수록 좀 더 정확하고 신뢰로운 판단을 내리게 된다.

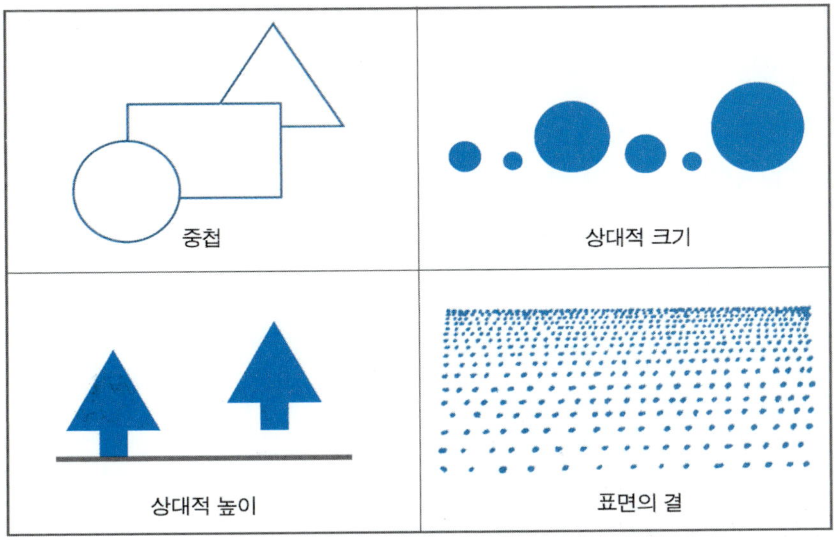

그림 3-14 단안단서

(3) 운동단서

그림 3-15 와 같이 우리가 기차나 버스를 타고 가면서 창문을 통해 밖을 보았을 때, 먼 곳에 있는 물체는 천천히 움직이고 가까이 있는 것은 빨리 지나가는 것을 경험할 수 있다. 이 현상은 물체의 거리에 대한 지각이 운동속도와 관련이 있기 때문이다. 즉, 망막상에서 물체가 움직이는 시간에 있어 가까운 곳에 있는 물체와 멀리 있는 물체가 차이가 나는데, 이러한 현상을 운동시차현상(motion parallax phenomenon)이라고 한다. 따라서 빨리 지나가는 물체는 가까이 있는 것이며, 천천히 지나가는 물체는 멀리 있는 것으로 지각하게 된다.

그림 3-15 운동시차현상

(4) 안구운동단서

안구운동단서는 안구의 근육운동을 통해 깊이나 거리를 지각하게 되는 것을 말하는데, 여기에는 조절과 수렴이 있다. 조절은 수정체의 두께가 두꺼워질수록 물체가 가까이 있고, 수정체의 두께가 얇아질수록 물체가 더 멀리 있다는 것으로 지각하는 것을 말한다. 수렴은 물체의 거리에 따라서 두 안구가 좌우로 위치를 변동하는 것을 말한다. 다시 말해 두 눈의 초점이 중심부로 수렴하는 정도가 심하면 심할수록 가까운 곳의 물체로 지각하게 된다는 것이다.

6. 지각항등성과 착각

1) 지각항등성

만약 낮에 시장에서 토마토를 사서 냉장고에 넣어 놓았다가, 저녁에 잠을 자다가 일어나 부엌에서 불도 켜지 않고 토마토를 먹는다고 상상해 보자. 이때 낮에 시장에서 본 토마토의 색과 어두운 저녁 불을 켜지 않은 부엌에서 보는 색에는 차이가 있을 것이다. 다시 말해 낮에 본 토마토는 붉은색이었는데 저녁에 본 토마토는 검정색이다. 그렇다고 우리는 토마토가 검정색이라고 생각하지는 않는다. 다른 예로 강의를 하기 위해 들어오는 선생님을 생각해 보자. 첫 시간이 지나고 계속 강의를 들어오면 학생들은 선생님이 들어올 때부터 조금씩 조용해지기 시작한다. 어떻게 이것이 가능한가? 당연하다고 이야기할 수 있지만 그 선생님에 대한 정보는 매일 다르다. 즉, 머리카락이 더 자랐다거나, 옷의 색이 변화된다거나 등등… 하지만, 학생들은 그 선생님을 동일한 사람으로 지각하기 때문이다. 이것이 지각항등성에 관한 것이다. 이런 현상은 우리가 생존하는 데 매우 필요한데, 만약 어제 본 사람을 오늘은 다른 사람으로 혹은 어제 본 물건을 다른 물건으로 지각한다면 어떤 일이 발생하겠는가? 어머니를 비롯해 친구, 가족들도 알아보지 못할 것이다. 또한 한 사람을 기억하기 위해서는 그 사람의 얼굴을 각 각도에서 보이는 모습을 모두 기억해야 하고, 다른 옷을 입었을 때도 그에 따라 모두 기억해야 하는 일이 발생할 것이다.

이처럼 지각항등성이란 대상이 지각되고 안정되면 여러 가지 조건이 변화하더라도 그 사물에 대한 지각내용은 항상 동일한 것으로 남아 있게 되는 것을 말한다. 따라서 검정색은 밝은 빛에서도 검게 보이며 멀리 있는 물건은 가까이 있는 물건보다 작게 보이지만 같은 크기의 물건으로 지각한다. 다시 말해 지각항등성은 감각기관으로 들어오는 정보가 다름에도 불구하고 같은 것으로 지각하려는 것을 말한다. 이런 지각항등성에는 색채항등성(어떤 물체의 색의 주변의 조도의 변화에 관계없이 동일하게 지각하려는 현상), 명도항등성(조도의 밝기에도 불구하고 무채색의 밝기를 동일하게 느끼는 현상), 형태항등성(일정한 거리에 있는 물체의 움직임에 상관없이 동일한 형태로 지각하려는 경향), 크기항등성(망막상의 크기가 변화함에도 불구하고 그 물체의 크기를 동일하게 지각하려는 경향), 위치항등성(물체의 위치가 변화함에도 불구하고 변화하지 않는 것으로 지각하려는 경향) 등이 있다.

특히 크기항등성(size constancy)이란 물체에 의해 망막에 투여된 상의 크기는 변화하는데도 우리는 그 물체의 실제 크기를 지각하는 현상을 말한다. 물체의 크기 지각이 물체까지의 거리 계산을 기초로 이루어지는 것이 사실이라면, 거리를 잘못 계산하면 물체의 크기도 잘못 지각되어야 한다. 그림 3-16(a) 가 보여 주는 Ames 방은 실제로 이런 착각이 일어나고 있음을 보여 준다. 에임스의 방(The Ames Room)이라고 불리는 이 방은 그림 3-16(b) 에서 보는 것과 같이 정해진 구멍을 통해 한 눈으로만 들여다 볼 수 있도록 설계된 방이다. 즉, 이 방은 단순한 사각형 모양의 방처럼 보이도록 만들

그림 3-16(a) Ames 방

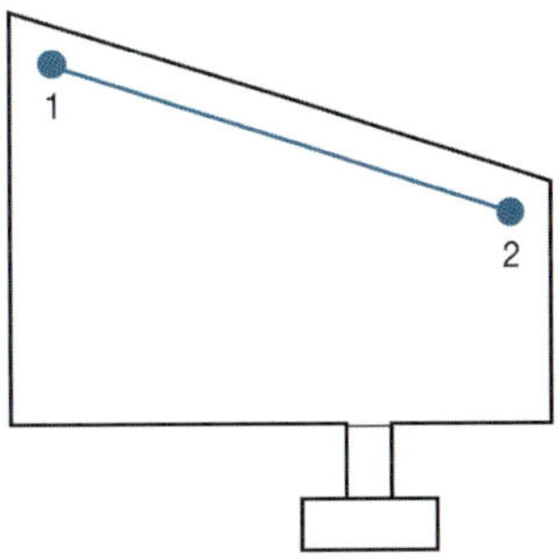

그림 3-16(b) Ames 방의 구조

어진 것일 뿐, 실제상으로는 크게 왜곡된 방이어서 관찰자로부터 왼쪽 모서리 벽까지의 거리는 오른쪽 모서리까지의 거리보다 두 배나 멀리 떨어져 있다. 그림 3-16(a)의 경우 두 여성의 키는 실제로는 동일하지만 방이 특수한 구조로 설계되어 만들어져 있기 때문에 오른쪽 여성이 왼쪽 모서리에 있는 여성보다 훨씬 크게 보이는 것이다.

2) 착각

지각항등성은 들어오는 정보가 다름에도 불구하고 같은 것으로 지각하려는 경향성이라고 하였는데, 이에 비해 착각은 들어오는 정보가 같음에도 불구하고 다른 것으로 지각하는 것을 말한다. 즉, 착각은 대상을 잘못 인식한 지각이다. 착각은 시각에서 나타나는 현상이 대부분이므로 착시라고도 하는데, 거리 및 깊이에 대한 그릇된 단서들이 여러 가지 착시현상과 관계되어 있다.

그림 3-17 제주도의 도깨비 도로

제주시내에서 4㎞ 떨어진 제주시 노형동 제2횡단도로(1100번 도로) 입구의 200~300m 구간에서 이런 현상이 나타난다. 1981년 신혼부부가 택시에서 내려 사진을 찍다가 세워 둔 차가 언덕 위로 올라가는 현상을 목격한 이후 세상에 알려지게 되어 관광명소가 되었다. 신비의 도로라고도 불리는 이곳은 지표측량에 의해 오르막길로 보이는 쪽이 경사 3도 가량의 내리막길이며 주변 지형 때문에 착시현상을 일으키는 것이라는 사실이 지표측량 결과 밝혀졌다.

(1) 달착시

산 위에서 달이 떠오를 때와 중천에 떠 있는 달의 크기는 다르게 지각된다 그림 3-18 . 즉, 떠오르는 달이 중천에 있는 달보다 더 크게 지각된다. 이것을 달착시 현상이라고 하는데, 많은 연구자들에 의해 이러한 현상을 설명하려고 하였지만 일치된 견해는 없다. 그러나 중요한 사실은 달이 어느 위치에 있던 망막에 맺히는 크기는 동일하다는 것이다. 이런 현상이 나타나는 이유는 달을 지각할 때 몇 가지 지각단서들이 포함되기 때문으로 보는데, 거리단서는 지평선 위에 뜬 달이 더 멀리 보이기 때문에 더 크게 보이도록 만들며, 크기단서는 지평선 위에 뜬 달은 우리의 머리 위에 뜬 달과 대조를 이루기 때문에 더 크게 보이며, 대비조망은 우리의 머리 위에 달은 그 주변의 구름이나 안개에 둘러싸여 있기 때문에 더 작게 보이도록 만든다는 것이다(Plug & Ross, 1994).

그림 3-18 달착시

(2) 수직선 착시

그림 3-19 에서 보는 바와 같이 수직선이 수평선보다 길게 보인다. 그러나 실제는 동일하다. 분트는 눈이 수평으로 움직이는 것이 수직으로 움직이는 것보다 쉽고 빈도가 많기 때문에 수평선이 짧게 보인다고 하였다.

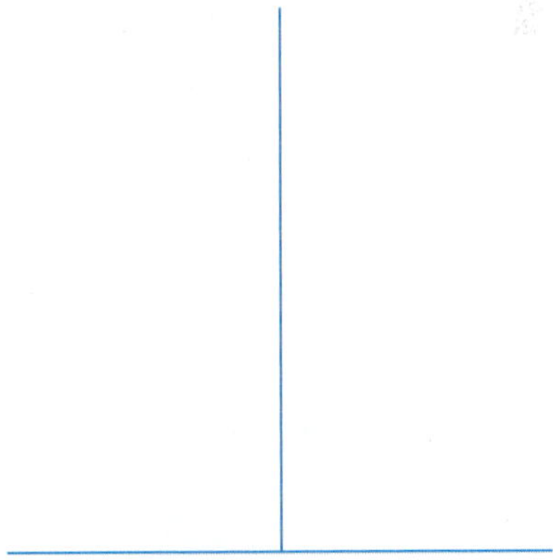

그림 3-19 수직선 착시

(3) 포겐도르프와 헤링의 착시

그림 3-20 의 왼쪽 그림에서 보는 바와 같이 사선 a와 사선 b는 일직선상에 있는 것처럼 보이지 않고 a선이 c선과 일치하는 것처럼 보인다. 그러나 실제로는 선 a와 선 b가 일치되고 있다. 그리고 그림 3-20 의 오른쪽 그림에서 보는 바와 같이 두 수직선은 중간에서 둥글게 굽은 것으로 보이나 실제로는 평행하다. 이러한 지각은 개인이 사선의 큰 각을 과대평가하는 데서 오는 현상이다.

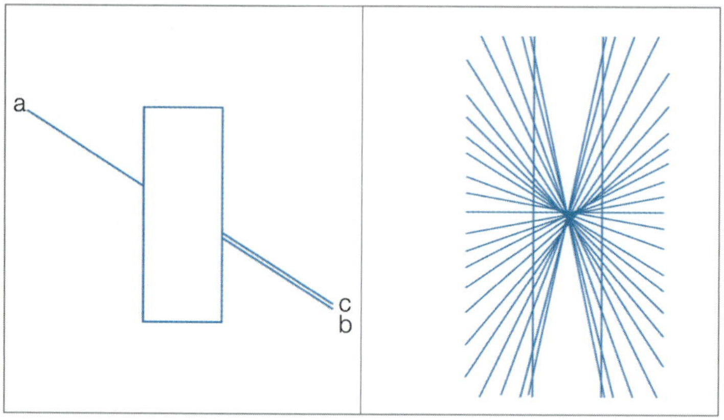

그림 3-20 포겐도르프와 헤링의 착시

(4) 뮐러-라이어의 착시

그림 3-21 에서 보는 바와 같이 a는 뮐러-라이어(Müller-Lyer)가 1889년 광학성 착각에 관한 그의 연구에서 처음 보여 준 것이다. 이것은 선 끝의 사선의 효과에 의한 것으로 사선과 직선이 형태를 이루었기 때문에 그렇게 지각된다는 게슈탈트 이론에 입각하여 설명된다. 그 밖의 판은 뮐러-라이어와 다른 사람들에 의해 1900년 이전에 만들어진 것이다. 이 착각은 오랜 역사에도 불구하고 또 많은 연구자들의 엄청난 노력에도 불구하고 그 본질은 아직도 분명하게 밝혀지지 않고 있다.

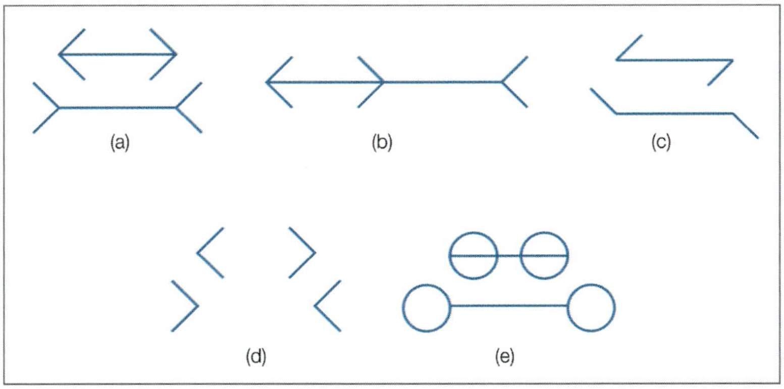

그림 3-21 뮐러-라이어의 착시

글상자

착시의 발생 원인: 뇌 과학적 분석

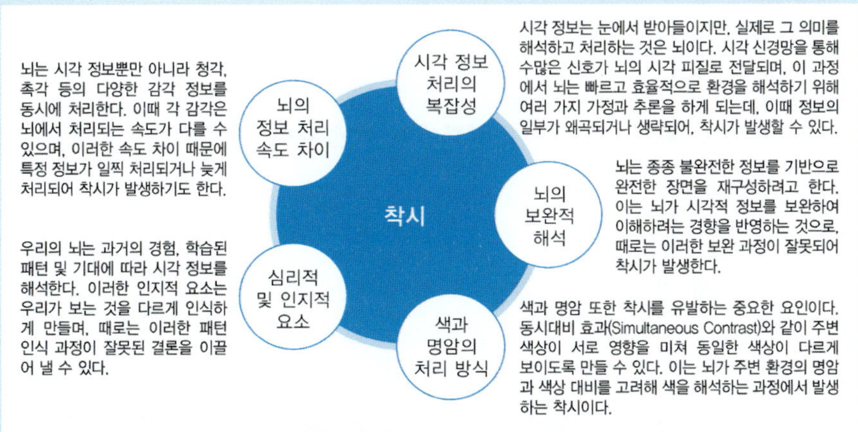

그림 3-22 착시의 발생 원인

착시는 단순히 눈의 오류가 아니라, 뇌가 환경을 이해하기 위한 복잡한 정보처리과정에서 발생하는 현상이다. 즉, 뇌는 시각적 정보를 효율적으로 처리하고 해석하기 위해 다양한 신경망과 예측 메커니즘을 활용하며, 이러한 과정에서 종종 착시가 발생하기 때문이다. 이러한 착시현상은 인간의 뇌가 얼마나 복잡하고 유연하게 작동하는지를 보여주는 중요한 단서로, 뇌과학과 인지심리학 연구에 큰 기여를 하고 있다.

연습문제

01 감각과 지각과정에 대해 설명하시오?

02 눈의 구조와 기능은 무엇인가?

03 귀의 구조와 기능은 무엇인가?

04 지각항등성의 개념은 무엇이며, 종류에는 어떤 것이 있는가?

05 착시현상은 왜 일어나는 것일까?

Chapter 04

학습

배울 내용

1. 학습의 정의 / 2. 학습이론

학습목표

1. 학습의 정의를 이해한다.
2. 학습이론들을 이해하고 일상생활에 학습이론이 어떻게 적용되고 있는지를 모색해 본다.

행동주의이론(behavior theory)에서는 인간행동의 대부분은 학습에 의해 형성되며, 또한 수정될 수 있다는 기본전제를 두고 있기 때문에 학습이론(learning theory)이라고도 불린다. 이러한 행동주의이론에서는 인지, 감각, 의지, 본능과 같은 개념은 내성적이며 관념적인 것들로서 과학적 연구의 대상이 될 수 없기 때문에 자극과 반응에 의해 학습 또는 수정되는 직접 관찰 가능한 인간행동이 연구의 초점이 되어야 한다고 주장한다(Watson, 1919). 20세기 초 러시아의 파블로프와 손다이크(Thorndike)의 실험에서 발달한 행동주의이론은 고전적 조건형성, 도구적 조건형성, 인지학습 그리고 사회적 학습이라는 네 가지 접근방법으로 분류된다.

1. 학습의 정의

인간행동의 대부분은 학습을 통해 획득된 것이다. 예로 교실에서 공부를 하는 것, 컴퓨터를 다루는 것, 담배를 피우고 술을 마시는 것, 인사를 하는 것 등은 모두 학습의 결과로 볼 수 있다.

그렇다면 학습이란 무엇인가? 우리는 학습이라는 단어를 생각하면 먼저 공부를 떠올리는 경우가 많다. 물론 공부도 학습에 속한다. 그러나 학습이란 단어는 공부보다 더 넓은 의미를 지닌다. 일반적으로 학습이란 "강화 받은 훈련의 결과로 일어나는 행동잠재력의 비교적 영속적인 변화"라고 정의되고 있다(Kimble, 1961). 다시 말해 학습은 경험이나 연습의 결과로 비교적 영속적인 행동의 변화를 일으키는 과정으로 볼 수 있다.

이와 같은 정의에는 여러 가지 요소가 포함되어 있다. 즉, 학습이라고 정의를 내리기 위해서는 다음과 같은 요소를 포함해야 한다. 첫째, 학습은 행동의 변화이며 이러한 행동의 변화는 이전에는 할 수 없었던 혹은 하지 않았던 행동을 할 수 있게 된 것을 말한다. 둘째, 이러한 행동의 변화는 일시적인 것도 아니고 그렇다고 고정된 것도 아닌 비교적 영속적인 성질을 가지고 있다. 셋째, 행동의 변화, 즉 학습된 행동은 학습경험을 한 후에 즉시 행동으로 나타날 수도 있고, 행동잠재력으로 남아 있다가 특정한 경우나 상황에서 학습된 행동으로 나타날 수도 있다. 넷째, 행동의 변화 혹은 행동잠재력은 경험이나 연습에서 비롯되며 이러한 학습이 이루어지기 위해서는 특정한 행동이 일어난 후에 강화가 뒤따를 때 효과적이다. 그러나 학습은 되었으나 수행상의 변화가 없을 수도 있다. 예컨대, 먹이 없이 미로를 다녀 본 쥐가 처음 미로를 접하는 쥐에 비해 목표지점에 먹이를 주면 훨씬 빨리 오류를 줄이는 것을 볼 수 있다. 이 결과는 먹이 없이 미로를 다닐지라도 학습이 어느 정도 이루어졌음을 말해 주는 것으로, 미로에 대한 학습이 잠재적으로 이루어져 있었으나 목표에 도달하는 수행에서 변화가 나타나지 않았음을 말해 준다.

2. 학습이론

학습이론에는 크게 고전적 조건형성, 도구적 조건형성, 인지학습 및 사회적 학습이라는 네 가지 접근방법으로 분류된다. 먼저 고전적 조건형성(classical conditioning)은 파블로프의 개 실험에서 보는 바와 같이 인간이 환경적 자극에 수동적으로 반응하여 형성되는 행동을 설명하려는 접근방식이다. 볼프(Wolpe), 라자루스(Lazarus), 아이젠크(Eysenck) 등은 이러한 고전적 조건형성을 공포증 치료에 적용하였다.

도구적 조건형성(operant conditioning)은 신체의 반응과 직접적인 관련성이 없고 개인의 통제하에 있는 조건화를 연구한 손다이크의 실험결과에서 발전된 것이다. 도구적 조건형성은 인간이 환경적 자극에 능동적으로 반응하여 나타내는 행동, 즉 어떤 자극에 대한 강화가 없으면 도구적 조건형성이 일어나지 않는다고 본다. 스키너(1938)는 손다이크의 도구적 조건화의 개념을 활용하여 인간행동을 수정할 수 있는 다양한 행동적 기법을 개발하여 임상에 적용하였다.

인간행동에 영향을 미치는 사고과정, 태도, 가치 등의 요인을 전혀 고려하지 않는 전통적인 행동주의이론의 제한점을 보완하려고 시도한 인지학습이론은 행동에 영향을 미치는 인지적 요인의 역할을 설명하려는 접근방법이다. 그리고 관찰학습, 모방학습으로 불리는 사회적 학습이론의 대표적인 학자는 반두라(Bandura)이다. 각각의 학습이론들에 대해 자세하게 살펴보면 다음과 같다.

1) 고전적 조건형성

(1) 파블로프의 조건형성 실험

이반 파블로프(1849~1936)는 소화과정을 연구하던 러시아의 생리학자였다. 그는 자신의 연구소에서 식사를 하러 갈 때 개가 자신의 발자국 소리를 듣고서 타액을 분비한다는 것을 발견하였다. 이러한 현상을 밝히고자 그가 한 실험의 예가 그림 4-1 에 제시되어 있다.

그림 4-1 고전적 조건형성의 실험

그리고 파블로프의 고전적 조건형성에 대한 구체적인 실험절차는 그림 4-2 에 제시되어 있다. 이 그림에서 보는 것과 같이 무조건자극(unconditioned stimulus: UCS)이란 유기체로 하여금 학습 없이도 어떤 특정한 형식으로 반응하도록 하는 자극을 말하는 것으로, 이 경우 특정의 학습 없이 개로 하여금 타액을 분비하도록 하는 먹이가 무조건자극에 해당된다.

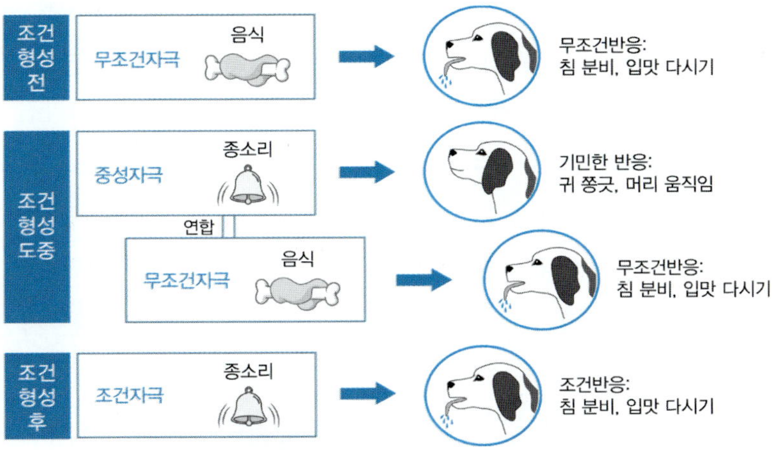

그림 4-2 고전적 조건형성의 절차

출처: Berk, L. E. (1999). Infats and children: Prental through middle childhood(3rd ed.). MA: Allyn & Bacon.

무조건반응(unconditioned response: UCR)이란 무조건자극이 일어날 때 언제나 유기체에서 일어나는 반응으로 타액이 여기에 해당된다. 조건자극(conditioned stimulus: CS)이란 원래는 중성적인 자극인데 무조건자극과 짝지어짐으로써 결국은 그것만을 제시했을 때도 유기체에서 바라는 반응을 생성시키게 되는 자극으로, 파블로프의 실험에서 보면 개는 처음에 들려주는 종소리에는 타액을 분비하지 않지만 절차가 계속적으로 반복됨으로써 종소리에 대하여 타액을 분비하게 된다. 이때 종소리는 중성자극에서 조건자극으로 성질이 바뀌게 된다. 조건반응(conditioned response: CR)이란 유기체가 조건자극이 제시될 때 침을 생성하는 것을 학습하게 된 반응으로 조건자극인 종소리를 듣고 분비한 타액이 여기에 해당된다.

고전적 조건형성은 쉽게 일어날 수 있지만 자동적인 것은 아니기 때문에 어떠한 필수요건이 충족되어야만 학습이 이루어진다. 고전적 조건형성이 일어나기 위한 필요조건은 다음과 같다.

첫째, 조건자극(CS)은 그것을 쉽게 지각할 수 있도록 충분히 강력하고 특별해야 한다.

둘째, 무조건자극(UCS)과 조건자극(CS)의 제시순서이다. 이 둘 간의 제시순서에 따라 조건형성의 종류는 다양하다. 먼저 동시적 조건형성(simultaneous conditioning)은 조건자극과 무조건자극이 동시에 제시되는 것을 말하고, 지연조건형성(delay conditioning)은 조건자극이 먼저 제시되고 무조건자극이 제시되는 것을 말한다. 그리고 흔적조건형성(trace conditioning)은 조건자극을 제시하고 난 후 조건자극이 완전히 사라진 후 무조건자극을 제시(조건자극의 흔적으로 인해 조건형성됨)하는 것이며, 후진조건형성(backward conditioning)은 무조건자극을 먼저 제시하고 조건자극을 뒤에 제시하는 것이다. 일시적 조건형성(temporal conditioning)은 조건자극이 전혀 없이 무조건자극만 일정한 간격으로 제시되는 것을 말한다. 이러한 조건형성 중 가장 효과적인 것으로 밝혀진 것은 지연조건형성이다.

셋째, 조건자극과 무조건자극 제시 사이의 시간간격이다. 일반적으로 조건자극 제시후 약 0.5초 뒤에 무조건자극을 제시하는 경우에 조건형성이 가장 잘 이루어진다고 보고되고 있다.

넷째, 학습이 이루어지기 위해서는 반복적인 시행이 요구된다는 것이다. 즉, 시행과 시행이 적절한 간격으로 이어져야 한다. 만약 간헐적으로 짝을 지어 주면 학습수준은 감소하게 된다. 그러나 예외도 있는데, Garcia 효과를 그 예로 들 수 있다. Garcia 효과는 미각혐오학습이다. 가르시아(Garcia, 1955)는 쥐를 대상으로 미각혐오학습을 수행하였는데, 쥐는 그냥 수돗물보다 사카린이 함유된 물을 더 좋아한다. 그는 쥐에게 사카린이 든 물을 마시게 한 후 감마광선에 노출시켜 수 분 후에 구토를 하도록 하였다. 이후 쥐들은 단맛의 물을 혐오하게 되었다. 이 실험은 고전적 조건형성과 차이점을 보이는데, 조건자극과 무조건자극의 단 한 번의 짝지음으로 조건형성이 되었으며, 조건자극과 무조건자극의 시간간격이 수 분 이상이었음에도 조건형성이 되었다는 것이다. 이러한 현상은 음식과 질병 간에 긴 시간간격과 1회 연합에 의한 것이라도 생존에 매우 중요하기 때문에 나타나는 것이다.

(2) 주요 개념

① 소거와 자발적 회복

개가 종소리를 들었어도 먹이를 얻지 못하면 개의 타액반응은 점차 감소하게 되고 결국 개는 종소리를 들어도 더 이상 타액을 분비하지 않는다. 이 과정을 소거(extinction)라 한다. 이러한 현상은 조건자극(종소리)과 음식(무조건자극)을 더 이상 짝지어 제시하지 않으면 개는 타액분비(조건반응)반응을 억제(inhibition)하여 더 이상 종소리에 대하여 반응을 하지 않는다. 즉, 이것은 조건자극(종소리)이 무조건자극 없이 지속적으로 홀로 나타나서 학습자는 더 이상 종소리를 무조건자극(먹이)과 결합시키지 못하게 되어 이전에 학습된 반응의 빈도 또는 강도가 감소되거나 사라지는 현상이 나타난다는 것이다.

일단 소거가 된 후 시간이 지나서 조건자극을 제시하면 처음에는 약하지만 조건반응이 다시 나타나게 되는데, 이 과정을 자발적 회복(spontaneous recovery)이라고 한다. 즉, 자발적 회복이란 일단 학습하였다가 소거된 반응이 재훈련 없이 다시 나타나는 것을 의미한다. 앞의 예에서 타액분비가 소거된 개에게 다시 종소리를 먹이와 결합하여 들려주면 타액을 분비하게 된다. 또 다른 예로는 자전거를 배운 사람이 10년 동안 자전거를 타지 않다가 우연히 자전거를 타게 되었다고 하자. 처음에는 흔들리면서 가지만 곧 능숙하게 자전거를 운전하게 된다. 이것이 자발적 회복이다.

② 일반화와 변별

일단 특정한 조건자극(CS)에 대하여 조건형성(CR)이 된 후 원래의 조건자극(CS)과 유사한 자극에 대해서도 조건반응(CR)을 일으키는데, 이것을 자극일반화(sitmulus generalization)라고 한다. 예로 500dB의 소리 강도로 학습을 시켰는데 400dB 혹은 600dB의 소리에도 타액을 분비하는 경우가 이에 해당된다. 즉, "자라 보고 놀란 가슴 솥두껑 보고 놀란다"라는 속담은 자극일반화를 의미하는 것이다.

자극일반화와 달리 변별(discrimination)은 자신의 휴대폰 소리를 다른 사람의 휴대폰 소리와 구별할 수 있는 것과 같이 유사한 자극에 대해 다르게 반응하는 것을 의미한다. 즉, 동물이나 사람이 학습한 반응을 다른 것에 일반화하지 않고 단일의 특정한 대상이나 사상에만 반응하고 다른 모든 자극에는 반응이 억제되는 것을 의미한다. 전형적인 변별학습에 대한 실험절차를 살펴보면, 500dB의 소리에는 음식을 주고 400dB의 소리에는 음식을 제공하지 않는다. 실험 초기에는 500dB과 400dB에 반응을 보이다가(이 현상을 일반화라고 함) 점차 500dB에는 조건반응을 보이고 400dB에는 반응을 보이지 않는 것이다. 이 실험에서 개는 변별학습 과정을 통해 유사한 두 자극에 다르게 반응하는 것을 학습하게 된 것이다.

인간행동의 경우, 맞선을 보고 난 여자가 두 남자 중 아무리 비교해 보아도 어느 쪽을 선택해야 할지 결정하기 어려운 경우 이것은 변별의 어려움에 따른 현상이라고 할 수 있다.

③ 고차적 조건형성

고전적 조건형성의 기본적인 원리는 중성적인 자극이 무조건자극과 짝지어짐으로써 조건자극화된다는 것이다. 그러나 무조건자극 대신 이미 조건형성된 조건자극(CS)

과 짝지어 제시해도 무조건자극과 짝짓는 것과 동일한 효과가 나타난다. 즉, 종소리(CS)에 타액을 분비(CR)하도록 학습시킨 다음 불빛을 주고 종소리를 들려주면 타액을 분비한다(이때는 종소리에 의해 타액 분비). 불빛과 종소리를 반복해서 제시하면 나중에는 불빛만을 제시하였을 때도 타액을 분비하게 되는데, 이 현상을 고차적 조건형성(higher-order conditioning)이라고 한다.

고차적 조건형성은 이전의 학습에 기초한 조건형성으로 후속의 훈련에서는 조건자극을 무조건자극으로 사용하지만 소거와 경쟁하기 때문에 학습이 더 어렵다(타액의 분비량으로 보면 종소리보다는 적음). 즉, 불빛에 타액을 분비해도 먹이가 주어지지 않으면 동물은 더 이상 반응을 하지 않게 되기 때문에 간헐적으로 먹이를 주어야 그 반응은 지속될 수 있다.

지금까지 고전적 조건형성의 원리와 기본개념들에 대해 살펴보았는데 고전적 조건형성은 중립자극이 특정 자극과 반응 사이에 짝지어져 있는 자율신경계의 불수의적 반사와 연합되어 일어나는 비교적 단순한 학습이라고 할 수 있다. 즉, 고전적 조건형성은 유기체의 의도와는 상관없이 이루어지는 수동적인 학습이다.

(3) 인간행동에서의 고전적 조건형성

저녁시간에 집으로 돌아갔을 때 식탁 위에 놓이는 수저 소리에 배가 고픈 사람은 입가에 침이 맺히는 것을 경험하는데 이것이 고전적 조건형성이라고 할 수 있다. 이처럼 고전적 조건형성은 우리의 일상생활에 많은 영향을 미치는데, 그 대표적인 예는 행동치료와 광고를 들 수 있다.

① 행동치료

왓슨의 앨버트(Albert)를 대상으로 한 실험을 살펴보면, 앨버트는 실험절차에 노출되기 전에는 쥐와 잘 놀았던 평범한 아이였다. 처음 아이가 쥐(중립자극)에 접근할 때마다 실험자는 쇠망치를 두들겨 큰소리(UCS)를 내었을 때, 아이가 나타낸 반응은 두려움

(UCR)이었다. 이와 같은 절차를 반복한 결과 아이는 쥐(CS)를 볼 때마다 놀라 도망(CR)을 가는 반응을 보였다 그림 4-3 . 이 현상을 역조건형성 기법에 의해 치료를 시도한 사람은 존스(Jones, 1924)였다. 그는 앨버트처럼 이전의 조건형성기법에 의해 토끼를 두려워하는 피터(Peter, 3세)에게 피터가 음식을 먹는 즐거운 활동을 하고 있을 때 토끼를 보여 주었다. 처음에는 아주 멀리서 토끼를 보여 주고 점진적으로 토끼를 그 소년 가까이 이동시켰다. 그 결과 이 소년은 토끼에 대한 공포에서 벗어나게 되었고, 토끼와 함께 놀려고 시도하였다.

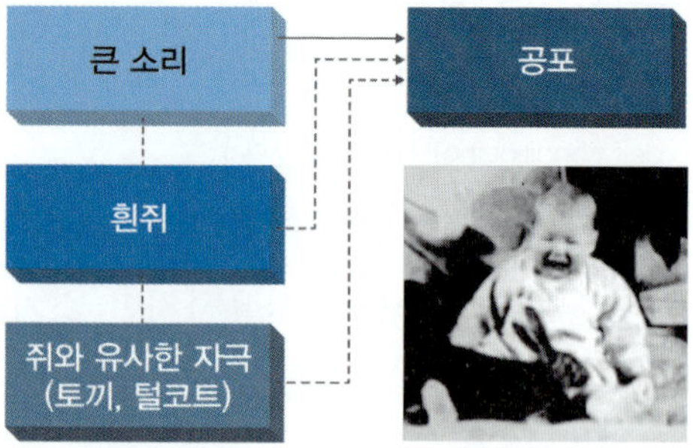

그림 4-3 앨버트의 공포반응 조건형성

② 광고

우리는 TV나 라디오에서 흘러나오는 광고를 자주 접하게 된다. 또한 유명한 연예인은 한 편의 광고에 출연하는 데 몇 억 원을 보상받는 것을 보게 된다. 그리고는 "만약 나에게도 저런 기회가 주어진다면, 난 그렇게 많은 돈을 받지 않고도 할 수 있는데"라고 혼자 생각한다. 그렇다면 왜 광고주는 그렇게 많은 돈을 들여서 유명 연예인을 광고 모델로 하는 것일까? 여기에 고전적 조건형성의 원리가 숨어 있다.

광고주는 상표(CS)와 정적 자극인 모델(UCS)을 짝지음으로써 정적 자극에 따른 반응이 광고하는 상표에도 그대로 나타나기를 원한다. 예로 나훈아를 청바지 광고 모델로 사용할 경우, 광고주는 먼저 많은 것을 고려하게 된다. 먼저 나훈아를 좋아하는 사람들은 대부분 젊은층보다는 나이가 있는 중년층이다. 만약 광고주가 만드는 청바지가 중년층을 대상으로 하는 상품이라면 나훈아를 광고 모델로 섭외해도 문제가 없지만 젊은층을 대상으로 만든 옷이라면 광고 모델을 다시 고려해 봐야 할 것이다.

광고주의 제품이 중년층을 대상으로 하는 청바지라고 가정했을 때 여기에 어떤 원리가 숨어 있는 것일까?

유명 연예인을 대상으로 할 경우 기본 가정은 많은 사람들이 그 연예인에 대해 좋은 감정을 가지고 있다는 것을 함축하고 있다. 그러므로 인기 있는 연예인인 나훈아가 청바지를 입고 광고를 한다면 대중들은 처음에는 나훈아에 대한 호의적인 감정에서 그 광고를 선호하게 될 것이다. 그러나 계속 반복해서 제시한다면 나중에는 그 청바지에 대한 선호도는 나훈아에 대한 선호처럼 올라갈 것이고 이것이 곧 매출과 관련이 된다. 그래서 광고주는 많은 돈을 들여서라도 인기 있는 연예인을 섭외하여 광고 모델로 쓰려고 하는 것이다.

또한 스미스와 엔겔(Smith & Engel, 1968)은 자동차 옆에 서 있는 매력적인 여자가 자동차의 평가에 강하게 영향을 주는 것을 발견하였는데, 이처럼 우리가 지각하든 지각하지 못하든 조건형성은 광고는 물론 일상생활에 많은 영향을 준다.

2) 도구적 조건형성

우리는 놀이공원에 갔을 때 돌고래가 조련사의 신호에 따라 공중으로 뛰어오르는 등의 묘기를 부리는 것을 종종 보게 된다. 그렇다면 그런 동물들이 어떤 원리에 의해서 학습을 하는 것일까?

돌고래가 묘기를 부리는 것은 조련사가 원하는 행동을 했을 경우 먹이를 보상받게 되고, 원하는 행동을 하지 않는 경우에는 먹이를 보상받지 못하거나 처벌을 받기 때문이다. 이처럼 강화나 처벌을 사용함으로써 어떤 행동의 가능성을 증가시키거나 감소시키는 학습의 유형을 도구적 조건형성(instrumental conditioning)이라 한다. 다시 말해 행동 뒤에 따르는 결과에 의해 행동이 강화되거나 약화되는 것, 즉 행동과 결과 사이의 관련성을 학습하는 것이다. '도구적'이란 행동이 어떤 결과를 야기시킬 것인지를 결정하는 하나의 도구(또는 수단)가 됨을 의미한다.

인간의 행동에 있어서도 어떤 행동을 유발하도록 하는 방법 중 하나는 그 행동을 보상해 주는 것이다. 부모는 아이가 심부름을 하면 칭찬을 해 주거나 용돈을 주고, 학교에서도 성적이 좋은 학생에게 장학금을 주며, 회사에서도 영업실적이 좋은 사람에게 보너스를 지급하거나 승진할 기회를 주기도 한다.

그러나 인간이 수행하는 대부분의 행동이 보상과 연계되어 있음에도 불구하고 행동을 변화시키려는 시도는 쉽지가 않다. 예로 대학생이 공부를 열심히 하면 장학금을 받고 더 나아가 좋은 직장을 구할 수 있는 기회가 많아진다는 사실을 알고 있지만, 열심히 공부하는 것은 쉬운 것이 아니다. 또한 담배를 피우면 병에 걸릴 확률이 높아지고, 술을 마시면 알코올에 중독될 확률이 높다는 것을 알면서도 금연, 금주가 쉽지 않다. 이처럼 보상의 효과가 명확한 듯하면서도 생각처럼 그렇게 간단하지는 않다고 할 수 있다.

그렇다면 고전적 조건형성과 도구적 조건형성의 차이점은 무엇일까? 고전적 조건형성은 무조건자극에 의하여 인출되는 수동적이고 불수의적인(개가 먹이를 보고 타액을 분비하는 것은 자신의 의지와는 상관없는 것) 반응인 데 비해, 도구적 조건형성은 유기체가 다양한 환경조건에서 능동적으로 적절한 반응을 함으로써 보상을 받거나 유리하게 적용될 수 있는 능동적이고 수의적인 반응이라는 것이다. 예로 버스나 택시가 오면 손을 들고, 부모에게 처벌받는 것을 회피하기 위해서 숙제를 하거나, 선생님에게 칭찬을 듣기 위해 열심히 공부하는 것처럼 인간행동의 대부분이 외적 사상에 의해 불가피하게 일어나기보다는 대부분 수의적인 반응으로 일어나는 것이다.

(1) 손다이크의 시행착오 학습이론과 효과의 법칙

손다이크(1874~1949)는 동물의 사고능력에 관한 객관적인 실험증거를 얻고자 병아리, 고양이를 대상으로 동물실험을 하였는데, 손다이크가 실시한 유명한 실험은 고양이를 대상으로 한 문제해결실험이다 그림 4-4 . 고양이를 문제상자(puzzle box) 안에 넣고 고양이가 볼 수는 있지만 발이 닿지 않는 곳에 먹이를 두었다.

문제상자의 문을 여는 방법은 발판을 누르거나 고리를 당기면 된다. 처음에는 배가 고픈 상태에서 문제상자에 들어간 고양이는 틈새를 비집고 나오려고 하거나 틈으로 발을 내밀거나 상자를 발톱으로 긁거나 물어뜯었다. 그러던 중 우연히 고리를 당기거나 혹은 발판을 눌러서 탈출하게 되면 고양이는 갑갑하고 통제된 환경으로부터 자유와 먹이를 보상받게 된다. 먹이를 보상받은 다음, 다시 문제상자 안으로 집어넣으면 또 다시 문이 열리는 것과는 무관한 행동을 하게 되지만 이런 시행이 반복됨에 따라 무관한 동작은 줄어들게 되고 마침내 문제상자에 넣자마자 고양이는 곧바로 발판을 누르거나 고리를 당겨서 밖으로 나오게 된다.

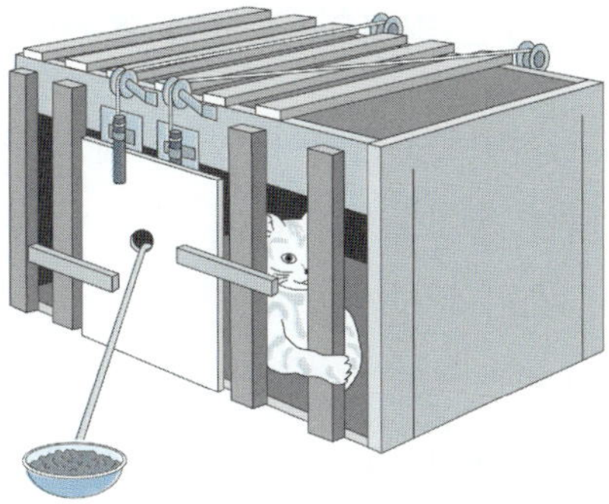
그림 4-4 손다이크의 문제상자

여기서 고양이가 발판을 누르는 것은 외적 자극의 영향이라기보다는 수의적이고, 능동적인 행동이다. 이러한 반응을 도구적 조건형성이라고 한다.

손다이크는 고양이가 발판을 누르거나 고리를 당기는 것을 학습한 것은 추리(reasoning)에 의해 문제를 해결하는 것이 아니라 이런 저런 시도를 해 보던 중에 우연히 올바른 행동을 하게 된 것이며, 올바른 행동 이후 보상을 받으면 올바른 행동과 보상 사이의 연합이 곧바로 형성되는 것이 아니라 시행을 거듭하면서 올바른 행동은 보다 쉽게 일어나게 되며 쓸모없는 행동은 줄어들게 된다고 보았다. 이처럼 동물학습은 추상적인 지적 학습의 결과가 아닌 수많은 시행착오를 거듭하면서 이루어진다고 볼 수 있는데, 손다이크는 이를 시행착오학습(trial and error)이라고 정의하였다.

만약 손다이크의 실험에서 발판을 누르거나 고리를 당기고 밖으로 나온 고양이에게 연필과 같은 것으로 보상을 준다면 발판을 누르거나 고리를 당기는 행동을 학습할 것인가? 그렇지 않을 것이다. 그의 실험에서 고양이가 올바른 행동을 하면 갑갑하고 통제된 환경에서 자유와 먹이라는 보상을 받게 되고, 부적절한 반응을 보이면 보상을 받지 못한다. 즉, 보상은 자극과 반응의 결합을 강화시키는데 이러한 현상을 효과의 법칙(law of effect)이라고 불렀다. 효과의 법칙은 피학습자가 원하는 것을 보상해 주었을 때 가장 학습이 잘 일어난다는 것을 의미한다.

(2) 스키너의 조작적 조건형성

스키너는 손다이크에 의해 도구적 조건형성이 확립된 이후 스키너 상자(Skinner box)라는 장치를 제작하여 학습과 행동에 관한 지식의 폭을 크게 넓혔다 그림 4-5 .

스키너 상자는 지렛대를 누르거나 불빛이 켜진 단추를 쪼을 수 있도록 장치가 되어 있고 먹이가 나오는 장치도 되어 있다. 상자 안에 배고픈 쥐를 넣었을 경우 쥐가 우연히 지렛대를 누르면 먹이가 나온다. 이렇게 시행을 반복하고 나면 쥐는 지렛대를 누르면 먹이(강화물)가 나온다는 것을 학습한다(먹이는 지렛대 누르는 행동을 강화한다).

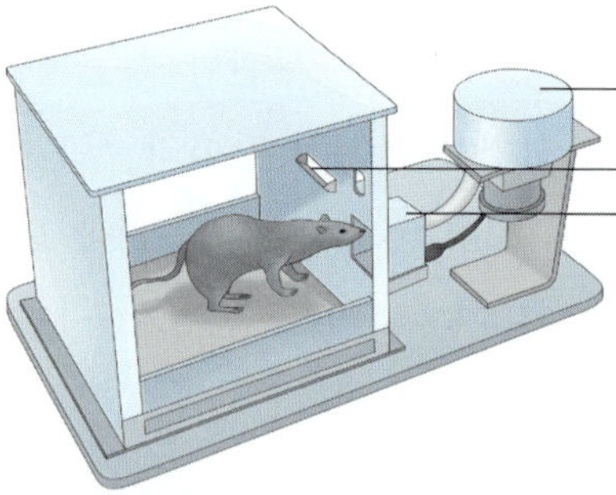

그림 4-5 스키너 상자(Skinner box)

스키너 상자 속의 쥐 또한 손다이크의 고양이처럼 처음에는 여러 행동을 보이지만 훈련이 진행됨에 따라 지렛대를 누르는 반응이 빨라지게 된다. 스키너는 지렛대와 같은 반응을 조작(operant)반응이라고 불렀는데, 그 이유는 쥐들이 환경을 변화시키기 위해 환경에 조작을 가하였기 때문이다. 또한 그는 적절한 조작행동을 습득하는 절차를 조작적 조건형성(operant conditioning)이라고 불렀다. 스키너는 반응률을 증가시키는 먹이를 보상(reward)이나 만족스러운 결과로 부르지 않고 반응을 강화시킨다는 의미로 강화물(reinforcer)이라고 불렀으며, 행동을 강화시키는 절차를 강화(reinforcement)라고 불렀다. 강화란 특정한 자극이나 반응 뒤에 어떤 바람직하거나 좋은 것이 제공되는 것을 말한다. 반면 행동을 약화시키는 절차를 처벌(punishment)이라고 불렀다. 이러한 강화 절차에는 정적 강화(positive reinforcement)와 부적 강화(negative reinforcement)가 있고 처벌에는 혐오적인 자극제시와 반응대가(response cost)가 있다.

정적 강화는 먹이와 같이 보통 동물이 좋아하는 것으로 반응 뒤에 이것이 주어지면 반응의 빈도가 증가되는 것이다. 예로 동물들은 음식이나 물(정적 강화물)을 얻기 위하여 지렛대를 누르고, 문을 여는 것을 학습하는 것으로, 이 과정에서 음식이나 물은 동물들이 생득적으로 좋아하는 성질을 갖고 있다.

이에 비해 부적 강화는 전기충격이나 고통 같이 동물이 피하려고 하는 자극이 반응 뒤에 제거되거나 감소됨으로써 반응빈도를 증가시키는 절차이다. 즉, 어떤 것이 감소되거나 종결될 때 진행 중인 행동이 재현될 가능성이 증가하는 것으로 전기충격이나 시끄러운 소리(부적 강화물)를 회피하기 위하여 지렛대를 누르거나 도망가는 것을 학습하는 것이다. 예로 아동들은 칭찬(정적 강화물)을 받기 위하여 피아노 연습을 하거나, 싫증나는 숙제를 하지 않기(부적 강화물) 위하여 피아노 연습을 할 수 있다. 동물의 경우 음식이나 물(정적 강화물)을 얻기 위해서 지렛대를 누르고 문을 여는 것을 학습할 뿐만 아니라 전기충격이나 시끄러운 소리로부터 도망(부적 강화물)가기 위하여 지렛대를 누르는 것을 학습할 수도 있다. 정적 강화물과 부적 강화물은 모두 새로운 행동의 학습을 가져오고 현존하는 행동을 증가시키는 역할을 한다.

반응률을 증가시키는 강화와 달리 처벌은 반응 뒤에 혐오자극을 줌으로써 반응률을 약화시키는 것을 말한다(정적 처벌). 처벌의 대표적인 예는 잘못된 행동에 대하여 때리는 것을 들 수 있다. 반응대가는 반응 뒤에 바람직한 것을 제거함으로써 반응률을 약화시키는 절차로, 규칙을 어긴 죄수에게 자유시간을 박탈하는 것이 해당된다(부적 처벌).

처벌의 목적은 원하지 않는 행동의 발생률을 줄이는 것이다. 하지만 이러한 처벌은 그 목적과는 다르게 부정적인 영향을 미치게 된다. 처벌은 그것을 행하는 사람의 의도와는 다르게 처벌을 받는 사람은 공포감과 불안을 경험하게 되고, 그 행위가 모델링이 되어 이후 공격성을 나타내는 문제를 유발시킨다.

처벌의 부정적인 영향을 최소화시키고 원하는 목적을 달성하기 위해서는 다음과 같은 조건이 충족되어야 한다. 먼저, 처벌의 즉시성이다. 잘못된 행동이 나타나고 시간이 흘러 처벌이 주어지게 되면 그 행동 자체에 처벌의 의미를 부여하기가 어려워지므로 그 행동이 나타날 때 즉시 주어져야 한다. 둘째, 처벌의 충분성이다. 약한 처벌은 잘못된 행동의 발생률을 줄이기 어렵기 때문에, 그 행동을 억제할 수 있을 만큼 충분히 주어져야 한다. 셋째, 처벌의 일관성이다. 처벌의 대상이 되는 행동에 대해서는 시간과 상황이 바뀌어도 일관되게 주어져야 한다.

(3) 주요 개념

① 일반화와 변별

조작적 반응이 반응의 결과에 따라 통제되지만 그 반응에 선행하는 자극 또한 조작적 행동에 영향을 미칠 수 있다. 피험동물이 특정 자극이 있을 때 어떤 반응을 수행한 결과 강화를 받았다면, 그 피험동물은 유사한 자극조건하에서도 동일한 반응을 할 것이다. 이 현상을 자극일반화라고 한다. 일반화의 정도는 원래 자극과 새로운 자극 간의 유사성 정도에 비례한다. 예를 들어, 500루멘(lumen) 정도 밝기의 불빛이 들어왔을 때 불빛을 쪼으면 먹이를 보상받도록 훈련시켰을 때, 480루멘이나 520루멘 정도의 강도에서도 쪼는 행동이 일어나는 것이 포함된다.

반면에 한 자극에 대한 반응결과 강화를 받고 다른 자극에 대해서는 강화를 받지 못하거나 적은 양의 강화를 받는다면 학습자는 두 자극 사이를 구분하여 상이한 반응률을 나타낼 것이다. 이것이 바로 변별이라는 현상이다. 예로 비둘기로 하여금 500루멘 정도 밝기의 불빛이 들어왔을 때 불빛을 쪼으면 먹이를 보상받고, 480루멘 정도 밝기의 불빛을 쪼으면 먹이를 보상받지 못하면 나중에는 480루멘 정도의 밝기에서는 반응을 하지 않는 것을 말한다.

② 소거

고전적 조건형성과 마찬가지로 조작적 조건형성에서도 소거가 일어난다. 소거란 기대했던 반응(강화)이 일어나지 않으면 그 행동은 사라진다는 것이다.

처음에 학습이 강하게 일어날수록 행동을 소거시키기가 어렵고, 학습이 일어나는 상황이 다양할수록 소거시키기가 어려우며 또한 복잡한 행동은 단순한 행동보다 소거시키기가 더욱 어렵다. 그리고 계속적인 강화를 받은 경우보다 간헐적인 강화를 받은 경우에 그 행동을 소거시키기가 더욱 어렵다. 또한 회피훈련 혹은 강화보다는 처벌에 기초를 두고 학습된 어떤 행동은 소거시키기가 특히 어렵다.

③ 조형

돌고래가 공을 입에 물거나, 코끼리가 앞발을 들고 춤추는 동작, 불 속에 뛰어드는 사자 등과 같은 행동을 학습시킬 때, 전체를 이루는 행동 가운데 원하는 특정한 행동을 강화(부분적 강화)시키는 것부터 시작하여 연속적인 접근으로 완전한 반응을 학습하도록 만드는 것을 조형(shaping)이라 한다. 예로 쥐로 하여금 레버를 코로 강하게 누르게 하고자 한다면 레버 쪽으로 코를 향하는 쥐의 행동에 강화를 주고 레버 쪽으로 코를 향하게 한 후에는 목표행동에 보다 근접한 행동, 즉 레버에 코를 갖다 대는 행동에만 강화를 준다. 그 다음엔 레버를 코로 약하게 누를 때, 그 다음에는 강하게 누를 때 강화를 주게 되는 것이다. 이와 같이 조형은 점진적인 과정으로 바라는 반응의 강도는 매번 강화 받을 때마다 조금씩 늘어나며, 반응이 나타나는 데는 조금씩 더 적은 시간이 걸리게 되는 것이다.

조형에는 두 가지 요소가 있는데 그것은 차별강화(differential reinforcement)와 점진적 접근(successive approximation)이다. 차별강화는 어떤 반응은 강화를 받고 어떤 반응은 강화를 받지 못하는 것이고, 점진적 접근은 실험자가 원하는 반응에 근접할 때만 강화를 주는 것이다.

이러한 조형을 통하여 돼지가 마차를 밀고, 개가 TV를 켜거나 끄고, 돌고래가 여러 가지 재주를 부릴 수 있는 것이다. 태권도를 배우는 소년은 기본동작부터 시작하여 약속대련, 자유대련 순으로 고도의 기법을 발전시켜 나가는데 이것도 조형의 한 과정이다.

④ 미신적 행동

스키너는 스키너 상자 안에 있는 비둘기들 중에 어떤 비둘기는 먹이를 얻기 위해 다리를 들고, 어떤 비둘기는 고개를 숙이고, 어떤 비둘기는 위를 쳐다보고 있는 것을 발견하였다. 이러한 현상은 처음 스키너 상자 안에 있는 비둘기는 먹이를 얻기 위해서 할 수 있는 일이 아무것도 없었지만, 스키너가 무선적으로 먹이를 넣어 주었더니 비둘기는 먹이를 얻기 전에 했던 행동이면 무엇이든지 반복하기 시작했기 때문이다.

즉, 고개를 숙이고 있을 때 먹이가 나왔다면 다음에 고개를 숙이면 먹이가 나올 것이라는 기대를 가지고 행동을 하는데, 이 현상을 미신적 행동(superstitious behavior)이라고 한다.

미신적 행동은 인간의 생활에서도 흔히 찾아볼 수 있다. 비가 오지 않을 때 기우제를 지낸다든가 혹은 운동선수들의 징크스와 같은 것은 우연한 기회에 강화를 받은 결과로 나타나는 미신적 행동의 예이다.

글상자 **잘못된 학습의 예**

1. 학습된 무기력

셀리그먼(Seligman, 1975)은 학습된 무기력(learned helplessness)을 증명하는 실험을 실시했는데 그 절차는 다음과 같다. 먼저 단단한 그물망을 네 개의 기둥에 매달고 개를 그물망 위에 올려놓아 네 다리가 망 사이로 삐져나와 임의로 움직이지 못하게 하였다. 개의 엉덩이에 전기충격을 가하자 개는 고통스러워하면서도 그 상황을 피할 수는 없었다. 충격은 간헐적으로 계속되었다. 이러한 절차가 여러 번 반복된 후에 개는 자유로운 몸이 되었다. 자유롭게 된 개의 엉덩이에 그물망에서 있었던 동일한 충격을 주었다. 개는 자유로운 상태에 있었음에도 불구하고 그 고통스러운 충격을 묵묵히 받고 있었다. 이 실험에서 시사하는 바는 유기체가 자신의 환경을 통제하기 불가능하다는 사실을 반복 경험하면 그 결과로 인하여 통제하려는 시도를 포기하는 것을 학습한다는 것이다. 즉, 아무리 해도 안 된다는 무기력을 학습한다는 것이다.

2. 무기력과 우울

셀리그먼은 학습된 무기력은 인간행동에서 어떤 형태의 우울증 발달의 원인이 된다고 제안하였다. 학습된 무기력에 빠진 개와 환자는 행동을 시작하는 데 실패하고, 체중이 감소하고, 타인 또는 다른 동물에 거의 관심이 없다. 이것은 인간이나 동물이 학습된 무기력에 대한 반응이 유사하다는 점을 시사한다. 따라서 우울증 환자는 무기력에 빠진 개처럼 자신의 행동이 소용없다고 생각하고, 자신이 무기력하였던 상황에서 병적으로 우울상태에 빠진다. 이런 경우의 환자는 배우자의 사별, 엄청난 사업실패, 혹은 심한 질병에 직면했을 때 무기력하게 된다고 한다.

출처: 김정희 외(2001). 심리학의 이해. 학지사. p.108–109.

⑤ 이차적 강화

지금까지 살펴본 강화물은 먹이, 물 등과 같은 일차적이고 직접적인 강화들이었다. 그러나 도구적 조건형성에서의 강화는 배고프거나 목마르고 고통스러운 생물학적 사건에 의해서만 강화되는 것은 아니라고 본다. 우리는 주위의 사람들에게 "고맙다", "멋있어" 등의 언어적 강화를 주고받는다. 이것은 어떤 자극이 일차적인 강화물과 짝지어지면 그 자극은 강화적 속성을 갖게 된다. 이와 같이 일차적 강화물이 아닌 중립자극이 강화의 기능을 하는 것을 조건강화(conditional reinforcement) 혹은 이차적 강화(secondary reinforcement)라고 한다.

(4) 강화계획

강화란 특정한 자극이나 반응 뒤에 어떤 바람직하거나 좋은 것이 제공되는 것을 말하는 것으로 강화가 어떤 행동을 형성시키고 유지시키는 데 중요한 역할을 하는 것은 사실이다. 그러나 어떻게 강화를 주는가에 따라서 행동이 학습되는 속도와 패턴 그리고 지속성이 달라질 수 있다. 즉, 강화계획(reinforcement schedule)에 따라 행동의 학습이 영향을 받게 된다는 것이다.

이러한 강화계획은 크게 전체적 강화(total reinforcement)와 부분강화(partial reinforcement)로 나눌 수 있다. 전체적 강화는 원하는 행동을 했을 경우 100% 강화를 주는 것을 말하고, 부분강화는 원하는 행동을 했을 경우 100%의 강화가 주어지는 것이 아니라 부분적으로 강화를 제공하는 것을 말한다.

연구결과 전체적 강화는 학습이 빨리 일어나는 장점이 있는 반면 강화가 주어지지 않으면 소거가 빨리 일어난다는 단점이 있다. 이에 비해 부분강화는 학습은 천천히 일어난다는 단점이 있지만 소거 또한 천천히 일어난다는 장점을 지니고 있다. 이 현상을 부분강화효과(partial reinforcement effect)라고 한다. 그러므로 어떤 행동을 학습시키기 위해서는 학습이 일어나기 전까지는 전체적 강화를 사용하다가 학습이 일어난 후부터 부분강화를 주는 것이 효과적일 것이다. 강화계획에 대하여 구체적으로 살펴보면 다음과 같다.

- **고정간격 강화계획**(fixed interval schedule)

이 강화계획은 일정한 시간이 지난 다음 올바른 반응을 할 경우 강화를 주는 것이다. 예로 5분의 간격으로 강화를 준다면 5분이 지난 다음 올바른 행동을 했을 경우 강화를 받고, 다음 강화를 받기 위해서는 5분이 지나야만 강화를 받게 되는 것이다. 인간행동의 경우 학교에서 시행하는 중간고사, 기말고사가 이 강화계획에 해당되며, 회사에서 매월마다 월급을 받는 것도 이 강화계획에 해당된다.

- **고정비율 강화계획**(fixed ratio schedule)

이 강화계획은 시간과 관계없이 일정한 횟수의 반응을 하고 난 뒤 강화를 주는 것이다. 예로 강화계획을 5번으로 잡았다면 올바른 행동을 5번 시행하고 나면 강화를 주는 것이다. 그러므로 5번의 시행을 30초 안에 할 수도 있고, 한 시간 안에 할 수도 있지만 강화는 원하는 5번의 행동을 하고 난 뒤 강화를 주는 것이다. 보다 많은 강화를 받기 위해서는 짧은 시간에 많은 반응을 하는 것이 유리하기 때문에 이 강화계획에서는 높은 반응률이 나타난다. 예로 일한 만큼 대가를 주는 것이나 생산량에 의해 봉급을 지불하는 것이다.

- **변화간격 강화계획**(variable interval schedule)

이 강화계획은 변동적인 시간간격이 지난 다음 반응에 대하여 강화하는 것이다. 이 강화계획은 예로 6분, 3분, 12분 등으로 강화를 주지만 평균적으로 7분마다 한 번 강화를 주는 것을 말한다. 이 강화계획은 예고 없이 수업시간에 쪽지시험을 보는 것(강의계획서에 평균 한 달에 1회의 쪽지시험을 본다고 했을 때, 학기가 진행되는 4개월 동안 4회의 쪽지시험을 보게 되지만 언제 볼지는 모름)으로 시험을 언제 볼 것인지 모르기 때문에 꾸준히 공부를 하게 된다.

- **변화비율 강화계획**(variable ratio schedule)

이 강화계획은 특정한 횟수의 반응을 한 뒤 강화를 받지만 강화를 얻는 데 필요한 반응의 양(수)이 일정하지 않은 것을 말한다. 예로 평균적으로 10번의 반응 뒤에 보상을 받지만 어떤 경우는 2번 반응 뒤에 보상을 받기도 하고, 어떤 경우는 20번의 반응 뒤에도 보상을 받지 못한다. 이 강화계획의 대표적인 예가 도박(계속 도박을 하면 언젠가는 보상이 따르기 때문)이나 슬롯머신 등이며, 학습된 행동을 유지시키는 데 가장 효과적인 강화계획이다.

(5) 인간행동에서의 도구적 조건형성

지금까지 살펴본 도구적 조건형성은 인간의 실제 생활에서 매우 광범위하게 적용되어 왔고 적용될 수 있는 것이다. 스키너는 우리가 직면하고 있는 여러 가지 사회문제를 조작적 조건형성 원리를 이용하여 해결할 수 있다고 주장한다. 그 예로 안전벨트 미착용으로 인한 사고를 방지하기 위해 조작적 조건화를 이용한 실험을 한 경우다. 즉, 승용차를 운전해서 통학하는 학생들을 대상으로 안전벨트를 착용하는 행동에 피자, 스티커, 그림책 등으로 강화를 하였더니 학생들의 안전벨트 착용률이 평균 7배 이상 증가한다는 결과가 나왔다(Roberts & Fanurik, 1986).

이 외에도 학교에서 강화와 소거를 통해 문제행동을 감소시키며, 산업체에서는 보상을 통해 결근율의 감소, 생산량의 향상을 유발할 수 있다. 또한 임상 장면에서의 토큰 이코노미(token economy)는 조작적 조건형성을 이용한 대표적인 치료법이다. 이 치료법은 환자들이 사회적으로 적절한 행동을 할 때마다 토큰을 주고 이 토근을 나중에 음식, 담배, 혹은 환자들이 원하는 다른 물건들과 교환할 수 있게 해 주는 치료방법인데 매우 효과적인 것으로 보고되고 있다.

3) 인지학습

지금까지의 학습이론은 연합학습으로 인간행동의 많은 부분을 고전적 조건형성과 도구적 조건형성으로 설명할 수 있지만, 수학의 미분을 계산하는 것과 같은 복잡한 문제해결 행동을 설명하지는 못한다. 인간이 복잡한 문제해결을 해결하는 데 도움이 되는 인지학습(cognitive learning)에서는 학습에서의 인지적 요소의 역할을 강조한다. 즉, 인지학습은 직접적으로 관찰할 수 없는 정신적 과정에 의존하는 학습을 말한다.

(1) 잠재학습

연합이론을 비판한 톨먼은 동물은 연합을 학습하는 것이 아니고 인지를 획득한다고 주장하였다. 톨먼과 혼지크(Tolman & Hornzik, 1930)는 잠재학습(학습된 것이 행동으로 나타나기 이전에 상당 시간 잠재되어 있는 상태)에 대해 미로학습 실험을 수행하였다 그림 4-6 . 이 실험에는 세 집단의 쥐를 사용하였는데, 첫 번째 집단은 미로를 정확히 지나가더라도 결코 보상을 주지 않았고, 두 번째 집단에게는 항상 보상을 주었으며, 세 번째 집단에는 처음에는 계속 보상을 주지 않다가 실험을 시작한 지 11일째 되던 날부터 보상을 주었다. 실험결과 주목할 만한 사실은 항상 보상을 받았던(2집단) 집단보다 처음에는 보상을 주지 않다가 11일째 되던 날부터 보상을 받았던 집단(3집단)의 쥐들이 훨씬 수행을 잘했다는 사실이다. 이 사실을 기초로 그는 보상이란 수행변인이지 학습변인이 아니라고 주장하였고, 11일 동안 잠재학습 되었던 것이 보상이 주어짐으로써 나타난 것이라고 주장하였다.

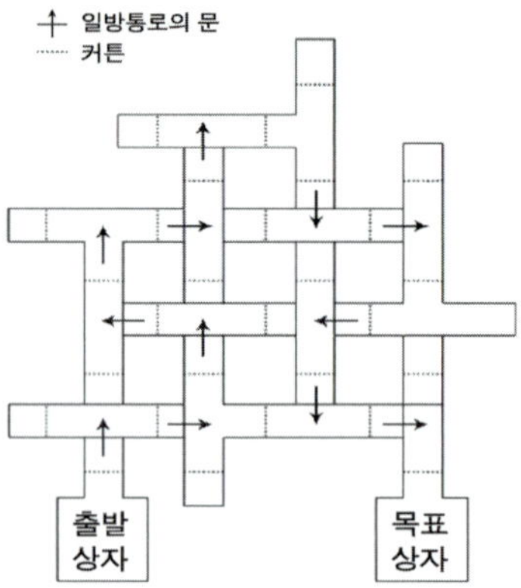

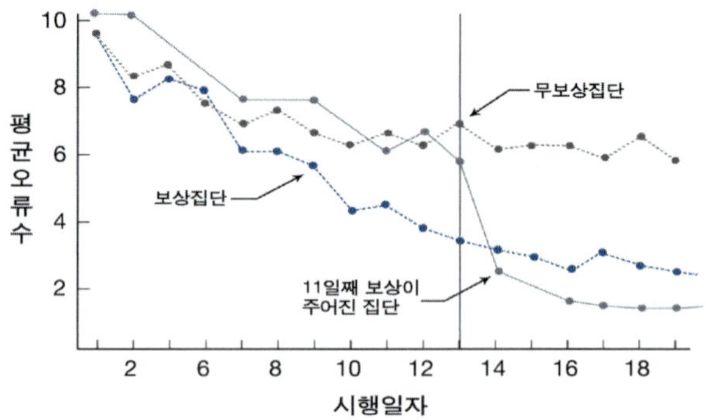

그림 4-6 **톨먼의 생각하는 쥐**

출처: 이해경, 이양, 용홍출(2006). 교육심리학. 양서원. p.186.

톨먼의 잠재학습의 연구는 동물학습에서 인지적 요인의 중요성을 지적해 주었고 또한 학습과 수행의 구분을 가능하게 해 주었다.

(2) 통찰학습

통찰학습(insight learning)에 대한 연구는 독일 형태주의 심리학자 쾰러(Köhler, 1887~1968)에 의해 시도되었다. 통찰이란 장면을 이루고 있는 요소들이 갑작스럽게 '모아져서' 가장 효과적인 통로가 명료화되고 문제가 해결되는 것을 말한다. 이 경우 학습은 부드러운 곡선을 이루면서 천천히 그리고 점차적으로 진행하는 것이 아니고 계속적인 실패의 연속인 시행착오에서 순간적인 성공으로 갑작스럽게 변하는 것이다.

쾰러는 침팬지의 문제해결능력을 알아보는 일련의 실험을 수행하였는데, 침팬지를 쇠창살로 된 우리 속에 가두었다 그림 4-7 . 그리고 우리 밖 손이 닿는 곳에 짧은 막대기를 놓았고 손이 닿지 않는 곳엔 긴 막대기, 그 뒤쪽에 사과를 놓아두었다. 짧은 막대기를 이용한다면 긴 막대기를 끌어당길 수 있으며, 긴 막대기를 이용한다면 침팬지는 사과를 먹을 수 있었다. 처음에 침팬지는 짧은 막대기로 사과를 끌어당기려다 실패했다. 한참 주저하고 응시하다가 갑자기 짧은 막대로 긴 막대를, 다시 긴 막대로 사과를 끌어당겼다. 분명히 잠시 동안의 주저하는 행동 후에 개별적인 행동들이 최종목표를 향해 통합되었다.

그림 4-7 통찰학습 실험

이처럼 통찰학습은 시행착오적인 무선적 반응이 아니라 급속히 해결책에 도달하는 것으로, 요소들을 유의미한 전체로 관련짓고 의미 있는 인지구조를 형성하는 것이다. 다시 말해 학습은 시행착오가 아닌 인지현상으로 학습자는 문제해결에 대한 모든 요소를 생각해 보고 문제가 해결될 때까지 여러 가지 방식으로 생각하여 미해결상태이거나 해결상태로 남게 된다. 해결상태란 유기체가 문제해결에 대한 통찰('아하'학습이라고도 함)을 얻은 것이다.

요약하면 통찰학습은 특히 영장류에게서 발견되는 학습형태로서 이에는 고차원적인 두뇌 기능이 요구된다. 즉, 통찰학습은 형태주의 심리학자들이 사용하기 시작한 용어로 유사한 과거의 경험을 활용하여 새로 제시된 문제를 해결할 수 있다는 이론이다.

4) 사회적 학습이론

사회적 학습이론은 앨버트 반두라가 처음 주장한 것으로 관찰학습, 대리학습, 모방학습이라고도 한다. 사회적 학습은 본인이 직접 경험하지 않아도 다른 사람의 행동을 관찰함으로써 이루어지는 학습을 말한다. 즉, 많은 학습이 조건형성에 의해서도 이루어지지만 다른 사람에게 일어나고 있는 것을 보거나 그에 대한 이야기만 듣고도 충분히 학습이 일어날 수 있다는 것이다. 반두라의 실험 예는 그림 4-8 과 같다.

그림 4-8 반두라의 실험 예

반두라의 실험을 살펴보면, 그는 아이들을 세 집단으로 구분하여 각 집단별로 실험의 모델이 Bobo 인형에게 공격적인 행동과 언행을 한 뒤 각기 다른 보상과 처벌을 받는 장면을 TV를 통해 보도록 하였다. 먼저 한 집단에게는 모델이 공격적인 행동을 하고 난 뒤 강화를 받는 장면을, 또 한 집단에게는 공격적인 행동을 하고 난 뒤 처벌을 받는 장면을, 한 집단에게는 공격적인 행동을 하고 난 뒤 처벌 혹은 강화 모두를 받지 않은 장면을 보도록 하였다. 그 결과 보상을 받은 모델을 본 아이들은 그렇지 않은 아이들보다 공격적인 행동이 증가한다는 사실이 드러났다.

사회적 학습이론은 간접적 학습 또는 관찰학습을 강조한다. 그리고 사회적 학습이 이루어지기 위해서는 주의집중과정, 보존과정, 운동재생과정 그리고 동기과정의 절차가 필요하다고 주장한다(강순희 외, 2022).

첫째, 주의집중과정(attentional process)이다. 이것은 모델의 행동을 주의 깊게 집중하여 관찰하는 과정이다. 이 과정에서 모델의 두드러진 특징이나 뚜렷한 단서를 주시해야만 관찰에 의해서 여러 가지를 획득할 수 있다. 이와 같이 주의집중과정은 모델의 행동에 주의를 기울여서 보고 어느 것을 선택하여 습득할 것인지를 결정하는 것이다.

둘째, 보존과정(retention process)이다. 모델의 행동을 주의 깊게 관찰하여 그것을 기억하여 장기간 보존하는 과정이다. 이 과정에서 모델의 행동을 보고 즉각적으로 반응을 보이는 것이 아니다. 이 과정은 나중에 모델의 두드러진 특징이나 뚜렷한 단서에 대하여 기억한 것을 어떤 방법으로 유용하게 이용할 수 있다. 여기에서 모델의 행동을 장기간 기억하기 위해서 모델의 행동을 어떤 상징적인 형태로 부호화해야 하는 것이 필요하다.

셋째, 운동재생과정(motor reproduction process)이다. 모델을 모방하기 위하여 모델의 상징적 표상을 연습하는 과정이다. 이 과정에서 모델의 상징적 표상을 잘 기억하여 그 행동을 계속적으로 연습하는 것이 필요하다. 한편 모델의 행동을 주의 깊게 관찰하여 연습한다고 하더라도 모델이 한 행동을 올바르게 수행하지 못할 수도 있음을 인지해야 한다.

넷째, 동기과정(motivational process)이다. 모델의 행동을 모방한 것이 가치 있는 것인지를 결정하는 과정이다. 이 과정에서 동기가 주어지지 않는다면 모델의 행동을 모방하려 하지 않을 것이다. 모델의 행동을 모방하여 강화가 주어지면 행동을 수행할 가능성이 높아진다. 만약 모델의 행동이 긍정적인 보상을 받는 강화로 이어진다면 모델의 행동에 대하여 좀 더 집중하여 기억하였다가 나중에 그 행동을 수행하는 데 강력한 촉진제가 될 것이다.

연습문제

01 고전적 조건형성의 절차는 무엇인가?

02 도구적 조건형성의 절차는 무엇인가?

03 고전적 조건형성과 도구적 조건형성의 공통점과 차이점은 무엇인가?

04 학습된 무기력이 우리에게 주는 시사점은 무엇인가?

05 인지학습이론에서는 강화 없이 학습이 일어난다고 보는가?
그 증거는 무엇인가?

06 사회적 학습이 이루어지기 위해서는 어떤 절차(과정)가 필요한가?

Chapter 05

기억

배울 내용

1. 기억의 정의 / 2. 과정으로서의 기억 / 3. 구조로서의 기억
4. 기억의 재구성 / 5. 기억과 관련된 뇌 부위와 손상

학습목표

1. 기억의 정의를 이해한다.
2. 구조로서의 기억을 이해한다.
3. 기억의 재구성과 기억과 관련된 뇌 부위에 대해 이해한다.

인지적 접근은 행동적 접근과 대비시켜서 설명하면 이해하기가 쉬운데, 인지적 접근에서는 인간이 외부의 객관적 환경에 수동적으로 반응하는 존재라고 보는 행동주의에 반대한다. 즉, 인간은 외부의 객관적 자극을 받아들이는 단계부터 사람마다 가지고 있는 인지적 틀이 다르기 때문에 비록 객관적으로 동일한 자극이더라도 개인에 따라서 달리 지각하고 해석한다고 가정한다. 그러므로 동일한 자극이더라도 사람마다 지각이 달라지고 따라서 반응 역시 달라지게 된다. 인지적 접근을 대표하는 인지심리학은 인간이 지각하고, 기억하고, 사고하는 모든 정신과정에서 정보를 처리할 때 어떤 원리들이 작용하는지 연구한다. 인지적 접근은 1960년대 이후 인간의 인지과정을 컴퓨터에 비유하여 일종의 정보처리체계로 보는 관점으로 제안된 이후 급속하게 발전되었다. 이 장에서는 기억에 대해 살펴보자.

1. 기억의 정의

만약 자신의 초등학교 1학년 때 담임선생님의 이름을 기억해 보라고 요청받았을 때 명확하게 기억하고 있는 사람도 있을 것이며, 이름은 모르지만 얼굴을 기억하거나, 추억을 생생하게 떠올리는 사람도 있을 것이며, 또한 아무런 기억도 할 수 없는 사람도 있을 것이다. 이것들이 기억에 관한 질문들이다.

만약 기억이 없다면 우리의 삶은 어떻게 될까? 정말 상상도 할 수 없을 것이다. 오늘 수업에 들어온 선생님을 알아보지 못하고, 집을 찾아가지 못하고, 가족도 알아볼 수 없을 것이며, 무엇보다 자기 자신이 누군인지도 모를 것이다. 또한 기억능력이 없다면 아무것도 학습할 수 없으며, 그에 따른 기술을 활용할 수도 없을 것이다. 따라서 기억이 어떻게 형성되는가와 이것이 유기체의 수행이나 능력에 어떤 영향을 미치는가를 밝히는 것은 그 이론적 중요성뿐만 아니라 학습이나 발달, 교육 등의 기억과 관련된 다른 분야나 실용적 문제들에 대해서도 중요한 시사점을 갖는 주제라고 할 수 있다.

그렇다면 기억이란 무엇인가? 기억이란 정보를 저장하고 인출하는 능력을 의미하는데, 일반적인 정의는 "과거의 경험을 뇌의 특정 부위에 저장해 두었다가 필요할 때 끄집어 내는 인지과정"으로 정의되고 있다.

기억에 관한 연구를 주로 하는 것이 인지심리학이며, 이 접근법을 정보처리적 접근방법이라고 한다. 인지심리학은 지각, 학습 그리고 사고의 통합에서 인지적 요소의 역할을 강조하였던 초기 게슈탈트(Gestalt) 학파의 영향[1)]을 받아, 1960년대 말부터 사람이 어떻게 정보를 획득하고, 저장하고, 조직하고, 사용하는가를 기술하는 데 사용되기 시작하였다.

---

1) **게슈탈트 심리학파의 영향**: 기억은 요소들 사이의 연합만으로 설명될 수 없으며, 지각, 기억 및 사고는 역동적으로 구조화된 하나의 체계이다. 따라서 유기체가 경험하는 새로운 정보들은 그 체계에 단순히 첨가되기보다는 그 체계의 재구조화를 일으키거나, 기존 체계에 의해 정보 자체가 왜곡되거나 변경된다고 주장하였다. 이러한 게슈탈트 심리학의 전통은 최근 정보처리접근방법을 기초로 한 인지심리학에 이어지고 있다.

나이서(Neisser, 1967)는 인지란 감각기관을 통해 들어온 정보가 변형되고 축약되고, 정교화되고, 찾아내고 활용되어지는 정신과정이라 정의한다. 인지심리학에서는 인간에 대한 이해의 틀로써 정보처리적 접근을 취하고 있다. 즉, 우리가 컴퓨터에 정보를 입력하고 저장하였다가, 필요할 때 그것을 꺼내어 사용할 수 있듯이 유기체의 인지활동도 감각기관을 통해 들어온 정보가 기억 속에 저장되었다가 필요할 때 인출되는 일련의 정신조작들로 볼 수 있다는 것이다.

이 접근법에서 연구자들의 관심은 정보가 변형되는 단계들의 특징과 그 일련의 순서를 밝히는 데 있다. 정보처리적 접근을 취하게 되면, 정보가 처리되는 일련의 단계들의 특성들에 의해 특정한 과제를 수행하는 인지과정들을 정확히 기술할 수 있기 때문에 기억 연구에서 유용한 접근방법이다. 이렇게 인간의 기억을 컴퓨터에 비유하여 설명하고자 하는 정보처리접근에서는 기억을 과정(process)과 구조(structure)로 구분한다.

2. 과정으로서의 기억

기억의 과정은 부호화(encoding), 저장(storage), 인출(retrieval)의 세 단계로 구별한다. 부호화란 자극에 주의를 기울여서 그 자극을 기억 속에 집어넣는 과정을 의미한다. 낮에 있던 사건을 집에 가서 이야기하려면 먼저 그 사건에 대한 정보를 기억 속에 저장하여야 하고, 이를 위해서는 그 정보를 기억 속에 집어넣어야(부호화) 한다. 컴퓨터에 비유한다면 키보드에 해당된다.

저장은 정보가 저장되는 단계이다. 이는 컴퓨터의 하드에 해당된다. 저장은 자동적인 과정은 아니며, 때로 습득한 정보를 저장하기 위해서는 의식적인 노력을 필요로 한다.

인출은 저장된 정보를 필요할 때 끄집어 내는 과정으로 컴퓨터의 화면(모니터)이나 프린트기에 해당된다. 인출은 의식적인 노력이 필요 없이 자동적으로 이루어지기도 하지만 능동적인 노력을 해야 정보가 인출되는 경우가 많다. 기억에 저장된 정보는 회상(recall)과 재인(recognition)으로 인출될 수 있다. 회상은 저장되어 있는 정보를 생성해 내는 것인데, 예를 들어 '해는 어느 쪽에서 뜹니까?'라는 물음에 대해 '동쪽'이라고 대답하는 것이다. 재인은 주어진 정보와 저장된 정보를 비교하여 판단하는 것인데, 예를 들어 '2026년 북중미월드컵 개최지는 미국, 캐나다, 멕시코가 맞습니까?'라는 물음에 답하는 것이다. 재인의 다른 형태는 질문에 대한 여러 가지의 예에서 하나를 선택하는 선다형 문제가 있다.

3. 구조로서의 기억

기억의 구조는 감각기억(sensory memory), 단기기억(short term memory), 장기기억(long term memory)으로 구분할 수 있다 그림 5-1 .

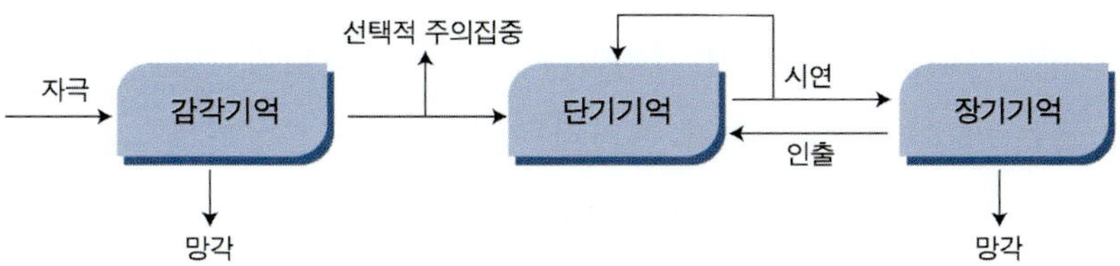

그림 5-1 구조로서의 기억 모델

감각기억은 자극이 중단된 후에 감각적인 자료들이 순간적으로 남아 있는 것으로 시각, 청각, 후각, 미각, 촉각 중의 하나이다. 감각기억은 어떤 자극이 제시되었다가 제거된 다음에 신경적 활동이 잠시 동안 지속되는 것에 의하여 이루어진다. 단기기억은 능동적으로 가지고 있는 정보를 마음속에 저장하는 것이다. 이러한 정보는 감각적인 자료가 아니라 분석되고 의미가 있는 정보이다.

그리고 우리는 몇 년 전에 있었던 혹은 며칠 전에 있었던 사건을 기억하고 자신과 관련된 사람의 이름, 추억을 회상할 수 있다. 이것이 장기기억이다.

1) 감각기억

먼저 책상 위에 펜을 놓고 오늘 하루를 지내면서 본 것에 대해 이야기해 보자. 예로 아침에 일어나서부터 버스를 타고, 학교 혹은 직장에 출근을 하고, 저녁이 되어 집으로 돌아가는 중에 자신이 보았던 것을 모두 말해 보라. 버스에서 보았던 수없이 많은 정보들, 예를 들면 간판, 거리를 지나가는 사람들, 차, 일과 중에 만난 사람들의 모습, 옷, 행동 등 수없이 많은 정보들 중에서 특이한 몇 가지는 기억을 할 것이다. 즉, 대부분의 사람들이 하루 중에 기억을 할 수 있는 것은 일부분이다. 자신이 본 모든 것을 기억하는 사람은 한 명도 없을 것이다. 기억을 한다는 것은 그 정보가 단기기억 혹은 장기기억 속에 저장되어 있었던 것이다. 우리는 하루에 눈으로 들어오는 정보가 3만 가지 이상이라고 한다. 이것들을 모두 기억하는 사람은 아무도 없다. 만약 하루에 들어오는 정보를 모두 기억한다면 어떤 일이 발생할까? 그렇게 많은 정보들이 들어오지만 우리는 중요한 몇 가지만을 기억하게 되는데, 이때 사라진 정보는 감각기억에 짧은 시간 저장되었다가 사라지는 것이다.

감각기억은 정보가 우리의 감각수용기에 들어오는 순간 일어나는 정보처리과정으로 매우 짧은 시간 내에 사라지는 특성을 가지고 있다. 우리는 5가지 감각기관에 대한 감각기억을 가질 수 있으며, 대표적인 것이 시각에 관한 기억과 청각에 관한 기억이다. 시각에 관한 기억을 영상기억(iconic memory)이라고 하고, 청각에 관한 기억을 잔향기억(echoic memory)이라 한다. 영상기억은 매우 빠르게 지나가는 어떤 장면을 보고 그 장면에 대해 비교적 뚜렷하고 완전한 심상을 가지는 것이며, 잔향기억은 어떤 일에 열중을 하고 있을 때 누군가가 말을 했는데, 본인은 무슨 말을 했다는 것은 알겠는데 어떤 말을 했는지를 몰라 다시 묻는 경우처럼 청각에 관한 기억을 의미한다.

이러한 감각기억의 특징은 다음과 같다.

- 감각기억의 내용은 자극에 대한 감각효과의 기록이다. 즉, 감각기억에 보존되는 정보는 자극의 물리적 특징과 1:1로 대응되는 표상이라는 것이다. 예로 현재 앉아 있는 교실을 돌아보면 색채, 모양 등 시각적 정보 및 소리, 냄새 등과 같은 기타 감각적 정보를 경험할 수 있을 것이다. 이런 정보들은 감각기관을 통해 감각기억에 입력된다.
- 용량은 무한대이다. 감각기억에 유입될 수 있는 정보의 양은 매우 크다. 만약 여러분이 길을 가다가 교통사고를 목격했을 경우, 나중에 그 사건에 대해 이야기할 때보다 훨씬 많은 정보들이 순간적으로 감각기억에 들어온다.
- 감각기억에서 정보를 가지고 있는 시간은 제한적이다. 즉, 감각양상에 따라 약간의 차이는 있지만 시각은 약 0.3~1초, 청각은 약 1~2초로 지속시간이 매우 짧다.

2) 감각기억에서 단기기억으로의 전이

감각기억으로 수없이 많은 정보가 들어오지만 짧은 시간 동안 어떤 조치를 하지 않으면 그 정보는 곧 사라지게 된다. 그렇다면 감각기억에 들어온 정보를 어떻게 단기기억으로 전이시킬 수 있을까?

감각기억 속에 들어온 정보를 단기기억 속으로 전이시키기 위해 필요한 전략으로는 선택적 주의집중(selective attention)과 부호화(encoding)가 필요하다.

선택적 주의집중은 정보가 단기기억으로 들어가는 필터의 역할을 해 준다. 어떤 시기에 노출된 모든 자극들에 주의를 기울이는 것은 불가능하다. 따라서 많은 자극들 중에서 어떤 정보는 무시하고, 어떤 정보에는 주의를 기울인다. 주의를 기울이지 않은 정보는 단기기억에 아주 약하게 기록되거나 전혀 기록이 되지 않는다. 선택적 주의집중에 의해 정보가 단기기억으로 넘어간다는 증거는 우리의 일상생활에서 찾아볼 수 있는데, 그것이 칵테일파티 효과(cocktail party effect)이다. 파티장에는 많은 소리들이 존재하고, 우리의 귀에는 무수히 많은 정보들이 들어오게 된다. 하지만 그 시끄러운 파티장에서 친구의 이야기를 듣고, 대화를 나눈다. 이 현상을 칵테일파티 효과라고 한다. 이것이 가능한 것은 친구의 말에 선택적으로 주의를 기울였기 때문이다.

그리고 감각기억 속의 정보를 단기기억으로 전이시키기 위한 두 번째 전략은 부호화이다. 다시 말해 일단 정보에 주의집중이 이루어지고 나면 그 정보가 단기기억에 저장되기 위해서는 부호화가 되어야 한다. 부호화란 기억체계가 사용할 수 있는 형태로 자료를 전환시키는 것을 말한다. 이 형태는 우리가 지각하는 대상이거나 가지고 있는 생각일 수도 있다.

3) 단기기억

우리의 일상생활에서 경험할 수 있는 단기기억에 대해 예로 먼저 설명해 보자. 만약 당신이 친구와 바다를 보기 위해 여행을 계획하고 있다고 생각해 보자. 일정을 잡고, 버스시간을 확인하기 위해 전화 문의를 하려고 했지만 번호를 알 수가 없었다. 한 가지 방법은 114에 전화를 해서 전화번호를 문의할 것이다. 만약 114에서 문의한 번호를 적을 수 없다면 그냥 입으로 웅얼거리거나 머릿속에서 되뇌이면서 번호를 외울 것이다. 그런 다음 바로 전화를 하고 버스시간을 확인할 것이다. 몇 분 혹은 몇 시간이 지난 뒤에도 그 번호를 기억하고 있을까? 물론 자신에게 중요한 번호라면 기억하고 있겠지만, 그렇지 않다고 판단된 전화번호는 전화기의 버튼을 누르고 바로 잊어버리게 될 것이다. 이런 경험은 한 번쯤 다 해 보았을 것이다. 이처럼 짧은 시간 동안 기억했다가 사라지는 정보에 대한 경험, 이것이 단기기억에 의해 일어난 것이라고 할 수 있다.

이러한 단기기억의 특징은 다음과 같다.

- 단기기억의 용량은 제한적이다. 어느 한 시기에 몇 개의 생각만을 단기기억에서 활성화시킬 수 있다. 따라서 단기기억에 더 많은 정보를 저장하려면 단기기억에 이미 존재하고 있는 항목들을 버리고 새로운 정보가 들어올 수 있는 공간을 만들어야 한다. 일반적으로 단기기억의 용량을 조지 밀러(George Miller)는 7±2로 보았다.

만약 단기기억의 용량이 7±2로 제한되어 있다면 우리는 생활에 많은 어려움을 겪을 것이다. 왜냐하면 일상생활에서 처리해야 할 내용들이 대부분 7개를 초과하는 것이 많기 때문이다. 이렇게 제한된 용량을 우리는 청킹(chunking)을 통해 극복할 수 있다. 청킹이란 주어진 정보를 알고 있는 지식을 이용하여 유의미한 단위로 묶는 것을 말한다. 우리는 이런 방법을 많이 사용하는데, 예로 숫자를 외울 때 자신의 생활사와 관련시킨다든지, 역사적인 날과 관련시켜서 외우려고 하는 경우이다. 그러므로 단기기억의 용량은 7±2개가 아니라 7±2청킹이라고 할 수 있다.

- 단기기억에서 정보를 가지고 있는 시간은 제한적이다. 단기기억에 들어온 정보는 장기기억 속으로 넘어가지 않고 일정 시간이 지나면 사라지게 된다. 보통 단기기억에 정보가 유지될 수 있는 시간은 20초 정도이다.

4) 단기기억에서 장기기억으로의 전이

단기기억에 있는 정보에 어떤 조치를 취하지 않으면 곧 사라지게 된다. 그 이유로는 두 가지로 설명이 가능한데, 하나는 붕괴설로 시간의 경과 그 자체가 기억의 강도를 감소시켜 기억을 어렵게 한다는 것이다. 또 하나는 간섭설로 어떤 것을 기억하는데 다른 정보가 끼어들어 뒤섞이거나 옆으로 밀려나게 되어 기억하기가 어렵게 된다는 것이다. 이것은 새로운 정보가 이전의 정보와 유사할 때 가장 뚜렷하게 나타난다. 붕괴설과 간섭설은 모두 다 단기기억의 정보가 사라진다는 것을 지지하는 증거라고 할 수 있다. 단기기억에서의 망각이 우리에게 주는 이득은 새로운 정보가 단기기억에서 자리를 차지할 수 있는 기회를 준다는 것이지만 오랫동안 기억해야 할 정보가 사라진다는 단점도 있다.

단기기억에 들어온 정보도 20초 정도가 지나면 사라지게 된다고 하였다. 즉, 정보가 사라지기 전에 장기기억으로 전이시켜야 하는데, 여기에 필요한 전략은 시연(rehearsal)이다.

시연은 기계적 혹은 유지형 시연(maintenance rehearsal)과 정교화 시연(elborative rehearsal)

으로 나눌 수 있다. 유지형 시연은 자료를 단순히 되풀이하여 반복하는 즉, 소리를 내거나 또는 조용히 항목을 계속하여 반복함으로써 장기기억에 보존하는 것이다. 그러나 그냥 단순하게 반복하는 것은 기억을 향상시켜 주지는 못한다. 만약 어떤 것을 충분히 오랫동안 반복하면, 나중에 설령 회상해 낼 수는 없다 하더라도 그 정보를 다시 듣거나 사용하게 되면 곧장 알아볼 수 있을 것이다. 어떤 항목이 받는 반복의 양은 항상 다음의 회상을 향상시키는 것은 아니다. 특히 재료를 영원히 기억하려는 의도가 별로 없으면 더욱 그런 현상이 나타나게 된다.

글상자

작업대로서의 단기기억

외부 정보를 단순히 수동적으로만 입력하는 감각기억과는 달리 단기기억은 활발하게 기능한다. 로베르타 클라츠키(Roberta Klatzky, 1980)는 이를 작업대와 비교할 수 있다고 주장하였다. 그림 5-2 에서 보면 목수의 작업대에는 작업에 필요한 모든 재료와 도구를 올려놓을 수 없다. 이러한 재료와 도구들을 가지런히 정리한다고 해도 작업대 밑으로 떨어지는 경우가 있다. 이러한 장면은 기억 기능과 비교할 수 있다. 선반은 장기기억의 기능을 하는데, 이곳에서 필요할 때 정보를 인출하는 것이다. 이때 장기기억에 저장될 수 있는 용량에는 한계가 없다. 작업대는 단기기억과 비슷하다. 작업대와 단기기억은 제한적인 용량이 특징이다. 목수에게 더 많은 재료가 필요할수록 작업대에 올려놓을 수 있는 자리가 없어진다. 이는 우리가 단기기억에서 많은 정보를 반복할수록 다른 정보의 자리가 없어지는 것과 같다. 단기기억의 이러한 용량의 제한으로 인하여 많은 정보가 저장될 수 없다. 새로운 정보가 입력되려면, 이전 정보가 사라져야 한다. 그러나 모든 정보가 선반에 올려질 수는 없다. 즉, 장기기억으로 넘어갈 수 없다는 것이다. 이런 정보들은 다시 감각기억을 통하여 단기기억으로 입력되어야 한다. 마찬가지로 목수도 작업대 밑에 떨어진 재료가 필요하면 다시 주워야 하는 것이다.

그림 5-2 단기기억(STM)과 장기기억(LTM)

출처: 김선(1998). 기억에 대한 이해와 훈련 프로그램. 교육과학사. p.25-26.

정교화 시연은 새로운 정보를 우리가 이미 알고 있는 어떤 것에 관련시켜 기억하려고 노력하는 것으로, 장기기억에 저장하는 데 매우 효과적인 방법이다.

5) 장기기억

자신이 알고 있는 세상의 모든 사실은 장기기억 속에서 나오는 것이다. 예로 나의 고향이 어디인지, 우리 집 전화번호가 몇 번인지, 우리 가족의 생일이 언제이고, 이름이 무엇인지 등 이런 모든 사실을 기억하고 있는 곳이 장기기억이다.

선택적 주의집중에 의해 감각기억에 있던 정보는 단기기억으로 넘어가며, 20초 동안 단기기억에 유지되는 동안에 반복하여 시연된 정보는 장기기억으로 넘어가게 된다. 그렇지만 이런 전략을 사용하지 않은 정보들은 사라지게 된다. 정보가 일단 장기기억에 저장되면 비교적 영구적으로 기억된다.

이러한 장기기억의 특징은 다음과 같다.

- 장기기억 속에 저장할 수 있는 용량은 무한대이며, 보유하고 있을 수 있는 시간도 무한대이다.
- 장기기억의 종류는 세 가지로 분류할 수 있다. 즉, 절차기억과 의미기억, 일화기억이다. 절차기억(procedural memory)은 자극과 반응 간의 연결, 단서와 조작적 행동 간의 연결 등 직접적인 경험을 통해 학습되며 외현적 행동으로 표현되는 복합적인 자극-반응 형태로써 행동의 청사진을 제공하는 학습된 연합을 포함하고 있다. 쉽게 말해 일이 진행되는 순서에 대한 기억이다. 둘째로 의미기억(semantic memory)은 세상에 대한 일반적인 기억이다. 즉, 일반적 사실과 정보로써 일반사전 또는 백과사전과 아주 흡사하다. 예로 한글은 세종대왕이 만들었으며, 8월 15일은 광복절이라는 것에 대한 기억이다. 마지막으로 일화기억(episodic memory)은 개인의 사생활과 관련되어 있는 기억이다. 예로 지난해 생일날 무엇을 했는지, 사랑하는 사람과 처음으로 손을 잡은 곳이 어딘지를 기억하는 것이다. 다시 말해 개인이 경험하는 각종 사건들, 일화들에 대한 기억으로 이 기억은 계속해서 새로운 일화 경험이 쌓이기 때문에 이전 일화들은 비교적

쉽게 변화되고 망각된다.

- 장기기억 속에 있는 정보는 붕괴로 상실되는 것 같지 않고 대신 간섭과 인출에 영향을 받는 것처럼 보인다. 간섭은 저장상실에 의해 일어날 수도 있고 인출하지 못하는 인출상실에 의해서 일어날 수도 있다. 간섭에는 순행적 간섭(proactive inhibition: 장기기억에 있는 이전의 재료가 새로운 재료에 끼어들어 인출문제를 일으키는 것)과 역행적 간섭(retroactive inhibition: 새로운 재료가 기억에 있는 이전의 재료를 밀어내는 저장상실 때문에 생기는 것)이 있다.
- 장기기억은 조직화(organization)되어 있다. 단기기억에서 들어온 정보들이 조직화되어 있지 않다면 우리는 인출을 하는 데 많은 어려움을 겪을 것이다. 기억 연구자 톰킨스(Tomkins, 1970)은 단기기억에서와 같은 검증 전략만으로 주어진다면 어른이 되어 장기기억에 약 50년 정도의 경험이 저장되어 있는 경우 "당신의 이름이 무엇인가요?"라는 질문에 답하는 시간은 약 400년 정도 걸릴 것으로 예상하고 있다.

  장기기억의 조직화는 도서관에서 책들을 분류하기 위해 사용하는 방법에 비유될 수 있다. 만약 도서관에서 많은 책들을 분류기호 없이 보관한다면 원하는 책을 찾는 데는 많은 시간이 소비될 것이다. 장기기억도 마찬가지이다. 또한 새로운 정보를 조직화하여 저장하기 때문에 우리는 많은 정보를 비교적 영속적으로 저장할 수 있다. 장기기억이 조직화되어 있다는 것은 군집화(clustering) 현상에서 찾아볼 수 있고, 이러한 조직화 특성을 설명하는 이론적 접근법으로 연결망 모형(network model)이 있다. 군집화 현상은 만약 "영국, 사과, 참새, 복숭아, 파랑, 일본, 비둘기, 노랑"이라는 단어들을 불러 주고 회상해 보라고 하면 어떤 사람은 나라이름, 색이름, 새이름, 과일이름으로 회상해 내는 경우가 있다. 이처럼 여러 개의 범주에서 뽑은 항목들을 무선적으로 피험자에게 제시한 후에 회상을 하게 했을 때 동일 범주의 항목들이 함께 회상되는 것이다. 연결망 모형은 콜린스와 퀼리언(Collins & Quillian, 1969)에 의한 것으로 장기기억에서 정보는 마치 그물과 같이 서로 연계되어 저장되어 있는 것으로 본다. 이때 개념들은 위계적으로 조직되어 있는데, 추상적인 개념(예를 들면, 동물)은 상위개념으로, 구체적인 개념(예를 들면, 새, 개)은 하위개념으로 분류되어 있다. 그들은 다음과 같은 문장을 사용하여 장기기억이 어떻게 구성되어 있는지를 밝히고자 하였다.

1. 참새는 벌레를 잡는다.
2. 참새는 깃털이 있다.
3. 참새는 살갗이 있다.

위와 같은 문장을 피험자에게 제시한 뒤 이 문장에 대한 진위를 판단하도록 하고 그 반응시간을 측정하였다. 그 결과 1번 문장을 판단하는 데는 1.310msec였고, 2번 문장은 1.380msec, 3번 문장은 1.470msec였다. 이렇게 판단시간이 다른 이유는 장기기억이 위계적으로 구성되어 있기 때문이라고 주장한다. 즉, 1번의 경우 벌레를 먹는다는 정보는 참새와 직접 연결되어 있고, 2번의 경우 깃털을 가지고 있다는 참새보다 한 단계 위인 새라는 개념과 연결되어 있고, 3번의 경우 살갗이 있다는 참새보다 두 단계 위에 있는 동물과 연결되어 있기 때문이다. 즉, 연결망 모형에서는 장기기억이 위계를 가진 연결망으로 구성되어 있는 각 마디에서 활성화가 확산되면서 개념이 연결된다고 가정하는 것이다.

6) 장기기억에서의 망각

장기기억에 있는 정보가 비교적 영구적으로 기억된다고 하더라도 어떤 정보는 기억을 할 수 없는 경우도 있다. 이처럼 장기기억에서 정보를 찾을 수 없는 현상을 망각(forgetting)이라고 한다. 장기기억에서의 망각을 설명하는 데는 몇 가지 이론들이 있다.

(1) 인출실패

망각을 설명하는 이론 중 하나가 인출실패(retrieval failure)이다. 이 이론에서는 망각을 장기기억에 저장된 정보에 접근할 수 없어 기억이 나지 않는다고 한다. 인출실패를 지지하는 증거 중 하나가 설단현상(tip of tongue)이다. 이것은 인출하고자 하는 정보가 혀끝에서 맴돌지만, 기억이 나지 않는 현상을 말한다. 이때 적절한 인출단서가 주어지면 기억이 나게 된다. 여기서는 기억된 정보가 사라지는 것이 아니라 어딘가 저장되어 있지만 그곳에 접근할 수 없기 때문에 망각이 나타난다고 한다.

(2) 쇠퇴이론

망각을 설명하는 또 다른 이론은 쇠퇴이론(decay theory)이다. 이 이론에서는 망각을 시간이 경과함에 따라 기억흔적이 사라지기 때문이라고 설명한다. 우리들은 일상생활 속에서 오래전에 있었던 경험을 흔히 잘 기억하지 못하는 경우가 많다. 이처럼 시간의 흐름에 따라 기억이 희미해져 기억이 나지 않는 것을 쇠퇴라고 한다. 인출단서가 주어지더라도 어떤 것은 기억이 나지 않는 경우가 있는데, 이는 우리의 기억 속에서 정보가 사라지기 때문이라고 한다.

(3) 간섭이론

망각을 설명하는 세 번째 이론은 간섭이론(interference theory)이다. 망각이 일어나는 이유는 기억된 정보가 서로 간섭을 일으키기 때문이라고 한다. 간섭은 서로 간에 유사한 정보일수록 더 쉽게 일어난다. 예로 전화번호를 외우고 있을 때, 옆에서 이번 주에 당첨된 로또 번호를 불러 주면 전화번호를 기억하기가 어렵게 된다. 또 다른 예로는 지난달의 프로야구 게임 성적을 잘 기억하지 못하는 것은 그동안 많은 프로야구 경기가 진행되었기 때문이다.

(4) 동기적 망각

때로는 위에서 설명한 이유 때문이 아니라 다른 이유로 인해 망각이 일어날 수 있다. 즉, 인지적인 이유 때문이 아니라 감정적인 이유로 망각이 나타날 수 있는데, 이를 동기적 망각(motivational forgetting)이라고 한다. 이것은 우리가 어떤 특정한 사건이나 과거의 경험 중 고통이나 불안을 유발하는 내용을 기억하지 못하는 것을 말한다. 예로 교통사고가 날 때의 상황이나 어린 시절 학대를 받았던 경험에 대해 그 당시의 기억을 하지 못하는 경우가 있다. 프로이트는 이러한 동기적 망각이 무의식적 억압에 의해서 나타나는 것이라고 하였다.

4. 기억의 재구성

우리가 지금까지 살면서 보고, 들었던 수없이 많은 양의 정보를 모두 다 기억하지 못한다. 예로 오래전에 읽었던 소설은 아무리 감명 깊게 읽었다고 하더라도 문장 하나의 정확한 표현을 기억하기보다는 주제를 기억하고, 얼마 전에 보았던 영화도 주인공의 대사 하나하나 모두를 기억하는 것이 아니라 주제와 내용을 기억한다. 이처럼 한정된 기억을 하고 있지만 그 기억마저도 왜곡되는 경우가 있다. 예로 얼마 전에 본 영화를 친구에게 이야기한다고 가정할 때, 본 것을 객관적으로 이야기할 때도 있지만 내용을 잘못 전달하는 경우도 있을 것이다. 다시 말해 우리의 기억은 들었거나 보았던 정보를 단순히 수동적으로 저장해 놓았다가 끄집어 내는 것이 아니라 그 정보의 주제와 요점을 능동적으로 재구성하는 성질을 가지고 있다.

기억의 인출과정을 재구성적 과정으로 강조한 심리학자는 영국의 프레더릭 바틀릿(Frederic Bartlett) 경이었다. 그는 피험자에게 '유령들의 전쟁'이라는 인디언의 전설을 두 번 읽게 하고 15분간 기다린 후 읽은 이야기를 최대한 회상해 보라고 요구하였다. 그 결과 피험자들은 자신들이 읽은 이야기의 세부사항을 생략하거나 내용의 일부를 왜곡하거나 내용을 추가하였다. 피험자들은 읽은 이야기를 그대로 인출해 낸 것이 아니라 자신의 일반적인 지식과 문화적인 기대에 맞게 이야기를 재구성하였다.

그리고 수린과 둘링(Sulin & Dooling, 1974)도 기억이 어떻게 구성되는가를 밝히려고 하였다. 그들의 연구에서 피험자들은 다음과 같은 문단을 읽었다.

> 아돌프 히틀러는 자신의 정치적 야심을 충족하기 위해 그리고 현 정부의 기반을 흔들기 위해 노력했다. 그 나라의 많은 사람들이 그의 노력을 지지했다. 현재의 정치적 문제들이 히틀러가 정권을 인계받는 것을 상대적으로 쉽게 만들었다. 어떤 집단은 기존 정부에 충성을 다했고 히틀러를 곤란하게 만들었다. 그는 이 집단들과 맞서서 그들을 침묵시켰다. 그는 무자비하고, 통제 불가능한 독재자가 되었다. 그가 통치한 최종적 결과는 자기 나라의 파멸이었다.

피험자들은 이 문장을 읽고 나서 5분 후 혹은 1주일 후에 진위형 기억검사를 받았다. 5분 후에 검사를 받은 피험자들은 별로 틀리지 않았으나 1주일 후에 검사를 받은 피험자들은 재구성 오류를 많이 범했다. 즉 "그는 세계를 정복하려는 욕망에 사로잡혀 있다"와 같이 문장내용에는 없지만 이미 가지고 있는 히틀러에 대한 일반적 정보를 이용해서 이야기를 재구성하였다.

기억이 재구성된다는 사실은 법률적인 문제에도 큰 함의점을 가진다. 로프터스(Loftus, 1979)는 기억의 재구성적인 왜곡이 목격자 증언에서 흔히 일어난다고 지적하였다. 로프터스와 파머(Loftus & Palmenr, 1974)는 피험자들에게 자동차 사고에 관한 비디오테이프를 보여 주고 나서 마치 법정에서 증언을 하는 것처럼 엄격한 질문을 하였다. 어떤 피험자들에게는 "두 차가 서로 부딪쳤을 때 차들이 얼마나 빨리 달리고 있었나요?"라고 질문하고, 다른 피험자들에게는 "두 차가 서로 충돌해서 박살났을 때 차들이 얼마나 빨리 달리고 있었나요?"라고 질문했다. '충돌해서 박살났을 때'라는 질문을 받은 피험자들이 자동차의 속력이 더 빨랐다고 대답했다.

1주일 후 동일한 피험자들에게 사고현장에서 깨어진 유리조각을 보았느냐는 질문을 했다(실제 비디오에는 깨진 유리는 나오지 않음). 그 결과 충돌해서 박살이 났다는 질문을 받은 피험자들이 부딪혔다는 질문을 받은 피험자들보다 깨진 유리를 보았다는 대답을 더 많이 했다. 이처럼 목격자 증언은 질문방법에 따라 달라질 수도 있다. 따라서 법정에서 행해지는 목격자 증언을 사실로 믿어야 하는지에 관한 의문을 제기해 볼 수 있다.

5. 기억과 관련된 뇌 부위와 손상

1) 기억과 관련된 뇌 부위

기억과 관련된 뇌 부위는 어디일까? 이 질문에 대한 해답을 찾기 위해 인간 두뇌를 연구하는 신경과학자들의 연구결과를 살펴보면 기억에 관여하는 부위는 크게 해마와 편도체로 밝혀지고 있다.

그림 5-3 에서 보면 해마는 시상하부와 연결되어 있다. 해마(hippocampus)가 기억에서 중요한 역할을 한다는 사실은 H. M환자를 통해 밝혀졌다. 1926년에 태어난 H. M은 7세 때 자전거 사고를 당하여, 사고 후 5분간 의식을 잃었다. 3년 후 그는 뇌전증(간질) 증상을 보였고, 16세가 되어 뇌전증 증상이 더 심해졌다. H. M은 직업을 가질 수 없을 정도로 악화되어 1953년 뇌수술을 받았다. 이 수술의 목적은 뇌전증 발작이 한쪽 반구에서 다른 쪽 반구로 퍼지는 것을 막기 위해서였다. 즉, H. M은 좌반구와 우반구를 연결하고 있는 뇌량(corpus callosum)을 절단하는 수술을 받았다. H. M의 수술 경과는 좋았고, 언어사용이라든가 지능검사에서도 별 이상을 나타내지 않았다. 그러나 기억 기능에 손상을 보였는데, 수술 전의 경험에 대해서는 모두 알고 있었지만, 수술 후 새로운 정보를 기억하는 데 문제를 보였다. 그 후 이 환자에 대한 많은 연구들이 이루어졌고, 그 결과 수술당시 해마라는 부분이 손상된 것으로 나타났다. H. M의 이런 증상 때문에 의사들은 그 이후로 이런 좌반구와 우반구를 분리하는 뇌수술은 하지 않았다. 해마가 기억과 관련이 있다는 점은 반복되는 자극에 대해 해마가 현저하게 반응한다는 사실에서도 찾을 수 있다.

기억과 관련된 또 다른 부위는 편도체이다 그림 5-3 . 편도체는 측두엽 끝부분에 위치해 있으며, 해마와 근접한 거리에 있다. 최근 연구에서 보면 해마는 단순한 회상에 중요한 반면, 편도체는 상상과 같은 기억 이미지의 재배열을 매개하는 데 중요한 역할을 하는 것으로 밝혀지고 있다. 또한 편도체는 정서적 요소를 지닌 기억에 중요한 역할을 한다. 즉, 호랑이를 보고 느낀 공포나, 보고 싶었던 사람에 대한 추억들은 편도체에 저장된다.

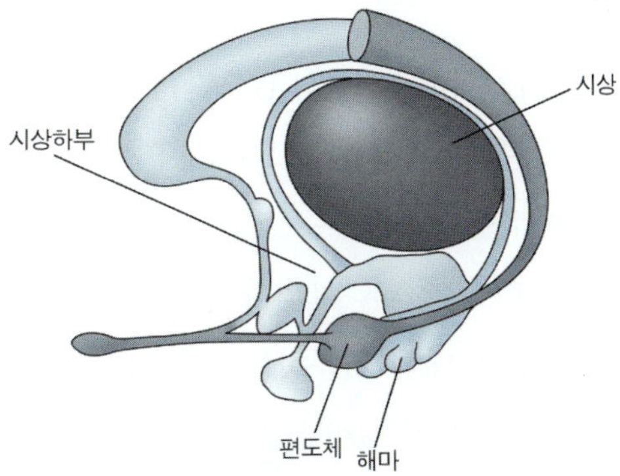

그림 5-3 **해마와 편도체**

2) 기억의 손상

기억의 손상은 다양한 형태로 나타날 수 있다. 예로 금방 들었던 전화번호를 기억하지 못하는 것에서 치매에 걸려 자신의 이름, 장소, 사람들에 대해 기억하지 못하는 것이 포함된다. 이러한 기억의 손상을 단기기억 손상과 장기기억 손상으로 나누어 설명하면 다음과 같다.

(1) 단기기억의 손상

단기기억의 손상에 대하여 살펴보면, 스트레스로 인한 망각, 노화현상, 뇌손상으로 인한 기억상실 등은 단기기억에서 먼저 나타난다. 노화현상으로 인한 기억력 쇠퇴의 경우 초기에 장기기억의 기능이 문제가 없는 것으로 나타나고 숫자 기억용량도 정상이다. 그러나 새로운 사건에 대한 적응력은 매우 떨어진다. 예로 물건을 계속 찾는다든지, 음식이 가스불 위에서 타도록 내버려 둔다든지, 목욕물을 계속 틀어 놓는다든지 하는 것은 자신이 시작한 행동을 잊어버렸기 때문에 나타나는 현상이다. 단기기억의 손상 여부를 알아보는 검사로는 웩슬러 지능검사의 하위검사 중 숫자 외우기, Benton-Test, DCS(Diagnosticum for Cerebralschaden), 단어연상검사 등이 있다.

(2) 장기기억의 손상

장기기억의 기능을 검증하는 것은 매우 어려운 일이다. 왜냐하면 장기기억의 많은 내용들은 개인적인 사생활과 연결되어 있기 때문이다. 즉, 과거 개인적인 생활의 사실 여부를 확인하는 것은 매우 어려운 일이므로 장기기억의 기능을 검증하는 것은 거의 불가능하다. 그러나 검사를 할 수 있는 방법 중의 하나는 최근 10년 동안 일어난 사건에 대해 질문하는 것이다. 장기기억의 손상은 비교적 적은 편인데, 가장 먼저 치매환자의 경우(자식들을 못 알아보고 나아가서 자신이 누구인지도 모르는 경우)에 나타난다.

연습문제

01 구조로서의 기억은 무엇으로 나눌 수 있는가?

02 목격자 증언의 신뢰성이 의심스럽다고 하였는데, 그 이유는 무엇인가?

03 기억을 잘하기 위해 사용하는 자신만의 전략이 있는가?
일반적으로 기억을 향상시킬 수 있는 전략에는 무엇이 있는가?

Chapter 06

발달

배울 내용

1. 발달의 정의 / 2. 인간발달의 단계 및 특징
3. 영유아기 발달

학습목표

1. 발달의 정의를 이해한다.
2. 인간발달의 단계 및 특징을 이해한다.
3. 영유아기 발달의 대표적인 특징들을 이해한다.

인간의 발달은 수정이 시작되는 순간부터 죽을 때까지 전 생애를 통해 일어나는 신체적 · 심리적 변화를 일컫는다. 또한 이러한 발달의 과정은 지속적이면서 순차적인 과정을 거치면서 일어난다. 인간의 적응을 이해하기 위해서는 인간이 미성숙한 하나의 개체로 태어나서 하나의 독립적인 인간으로 성숙해지기까지 신체적인 발달뿐만 아니라 인지적 · 정서적 · 사회적 발달 등이 어떤 과정을 통해 이루어지는가를 아는 것이 필수적이다.

1. 발달의 정의

인간발달을 수정의 순간부터 태아기, 신생아기, 영아기, 유아기, 아동기, 청소년기, 성인기, 노년기에 이르기까지 전 생애를 연구대상으로 하여, 인간의 신체 · 운동 · 인지 · 정서 · 사회성 등의 발달적 특징을 기술하고 예언하여 인간의 경험이 발달에 어떤 영향을 미치는가를 과학적인 방법으로 설명하려는 분야를 발달심리학이라고 한다.

따라서 인간의 발달은 정자와 난자가 만나는 순간(수정)부터 죽음에 이르기까지의 전 생애를 통해 이루어지는 모든 변화의 과정으로 정의되고 있다. 발달과정에서 나타나는 변화의 과정에서는 두 가지 변화, 즉 긍정적인 변화와 부정적인 변화로 구분할 수 있다. 전자는 어떤 특징들이 양적으로 증대하며, 기능이 매우 효율적으로 작용하는 것을 의미하며, 후자는 어떤 특징이 양적으로 감소하며 기능과 구조가 퇴화되는 것을 의미한다.

발달이라는 용어와 유사하게 사용되는 용어로는 성장(growth)과 성숙(maturation)이 있다. 성장이란 연령 증가와 더불어 나타나는 신체적 변화를 의미하는 것으로 주로 양적인 변화를 나타낼 때 사용한다. 성숙이란 내발적 성장과정(endogenous growth process)을 통해 일어나는 점진적인 신체적 · 심리적 변화, 즉 질적인 변화를 의미한다.

일반적으로 발달은 수정에서부터 시작되는 보편적인 순서와 방향에 따라 지속적으로 진행된다. 따라서 영유아의 발달은 그림 6-1 과 같이 일정한 발달의 원리에 의하여 이루어진다고 할 수 있다(강문희 외, 2006; 손혜숙 외, 2019).

그림 6-1 발달의 기본원리

1) 발달의 순서성

발달은 일정한 순서에 따라 이루어진다. 예를 들어, 인지발달의 경우 처음에는 반사적인 행동을 나타내지만 순차적으로 감각과 동작이 협응되는 능력을 발달시킨다. 그리고 언어나 놀이를 통하여 상징적 사고가 이루어진 후 구체적 대상에 대해 논리적으로 사고할 수 있다. 그런 다음 추상적인 문제와 가설적인 상황에 대하여 논리적으로 사고할 수 있다.

또한 언어발달의 경우 처음에 영아의 의사소통은 울음을 통하여 이루어진다. 그러다가 6주 정도 되면 '우우, 아아' 등과 같은 모음의 소리내기를 한 다음 4~5개월경이 되면 옹알이를 한다. 이때 주로 하게 되는 옹알이는 즐거울 때 나타난다. 8~12개월경이 되면 비언어적인 표현인 몸짓을 하게 된다. 그리고 첫돌경에는 한 단어 문장을 사용하고 두 돌 정도 되면 두 단어 문장으로 의사소통을 하게 된다. 이처럼 영유아의 인지발달과 언어발달은 일정한 순서에 의해 이루어지게 되는 것이다.

2) 발달의 방향성

발달은 일정한 방향에 의하여 이루어진다 그림 6-2 . 첫째, 발달은 신체의 위에서 아래로 이루어지는 두미발달의 원칙에 의해 이루어진다. 예를 들어, 먼저 신체의 머리 부분이 발달하고 난 이후 몸통이나 팔다리가 발달한다는 것이다. 둘째, 발달은 신체의 중심에서 말초 부분으로 이루어지는 근원발달의 원칙에 의해 이루어진다. 예를 들어, 신체의 중심부에 가까운 어깨로부터 팔, 손목, 손 그리고 손가락의 말초신경 쪽으로 이루어진다. 셋째, 발달은 신체의 일반적인 것(대근육 발달)에서 세밀한 것(소근육 발

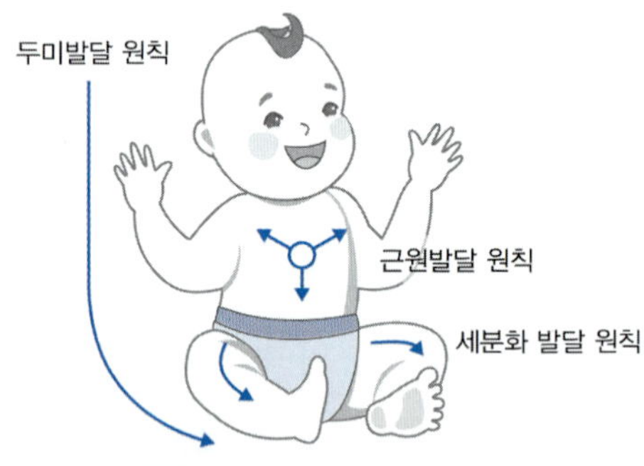

그림 6-2 발달이 진행되는 방향

달)으로 이루어지는 세분화 발달의 원칙에 의해 이루어진다. 예를 들어, 영아는 자신이 잡으려는 물체가 있으면 처음에는 몸 전체를 사용하여 잡으려고 한다. 그러다가 영아는 물체를 잡기 위해 점차적으로 손바닥을 사용하고 나중에는 주로 엄지손가락과 집게손가락을 사용하게 된다.

3) 발달의 연속성

발달은 연속적인 과정으로써 이전 단계의 변화에 근거하여 다음 단계의 변화가 이루어지게 된다. 그리고 발달이 이루어지는 시기는 발달영역에 따라 다르게 나타나지만 발달은 끊임없이 이루어진다. 예를 들어, 신장 및 체중과 같은 신체적 성장은 영아기와 사춘기에 급속도로 이루어지지만 생식기관의 발달은 아동기에는 매우 느리게 이루어진다. 특히 유아까지 뇌발달이 급속도로 이루어지고 12세까지 거의 완료가 된다. 또한 영아의 대근육 발달에서 5개월경 목을 조절하는 것은 앉기의 기초가 되며, 8개월경 기어다니기는 걷기의 기초가 되는 것으로 연속적인 변화과정의 예이다.

4) 발달의 개인차

일반적으로 발달은 발달 순서에 따라 이루어지지만 발달의 속도와 양상은 개인에 따라 각각 다르게 나타난다. 예를 들어, 10개월 정도 되면 걷기 시작하는 영아가 있는가 하면 14개월이 되어도 걷지 못하는 영아가 있다. 영아는 신장, 몸무게, 언어능력, 정서적 반응 그리고 에너지 수준 등에 있어서도 각각 차이가 나타난다. 심지어 일란성 쌍생아인 경우에도 개인차가 드러난다. 이러한 차이는 태어날 때부터 나타나기도 하지만 각각의 개인을 둘러싼 환경이 다르기 때문에 나타나는 현상으로도 볼 수 있다.

한편 한 개인 안에서조차도 발달영역에 따라 차이가 나타난다. 즉, 모든 발달영역이 동일한 속도로 발달이 이루어지지 않기 때문에 동일한 연령의 영아와 비교했을 때 키와 몸무게 같은 신체발달은 앞서 있지만 의사소통과 같은 인지능력에 있어서는 뒤쳐질 수 있는 것이다.

5) 발달영역의 상호연계성

신체운동과 같은 생물학적 발달, 감각운동 및 의사소통과 같은 인지적 발달 그리고 정서·사회성 발달은 서로 연관되어 있어서 영향을 주고 받는다. 예를 들어, 신체의 크기, 신체의 비율, 감각 및 지각의 운동능력 등과 같은 생물학적 발달은 주의집중, 기억, 문제해결, 창의성, 언어발달 등의 지적능력 변화인 인지적 발달에 영향을 미친다. 그리고 인지적 발달은 자기이해, 대인관계기술, 또래관계, 도덕적 추론 등과 같은 정서·사회성 발달에 영향을 미친다. 즉, 각각의 발달영역은 서로 간의 발달을 촉진시키거나 지체시키면서 서로 영향을 주고받는다.

6) 발달의 민감기

발달은 전 생애에 걸쳐 지속적으로 이루어지는 연속적인 과정이지만 특정시기에 발달이 최적화되는 민감기가 존재한다. 예를 들어, 영아기는 애착형성의 중요한 시기로, 이 시기에 적절한 애착을 형성하지 못할 경우 이후 발달에서 회복하기 힘들다고 보는 것이다. 대부분 발달적 민감기는 주로 영아기에 집중되어 있다.

린네베르그(Lenneberg, 1967)는 발달의 민감기와 관련해서 언어를 학습하는 데 결정적 시기(critical period)가 있다고 주장하였다. 그가 주장한 언어발달의 결정적 시기는 2세부터 사춘기까지로 이 시기에 언어를 쉽게, 그리고 빨리 익힌다는 것이다. 하지만 이 시기에 언어를 습득하지 못하면 추후 언어를 습득하는 것이 불가능할 수 있다고 주장한다.

글상자 **린네베르그의 결정적 시기에 대한 예: 지니(Genie) 이야기**

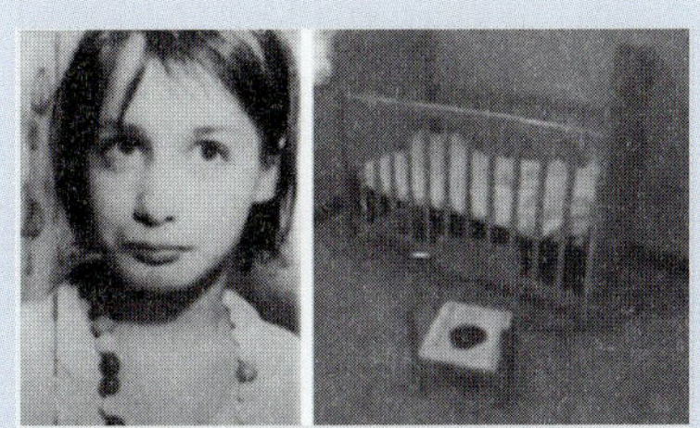

1970년 미국 LA에서 발견된 지니라는 소녀는 아동학대 사례로서 출생 후 20개월부터 13세가 넘을 때까지 아버지에 의해 작은 구석방에 격리되어 살아왔다. 죄수복 같은 것을 입고 유아용 작은 의자에 하루 종일 묶여 있었기 때문에 손발만 겨우 움직일 수 있었다. 아무도 지니에게 말을 걸지 않았고 지니가 어떤 소리를 내면 아버지에게 심하게 매를 맞았다. 지니는 발견 당시 사춘기가 지나 있었지만, 심한 영양실조로 인해 어린아이처럼 보였으며 똑바로 서지도 못하고 말도 하지 못했다. 그 후 집중적인 언어 훈련으로 지니는 말을 배우게 되었지만 끝내 정상적인 수준에는 도달하지 못하였다. 그녀의 언어 수준은 약 2세 정도 수준이었으며, 정상아동이 공식적인 훈련을 받지 않고도 자동적으로 습득하게 되는 문법에 대해서는 이해를 하지 못했다. 이처럼 지니가 언어를 습득하지 못한 이유는 언어를 습득할 수 있는 결정적 시기를 놓쳤기 때문이라는 것이 일반적인 견해이다.

출처: 강순희 외(2022). 영유아발달. 수양재.

2. 인간발달의 단계 및 특징

인간의 발달단계에 대한 구분은 기억, 언어, 성격, 사회인지 등의 각 영역에서의 발달이 어떻게 이루어지는가에 따라 구분하거나, 성장시기나 연령별로 구분하기도 하는 등 학자들마다 다른 접근법을 취하기도 한다. 일반적으로 연령별로 구분하여 보면 인간발달은 8단계, 즉 태내기, 영아기, 유아기, 아동기, 청소년기, 성인기, 중년기 및 노년기로 구분할 수 있다.

1) 태내기(Prenatal period)

정자와 난자가 만나는 순간부터 출생의 시기이며, 어머니의 자궁 내에서 태아의 신체 조직이 발달하고 신체 성장이 가장 큰 폭으로 일어나는 시기이다. 인간의 개인적 차이는 환경뿐 아니라 유전에 의해서도 영향을 받는다. 따라서 태아에게 유전적 요인과 환경적 요인 등이 영향을 미치기 때문에 각별히 조심해야 하는 시기이다.

2) 영아기(Infancy: 0~24개월)

출생 후 약 2~4주 간의 기간을 신생아기라고 하며, 24개월까지를 영아기로 부른다. 이 기간의 가장 큰 특징은 성장속도가 매우 빠르다는 것이다. 영아기는 독립적으로 생활할 수 없으므로 신체적 · 심리적으로 성인에게 의존하며, 부모나 형제자매 등 돌보는 사람에게 애착행동을 보이게 된다. 영아기의 가장 큰 변화는 일어서서 이동하는 능력을 나타내는 것이다. 또한 감각운동의 시기이며, 한두 단어를 사용할 수 있게 된다.

3) 유아기(Early childhood: 만 2~6세)

유아기는 대개 만 2세부터 6세의 기간을 말한다. 이 시기의 아동은 자기주장과 지배에 대한 욕구가 매우 강하다. 이는 개인으로서의 자신을 의식하기 시작하는 데서 비롯된 것으로 반항과 고집, 자기주장이 나타나기 시작한다. 이 시기의 아동이 경험하는 긴장은 아이의 행동을 제한하고 규제하려는 환경의 요구에서 비롯된다. 따라서 유아는 자신의 행동에 타인의 요구를 고려해야 한다는 것을 배우게 된다. 이러한 과정을 거쳐 초기에는 타인과의 상호관계를 고려하지 않는 자기중심적 존재로부터 타인과의 상호관계를 고려하는 존재로 성장해 간다. 이 시기의 아동은 자신의 고유성을 인식하기 시작하여 유아기 후반에 가면 "내 마음대로" 하는 것보다는 "내 스스로"

하는 것에 더 관심을 갖게 된다.

4) 아동기(Middle & late childhood: 만 6~12세)

아동기에는 학교 경험이 시작됨으로써 유아기보다 복잡한 사회적 영향을 받게 된다. 아동기 이전의 시기인 학령 전기까지의 아동은 거의 전적으로 가족의 영향에 놓여 있다. 학교는 아동에게 가족 이외의 외부로부터의 평가, 성공과 실패의 기회, 또래집단과의 경험 등을 제공하는 중요한 영향력의 원천이 된다.

아동기는 대략 아동이 일반적으로 유치원에 들어가는 연령인 6세부터 초등학교를 졸업하는 12세 정도까지의 시기이다. 실제로 유치원과 초등학교의 경험은 매우 다르다. 유치원은 사실상 학교교육을 받는 시기라고 보기 어려우나 가족 이외의 사회적 영향력이 새롭게 등장한다는 점에서 이전의 시기와 구별된다. 그러므로 아동기를 유치원 시기에 해당하는 아동기 전기와 초등학교 시기에 해당하는 아동기 후기로 구분하기도 한다.

5) 청소년기(Adolescence: 만 12~24세)

청소년기는 아동에서 성인기로 전환하는 시기이다. 연령적으로 대략 만 12~24세이며, 12~18세의 청소년 전기와 18~24세의 청소년 후기로 구분할 수 있다. 청소년 전기에는 급속한 신체적 변화와 인지적 발달을 경험하며, 청소년 후기는 자아정체감의 확립과 더불어 성인생활을 준비하기 위한 여러 가지 과제에 집중한다. 청소년기는 영아기 이후 인간의 발달단계에서 가장 왕성한 신체적 발육이 일어나는 시기이다. 이것을 제2차 성장급등기라고 한다. 이 시기에는 여자 청소년이 남자 청소년에 비해 2~3년 빠르다.

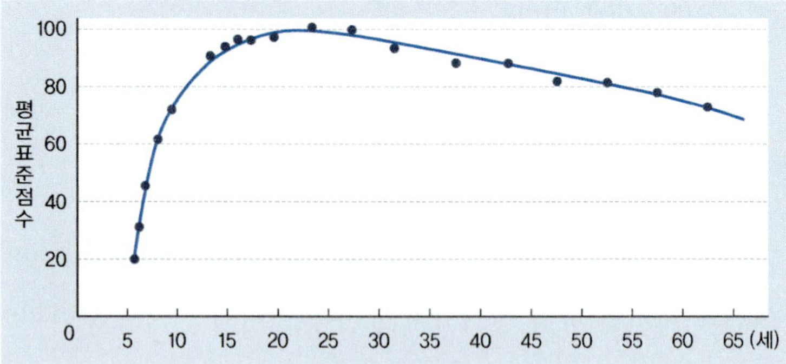

① 제1성장 급증기(growth spurt): 아이가 엄마 뱃속에서 만 2세까지 급속하게 성장하는 시기
② 성장 완만기: 만 2세부터 사춘기까지로 성장이 완만하게 일어나는 시기
③ 제2성장 급증기(adolescent growth spurt): 사춘기부터 15~16세까지로 급속하게 성장하는 시기
④ 성장 감속기: 성장 속도가 감소되는 시기로 보통 여아가 남아보다 빨리 찾아옴

그림 6-3 성장곡선

출처: 보건복지부, 육아정책연구소(2013). 영유아 문제행동지도를 위한 어린이집 보육교사 지침서.

청소년기의 가장 중요한 과업은 자아정체감을 형성하는 것이다. 자아정체감이란 자신의 독특성에 대한 비교적 안정된 느낌을 말한다. 자아정체감은 개별성, 통합성, 연속성(또는 계속성)의 차원을 갖는다. 개별성이란 나는 다른 사람과 구별되는 고유한 존재라는 인식을 말하며, 통합성이란 자신의 행동이나 태도 등이 전체적으로 일관성이 있으며 통합되어 있다는 인식을 말하고, 연속성이란 시간의 경과에도 불구하고 나는 동일한 사람이라는 인식을 말한다.

자아정체감 형성은 아동기 때부터 시작되는 것으로 볼 수 있으나 청소년 후기에 가장 중요한 인생과업으로 등장한다. 자아정체감 형성을 위해서는 자신의 신념, 가치관 등에 대한 고통스러운 의문 제시가 선행되어야 하며, 따라서 일종의 위기를 경험하게 된다. 자신이 경험한 많은 요소들을 모아 통합된 명확한 자기정의를 내리는 것은 어려운 일이므로 자아정체감을 형성하는 과정에서 누구나 혼란과 우울증을 경험할 수 있다.

6) 성인기(Early adulthood: 만 24~40세)

성인기로 들어가는 것은 일생에서 주요한 전환이다. 이전의 모든 발달은 성인기를 준비하는 시기라고 볼 수 있으며, 성인기 이후는 이제까지 준비해 온 것을 실현하고 구체화시키는 시기이다. 성인기는 대략 24세에서 40세까지로 잡는다. 성인기는 신체적 · 지적 측면에서 가장 정점에 있는 시기라고 할 수 있다. 사회적 측면에서는 다른 사람을 사랑하고 보살피는 능력이 심화되는 시기이다. 즉, 이전의 시기에 자아정체감을 형성한 사람은 이제 타인과의 상호관계에 집중할 수 있게 된다. 이러한 맥락에서 성인기에 경험하는 가장 큰 변화는 직업을 갖고 결혼을 하는 것이다. 발달에 대한 잠재력은 전 생애에 걸쳐 존재하지만 성인기 이후의 발달은 아동기나 청소년기와는 그 성격이 다르다. 다시 말해 성인기 이후의 발달은 새로운 신체적 기능이나 인지적 능력의 획득에 의해 일어나기보다는 주로 사회적 · 문화적 요소에 의해 주도된다.

7) 중년기(Middle adulthood: 만 40~65세)

중년기는 경제적 · 직업적으로 비교적 안정되는 기간이기도 하지만, 새로운 위기가 시작되는 기간이기도 하다. 중년기에 들어서면서 지혜를 통하여 문제를 해결하려고 시도하고, 대인관계를 이성보다는 사회적인 관계를 받아들이며, 감정의 대상을 다양화하고, 새로운 사고에 대하여 수용적이어야 건강하다고 할 수 있다.

이 시기는 사회적 관점에서 빈둥지시기(empty nest)라고 한다. 이는 자녀가 성장함에 따라 집을 떠나게 되어 부부만 남게 되는 것을 말한다. 이 시기는 남성보다는 여성에게, 특히 어머니의 역할에 집중을 하고 살아온 전업주부는 심리적으로 공허감이나 우울감을 느끼게 되어 부적응적 양상이 나타날 수 있는데, 이를 빈둥지증후군(empty nest syndrome)이라고 한다. 이러한 현상에 잘 대처하기 위해서는 원만한 부부관계를 유지하기 위한 노력이 필요하며, 다양한 사회적 활동에 참여하는 것이 도움이 된다.

8) 노년기(Late adulthood: 만 65세 이상)

노년기에는 자녀양육책임으로부터 벗어나 부부관계에 보다 초점을 둘 수 있게 되고 또한 자녀들이 성인이 되는 등, 중년기까지의 자신의 삶이 결혼생활과 자녀양육에서 그리고 직업 등에서 성공했는지 실패했는지를 평가할 수 있는 증거가 축적된다. 따라서 노년기에는 지나온 삶에 대한 평가를 하게 되는데, 이 과정에서 자신의 성취한계를 깨닫고 어느 정도의 실망을 하게 된다. 문제는 이것을 어떻게 받아들이는가인데, 어떤 경우에는 지나온 삶을 돌아보면서 극도의 우울감에 빠져 현재의 어떤 경험도 그 우울감을 보상하지 못하는 경우가 있는가 하면, 어떤 경우에는 지나온 삶에 대한 평가를 지나치게 긍정적으로 합리화하여 극도의 자신감을 표현하는 경우도 있다.

3. 영유아기 발달

1) 태내발달

(1) 태내발달의 단계

인간의 발달은 정자와 난자가 결합하여 수정되는 그 순간부터 시작된다. 남성이 한 번 사정할 때 방출된 수억 개의 정자 중 단 한 개의 정자만이 난자와 만나 수정된다. 이를 수정란이라고 하는데, 여기에는 23쌍의 염색체를 가지고 있다. 이 염색체는 유전자를 가지고 있고, 이 유전자에 의해 유전정보가 전달되어, 특정한 신체적 특징과 성별을 결정짓게 된다.

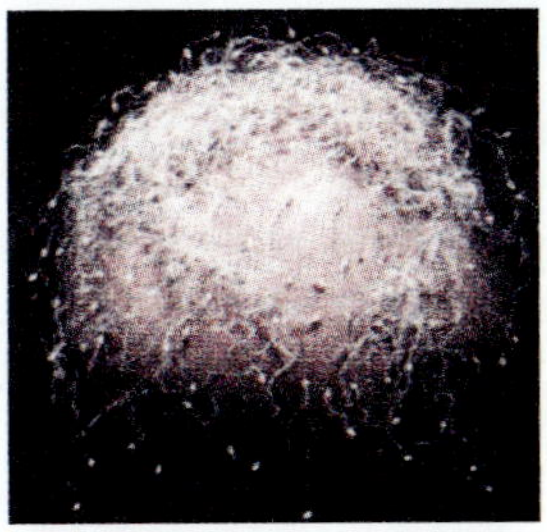

수백 개의 정자가 난자를 둘러싸고 있는 모습

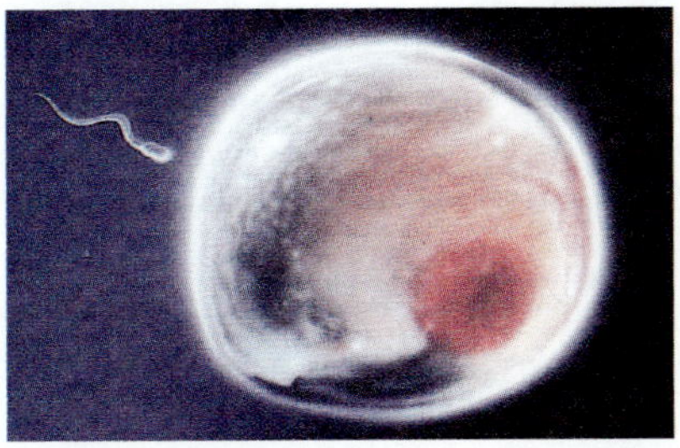

한 개의 정자가 난자의 세포막을 통과하는 모습

그림 6-4 수정의 모습

수정란은 세포분열을 하면서 자궁을 향해 이동하고, 수정체는 상실배(morula)에서부터 배포체(blastocyst)로 변해 자궁내막에 들어가 내막 속의 혈관에 달라붙는데, 이를 착상이라고 한다. 수정란은 자궁 내에서 약 280일의 기간을 지내는데, 이를 태내기라고 한다. 태내기는 배란기, 배아기, 태아기의 세 단계로 구분된다.

태내기에서 태아(胎兒)의 주요한 성장시기를 살펴보면 다음과 같다. 태아가 2개월에는 뇌가 급속도로 발달을 하게 되고, 시신경 · 청신경이 발달하며, 위장 · 신장 · 폐 등도 서서히 갖추어져 간다. 3개월에는 외형상 남녀의 성별 구분이 가능하고, 초음파를 통해 심장이 뛰는 소리를 들을 수 있다. 7개월에는 뇌가 더욱 커지고 복잡해지며 사고력도 발달하기 시작하여 각 기능을 조절할 수 있다. 8개월이 되면 청각이 거의 완성되어 외부 소리에 반응을 보인다.

(2) 태내발달에 영향을 미치는 요인

태아가 성장해 나가는 데 있어 영향을 미치는 요인으로는 어머니의 영양상태, 연령, 질병, 정서상태, 흡연, 음주, 약물복용 등이 있다.

① 어머니의 영양상태

태아는 성장에 필요한 영양분을 모두 어머니로부터 제공받기 때문에, 어머니의 영양상태는 태아의 발달과 성장에 중요한 영향을 준다. 따라서 태아의 출생 시 체중은 어머니의 임신 중의 체중과 관련이 있는데 임신 5개월까지 산모는 매달 1kg 정도 증가하고, 5개월에서 임신 말기까지는 2kg 정도 증가하여 분만 시에는 최소 9kg에서 이상적으로는 12kg 증가하는 것이 바람직하다 그림 6-5 .

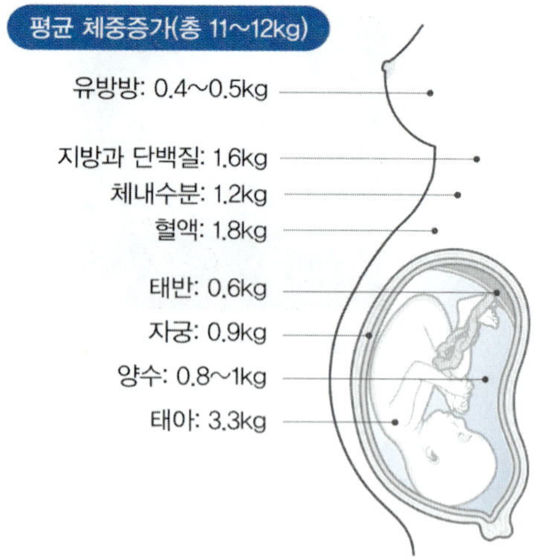

그림 6-5 **산모의 임신 중의 체중증가**

출처: 정옥분(2014). 영아발달. 학지사.

만일 어머니의 영양상태가 충분하지 못하게 되면 유산과 사산의 가능성이 높아지고, 특히 태아의 뇌 발달이 이루어지는 임신 초기의 영양 부족은 큰 지장을 주게 된다. 임신 중에는 각종 무기질 섭취가 필요한데, 무기질의 결핍은 뇌 형성의 장애요인이 된다. 또한 철분은 어머니의 몸에 저장량이 적으므로 철분제를 복용하는 것이 좋다.

② 어머니의 연령

임신하기에 적절한 연령은 23~34세 사이로 알려져 있다. 반면 17세 미만의 임산부는 20대 임산부에 비해 태아의 사망률이 2배 이상 높고, 저체중아나 미숙아를 출산할 가능성도 높다. 또한 35세 이상 초산부의 경우, 의학적으로 이를 노산이라고 하는데, 자연유산, 임신중독증, 난산, 미숙아 출산, 다운증후군(Down's syndrome)의 비율 증가 등의 문제가 나타난다 그림 6-6 . 특히 다운증후군은 여성 호르몬인 에스트로겐의 수준과 관련이 있는데, 호르몬 분비의 부족은 21번 염색체이상을 초래하기 때문이다. 다운증후군은 양수검사(amniocentesis)로 알 수 있다.

③ 어머니의 질병

어머니의 질병이 태아에게 영향을 미치는데, 당뇨병, 고혈압, 풍진, 매독 등이 그 예이다. 산모가 당뇨가 있을 경우, 거대아를 출산할 가능성이 높으며, 거대아를 분만하는 과정에서 난산으로 태아가 뇌 손상을 입거나 사망할 수도 있다. 고혈압의 경우도 태아의 발달지체나 자궁 내 사망을 초래할 가능성이 높으며, 각종 합병증을 유발할 수 있다. 또한 바이러스, 박테리아, 기생충 등에 감염이 될 경우는 태아의 발달을 저해하거나 선천성 기형 등의 문제를 유발할 수 있다.

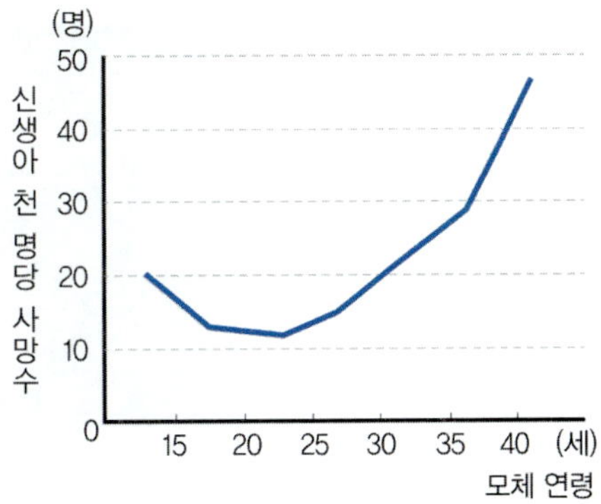

그림 6-6 모체의 연령별 태아사망률

출처: 이사라 외(2013). 영아발달. 파워북.

④ 어머니의 정서상태

어머니의 정서상태가 태아의 발달과 이후 영유아기와 아동기에 여러 가지 장애를 일으킬 수 있는 원인이 될 수 있다. 예를 들어, 임산부가 정서장애를 가지고 있거나 임신 당시에 정서적으로 불안정하였을 경우, 태어난 아이는 지나치게 활동적이거나 많이 울거나 잠을 잘 자지 않는 등의 많은 문제를 보일 수 있다. 이러한 영아의 행동 특성은 어머니의 양육을 어렵게 만드는 요인이 되어, 부모-자녀관계에도 부정적인 영향을 미치게 된다. 또한 어머니의 불안은 신진대사율을 증가시켜 저체중아의 출산을 야기하거나, 불안을 극복하기 위해 이들 호르몬의 분비를 촉진시킴으로써 조산을 유발하는 요인이 되기도 한다(Azar, 1999).

⑤ 흡연, 음주 및 약물복용

임신 중 산모의 흡연으로 인한 가장 큰 문제는 조산인데, 비흡연자보다 조산의 비율이 3.3배나 높다. 또한 자연유산율은 비흡연자보다 1.5배 정도 높다. 흡연을 통해 산모의 몸 안으로 들어온 니코틴은 모세혈관을 수축시키는데, 이는 모체와 태아를 연결시키는 태반이나 탯줄의 혈관도 수축시켜 태아에게 필요한 영양분과 산소의 공급을 방해하여 정상적인 발육이 이루어지기 어렵다. 또한 니코틴은 태아의 뇌 호흡을 관장하는 부분의 발달을 저해하여 태어난 아기에게 호흡장애를 일으키게 한다. 미숙아가 태어날 비율도 비흡연자보다 2배 가까이 높다.

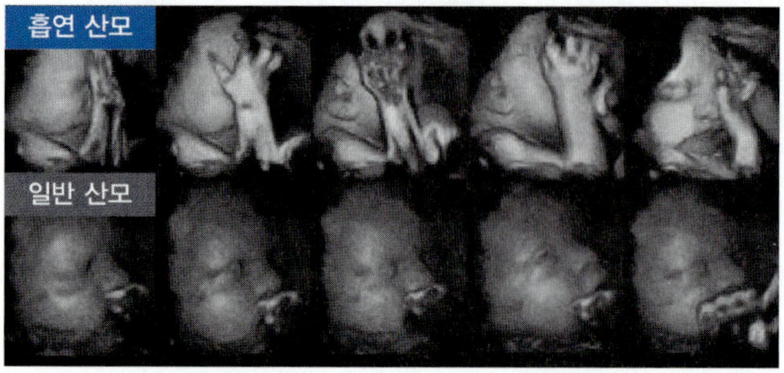

흡연 산모의 태아는 입을 심하게 움직이고 팔로 얼굴 부위를 계속 만지고 괴로워하는 모습을 보이며, 일반 산모의 태아는 움직임이 훨씬 적고 평온한 모습을 보임.

그림 6-7 흡연 산모와 일반 산모의 태아

출처: 국민일보(2015. 3. 25.).

임신 중의 음주는 태아의 혈액에 알코올이 순환하게 되어 태아의 발육장애, 성장 지연, 구순열, 안면형성기형, 지적장애 등을 일으키며, 유산의 비율을 증가시킨다. 또한 임신 중 산모가 알코올을 많이 섭취한 경우에는 태아알코올증후군(FAS: Fatal Alcohol Syndrome)을 보이는 아기를 출산할 가능성이 높다. 이런 아기는 몸집이 비정상적으로 작고, 특히 머리 크기가 비정상적으로 작고 얼굴이 기형인 경우가 많다. 그리고 이런 아기는 뇌가 제대로 발달하지 못해 지적장애나 학습지진아가 될 가능성이 높다.

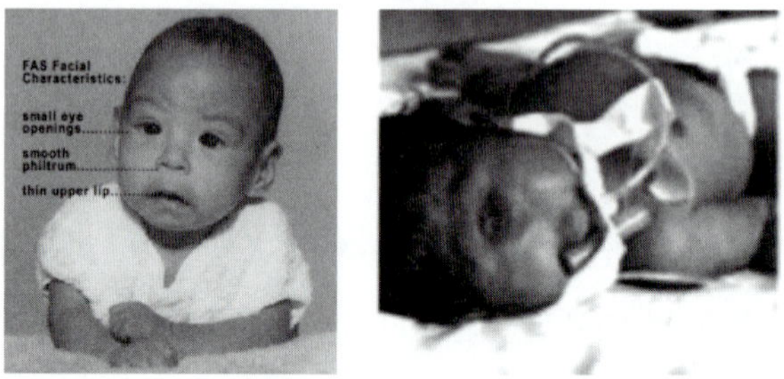

태아알코올증후군의 특징으로는 몸, 머리 크기 및 눈이 비정상적으로 작고, 코 밑의 인중이 뚜렷하지 않으며, 윗입술이 매우 가늘고 미간이 짧음. 또한 뇌의 기능 저하로 학습장애, 주의산만, 사고력 저하, 성격장애가 나타날 가능성이 높으며, 오른쪽 사진처럼 한 쪽 눈을 가지고 태어 나는 경우도 있음.

그림 6-8 태아알코올증후군

출처: https://blog.naver.com/seoulx6/221317425780

그리고 임신 중에 약물을 복용하면 기형아를 낳는다는 사실은 1960년대 탈리도마이드라는 신경안정제를 복용했던 임산부들이 집단적으로 사지가 짧은 기형아를 출산하면서 알려지게 되었다 그림 6-9 . 현재 여러 가지 약물 중에서 확실하게 태아에게 해롭다고 알려진 약물은 20여 종[1)]으로 밝혀지고 있다(이진용 외, 2002).

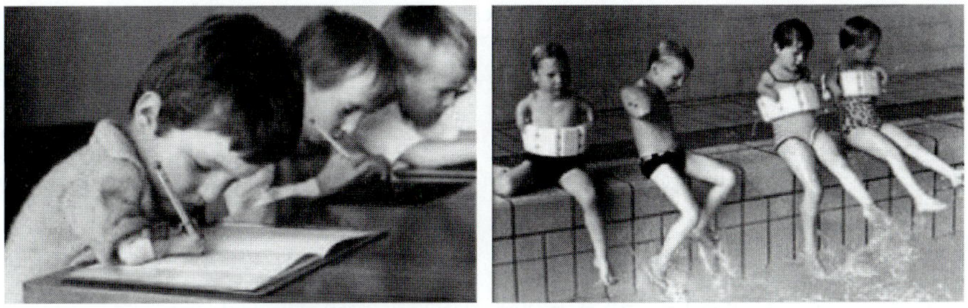

그림 6-9 탈리도마이드 약물복용의 부작용

특히 임신 초기인 5주에서 10주 사이는 태아의 신체와 장기가 형성되는 시기인데, 이때 임신 사실을 모르고 약물을 복용하게 되면 기형아를 낳을 가능성이 높다.

1) 아스피린(과다복용 시 영아의 출혈, 위장장애를 일으킴. 출생 시의 저체중, 낮은 지능, 운동능력의 부족과 관련이 있음), 항생제(스트렙토마이신의 과다복용은 태아의 청력을 상실시킬 수 있음. 테트라마이신은 미숙아 · 저체중아 출산, 골격성장애 등 이상을 유발), 신경안정제(호흡곤란을 일으킴), 환각제(자연유산과 이상행동의 유발. 마리화나의 과다복용은 미숙아 및 저체중아를 출산), 마취제(조산율이 증가되고, 유아도 중독될 가능성이 있음), 카페인(장기적인 발달이상을 보이지는 않으나, 출생 시 미숙아 출산이나 반사운동의 이상을 보임), 마약(헤로인이나 몰핀은 미숙아 출산을 코가인은 호흡문제를 일으킴. 신생아가 중독되어 구역질, 발한 등의 금단증상을 보임). 비타민(비타민 A의 과다복용은 언청이, 심장기형 등의 심각한 장애를 일으킬 수 있음), 피임약(임신인 줄 모르고 계속 경구피임약을 먹었다면 태아에게 위험함. 심장 기형 · 중추신경계 기형 등 여러 형태의 기형이 나올 수 있으며 특히 임신 초기에 계속 사용하면 태아가 여성이었을 경우, 외음부가 남성 성기와 비슷한 형태로 태어날 수도 있음), 이뇨제(이뇨제를 임신 초기에 복용했을 경우, 선천성 기형을 유발할 가능성이 높음. 임신 후기에 복용했을 경우에는 태어난 신생아에게 저혈당증 · 전해질 불균형 등을 일으킬 수 있음. 만약 이 시기 이후에 약물을 복용했다면 기형을 일으키기보다는 태아의 성장이나 발육에 장애를 일으키게 될 가능성이 높음).

2) 신체발달

(1) 영아기 신체발달의 특징

영아의 신장과 체중의 변화에서, 신생아의 평균 신장은 약 50cm이며, 1년 후 출생 시의 약 1.5배가 되며, 2년 후에는 성인 신장의 약 1/2로 성장한다. 체중은 약 3~3.5kg이며, 체중은 1년 후에는 3배, 2년이 되면 성인 몸무게의 20% 정도가 된다. 즉, 2세가 되면 11~12kg으로 출생 시의 약 4배가 되고 1년에 평균 2.7kg씩 증가한다. 신체비율이 변화는 신생아 시기에는 머리 크기가 신체에서 차지하는 비율이 1/4이고, 생후 2년 무렵에는 신체의 1/5이 되며, 성인이 되면 1/6~1/8이 된다. 치아의 발달을 살펴보면, 치아는 유치(젖니)와 영구치가 있다. 유치는 20개이고, 영구치는 모두 32개이다. 유치란 영구치가 나기 전 6~7세까지 나는 이를 말하며, 영구치는 성인이 될 때까지 사용하게 되며 유치가 빠지면서 나기 시작한다. 생후 6개월경에 유치가 아래 앞니부터 나기 시작하여 1년이 되면 6~8개의 앞니가 난다.

(2) 유아기 신체발달의 특징

유아기인 만 2세에서 6세까지는 신장과 체중에서 급격한 변화를 보이게 된다. 예를 들어, 2세 이후 신체성장 속도는 완만해지고, 6세경에 신장은 출생 시의 약 2배가 되어 100~120cm 정도 자라게 되며 매년 7cm 정도씩 증가한다. 체중은 20~22kg으로 출생 시의 약 6배가 되고 체중은 1년에 평균 2.7kg씩 증가한다. 10세 전까지는 남아가 여아보다 크지만 11~13세까지는 여아가 남아보다 더 크게 된다. 유아기에는 하체의 길이가 길어지면서 가늘어진다. 여전히 머리가 신체에 비해 큰 편이지만 유아기 말이 되면 머리가 무겁고 커 보이는 모습에서 벗어나게 된다. 유아기에는 체지방도 꾸준히 감소하게 된다. 유아는 통통하던 영아의 모습에서 벗어나 팔다리가 급속히 성장하고 머리의 비율이 작아져 신체의 비율이 어른과 유사해진다.

6세경이 되면 젖니가 한두 개씩 빠지기 시작해 아동기 동안 젖니는 계속 빠지게 된다. 1년에 약 4개씩 젖니가 영구치로 대치되는데, 첫 번째 어금니는 6세경에 나고, 두 번째 어금니는 13세경, 세 번째 어금니, 즉 사랑니는 20세경에 나게 된다. 특히 4세경에는 영구치의 어금니가 나기 시작한다. 이 시기에 충치가 생기면 평생에 걸쳐 손상을 줄 수 있기 때문에 충치 예방에 각별히 신경을 써야 한다. 따라서 충치를 예방하기 위해서는 올바른 식사 습관과 칫솔질을 통해 치아를 관리하는 습관을 가지도록 하는 것이 중요하다. 특히 취학 전까지는 정확한 칫솔질보다는 칫솔질하는 습관을 갖도록 하는 것이 중요하며, 스스로 칫솔질을 잘 할 때까지 보호자가 수시로 점검하면서 치아를 닦아 주는 주는 것이 좋다.

3) 인지발달

인지(cognition)란 인간의 정신적 사고과정을 의미하는 광범위한 개념으로, 사고력, 기억, 추론, 문제해결, 창조적 사고 등을 포함하는 인간의 모든 정신활동을 일컫는다. 인지적 발달에 관하여 가장 영향력 있는 이론적 틀은 피아제의 인지발달이론이다.

장 피아제(1896~1980)

피아제는 자신의 세 자녀가 성장하는 과정을 지켜보면서 아동의 사고 및 추론 등의 인지능력이 단계를 거치면서 발달한다는 이론을 발전시켰고, 오늘날까지도 인지발달을 설명하는 대표적인 이론으로 자리 잡고 있다.

(1) 피아제 이론의 주요 개념

피아제의 인지발달이론에서는 도식(schema), 적응(adaptation), 동화(assimilation), 조절(accommodation) 그리고 평형(equilibration)의 개념이 중요한 의미를 갖는다. 피아제 이론의 기본개념인 도식은 사물이나 사건에 대한 전체적인 윤곽을 말한다. 즉, 도식은 지식의 기본단위로서 유기체가 외부의 사물을 인지하기 위해 사용하는 '이해의 틀'에 해당한다. 빨기나 잡기와 같은 최초의 도식들은 본질상 반사적이다. 유아는 많은 도식들을 가지고 태어나며, 적응의 과정을 통해 새로운 도식을 개발하고 기존의 것들을 변화시킨다.

적응은 환경과의 직접적인 상호작용을 통해 도식이 변화하는 과정이다. 적응은 개인의 욕구를 충족시키기 위해 이루어지는 개인 또는 환경의 수정을 포함하는 매우 복잡한 과정이다. 적응은 동화와 조절이라는 두 가지 수단을 통해 진행된다 그림 6-10 .

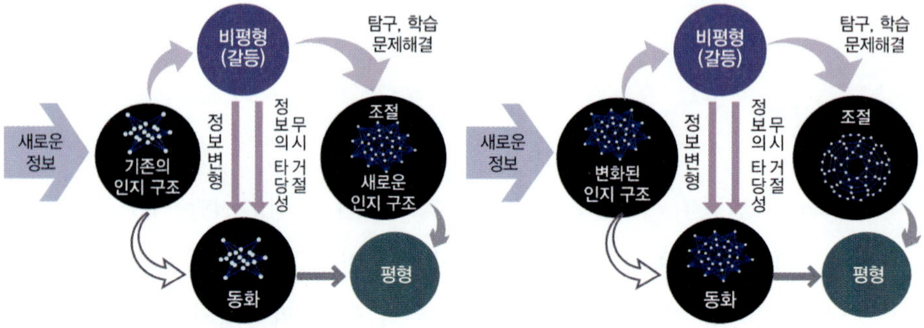

그림 6-10 새로운 지식 창출에 있어 동화–조절–평형

동화는 새로운 환경자극에 반응함으로써 기존의 도식을 사용해 새로운 자극을 이해하는 것을 말하며 조절은 자신이 기존에 가지고 있는 도식으로 새로운 사물을 이해할 수 없을 때, 기존의 도식을 변경하는 것을 말한다. 이러한 조절이 나타날 때 도식의 형태에 질적인 변화가 일어나거나 새로운 도식이 획득된다. 마지막으로 평형은 동화와 조절의 균형을 의미한다. 즉, 새로운 환경을 접했을 때 기존의 도식으로 접근할 수 없을 때 조절과정이 나타난다. 이 과정에서 불평형(disequilibrium)이 나타나게 되고, 이 불평형 상태는 기존의 도식이 변형되거나 새로운 도식을 습득함으로써 평형 상태를 이루게 된다.

(2) 피아제의 인지발달단계

피아제(1954)에 의하면 인지발달은 질적으로 다른 네 단계가 있으며, 이 단계들은 정해진 순서대로 진행되며, 단계가 높아질수록 복잡성이 증가하는 것으로 보았다.

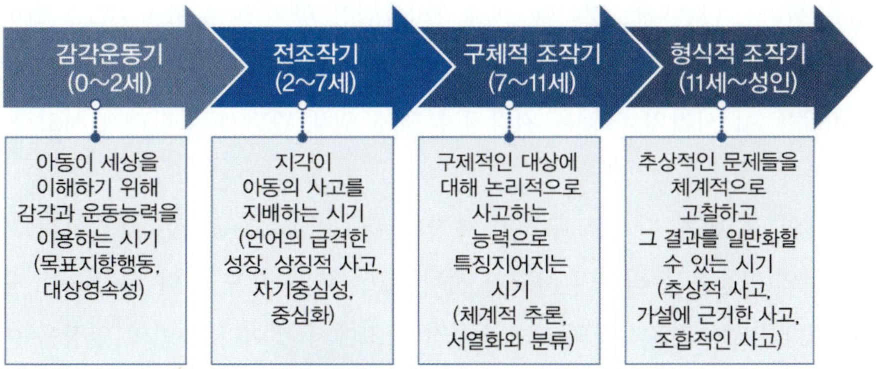

그림 6-11 피아제의 인지발달단계

피아제의 인지발달 첫 단계는 감각운동기(sensorimotor stage)로 생후 2세까지이다. 이 시기에 유아는 출생 시부터 가지고 태어난 기술인 빨기와 잡기 등의 기능을 통해 자신의 신체적 활동을 통합하는 능력을 발달시켜 간다. 이 시기의 유아는 자신이 직접 보고, 듣고, 느끼고, 행동하는 것에 의존하며, 감각기관을 통해 받아들인 정보가 인지발달의 중요한 내용이 된다. 감각운동기 동안에 이루어지는 중요한 인지발달로서 대상영속성(object permanence) 개념을 들 수 있는데, 이는 모든 사물은 자신과는 별개의 실체로서 직접 보거나 만질 수 없는 경우에도 여전히 존재함을 아는 것이다. 이 개념은 생후 7, 8개월경부터 발달하기 시작한다.

인지발달의 두 번째 단계는 전조작기(peroperational stage)로 2~7세까지이다. 이 단계에서는 논리적인 조작이 불가능하기 때문에 전조작기라 부른다. 조작(operation)이란 과거에 일어났던 사건들을 내면화시켜 서로 관련지을 수 있는, 즉 논리적인 관계를 지을 수 있는 능력을 말하는데, 이 시기에는 아직 체계적이고 논리적인 사고를 할 수 있는 능력이 발달되지 않는다. 이 시기 사고의 특성은 상징놀이, 자기중심적 사고,

물활론, 직관적 사고를 하는 것이다. 특히 이 시기의 유아는 주변의 모든 현상을 자기중심적으로 생각하여, 타인도 자신과 같이 느끼고, 사고하고, 행동한다고 생각하고, 타인의 관점을 이해하지 못한다. 또한 이 시기에는 보존개념(conservation)이 획득되지 않는데, 보존개념이란 사물의 외형이 변한다고 할지라도 그것의 길이, 양, 무게 등의 속성은 변하지 않는다는 것이다. 예를 들어, 같은 양의 물을 보여 주고, 폭이 좁고 긴 컵과 폭이 넓고 짧은 컵에 각각 부었을 때, 높이가 긴 컵의 물이 더 많다고 생각한다. 그 이유는 이 시기의 아동은 지각적 특성에 의해 판단하는 직관적 사고를 하기 때문이다.

인지발달의 세 번째 단계는 구체적 조작기(concrete operational stage)로 7~11세까지이다. 이 시기의 아동은 논리적인 사고가 시작되고, 추리능력도 보다 복잡하며, 융통성을 갖게 된다. 또한 전조작기의 자기중심적 사고에서 벗어나 타인의 입장을 이해할 수 있는 조망수용(perspective taking)능력을 습득하게 된다. 이 시기의 아동은 대상물이 가지고 있는 공통적인 속성에 따라 물체를 분류할 수 있는 유목화의 개념을 습득하고, 사물을 영역별로 차례대로 배열할 수 있는 서열화의 개념을 획득하는데, 특히 서열화의 개념은 수들 간의 관계를 이해하는 데 결정적인 역할을 하므로 산수를 배우는 데 필수적이다(정옥분, 2002).

인지발달의 마지막 단계는 형식적 조작기(formal operational stage)로 11~15세까지이다. 이 시기가 되면 논리적 사고뿐만 아니라 죽음, 자유, 종교 등과 같은 추상적 개념들에 대해서도 사고할 수 있다. 이러한 능력으로 세상에 대한 일반적인 법칙을 형성할 수 있고, 가능한 일들에 대한 검증이 가능해진다. 형식적 조작기의 특징은 시간을 초월하여 문제를 다루고, 문제해결을 위해 계획을 세우고, 체계적인 해결을 해 나가는 과학적 사고가 가능하며, 추상적인 개념도 이해가 가능하다. 또한 이 시기의 청년들은 이상적인 사고를 하는 것이 특징인데, 이로 인해 자신이 생각한 결과와 현실이 일치하지 않는 경우가 많고, 현실을 자기의 이상과 부합하도록 변화시키려는 노력을 하게 된다.

4) 도덕성 발달

도덕성이란 선악을 구별하고, 옳고 그름을 바르게 판단하며 인간관계에서 지켜야 할 규범을 준수하는 능력, 타인을 도와주는 행위 등을 말한다. 도덕성 발달은 부모나 주변 사람들의 훈육방식을 관찰하고, 자신이 속한 사회의 문화규범에 따라 행동하도록 배우는 것을 통해 이루어진다. 여기서는 도덕성 발달의 대표적인 두 이론인 피아제의 이론과 콜버그(Kohlberg)의 이론을 살펴보면 다음과 같다.

(1) 피아제의 도덕성 발달이론

도덕성 발달이론을 최초로 제안하고 연구를 가장 먼저 시작한 사람은 피아제이다. 그는 아동의 도덕성 발달이 세 단계를 거치면서 진행된다고 설명하였다. 첫 번째 단계는 규칙이나 질서에 대한 도덕적 인식이 전혀 없는 단계이다.

두 번째 단계는 타율적 도덕성 단계(heteronomous morality stage)로 4~7세의 아이에 해당한다. 이 단계에서 아동들은 항상 옳고, 그름의 준거를 가지고 행위의 의도에는 관심이 없고 결과만으로 판단을 한다. 예를 들어, 엄마를 도와주다가 접시 10개를 깬 아이가, 엄마 몰래 과자를 꺼내려고 하다 접시를 1개 깬 아이보다 더 나쁘다고 판단을 한다. 세 번째 단계는 자율적 도덕성 단계(autonomous morality stage)이다. 이 단계의 아동들은 행위의 결과와 의도를 함께 고려하여 판단을 하게 된다. 즉, 상황적 요인을 고려하여 도덕적 판단을 내리게 된다.

피아제는 도덕성 발달은 인지적 성숙과 사회적 경험이 중요한 역할을 한다고 하였다. 즉, 자기중심성의 감소와 역할수용능력의 발달과 같은 인지적 성숙과 또래 아이들과의 상호작용 같은 사회적 경험이 도덕성 발달에 영향을 준다는 것이다(이우언 외, 2003).

(2) 콜버그의 도덕성 발달이론

콜버그는 도덕성 발달을 6단계로 구분하였다. 이 단계는 전인습 수준, 인습 수준, 후인습 수준이라는 세 가지 수준이 있고, 그 하위에 각각의 두 가지 단계가 포함되는 것으로 보았다.

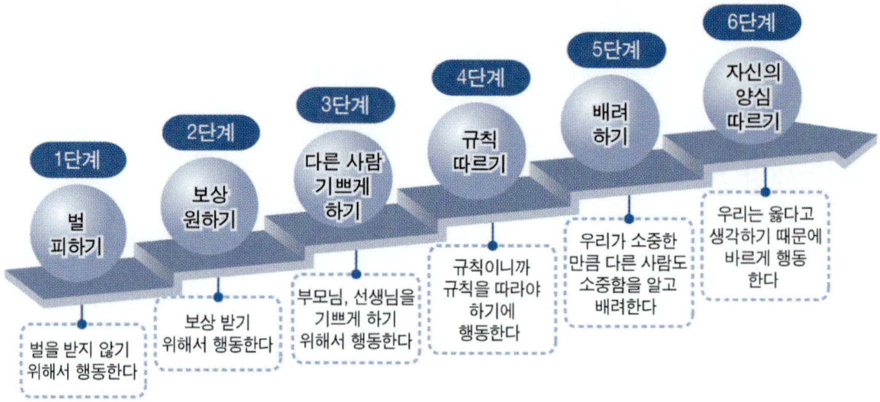

그림 6-12 도덕성 발달의 6단계

① 전인습 수준(Pre-conventional level)

첫 번째 수준은 전인습 수준으로 사회규범이나 기대를 잘 이해하지 못하고 매우 자아중심적이어서 다른 사람의 입장을 이해하지 못하고 자기욕구충족에만 관심이 있다. 이 수준의 첫 하위단계는 벌과 복종 지향의 도덕단계, 즉 처벌을 피하기 위해 규칙이나 기준에 따라 행동한다. 두 번째 하위단계는 개인적 보상 지향 도덕단계인데, 여기서는 보상이나 강화를 받기 위해 규칙을 따라 행동을 하게 된다. 이 단계부터 다른 사람의 입장을 고려하기 시작하지만, 완전하지는 않다.

② 인습 수준(Conventional level)

두 번째 수준은 인습적 수준으로 10~13세 아동들에게서 나타난다. 이 수준은 사회적 관습에 맞는 행동을 도덕적 행동이라고 생각하므로, 사회적 권위와 내면적 기준으로 도덕적 판단을 한다. 그러므로 가정, 사회 등의 집단 기대에 따르는 것이 결과와는 상관없이 가치가 있다고 판단한다. 이 수준의 하위단계로서 3단계는 대인관계 조화 지향 단계로 올바른 행동이란 다른 사람을 기쁘게 하거나 다른 사람에게 인정받는 행동이라고 판단하여 타인의 기대에 부응하고자 노력한다. 4단계는 법과 질서 지향 단계로, 여기서는 자신의 의무를 다하고 법과 질서를 따르는 것이 옳다고 판단한다. 대부분의 성인들이 이 단계에 해당된다.

③ 후인습 수준(Post-conventional level)

세 번째 수준은 후인습적 수준으로, 이 수준에서는 도덕적 가치나 권위가 개인이나 집단의 권위와는 상관없이 그 자체로서 타당성을 가지고 있음을 깨닫는다. 이 수준에 도달하는 시기는 개인에 따라서 차이가 있으며, 이 수준에 도달하지 못하는 사람도 있다. 이 수준의 하위단계로서 5단계는 사회계약 지향 단계인데, 올바른 행동이란 사회 전체가 합의한 기준에 따르는 행동이라고 판단하며 개인의 권리를 중요시하고 합리성에 따라 법과 규칙 등의 사회적 기준이 바뀔 수 있다고 생각한다. 6단계는 보편적 도덕원리 지향 단계로, 여기서는 사회계약과 법은 보편적 윤리기준에 맞는 것이기 때문에 정당한 것으로 보며, 인간의 존엄성, 평등성, 정의 같은 것이 해당된다고 본다. 도덕성이란 양심에 따라 이루어지는 결정이라고 보기 때문에 타인의 생각이나 법의 제약과는 관계없이 자신이 선택한 도덕원리에 따라 행동하는 것이 올바른 것이라고 판단한다. 예수나 석가모니 같은 소수의 성인만이 이 단계에 도달하게 된다고 보았다.

5) 사회성 발달

흔히 인간은 사회적 동물이라고 일컫는다. 이는 인간은 혼자서 살 수 있는 것이 아니라 태어나서 가족의 일원으로, 사회의 한 구성원으로서 여러 사람들과 관계를 맺어 가며 살아간다는 것을 의미한다. 인간이 생애 처음으로 갖게 되는 인간관계는 양육을 담당하는 사람, 흔히 어머니와의 관계일 것이다. 어머니와 형성된 관계를 바탕으로 형제관계, 친구관계로 확대되고, 이후의 이웃관계 그리고 점차 다양한 사회구성원들과의 관계로 확대된다. 여기서는 사회성 발달의 기초가 되는 애착(attachment)의 발달에 대해 살펴보고자 한다. 영아기의 애착형성이 어떻게 이루어지는가에 따라 이후의 사회성 발달에 많은 영향을 미친다.

(1) 애착의 발달

영아기에 발생하는 가장 중요한 사회성 발달이 애착인데, 이는 영아와 양육자 사이에 형성되는 친밀한 유대관계를 의미하며, 영아는 보통 주된 양육자인 어머니에게 애착을 형성한다. 인간발달에서 애착형성이 중요한 이유는 이후의 인지, 정서, 사회성 발달에 지속적으로 영향을 미치기 때문이다. 안정된 애착을 발달시킨 영아는 이후 정서적인 안정과 대인관계에서 긍정적인 성향을 보이고, 문제행동을 덜 보이게 된다. 또한 영아기에 형성된 애착은 이후 주변세계에 대한 신뢰감으로 확대된다.

(2) 애착발달이론

정신분석이론에서는 수유를 통한 구강만족을 제공하는 대상에게 애착을 형성한다고 본다. 어머니는 영아에게 음식물을 제공하는 주된 역할을 하기 때문에 대부분의 영아에게 어머니는 가장 중요한 애착대상이 된다.

학습이론에서도 수유가 애착의 발달에 중요한 요인이 된다고 하지만, 그 이유는 다르다. 즉, 어머니는 영아의 배고픔을 해결해 줌으로써 배고픔의 해소와 짝지어지며, 수유 동안 신체적 접촉을 통해 따뜻하고 부드러운 느낌이나 청각적 자극 등을 제공해 준다. 이러한 경험이 반복되면서, 영아는 어머니와 좋은 감정을 연결짓게 되고, 이로 인해 어머니는 이차적 강화인(secondary reinforcer)의 지위를 획득하게 됨으로써 어머니에게 애착을 형성하게 된다.

인지발달이론에서는 애착은 영아의 인지발달수준에 의존하므로, 지적 발달이 선행되어야 애착을 형성할 수 있다고 본다(Schaffer & Emerson, 1964). 따라서 애착을 형성하기 위해서는 기본적으로 친숙한 사람과 낯선 사람을 구분할 수 있어야 하며, 애착대상이 영속적으로 존재한다는 것을 인지할 수 있는 대상영속성 개념 또한 획득되어야 한다. 영아가 최초로 애착형성을 하는 시기가 생후 6~7개월경이라는 것은 애착형성이 대상영속성의 발달에 기초한다는 것을 의미하는 것이다.

보울비

보울비(Bowlby, 1973)의 동물행동학적 이론에 의하면, 애착의 발달은 근본적으로 생존유지 및 보호를 위한 본능적인 반응의 결과로 이미 생태적으로 계획되어 있다고 본다. 양육자에 대한 애착행동은 영아의 생존 가능성을 증가시키기 때문에 애착이 진화되었다는 것이다. 이 이론에 의하면 양육자와의 접촉은 영아의 음식물 섭취를 보장하기는 하지만 음식물이 애착형성의 기초는 되지 못한다. 그 대신 애착유대는 생물학적인 것으로 종의 생존을 증가시키려는 진화의 틀 내에서 가장 잘 이해될 수 있는 것으로 본다(장휘숙, 2001).

(3) 애착형성의 요인

음식물이 어머니와 아기를 연결하는 중요한 맥락이기는 하지만 애착의 형성요인은 아니다. 할로우와 짐머만(Harlow & Zimmerman, 1959)의 실험은 애착형성요인이 수유나 음식물이 아니라 접촉이 결정적이라는 것을 보여 준다 그림 6-13 .

그림 6-13 어린 원숭이 대리모 실험

이들의 실험에서 어린 원숭이들은 철사로 만든 어미 원숭이와 천으로 만든 어미 원숭이에게 각각 절반씩 수유를 받으며 양육되었다. 실험결과 어린 원숭이는 어느 어미 원숭이에게서 수유를 받던 상관없이 천으로 만든 엄마를 더 좋아하였다. 심지어는 철사로 만든 어미 원숭이에게

만 젖병이 있을 때도 몸은 천으로 만든 어미 원숭이에게 부착시킨 채 우유를 먹었다. 이 실험의 결과는 애착형성에 주요한 요인이 수유나 배고픔의 해결이 아니라 접촉위안(contact comfort)이라는 것을 보여 준다.

(4) 애착의 유형

에인스워스(Ainsworth)와 그의 동료들(1978)은 애착을 세 가지 유형, 즉 안정된 애착(secure attachment), 회피적 애착(avoidant attachment) 그리고 불안/양가적 애착(anxious/ambivalent attachment)으로 구분하였고, 메인과 솔로몬(Main & Solomon, 1990)이 세 가지 유형 중 어느 것에도 포함되지 않는 것을 혼란된 애착(disorganized attachment)으로 구분하였다.

안정된 애착을 보이는 영아들은 능동적으로 환경을 탐색하고 낯선 사람과도 상호작용을 보인다. 회피적 애착을 보이는 영아들은 부모와 함께 있을 때도 부모에게 무반응적인 것처럼 보이며 부모가 사라져도 슬퍼하지 않으며, 낯선 사람에게도 무반응적으로 행동을 한다. 불안/양가적 애착을 보이는 영아는 부모 곁에만 있으려 하고 탐색행동을 보이지 않는다. 혼란된 애착은 가장 큰 불안정성을 나타내는 애착유형으로 여러 가지 혼란되고 모순된 행동을 보인다.

(5) 애착의 영향요인

애착형성에 영향을 미치는 요인으로는 영아의 기질, 영아와 부모의 특성, 그리고 양육의 질 등이 있다. 영아의 기질적 특성이 애착형성에 미치는 영향에 대해서는 논란이 많다. 영아의 적응성은 안정된 애착과 정적 상관이 있으며, 영아의 활동성은 불안정 애착과 정적 상관이 있는 것으로 나타났다. 하지만 영아의 기질적 특성은 애착유형에 큰 영향을 주지 않는 것으로 보이는데, 이는 '조화의 적합성(goodness of fit)'으로 설명할 수 있다. 즉, 어떤 영아라도 양육자가 영아의 기질을 잘 파악하여 적합한 양육을 제공하게 되면 영아가 안정된 애착을 형성할 수 있지만, 그렇지 않을 경우에는 까다로운 기질을 보이는 영아에게는 애착문제가 발생할 수 있다(Seifer & Schiller, 1995).

어머니의 특성도 애착형성에 영향을 미치는 요인이다. 어머니의 성격, 연령, 경제적 지위, 어머니 자신의 양육과정 등이 애착형성에 영향을 준다. 특히 어머니의 성격특성, 즉 영아가 나타내는 행동이나 반응에 대한 어머니의 민감성과 반응성이 중요하다. 어머니가 아기의 반응에 적절하게 잘 대처하면 안정된 애착을 보이는 반면, 불안정 애착을 보이는 영아의 어머니는 화를 잘 내고 아기와의 신체적 접촉을 회피하며 자신의 감정을 표현하는 데 어려움이 있는 것으로 나타났다(DeWolff & van IJzendoorn, 1997).

6) 정서발달

정서란 자극에 직면하여 발생하거나 수반되는 여러 가지 생리적 변화나 눈에 보이는 행동 등의 반응을 말하는데, 예를 들면 기쁨, 슬픔, 공포 등이다. 이러한 정서는 우리가 행동을 준비할 수 있도록 한다. 예를 들어, 행복은 상황으로의 접근을 인도하고, 슬픔은 우리를 위축되게 하며, 공포는 도망치도록 하는가 하면, 분노는 장애를 극복하도록 한다. 정서는 인생의 중요한 문제에서 우리가 환경과의 관계를 확립, 유지하거나 혹은 변화시키려는 준비성으로 표현된다. 아이저드(Izard, 1991)와 라자루스(1991)는 정서는 개인의 목표에 맞추어 행동을 촉진시키는 기능을 한다고 주장한다.

대부분의 학자들은 기쁨이나 슬픔과 같은 정서는 가지고 태어나지만, 덜 분화된 상태이며, 연령이 증가함에 따라 점차 분화된다고 믿는다(그림 7-5 참조). 즉, 신생아의 경우 흥분상태에서 먼저 유쾌와 불쾌의 정서가 분화되고, 그 다음으로 불쾌한 정서로부터 차츰 분노, 혐오, 공포, 슬픔 등의 정서가 나타나며, 유쾌한 정서로부터 행복, 기쁨, 만족 등의 정서가 나타난다는 것이다(정옥분, 2002).

(1) 정서표현의 발달

영아는 출생부터 제한적이지만 정서를 표현할 수 있는데, 이는 정서의 표현이 후천적인 것이 아니라 선천적임을 말해 주는 것이다(Camras, 1992). 이러한 정서는 모든 문화권에서 볼 수 있기 때문에 일차 정서 또는 기본 정서라고 부른다(Izard, 1991). 일차 정서의 예로는 행복, 분노, 놀람, 공포, 혐오, 기쁨 등이 있다. 일차 정서는 영아기의 초기에 나타나지만, 수치, 부끄러움, 죄책감, 당황, 질투 등의 정서는 첫돌이 지난 후에 나타나며, 이를 이차 정서라고 부른다(Izard & Malatesta, 1987).

일차 정서는 영아기 초기에 대부분 생존과 관련된 기능을 한다. 예를 들어, 기쁨(행복)을 표현하는 웃음은 주로 친숙한 사람과 상호작용을 할 때 미소를 짓게 되고, 이는 부모와 영아의 유대관계를 강화하는 역할을 한다. 또한 배가 고프거나 고통스러운 자극이 있을 때는 괴로움을 나타내는데, 양육자가 자신을 떠나거나 좋아하는 물건을 빼앗거나 혹은 자신이 하고자 하는 것을 못하게 하는 등 다양한 상황에서 분노를 나타낸다. 이러한 분노의 표현은 양육자가 영아의 고통 내지 불편을 덜어 주도록 하는 강력한 사회적 신호의 기능을 한다. 공포는 신체적 · 심리적 위협에 대한 반응으로 나타난다.

이차 정서는 일차 정서보다 늦게 나타나며, 더 복잡하다. 이차 정서를 자의식적 정서(self-conscious emotions)라고 하는데, 이는 이차 정서가 자기개념을 손상시키거나 증진시킬 수 있기 때문이다. 따라서 자아의 인식이 이차 정서에 있어 필수적이다(Lewis et al., 1989). 생후 18~24개월 사이에 유아는 수치심과 당황 그리고 자랑스러움을 경험하기 시작하고, 3세경에는 질투심과 죄책감이 나타난다(장휘숙, 2001).

(2) 정서이해능력의 발달

영아는 생후 6개월경에 정서와 관련된 얼굴표정을 구분하기 시작하는데, 이때 정서적 전염(emotional contagion)을 보인다. 이는 타인이 행복하거나 슬프다고 느끼면 자신도 동일하게 느끼는 경향성을 말한다. 7~8개월경이 되면 다른 사람의 정서를 자신의 행동의 길잡이로 삼는데, 이를 사회적 참조(social referencing)라고 한다. 사회적 참조란 대부분 모호한 상황에서 발생하는데, 불확실한 상황에 대처하기 위해 타인의 정서적 반응에 의존하는 것을 의미한다.

유아기가 되면 정서이해능력이 빠르게 발달한다. 유아들은 정서를 표현하는 단어를 사용하거나 슬픔, 기쁨과 같은 정서를 야기시키는 원인과 결과 그리고 행동적 표현을 언급할 수 있으며, 정서표현에 대한 그들의 이해는 더욱 정확해지고 복잡해진다. 하지만 아직까지는 실제로 경험하는 정서와 표현하는 정서를 확실하게 구분하지 못한다. 즉, 슬픔을 느끼는 사람이 행복한 표정을 짓거나, 기쁜 상황에서 기쁜 표정을 짓지 않으면 혼란을 느끼는데, 이는 사물의 실제 모습과 겉으로 보여지는 모습의 차이를 이해하지 못하기 때문이다(Friend & Davis, 1993).

아동기가 되면, 정서표현이 외부의 기준에 의한 것뿐만 아니라 스스로의 규준에 의한 표현이 가능해진다. 또한 이 시기가 되면 실제로 경험하는 정서와 표현하는 정서가 다를 수 있다는 것을 이해하게 되며, 동일한 상황에서 한 가지 이상의 복합적인 정서를 경험할 수 있다는 것을 이해하게 된다. 즉, 사람들은 동시에 긍정적인 정서와 부정적인 정서를 경험할 수 있으며, 또한 그 강도가 서로 다를 수 있다는 것을 인식한다(Wintre & Vallence, 1994).

(3) 정서규제능력의 발달

정서규제(emotional regulatory)란 자신이 경험하는 정서를 상황에 맞춰 통제하는 것을 말한다. 즉, 어떤 특정 상황에서는 자신의 정서를 그대로 표현할 수 없는 경우가 생기는데, 예를 들어 친구로부터 받은 선물이 마음에 들지 않았을 때, 실망감을 표현하기보다는 고맙다는 인사를 해야 하는 것이 그것이다(Gross & Ballif, 1991). 이러한 정서의 규제는 대부분이 부정적인 정서의 표현을 자제하는 것이 해당되며, 이는 사회적 적응에 도움을 준다.

영아들은 제한된 정서규제능력을 가지고 있는데, 불쾌한 자극으로부터 몸을 돌려 피하거나 입술을 깨무는 행동을 통해 부정적 정서의 유발을 감소시킨다(Kopp, 1989; Mangelsdorf et al., 1995). 사르니(Saarni, 1984)는 정서규제능력의 발달에 있어 정서를 통제할 수 있는 능력, 언제 부정적 정서를 감추어야 하는가에 대한 지식, 정서를 통제하고자 하는 동기 등의 세 가지 요소가 필요하다고 하였다.

정서의 규제는 유아가 말을 배우게 됨으로써 한층 더 발달을 하게 되는데, 2세 말경에는 언어를 사용하여 자신의 정서상태를 표현하며 조절하게 된다. 3세가 되면 다른 사람 앞에서 부정적 정서를 자제하는 능력을 보이게 되고(Cole, 1986), 남아보다는 여아가 자신의 정서를 더 잘 숨기는 것으로 보인다(Saarni, 1984).

정서규제의 한 가지 중요한 측면은 좌절에 대한 참을성(tolerance of frustraion)인데, 이는 2세경에 나타나기 시작하여 유아기에 극적으로 증가한다(Bridges & Grolnick, 1995). 자신이 원하지 않는 좌절상황에서 나이가 많은 유아가 어린 유아보다 더 잘 견디었다.

아동기가 되면 정서규제능력은 급격하게 발달을 하게 되는데, 이는 또래집단 내에서 아동이 자기의 부정적 정서를 표출하게 되면 함께 어울리는 데 어려움이 발생하기 때문이다. 이 시기가 되면 정서규제는 자기통제(self-control)로 변화해 가는데, 이는 목표를 달성하기 위해 순간적인 충동이나 욕구, 행동을 스스로 억제할 수 있는 능력을 말한다. 아동이 미래의 성취를 위해 즉각적인 욕구만족이나 충동을 억제하는 일은 성숙한 인간으로 성장하는 과정에서 매우 중요한 의미가 있다(정옥분, 2002). 하터(Harter, 1990)는 자기통제능력은 상당히 안정적인 특성일 뿐만 아니라 청년기 자아존중감을 예측해 주는 인지적 능력, 사회적 기술, 자신감 등의 특성과 관련이 있다고 하였다.

연습문제

01 태내발달에 영향을 미치는 요인은 무엇인가?

02 피아제의 인지발달이론에서 도식이란 무엇이며, 이것의 기능은 무엇인가?

03 콜버그가 주장한 도덕성 발달단계는 무엇인가?

04 애착형성의 중요성과 애착형성에 영향을 주는 요인은 무엇인가?

05 정서규제능력이란 무엇이며 언제 어떻게 발달하는가?

06 인간발달을 8단계로 구분했을 때, 각 발달단계는 무엇이며 어떤 특징을 지니는가?

Chapter 07

동기와 정서

배울 내용

1. 동기 / 2. 정서

학습목표

1. 동기의 개념과 동기이론들을 이해한다.
2. 정서의 개념과 정서이론들을 이해한다.
3. 동기와 정서가 인간행동에 어떤 영향을 미치는지에 대해 모색해 본다.

동기와 정서는 심리학에서뿐만 아니라 일반 사람들이 관심을 가지는 주제 중의 하나이다. 왜냐하면 그것이 인간의 행동을 결정짓는 원인이라고 생각하기 때문이다. 흔히 "저 친구가 오늘 왜 저럴까?" 혹은 "저 직원의 표정이 왜 저래?", "지금에 와서 그렇게 말하는 이유가 뭘까?" 등 상대방 행동의 원인을 동기나 정서적 표현을 통해 파악하려고 한다. 정서는 사람들이 가지고 있는 감정의 표현이다. 정서는 선천적으로 가지고 태어나는 것도 있고, 후전적인 영향으로 학습되어 생겨나는 것도 있다. 이처럼 동기와 정서는 사람들이 하는 행동을 설명해 주는 기본적인 토대를 제공해 준다. 즉, 인간의 여러 가지 복잡하고 다양한 행동을 간단하게 설명해 준다.

1. 동기

1) 동기의 개념

사람들은 왜 롤러코스트를 타려고 할까? 왜 사람들은 암벽등반을 하려고 하고 높은 산을 오르려고 하는가? 탐험가들은 왜 어려운 상황이 닥쳐올 것을 알면서 밀림이나 남·북극을 탐험하려고 할까? 이러한 물음에 대해 생각할 때 등장하는 개념이 바로 동기이다.

동기(motivation)란 인간의 행동을 유발하고, 그 행동을 지속하게 만드는 요소이다. 동기는 특정 목적을 이루기 위해 유발된 행동의 방향과 강도를 결정짓는 역할을 한다. 동일한 상황에서 사람들이 동일하게 행동하거나 혹은 다르게 행동하는 이유는 바로 그 사람이 가지고 있는 동기에 따라 달라진다. 이러한 동기는 개인의 내적인 것(기질이나 성격)에 의해 나타날 수도 있고, 외적인 환경(사회적 기대와 압력 등)에 의해 나타날 수도 있는데, 전자를 내재적 동기, 후자를 외재적 동기라 한다.

내재적 동기(intrinsic motivation)는 행동 그 자체가 목적인 반면, 외재적 동기(extrinsic motivation)는 외부에서 주어지는 보상을 얻거나 처벌을 피하는 것을 목적으로 한다. 다시 말해 내재적 동기는 그 행동으로 인한 만족감이 행동의 근원이 되지만, 외재적 동기는 그 행동에 따라 오는 결과나 강화가 행동의 근원이 된다(윤가현 외, 2005). 따라서 외재적 동기에 의해 유발되는 행동은 보상을 얻기 위한 수단이 되기 때문에 보상이 주어지지 않으면 행동이 유지되기 어려우며, 그 행동을 유지하기 위해서는 지속적이고 점차적으로 보상을 높여야 하는 상황이 발생할 수 있다. 또한 외적 보상을 사용함으로써 내재적 동기가 약화되는 현상이 나타날 수 있음을 주지해야 한다.

2) 동기이론

(1) 본능이론

본능이론(instinct theory)은 인간의 행동이 타고난 본능에 의해 일어난다고 본다. 맥두걸(McDougall, 1932)은 인간의 행동 중 많은 부분이 본능에 의해 결정된다고 하였다. 그는 인간의 행동을 설명하기 위한 본능을 18가지로 구분하였는데, 부모의 돌보기, 투쟁, 자기주장, 동정심, 짝짓기, 음식 찾기, 혐오, 굴복, 호기심, 건설성, 도피, 간청, 사교성 등이 포함된다(김현택 외, 2000). 즉, 어떤 목표를 향한 인간의 노력을 본능적 행동의 목적성의 예로 보았다. 그는 동기적 행동이 향하고 있는 목표지향적 행동이 무엇인지를 확인함으로써 어떤 본능이 활성화되었는지 규명할 수 있다고 하였는데, 목표지향적 행동이 바로 동기이다.

본능이론은 몇 가지 점에서 비판을 받았는데, 인간행동의 동기를 설명하기보다는 단순히 여러 가지 동기의 종류를 명명하는 수준에 머물렀다는 것과 특정 행동이 본능의 성질을 지니려면 그 행동은 모든 종에서 나타나야 하고 학습되지 않은 것이어야 한다는 것, 마지막으로 모든 문화에서 고정적으로 나타나야 하는데 문화적 차이가 존재하는 것이 그것이다.

(2) 추동감소이론

헐(Hull)에 의해 주장된 추동감소이론(drive-reduction theory)은 추동에 의해 유발된 긴장을 해소하는 방향으로 행동을 하도록 한다는 것이다. 여기서 추동은 생리적 욕구(갈증, 굶주림, 성욕 등)의 발생에 의한 심리적 긴장을 의미한다. 즉, 유기체 내에서 발생한 추동을 감소시키기 위해 행동을 하게 된다는 것이다. 추동의 감소는 유기체의 항상성 유지와 관련이 되는데, 이는 신체적으로 일정한 균형상태를 유지하려는 과정으로 이를 동질정체(homeostasis)라고 한다. 예를 들어, 우리 몸에서 수분이 부족하면, 신체는 물의 필요성을 감지하고 갈증을 느끼도록 하며, 이로 인해 사람은 물을 마시게 된다. 추울 때 옷을 입는 것, 더울 때는 체온을 떨어뜨리기 위해 옷을 벗는 것과 배고플 때 음식을 먹는 것 등이 같은 원리이다.

다양한 인간행동을 설명하기 위해 추동을 일차적 추동과 획득된 추동으로 나누었는데, 전자는 생존과 관련된 기본적이며 생리적인 것이고, 후자는 사회적으로 획득된 것이다. 획득된 추동은 연합의 원리에 의해 일차적 추동과 연결되어 있는데, 예를 들어 사랑은 성적 욕구, 돈은 식욕, 갈증은 해소 등의 욕구와 연합되어 학습된 추동들이다(안창일 외, 2012).

(3) 각성이론

추동감소이론에서 주장하는 것처럼 인간의 모든 행동이 항상성을 유지하기 위해, 즉 생리적 긴장을 줄이기 위해 행해지는 것은 아니다. 인간의 어떤 행동들은 오히려 신체적 긴장을 유발하기 위한 것도 있는데, 롤러코스트 타기, 암벽등반, 스카이 다이빙 등이 그 예이다. 각성이론(arousal theory)에 의하면, 사람들은 적절한 수준의 긴장상태를 유지하기 위해 행동을 한다. 인간은 각성수준이 너무 낮거나 높으면 스트레스를 경험하게 된다. 따라서 각성수준이 너무 낮으면 그것을 높이기 위해, 반대로 너무 높으면 그것을 낮추기 위해 행동을 하게 된다. 이런 과정을 통해 자신에게 최적의 각성수준(optimum level of arousal)을 유지하도록 동기를 부여하게 된다는 것이다 그림 7-1 .

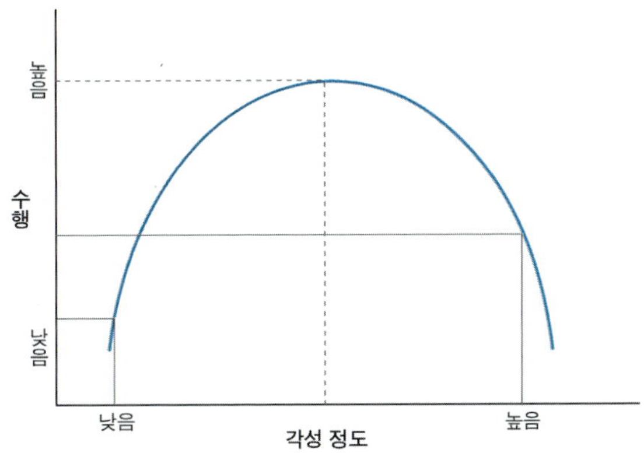

그림 7-1 각성수준과 수행의 관계

위의 그림에서 볼 수 있듯이 각성수준이 너무 낮거나 높을 경우 최상의 수행을 보일 수 없다. 적절한 수준의 각성, 즉 최적의 각성수준일 때 가장 좋은 수행을 보여준다. 이를 Yerke-Dodson 법칙이라고 한다. 이러한 법칙은 스포츠 심리학에서 많이 활용이 되는데 선수들이 너무 과도한 긴장을 하거나 혹은 긴장을 너무 하지 않는 경우 최상의 수행을 보이지 못하게 된다. 가끔 스포츠 경기에서 강한 팀이 약한 팀한테 지는 경우를 보게 되는데, 이는 선수들이 상대 팀의 실력을 너무 과소평가하여 최상의 수행을 보이지 못한 결과라고 할 수 있다.

학습장면에서도 마찬가지이다. 공부를 할 때 각성수준이 낮으면 집중이 잘 되지 않거나 졸음이 오고, 반대로 너무 높으면 불안하고 긴장이 되어 학습능률이 떨어지게 된다.

(4) 유인이론

유인이론(incentive theory)은 행동주의적 관점의 동기이론이다. 유인이란 특정 대상에 대한 접근이나 회피를 유도하는 외적 자극을 지칭하는데, 접근행동을 일으키는 긍정적인 유인과 회피행동을 유발하는 부정적인 유인으로 구분할 수 있다. 아이스크림을 꺼내기 위해 냉장고에 손을 넣는 것은 긍정적인 유인(positive incentive)이고, 뜨거운 난로에 손을 대지 않는 것은 부정적인 유인(negative incentive)에 의한 것으로 본다. 이와 같은 예는 동기를 강화의 원리, 즉 행동에 뒤따르는 보상이나 처벌에 의해 설명할 수 있음을 보여 주는 것이다.

이처럼 사람의 행동 중 많은 부분이 내적인 결핍이나 추동에 의해서뿐만 아니라 외부 환경적인 유인들에 의해서 동기화될 수 있다. 이와 같이 동기가 유기체의 내적인 요소보다 외적으로 주어진 환경에 의해 결정된다는 것을 환경적 결정론(environmental determinism)이라고 한다.

(5) 인본주의이론

인본주의(humanitarianism)의 대표적 학자인 매슬로우는 인간은 선천적으로 자아실현을 할 수 있는 잠재력을 가지고 태어난다고 하였다. 이러한 잠재력을 이루어 가는 과정을 욕구위계설(hierarchy of need)로 설명을 하였다.

특히 매슬로우(1908~1970)는 사람들이 동기화되는 요인과 개인을 완전하게 기능하는 삶으로 이끌어 가는 동기에 관심을 가졌으며, 완전하게 기능하는 사람만이 자아실현을 하는 것으로 보았다. 건강한 성격의 사람이란 자아실현을 할 수 있는 사람으로 보았다. 구체적으로 그는 인간의 행동을 유발하는 동기는 가장 강한 것에서부터 가장 약한 것에 이르기까지 수준이 있는데 그림 7-2 , 이는 기본적인 생리적 욕구, 안전 욕구, 소속감과 사랑의 욕구, 자존감 욕구, 자기실현 욕구이다. 욕구 단계가 낮을수록 생존을 위해 필요한 가장 기본적이며, 낮은 욕구는 인간의 행동에 많은 영향을 미친다. 그리고 욕구 단계가 높을수록 덜 기본적이며 잠재적인 영향력도 더 약하다. 또한 욕구 단계가 높을수록 같은 욕구를 가진 사람은 점점 소수로 줄어든다. 모든 동물과 마찬가지로 인간은 생리적, 안전의 욕구를 공유하고 있고, 무리를 이루고 사는 고등생물과 마찬가지로 인간도 소속감과 사랑 욕구를 공유하고 있지만 오로지 인간만이 자존감과 자기실현의 욕구 단계가 있는 것으로 보았다.

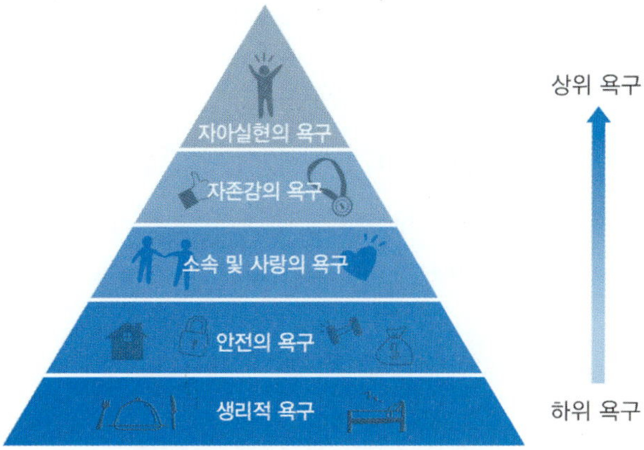

그림 7-2 매슬로우의 욕구이론 5단계

매슬로우는 욕구 이론을 발표하면서 인간의 욕구를 결핍 욕구(deficiency needs)와 성장 욕구(growth needs)로 구분하고, 잘 적응된 인간을 관찰하여 이론체계를 구성하였다. 즉, 잘 적응된 인간은 무의식적인 욕구에 따라 행동하고 성장하는 것이 아니라, 그들 스스로 성장하고 즐기며 새로운 것을 학습하고 능력을 키워 나가면서 발전한다고 보았다.

또한 인간은 수동적 존재가 아니라 자신이 스스로 행동을 선택하고, 자신이 스스로 형성할 수 있는 능동적인 존재라고 보았다. 즉, 인간은 개인적인 성장을 위한 잠재력을 지니고 있으며, 기본적으로 선한 마음으로 자아실현(self-actualization)의 욕구를 충족하고자 노력하는 존재라고 생각했다. 따라서 완전하게 자신의 기능을 다하는 사람만이 자아를 완전하게 실현하는 것으로 보았다. 특히 자아실현의 동기가 그 사람의 삶에 큰 영향을 미치기까지 몇 개의 욕구 단계를 거친다고 가정하였다.

① 생리적 욕구

생리적 욕구는 음식, 물, 성, 수면, 배설의 욕구 등과 같이 인간이 자신의 신체적 균형을 유지하는 데 필요한 욕구를 말한다. 생리적 욕구가 어느 정도 충족되어야 다음 단계의 욕구에 관심을 가지는 것이 일반적인 인간의 특성이다.

② 안전의 욕구

안전의 욕구는 신체적, 정서적 위협으로부터 자신을 보호하려는 욕구로 안전, 질서, 보호 등의 차원을 포함한다. 이러한 안전의 욕구가 충족되어야 다음의 상위 단계의 욕구에 관심을 가지게 된다.

③ 소속 및 사랑의 욕구

소속 및 사랑의 욕구는 생리적 욕구와 안전 욕구가 충족되었을 때 나타난다. 이 욕구에는 타인과 어울리고 어떤 집단에 속하며 타인과 애정을 나누고 싶어 하는 욕구가 포함된다.

④ 자존감의 욕구

소속 및 사랑의 욕구가 어느 정도 충족되고 나면 존중의 욕구가 나타난다. 이 욕구는 남으로부터 존경받고 자신도 스스로 능력 있고 가치 있는 사람이라고 느끼고 싶어 하는 욕구이다.

⑤ 자아실현의 욕구

최상위에 있는 욕구는 자아실현의 욕구로서 하위의 욕구들이 충분히 만족되어야만 나타난다. 이 욕구는 자신의 잠재력을 실현시키고 자신의 장점과 단점을 수용하며 독립적이고 자발적이 되고자 하는 욕구이다. 매슬로우(1971)는 자아실현의 욕구를 충족한 사람들도 나름대로의 약점을 지니고 있기 때문에 결코 완벽한 인간이라고 할 수 없다고 하였고, 이 욕구에 도달한 사람은 극소수에 불과하다고 주장하고 있다.

그러나 앞서 설명한 인간의 욕구 5단계(생리적, 안전, 소속감 및 사랑의 욕구와 자존감, 자아실현의 욕구)는 인간의 모든 욕구를 설명하기에는 부족하다. 왜냐하면 시대는 점점 빠르게 변하고 있고 사람들이 가지고 있는 욕구도 시대에 맞게 변화해 가고 있기 때문이다. 따라서 매슬로우는 그림 7-3 과 같이, 현대시대에 맞는 발전된 욕구 이론 8단계를 소개하였다(정명희 외, 2024).

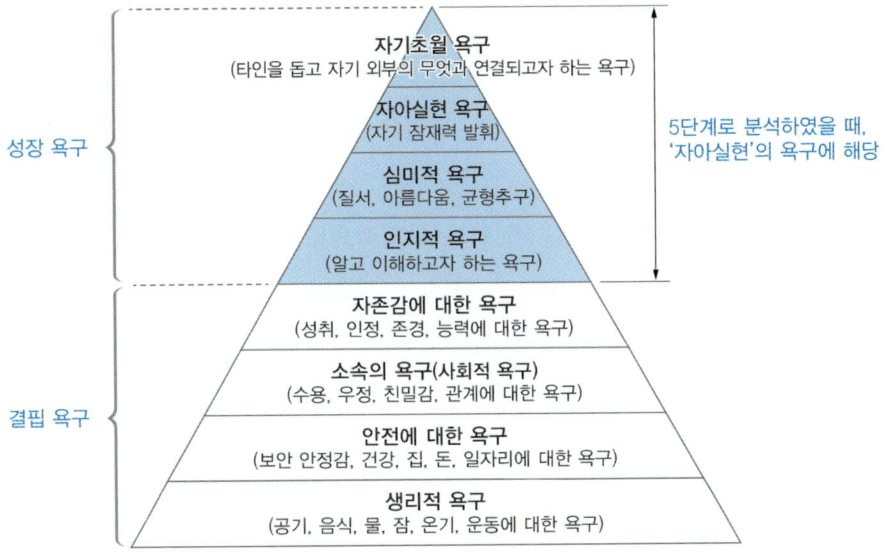

그림 7-3 매슬로우의 욕구 이론 8단계

매슬로우의 욕구 이론에서 기존의 5단계 중 1단계부터 4단계까지를 결핍 욕구라고 한다면, 성장 욕구라고 불리던 자아실현의 욕구를 더 세분화하여 8단계로 자세히 구분지어 설명하고 있다. 즉, 인지적, 심미적, 자아실현, 자기초월의 욕구[1)]를 성장 욕구

1) • **인지적 욕구:** 교육, 문화, 지식적으로 알고자 하는 인지적 욕구(intellectual needs)는 정보와 학문에 접근하고 방법을 알며 지식적으로 모든 것의 의미를 알고자 하는 욕구이다.
• **심미적 욕구:** 문화예술을 추구하며 자연, 환경을 통한 심미적 욕구(aesthetic needs)는 눈에 보이는 외적인 아름다움보다 정서적이고 감성적인 내적인 아름다움을 추구하는 욕구이다.
• **자아실현 욕구:** 5단계의 자아실현 욕구보다 더 발전된 자아실현 욕구(self-actualization needs)는 그 개인의 전체적인 욕구로서 최상의 욕구라고 할 수 있다. 이 욕구는 최대한 자신의 잠재력을 실현하는 것이다.

로 제시하면서 높은 단계의 상위 욕구의 세분화를 통해 제시하였다. 다시 말해 기존에 있었던 결핍 욕구가 네 가지였고 성장 욕구가 한 가지였다면, 현대시대의 발전된 욕구 이론은 결핍 욕구 4가지, 성장 욕구 4가지로 총 8단계의 욕구 이론을 정립하였다. 따라서 매슬로우는 성장 욕구를 충족한 사람들이 정신적으로 건강한 사람으로 보고 있다.

3) 동기의 종류

인간이 가지는 동기는 매우 다양하다. 생명을 유지하기 위해 배고픔이나 갈증, 수면 등 생존을 위한 것과 종족 보존을 위한 성욕 등은 생물학적이면서 생득적인 동기이다. 이에 비해 성취, 친애, 양육, 권력 등 사회적으로 획득되거나 학습된 동기도 있다. 전자를 일차적 동기(primary motive)라 하고, 후자를 이차적 동기(secondary motive)라고 한다. 여러 가지 동기 중 몇 가지를 살펴보면 다음과 같다.

(1) 배고픔

사람은 배가 고프면 음식을 찾게 되고 먹는 행동을 하게 된다. 기본적으로 일차적 동기는 항상성 유지의 기제에 의해 영향을 받는다. 즉, 신체상태에 결핍이 발생하게 되면, 결핍상태를 해소하기 위해 행동을 하게 된다. 오랫동안 음식을 먹지 않으면 신체는 배고픔을 느끼게 되고 이로 인해 식욕이 발생하며 먹을 것을 찾는 행동을 하게 된다.

사람의 배고픔에 의한 섭식행동은 뇌의 시상하부(hypothalamus)에서 조절이 되며, 혈당수준, 호르몬 등의 영향을 받는 것으로 알려져 있다(그림 2-9 참조). 대뇌의 시상하부

• **자기초월의 욕구:** 자기초월의 욕구란 자기 자신의 완벽한 완성을 넘어서 타인과 사회에 기여하고자 하는 욕구를 뜻한다. 자기초월의 욕구는 그 밑에 있는 낮은 욕구의 계층들이 상위 계층으로 전환되기 위해 최하위계층에서 시작하여 각 상위 계층을 뛰어넘으려고 노력하는 '작은 자기초월'을 이룬다. 그리고 발현하는 '큰 자기초월'이 최종적으로 나타나는 욕구라고 볼 수 있다. 결핍 욕구 이후에 나타나는 자아실현과 자기초월의 욕구를 인간의 일반적이며 통상적인 욕구를 넘어섰다고 하는 늦에서 '베타복구(Meta-needs)'라고 명명하였다.

에는 식욕을 조절하는 두 개의 중추가 있어 섭식행동을 통제한다. 하나는 외측 시상하부(lateral hypothalamus: LH)인데, 이것은 배고픔을 느끼게 하여 섭식행동을 유발시키는 역할을 하는 기아중추(hunger center)이다. 이 부위가 손상을 입게 되면 섭식행동을 하도록 유도하지 않기 때문에 음식을 먹지 않게 되며, 이를 소위 거식증(aphagia)이라고 한다. 다른 하나는 복내측 시상하부(ventromedial hypothalamus: VMH)인데, 이것은 충분히 음식이 섭취되었을 때 섭식행동을 그만두게 하는 포만중추(satiety center)이다. 이 부위에 손상이 발생하면 먹는 행동을 멈추기가 어렵게 되어, 체중이 급격하게 늘어나 비만증(obesity)이나 과식증(hyperphagia)이 된다.

(2) 성욕

사람에게 생존을 위해 필요한 동기는 생득적이지만, 종족을 보존하고자 하는 욕구도 생득적으로 가지게 된다. 성욕은 기본적으로는 신경계의 반응과 호르몬의 분비에 의해 영향을 받지만, 심리적인 요인이나 외적 환경요인에 의해서도 영향을 받는다.

글상자 **2차 성징과 성적 성숙**

개인차는 있지만 성적으로 성숙해지는 연령이 점차 낮아지면서 아동기 말에 사춘기를 경험하는 경우가 점차 늘어나고 있다. 대체로 여아는 9세부터 16세 사이, 남아는 10세부터 18세 사이에 성적 성숙이 이루어진다. 이처럼 성숙의 가속화 현상은 양질의 영양섭취와 성적인 자극에 쉽게 노출될 수 있는 환경적 요인의 영향으로 간주하고 있다. 또한 사춘기는 호르몬의 변화로 인하여 급격한 신체적 · 성적 성숙이 이루어지는 시기로 2차 성징이 나타난다. 1차 성징이 출생 시에 생식기의 형태의 차이에 의한 성적 특징이라면, 2차 성징은 사춘기의 성호르몬의 분비에 의해 나타나는 신체상의 형태적 · 기능적 성적 특징을 의미한다 그림 7-4 . 그래서 남아는 남성호르몬의 분비로 인하여 고환에서 정자가 만들어지고 이것이 정액과 함께 음경을 통해 방출되는 사정을 한다. 또한 남아는 꿈속에서 성적 자극을 받아 잠든 사이에 사정하는 몽정이라는 것을 경험하게 된다. 이 시기에 남아는 어깨와 가슴이 벌어지고 근육이 발달하며 턱수염이 나고 성기와 겨드랑이에 털이 나고 음성이 변한다. 한편 여아는 여성호르몬의 분비가 증가되어 가슴이 발달하고 골반이 커진다. 여아는 피하지방의 축적으로 엉덩이가 둥글어지고 성기와 겨드랑이에 털이 나고 초경이 시작된다.

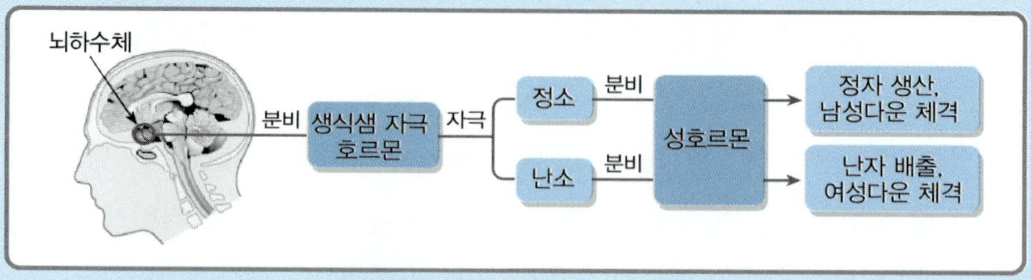

그림 7-4 2차 성징과 성적 성숙

출처: 조성연 외(2010). 아동발달의 이해. 신정.

성욕 혹은 성행동과 관련된 호르몬은 뇌의 시상하부와 뇌하수체에 의해서 조절된다. 남성의 주된 성호르몬은 안드로겐(androgen)이고 여성의 성호르몬은 에스트로겐(estrogen)이며, 남녀 모두에게 있어서 성욕에 주된 영향을 주는 것은 테스토스테론(testosterone)이다. 이 테스토스테론의 분비가 많아지면 성욕을 느끼고, 분비가 줄어들면 성욕이 감소된다.

성욕에 영향을 미치는 또 다른 요인으로 심리적 요인과 외적인 환경요인이 있다. 사람들은 성적 상대자, 나이, 과거 경험, 환상, 분위기, 잡지 속의 사진, 영화, 접촉 등의 여러 가지 자극에 의해 성적으로 흥분이 되며, 아마도 사람의 성욕에 영향을 주는 자극은 무한하다고 해도 과언이 아닐 것이다. 성적으로 흥분하는 방식도 남녀 간에 차이가 있는데 남성은 눈으로 보는 시각적 자극에 의해 성욕이 유발되지만, 여성은 시각적 자극보다는 접촉, 즉 촉감에 의해 성적 흥분을 더 잘 느끼게 된다. 또한 남성은 성적 흥분이 즉각적인 반면 여성은 느리게 나타난다(Morris, 1988).

(3) 친애동기

친애동기(affiliation motive)는 타인들과 친밀한 관계를 맺고 유지하려는 동기이며, 소속동기라고도 한다. 이는 매슬로우의 욕구위계 중 세 번째인 소속 및 사랑의 욕구에 해당하는 것이다. 친애동기가 만족되지 않으면 사람들은 고독감, 소외감, 우울감 등을 느끼면서 고통을 경험하게 된다. 그렇다면 왜 사람들은 사람을 만나고 소속을 가지려고 할까?

친애동기는 인간의 생존과 밀접한 관련이 있다. 보울비는 유아들이 양육자에게 애착을 발달시킴으로써 생명을 유지하게 된다고 하였다. 또한 성인들은 소속 및 사랑의 욕구로 인해 가정을 형성하게 되고 자녀를 낳아 기르게 된다. 사람들이 모여 사회를 이루고 국가를 형성하는 것은 개인의 생존 가능성을 높이게 되기 때문이다. 친애동기는 또한 대인관계의 양상에 영향을 준다. 즉, 친애동기가 높은 사람은 대인관계에 많은 시간을 할애할 것이고, 동호회 모임이나 종교단체 활동 등에 참여하는 것을 좋아할 것이다. 이러한 활동을 통해 원만한 대인관계를 유지하는 사람들은 수용되고 사랑받고 있다고 느끼면서 자기존중감이 높아진다.

친애동기의 하위유형으로 친밀동기가 있는데 이것은 타인과 따뜻하고 긴밀한 관계를 가지고 싶어 하는 욕구로서 개방된 의사소통이 그 특징이다. 따라서 친밀동기가 높은 사람은 타인들로부터 온화하고, 진지하고, 정다운 사람이라는 평가를 받는 반면, 낮은 사람들은 자기중심적이고 지배적이라고 평가를 받게 된다.

(4) 성취동기

성취동기(achievement motive)는 어려운 과제에 도전하고, 자신의 능력을 드러내고, 목표에 도달하고, 다른 사람과의 경쟁에서 이기려는 동기이다. 이러한 성취동기는 사회화 과정에서 학습의 영향으로 획득되는 동기이다.

성취동기로 인해 운동선수들은 더 나은 기록을 내려고 노력을 하고, 학자들은 자신의 분야에서 새로운 업적을 남기기 위해 연구를 하며, 질병을 치료하기 위해 백신을 개발한다. 이러한 성취동기는 목표하는 바를 이루게 되면 만족되는 것이 아니라 오히려 계속 높아지는 경향을 가진다. 성취동기의 이러한 면은 긍정적인 측면과 부정적인 측면을 동시에 가지고 있는데, 긍정적인 측면은 기록의 갱신과 학문의 발전, 과학기술의 발전 등을 통해 사회가 발전하고 인간의 삶의 질을 높이는 데 영향을 준다는 것이다. 반면 많은 돈을 가진 사람이 더 많은 돈을 가지기 위해 부정적인 방법을 사용하게 되고, 권력을 가진 사람이 더 큰 힘을 가지고 사람들을 통제하려고 하거나 과열경쟁으로 인해 많은 피해를 가져오는 등 부정적인 측면을 가지기도 한다.

심리학자들은 검사와 연구를 통해 성취동기가 높은 사람들이 가지는 몇 가지 특징을 발견하였는데, 이들은 경쟁상황에서 최선을 다하며, 학습속도가 빠르고, 자신이 설정한 높은 수행기준에 따라 살려는 욕구가 강하며, 자신감과 책임감이 강하고, 외부의 사회적 압력에 저항적이며, 부나 명예욕의 영향을 덜 받는 특징을 가지고 있다. 또한 그들은 원기왕성하고 목표를 방해하는 일들을 허용하지 않는 특징을 보이는 것으로 나타났다(한덕웅 외, 2002).

2. 정서

1) 정서의 개념

우리들은 매일 기쁘거나, 슬프거나, 즐겁거나, 짜증나거나 혹은 행복하거나, 불행하거나 등의 다양한 정서를 경험한다. 이러한 정서적인 경험은 그 사람의 행동 방향을 결정하고, 설명할 수 있는 근거를 제공해 준다. 정서의 'emotion'의 어원은 라틴어로 'motere'인데, 이는 '움직이다'의 의미이다. 여기에 '물러나다'를 의미하는 접두사 'e-'가 붙은 것으로, 행동을 의미하는 것이다(김현택 외, 2003). 인간의 삶에서 정서는 중요한 역할을 담당하고 있다. 정서는 인간이 행동을 준비할 수 있도록 한다. 예를 들어, 행복은 상황으로의 접근을 유도하고, 슬픔은 우리를 위축되게 하며, 공포는 그 상황에서 도망치도록 하는가 하면, 긴장은 어려움을 극복하도록 한다. 정서는 인생의 중요한 문제에서 우리가 환경과의 관계를 확립 · 유지하거나 혹은 변화시키려는 준비성으로 표현된다(Saarni et al., 1998). 지금까지 많은 연구자들이 정서에 대해 연구를 해 왔지만 정서의 개념에 대한 공통된 정의를 내리기는 어렵다. 일반적으로 정서란 자극에 직면하여 발생하거나 수반되는 여러 가지 생리적 변화와 그러한 변화에 대한 주관적인 해석, 눈에 보이는 행동 등의 반응을 일컫는다.

2) 정서이론

(1) 제임스-랑게의 정서이론

제임스-랑게(James-Lange)의 정서이론에서는 우리의 정서경험이 외부의 자극에 의해 나타나는 것이 아니라 신체적 변화 혹은 행동에 의해 특정한 정서를 느끼게 된다고 주장한다. 즉, 자극이 유기체의 생리적 변화를 일으키며 정서는 이러한 신체적 변화의 결과인 것이다. 따라서 우리는 슬프기 때문에 우는 것이 아니라 울기 때문에 슬픈 것이고, 두려워서 도망가는 것이 아니라 도망가기 때문에 두려움을 느끼게 되는 것이다. 정서는 단지 자율신경의 생리적 · 행동적 반응에 대한 부산물일 뿐이다.

제임스-랑게의 주장은 특정한 정서와 연결된 생리적 변화가 있다는 주장인데, 서로 다른 두 가지 정서가 동일한 생리적 변화에 연결되어 있음을 주장한 캐논(Cannon)에 의해 반박되었다. 예를 들어, 우리가 흥분을 하면 심장이 빨리 뛰게 되는데, 이러한 현상은 분노를 느낄 때와 사랑을 느낄 때 동시에 나타나기 때문에, 생리적 변화만으로는 서로 다른 정서를 구분할 수 없다는 것이다. 하지만 제임스-랑게의 이론은 행동을 바꾸면 정서를 바꿀 수 있음을 시사한다. 이것은 우울한 사람에게 행동의 변화를 통해 기분의 변화를 가져올 수 있음을 의미하고, 실제 임상장면에서 많이 활용되고 있다.

(2) 캐논-바드의 정서이론

캐논-바드(Cannon-Bard) 이론에 따르면 외부 자극에 의해 신체적 변화와 정서경험이 동시에 나타난다고 한다. 즉, 사건이 일어나면 뇌의 자율신경계의 각성과 근육의 활동뿐만 아니라 정서경험을 동시에 유발한다. 예를 들어, 길을 가다 무서운 개를 만나게 되면, 두려움과 도망가는 행동이 동시에 나타난다는 것이다. 하지만 우리의 경험에 미루어 보면 신체적 반응과 정서가 동시에 나타나지 않는 경우도 있음을 알 수 있다. 예를 들어, 횡단보도를 건너다 갑자기 차가 달려오면, 먼저 몸을 피하고 난 뒤에 두려움이 느껴지는 경우가 있다.

위의 두 이론의 주장(제임스-랑게의 정서이론과 캐논-바드의 정서이론)을 고려해 보면 외부 자극 혹은 사건과 신체 변화 그리고 정서의 상호작용을 고려하는 것이 필요하다.

(3) 샥터의 이요인 정서이론

샥터(Schachter)는 우리가 경험하는 정서는 자율신경계의 각성과 이에 대한 인지적 해석이라는 두 가지 요인에 의해 결정된다고 하였다. 즉, 외부 자극에 의해 생리적 각성이 유발되고, 자신이 처해 있는 상황에 대한 인지적 해석에 따라 특정한 정서가 경험된다는 것이다. 이는 동일한 자극에 의해 생리적 각성이 일어나더라도 그 상황을 어떻게 해석하는가에 따라 경험하는 정서가 달라질 수 있음을 의미하는 것이다. 예를 들어, 길을 가다 개를 만났을 때, 생리적 각성이 일어나고 이 상황과 각성상태에 대한 인지적 해석을 어떻게 하는가에 따라 '무서움'이라는 정서를 경험할 수도 있고, 반대로 '행복감'이라는 정서를 경험할 수도 있는 것이다.

샥터는 정서는 각성에서 비롯된다는 제임스-랑게의 이론에 동의하고, 정서경험이 달라도 각성패턴은 다르지 않다는 캐논-바드의 이론도 수용하였다. 그는 이 두 견해를 절충해서 사람들은 자신의 정서를 구분하고 명명하기 위해 내적 단서보다는 외적 단서에 더 의존한다고 주장하였다. 이 이론은 다른 정서이론과는 달리 사회적·환경적 요인을 더 강조한다(김영환 외, 2002).

3) 정서의 분류

우리가 경험하는 정서에는 크게 기본 정서(혹은 일차 정서)와 이차 정서 두 가지로 구분할 수 있다. 기본 정서는 선천적으로 가지고 태어나는 것을 말하는데, 기쁨, 놀람, 혐오, 공포 등이 여기에 속한다. 기본 정서는 학습에 의해 습득되는 것이 아니다. 예를 들어, 갓 태어난 아기에게 암모니아 냄새를 맡게 하면 얼굴을 찡그리면서 고개를 돌리고, 달콤한 것을 먹이면 웃는 표정을 짓는데, 이러한 것은 학습에 의한 것이 아니다. 일차 정서의 표현은 인간의 생존에 중요한 역할을 담당한다. 양육자를 보고 웃거나 불편할 때 우는 것은 양육자로 하여금 자신을 돌보도록 하는 행동을 유발시킴으로써 자신의 생존을 유지하게 된다.

이차 정서는 기본 정서보다 늦게 나타나며, 좀 더 복잡하다. 이차 정서는 자기개념을 손상시키거나 증진시킬 수 있기 때문에 자의적 정서(self-conscious emotion)라고 한다. 자부심, 자긍감, 수치심, 질투심, 죄책감 등이 이차 정서에 해당되며, 이러한 정서는 인간이 사회화되는 과정에서 학습이나 경험에 의해 습득되는 것이다. 정서는 출생과 동시에 발달하는데 브리지스(Bridges, 1932)에 의해 소개된 영아기 정서발달과정은 그림 7-5 와 같다.

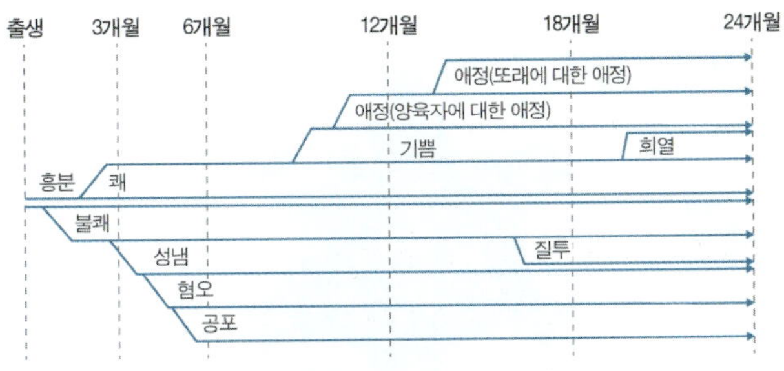

그림 7-5 **정서의 분화**

정서발달에 있어 대부분의 학자들은 기쁨이나 슬픔과 같은 정서는 출생 때부터 존재하지만, 그것은 미분화된 상태에 있는 것이며, 연령이 증가함에 따라 점차 분화된다고 주장한다.

정서에 대한 또 다른 분류는 긍정적 정서와 부정적 정서로 구분할 수 있다. 긍정적 정서에는 기쁨, 행복, 사랑 등의 감정이 포함되고, 부정적 정서에는 두려움, 공포, 슬픔, 혐오 등의 감정이 포함된다. 통상적으로 얼굴표정을 보더라도 부정적 정서는 긍정적 정서보다 더 분명하게 표현되는데, 이는 부정적 정서가 진화적 관점에서 생존가치와 더 밀접하게 연결되어 있기 때문이다(안창일 외, 2012).

플러치크(Plutchik, 1980)는 기본 정서를 기쁨, 수용, 두려움, 놀라움, 슬픔, 혐오, 분노 및 기대의 8가지로 구분하고, 기쁨 대 슬픔, 수용 대 혐오, 두려움 대 분노, 놀라움 대 기대의 4가지 쌍으로 묶었다 그림 7-6 . 즉, 서로 대비되는 기본 정서의 결합에 따라 다양한 정서를 경험하는 것으로 보았다.

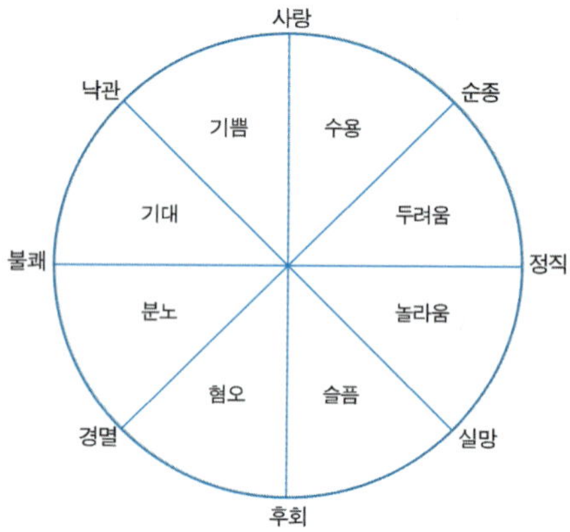

그림 7-6 플러치크의 기본 정서

글상자 **정서의 기능**

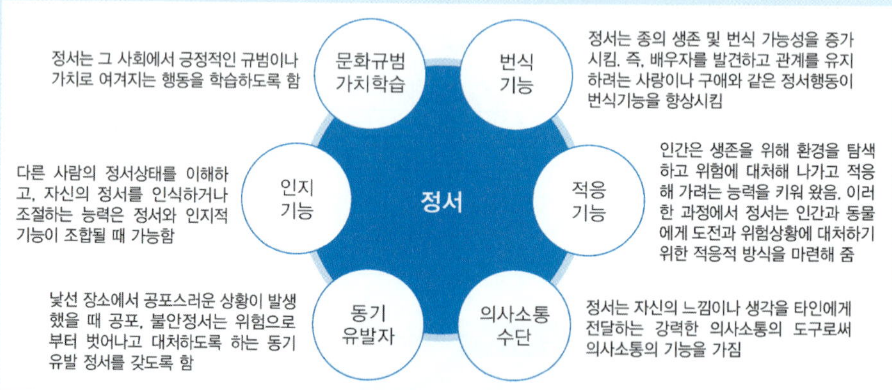

그림 7-7 정서의 기능

출처: 강순희 외(2022). 영유아발달. 수양재.

연습문제

01 동기와 정서란 무엇이며, 기능은 무엇인가?

02 성욕에 영향을 주는 것은 무엇인가?

03 정서이론인 이요인이론에서는 정서는 무엇에 의해 결정된다고 보는가?

04 정서표현의 기능은 무엇인가?

Chapter 08

성격

배울 내용

1. 성격의 정의 / 2. 성격형성의 영향요인 / 3. 성격이론
4. 성격평가

학습목표

1. 성격의 정의와 성격형성에 영향을 주는 요인들을 이해한다.
2. 성격이론들의 기본적인 관점들을 이해한다.
3. 성격평가 방법들을 이해한다.

우리는 흔히 "저 사람의 성격을 도저히 이해할 수 없어" 혹은 "저 사람은 성격이 좋고 멋진 사람이야" 등 성격이라는 단어를 사용하여 타인을 평가하곤 한다. 그렇다면 성격(personality)이란 무엇이며, 왜 자신이나 타인의 성격에 관심을 가지게 되는 것일까? 이와 같이 우리가 타인 평가에 많이 사용하고, 관심을 가지고 있는 성격은 성공적인 삶을 살아가는 데 매우 중요한 요인으로 인식되고 있다. 따라서 본 장에서는 성격에 대한 정의와 성격이 어떤 요인들에 의해 형성되며, 성격형성에 대한 다양한 학자들의 견해를 살펴보고자 한다.

1. 성격의 정의

성격(personality)이라는 단어의 어원은 라틴어의 페르조나(persona)에서 유래된 것으로, 고대 그리스어로는 배우들이 사용하는 가면을 의미하는 말이었다. 그 후 페르조나(persona)가 가면이란 뜻에서부터 변화하여 개인의 전체적 인상의 뜻으로 수용되었고, 오늘날에 와서는 사람의 진실한 속성과 타인과 구별할 수 있는 인상 전체를 의미하는 말로써 사용되게 되었다. 그러나 현대에 와서 성격에 대한 정의는 성격의 구성 혹은 개념, 또는 분류방법이나 관점에 따라 여러 가지로 표현되고 있다.

구체적으로 올포트(Allport)는 성격을 실제로 존재하는 생물적 · 생리적 관점에서 보고, "환경에 대한 개인의 독특한 적응을 결정하는 정신물리적 제조직의 역동적 체제로 개인이 가지는 신경적 · 심리적 특성에 따라 성격이 표현되는 것"이라고 하였고, 프롬(Fromm)은 "한 개인의 특징이 되며 독자성을 꾸며 주는 선천적인 정신적 특질의 총체"를 성격이라 하였다. 한편 설리반(Sullivan)은 인간 상호 간의 영향을 중시하여 인간 상호 간의 상황에서 나타나는 인간행동을 특징짓는, 비교적 영속적인 유형이라 하였고, 힐가드(Hilgard)는 환경에 독자적으로 적응하도록 하는 개인적 특성이나 행동양식의 전체적인 통합체라고 하여 대인관계의 중요성을 강조하고 있다. 머레이(Murray)는 성격을 뇌 속에 존재하는 신체의 최고 통제기관으로 생각하고, 각 개인이 갖는 욕구와 개인에게 주는 환경의 압력이 상호작용에 의해 나타나는 것이 각 개인마다 그 정도가 서로 다르다고 주장하였다. 그리고 카텔(Cattell)은 유기체와 그 환경과의 모든 행동에 관계되고 이로부터 도출되는 것으로, 상황이 주어지면 그 개체의 행동을 예언할 수 있는 것을 성격이라 하고, 성격을 욕구(dynamics), 능력(ability), 기질(temperament)의 3면으로 기술하고 있다. 이처럼 성격에 대한 정의는 학자들마다 다양하게 정의하고 있는데, 그 정의들을 종합하여 보면, 성격은 다음과 같은 특성들을 가지고 있음을 알 수 있다.

첫째, 개인을 구성하고 있는 생리적 욕구나 개인이 처하고 있는 환경적 요구가 다르기 때문에 성격도 다르게 나타난다. 따라서 개인의 성격이해는 공식적인 방법으로서가 아니라 경우에 따라서는 개인적으로 연구하고 분석해 보아야 한다. 둘째, 성격은 일관성을 가지고 있으며 지속적이다. 따라서 그 사람의 행동양식은 그 사람이 가지고 있는 성격특질에 따라 일정한 반응양식을 보이고 있다. 셋째, 성격은 대인관계에서 나타난 인상이다. 즉, 주위를 둘러싸고 있는 사람들로부터 자극을 받아 그들에게 주는 전체적 인상으로서 표현되고 있는 것이다. 넷째, 성격을 개인이 환경에 적응하는 행동의 주체로서 행동양식을 결정해 주는 생리적 · 정신적 요구로 보는 것이다. 따라서 성격을 뇌의 일부로 보기도 하고 신체의 통제기관으로 보기도 한다. 다섯째, 성격은 성장에 따라 형성되며, 환경 · 교육 등과 같은 여건에 따라서 변화될 수 있다는 것이다.

2. 성격형성의 영향요인

성격이란 것이 타고나는 것인가 아니면 후천적으로 습득되는 것인가에 대한 논의는 지금까지도 계속되고 있지만 여전히 명확한 해답은 제시되지 않고 있다. 즉, 성격의 천성과 양육(nature-nuture)에 관한 논쟁은 최근까지도 이어지고 있으나 대부분 성격이 유전과 환경의 상호작용에 의해 형성된다는 것에는 동의하고 있다.

1) 유전 및 생물학적 요인

성격형성에 영향을 미치는 유전적 요인으로는 유전적 소질, 신체적 특징(체격, 얼굴, 생김새, 건강 등), 중추신경계, 자율신경계(교감신경계와 부교감신경계), 내분비선(갑상선, 부갑상선, 뇌하수체, 부신선, 생식선 등) 등이 중요하게 고려된다. 그러나 이러한 연구들이 환경이 영향력을 철저히 배제하지는 못하였기 때문에 성격이 유전에 의해 형성된다고 결론짓기에는 무리가 있다.

2) 환경 및 후천적 요인

개인의 성격발달은 유전적 · 생물학적 요인 이외에 개인이 속해 있는 환경적 요인에 의해서도 큰 영향을 받는다. 가족은 가장 오래된 기본적 사회집단으로 가족의 구성, 가족관계, 부모의 양육태도 등은 개인의 성격발달에 중요한 영향을 미친다. 또한 부모의 양육태도나 가치관은 그 사회의 도덕적 관념과 사회적 태도의 영향 등이 반영된 것이기 때문에 문화가 성격형성 및 발달의 원천이라 할 수 있다. 이와 같이 인간은 생물학적 존재이면서 동시에 사회문화적 존재로서 환경에 적응해 가는 과정에서 자신만의 독특한 행동방식이나 적응양식, 즉 성격을 형성해 나가게 된다고 할 수 있다.

3. 성격이론

성격이론이란 성격이 무엇이고, 어떻게 발달하고 왜 그런 행동을 보이는지에 대해 기술적이고 설명적인 답을 제공해 주는 이론적인 틀이다(김정희 외, 2000). 성격이론에는 여러 가지 이론들이 있다. 각 이론들에서 저마다 성격에 대해 설명하고 있지만, 모두 다른 입장에서 성격을 설명하고 있다. 성격은 매우 포괄적인 특성을 가지고 있어 한 가지 이론만으로 전체를 설명하기란 불가능하다. 왜냐하면 성격에 대한 각 이론들은 성격이 가지고 있는 여러 면들 가운데 특정한 면을 이야기하고 있기 때문이다. 따라서 각 이론들이 가지고 있는 장점과 제한점을 잘 파악하여 통합적인 측면에서 성격을 이해해야 한다.

1) 정신역동이론

정신역동(psychodynamics)이란 마음(psyche)이 정체해 있기(static)보다는 움직인다(dynamic)는 것을 뜻한다. 일반 대중에게 가장 잘 알려져 있는 성격이론은 프로이트의 정신분석이론이 대표적이다. 이 접근에서 기본이 되는 가정은 우리가 자신도 모르는 힘들에 의해 움직여진다는 것이다. 이 힘들이 무엇이냐 하는 점에서는 이론마다 차이가 있지만 모든 이론이 그런 '추동(drive)'에 초점을 맞춘다.

(1) 프로이트의 정신분석이론

프로이트가 개발한 정신분석이론은 발표된 당시부터 현재에 이르기까지 정신의학이나 심리학에서뿐 아니라 다양한 인문, 사회과학 분야에 큰 영향력을 행사해 왔고 많은 논쟁을 일으켜 왔다. 프로이트는 이 이론을 내놓은 후부터 계속해서 자신의 이론을 발전시켰고, 무수한 학자들에 의해 이론이 여러 분파로 갈라져 정신분석적 성격이론의 범위는 엄청나게 방대하다. 프로이트는 인간의 자유를 인정하지 않았으며 인간의 모든 행동, 사고, 감정은 신체적 긴장상태에 의해 유발되는 무의식적인 성적 본능과 공격적 본능에 의하여 결정되고 인간을 이런 힘의 지배를 받는 수동적 인간으로 보았다. 또한 인간의 성격구조가 초기 아동기, 특히 만 5~6세 이전에 어떤 경험을 했느냐에 따라 결정된다고 보고 있어 과거를 중시한다.

① 성격의 구조

정신분석학에서는 성격구조가 세 가지 체계로 나누어져 있다고 본다. 즉, id(원초아), ego(자아), superego(초자아)이다. id는 생물학적 구성요소이며, ego는 심리적 구성요소로 현실지향적이고 합리적인 체계를 지닌다. 그리고 superego는 자아로부터 발달하는 사회적 구성요소이다. 이들은 서로 상이한 역할과 기능을 가지며 때로는 협조하고 때로는 갈등을 경험하기도 한다. 이러한 성격의 세 부분은 각기 다른 독특한 기능과 속성을 지니고 있지만, 이들 부분이 상호작용하여 전체의 성격체계를 구성하고 각각의 하위체계는 개인의 행동에 각기 다른 영향을 미친다.

가. id(원초아)

id는 라틴어의 'it'에서 유래된 말로 "이드"라고 부른다. 원초아는 가장 원시적 체계로서 정신에너지의 초기 저장고이며, 나중에 원초아로부터 자아와 초자아가 분화되어 나온다. 원초아는 본능적인 욕구인 성욕과 공격욕을 관장하며, 신체과정들과 직접 접촉하며, 그 사람의 신체구조에서 유전되고 고정된 모든 것을 위한 창고이다. 원초아는 긴장으로 인한 힘의 증대를 견뎌 내지 못해, 외적 자극의 결과나 내적 흥분으로 유기체의 긴장수준이 올라가면 긴장을 즉각 발산하여 안정된 낮은 에너지 수준으로 돌아가고자 일차적 과정을 사용한다. 이러한 긴장 해소의 원리를 쾌락원리라고 한다. 쾌락원리는 논리적이지도 조작적이지도 성숙하지 않고 맹목적이며, 강력하고 단 하나만의 원리에 의해 움직인다. 원초아와 관련된 정신에너지는 무의식적인 것으로 사람들이 잘 의식하지 못한다. 또한 무의식적인 충동은 전 생애 동안 나타나지만 발달이 진행됨에 따라 원초아와 관련된 에너지는 점차 줄어든다고 할 수 있다.

id (원초아) 인간의 생물학적 토대에 기초하고 있으며 모든 추동 에너지의 근원이 된다(쾌락원리).

나. ego(자아)

자아는 성격의 조직적, 합리적, 현실지향적인 체계이다. 자아는 현실에 비추어 적절한 환경조건이 마련될 때까지 원초아의 욕구충족과 긴장을 보류하며, 현실적으로 합당한 방법으로 만족을 얻을 수 있는 방법을 모색하고 계획한다. 그러므로 자아는 현실원리에 따라 작용한다. 현실원리의 목적은 욕구충족을 위해서 적합한 대상이 발견될 때까지 긴장 해소를 보류하는 데 있다. 이때 자아는 지각, 학습, 기억, 현실검증 등을 포함하는 이차적 과정을 사용한다. 자아는 환경을 현실적으로 평가하는 것 외에도 다른 중요한 기능을 한다. 원초아와 초자아 사이를 중재하는 정신과정의 조직자로 작용하여, 전체 체계 내에서 욕구충족이 이루어지도록 에너지 지출의 균형을 맞추고, 나중을 위해 여분의 에너지를 저장해 둔다.

ego (자아) 현실과 초자아의 요구에 맞추어 원초아의 욕구를 만족시키거나 표현한다(현실원리).

다. superego(초자아)

초자아는 자아로부터 발달하는데, 이것은 사회의 전통적 가치와 이상으로 구성되어 있으며, 현실적인 것보다는 이상적인 것, 현실이나 쾌락을 추구하기보다는 완전성을 추구하는 속성을 지니고 있다. 주로 초자아는 부모와의 경험을 나누는 동안 부모와의 갈등해결 과정에서 발달하며 부모가 주는 보상과 처벌에 의해 점차 발달되어 간다. 초자아는 자아이상과 양심이라는 두 개의 하위체계로 구성된다. 처벌되는 것은 초자아의 두 하위체계 중 하나인 양심과 결합되는 경향이 있다. 양심은 잘못된 행위에 대해서 처벌을 받거나 비난을 받는 경험에서 생기는 죄책감과 결부된 것으로 그 목적을 이행하며, 자아이상 긍지와 가치감을 줌으로써 개인을 보상한다. 따라서 초자아는 인간행동의 도덕적 규제를 맡는 곳이라고 할 수 있다.

superego (초자아) 좋은 행동에 대해서는 보상을 하고 나쁜 행동에 대해서는 처벌을 하는 사회규칙이나 관습에 따라 사람들이 행동하도록 기능한다(도덕과 양심).

프로이트는 건강한 사람의 성격은 이 세 가지의 성격구성요소가 균형을 유지하고 있는 상태라고 가정하였다. 왜냐하면 건강하게 적응하려면 원초아의 충동에 대해 초자아가 이를 제지하려는 힘을 발휘하는 가운데서 자아가 현실적인 조건을 고려하여 이들을 모두 만족시킬 수 있어야 하기 때문이다. 그러나 이러한 과정은 필연적으로 세 요소 간의 갈등상황을 만들게 되는데, 어느 한 요소의 충동이 너무 강하게 되면 자아가 그 충동에 대해 위협을 느끼게 되며 불안을 경험한다고 보았다.

불안은 정신분석학의 필수적인 개념으로 불안은 무엇을 하기 위해 동기를 유발하게 하는 긴장상태로 정의된다. 즉, 유용한 심적 에너지를 통제할 수 없을 때 발달하는 것으로 본능과 자아 그리고 초자아 간의 갈등이 불안이며, 불안에는 세 가지 종류가 있다고 보았다. 첫째, 현실적 불안(reality anxiety)으로 외부세계로부터 오는 위협에 대한 두려움이다. 그 불안의 정도는 외부세계가 주는 실제 위협의 정도에 비례하며, 이 불안은 자아와 관련되어 있다. 둘째, 신경증적 불안(neurotic anxiety)으로 본능이 통제되지 않고 그로 인해 개인이 어떤 행동을 하게 됨으로써 처벌받지 않을까에 대한 두려움이다. 셋째, 도덕적 불안(moral anxiety)으로 자신의 양심에 대한 불안이다. 양심이 잘 발달된 사람은 자신의 도덕률에 위배되는 일을 할 때 죄의식을 느끼게 되는 것이다.

이와 같은 불안은 고통스러운 긴장상태로 유기체는 이 불안을 감소시키려고 노력하게 된다. 그러나 불안이 현실적인 방법으로 효과적으로 대처될 수 없을 때, 유기체는 비현실적인 방어를 하게 되는데 이때 사용하는 것이 방어기제(defense mechanism)이다. 방어기제들은 개인의 본능적 동기나 갈등을 숨기거나 위장하는 역할을 하게 되는 것이다. 방어기제의 종류는 다음과 같다.

- 합리화(rationalization)

  어떤 사람들은 상처입은 자아를 설명하기 위해 타당한 이유를 조작한다. 합리화는 실패 또는 상실을 설명한다. 그것은 특정 행동을 정당화하는 데 도움을 주며, 실망과 연관된 충격을 경감시키는 데 도움을 준다. 사람들은 자신이 지원한 일자리를 얻지 못하면 왜 성공하지 못했는지에 대한 논리적인 이유를 설명하고, 때로 어떤 방식으로든 실제로는 그 자리를 원하지 않았다고 스스로를 확신시키려고 한다. 예로 이솝 우화에서 여우가 탐스럽고 먹음직스러운 포도를 따먹고 싶어 하나 그것이 능력 부족으로 따먹지 못하여 스트레스가 쌓이자 여우가 그것을 정당화하기 위해 그 포도를 신포도로 인식을 달리하여 자존심을 보존하려고 노력하는 것과 같은 것이다.

- 억압(repression)

  억압은 고통스런 경험, 수용할 수 없는 사고나 충동, 인정할 수 없는 기억들을 의식세계에서 추방하여 잊혀지는 상태를 말한다. 이 기제는 히스테리적 현상의 발달에 중요하게 작용하며, 일상생활에서 억압은 꼭 알아야 할 것을 잊어버리는 것으로 증명될 수 있다. 한편 억압은 본능적, 반사회적 욕구가 억제됨으로써 억압이 도덕적, 사회적으로 잘 적응된 행동을 하도록 하는 기능도 가지고 있다.

- **억제**(suppression)

억압이 무의식적으로 이루어지는 과정이라면 억제는 의식적인 노력의 과정이 포함된 것으로 위협적이고 불안을 야기하는 스트레스를 의식적으로 무의식의 영역으로 배제하는 것을 말한다. 예로 불쾌했던 경험이나 고통, 혹은 스트레스 상황에서 벗어나기 위해 머리를 흔든다든가 다른 생각을 의도적으로 하게 됨으로써 무의식의 세계로 밀어내는 것이다.

- **투사**(projection)

자기기만적인 또 다른 기제는 인정할 수 없는 자신의 욕망이나 충동들을 다른 사람들에게 귀인하는 것이다. 즉, 어떤 행동이나 생각의 책임을 자신으로부터 외부 대상이나 다른 사람에게 돌리는 것이다. 예로 음탕하거나 공격적이거나 하는 등의 충동을 내가 아니라 다른 사람들이 가지고 있다고 보는 것이다.

- **보상**(compensation)

보상은 부족한 점을 감추기 위해 약점을 지각하지 않거나 어떤 정적 특성을 발전시키는 것이다. 즉, 한 분야에서 인정받음으로써 다른 분야에서의 실패나 결핍을 극복하여 자부심을 고양시키는 방법이다. 예로 긍정적 관점이나 인정을 받지 못하는 아동들은 부정적 관심이라도 받기 위한 행동을 하기도 한다. 지적으로 열등하다고 느끼는 사람들은 신체를 강화하는 데 과도할 정도로 에너지를 쓰기도 한다. 사회적으로 무능력하다고 느끼는 사람들은 독불장군이 되기도 하고 그들의 지적 능력을 계발하기도 한다.

- **치환**(substitution)

불안에 대처하는 또 다른 방법은 충동들을 위협적 대상에서 보다 안전한 상대에게로 이동시켜서 발산하는 것이다. 치환은 원래의 대상 또는 사람에게 에너지를 향하기 어려울 때 다른 대상 혹은 다른 사람에게로 향하게 하는 것이다. 예로 세발자전거를 갖고 싶어 하던 욕구가 좌절되면 장난감 자전거를 갖고 만족해하는 것과 같은 것이다.

- **반동형성**(reaction formation)

반동형성은 대개 개인이 무의식적으로 고통스럽고 받아들일 수 없는 감정과 충동을 정반대되는 태도나 행동으로 표현하는 것으로 그의 진정한 감정이나 욕구를 부정하는 것이다. 즉, 불안을 야기하는 욕망에 정반대되는 의식적 태도나 행동들을 함으로써 자신의 그러한 욕망들을 인식했을 때 야기될 불안에 직면할 필요가 없어지게 되는 것이다.

- **승화**(sublimation)

승화는 성적 에너지를 다른 경로, 즉 일반적으로 사회적으로 허용되는 때로는 칭찬까지도 받는 다른 경로로 전환하는 것이다. 예로 공격적 충동은 체육활동이나 경찰로 전환될 수 있으며, 따라서 사람들은 공격적인 느낌들을 표현할 수 있게 되고 부수적으로 칭찬도 받게 된다.

- **주지화**(intellectualization)

주지화란 인지적 과정을 통하여 자기의 불안이나 스트레스를 해소시키려는 노력으로 이를 통해 인간은 너무 위협적이거나 고통스러운 정서적인 문제를 피하거나 둔화시키기 위하여 사고와 추론, 분석 등과 같은 지적 능력들을 사용하는 것이다. 예로 어떤 사람이 자기 자신을 괴롭힐 때, 그로 인해 속상하다는 것을 인정하지 않으려고, 그 상대가 자신을 괴롭히는 원인이 무엇인가를 분석하여 불편한 감정을 제거하려고 하는 것이다.

- **공상**(fantasy)

좌절된 욕구의 충족을 비현실, 즉 상상의 세계에서 충족시킨다거나 불안이나 스트레스의 해소를 비현실 세계에서 해소하려는 것이다. 이것은 백일몽(day dreaming)으로 표현되며, 예로 공상을 통해 백만장자가 되어 가난에서 벗어난다거나, 권력을 가진 영웅으로 공상하는 것은 현실에서의 불만을 상상 속에서 만족하는 것이다.

- **퇴행**(regression)

어떤 사람들은 어렸을 때의 행동양식으로 되돌아간다. 퇴행이란 현재와 같은 갈등이 없었던 시기인 이전의 초기 발달단계로 되돌아가는 것을 말한다. 심각한 스트레스나 극단적인 곤경에 직면하면 개인은 미성숙하고 부적절한 행동에 매달리므로 그들이 느끼는 불안에 대처하려고 시도한다. 예로 스트레스를 받은 성인이 안정적이지 못하거나 흐느껴 울고 아프게 됨으로써 책임을 회피하고 다른 사람들이 그의 욕구를 충족시켜 주기를 원하는 것과 같다.

- **동일시**(identification)

동일시는 아동들이 성역할 행동을 학습하는 발달과정의 한 부분이기도 하지만 방어적인 반응일 수도 있다. 그것은 자기가치감을 고양시키고 자기실패감으로부터 자신을 보호하기도 한다. 그래서 기본적으로 열등하다고 느끼는 사람들은 자신을 성공적 주장, 조직, 사람들과 동일시함으로써 자신이 가치롭다고 지각되어지기를 바라기도 한다. 동일시는 프로이트의 성적 발달단계인 남근기에 오이디푸스 콤플렉스를 해결하기 위해 아이가 아버지를 닮으려 하는 것이다. 동일시를 사용하는 사람은 다른 사람들이 그것을 알고 있을 때조차도 자신은 그것에 대해 인식하지 못하며, 동일시를 지나치게 사용하면 자존감이 저하되고 다른 사람의 충고나 도움을 과신하게 되어 개별성이 낮아지게 된다.

- **운동성 히스테리**(hysteria)

불안, 위협, 스트레스를 신체적인 증상을 통해 해소하려는 것이다. 즉, 신체적으로는 아무 이상이 없지만 하나의 증상으로 나타남으로써 그것을 해소시켜 보려는 도피기제이다. 수험생이 시험으로 인한 스트레스 때문에 두통을 나타낸다거나, 전쟁의 공포가 마비나 실신을 유발하는 것이 그 예이다.

- **취소**(undoing)

취소란 무의식에서 어떤 대상을 향해 품고 있는 자기의 성적 또는 적대적인 욕구로 인해 그 상대가 입었다고 상상하는 피해를 취소하거나 인정하지 않는다고 말하는 것이다. 예로 전날 밤 부부싸움에서 부인을 구타한 남편이 다음 날 장미꽃 한 다발을 부인에게 선물하는 것이다.

- **부정**(denial)

현실의 부정은 자아방어기제 중 가장 단순한 것이며, 개인이 외상적 상황에서 생각하고 느끼고 자각하는 것을 왜곡하는 방법이다. 그것은 위협적 현실에 대해 눈을 감음으로써 불안에 방어한다. 즉, 부정이란 의식화된 상태에서 도저히 감당하지 못할 어떤 생각, 욕구, 현실적 존재를 무의식적으로 인정하지 않으려고 하는 것이며, 일반적으로 부정은 건강한 기제로 작용하고 현실의 즉각적인 충격으로부터 개인을 보호하는 기능을 한다. 예로 전쟁이나 여타의 재난과 같은 비극적 상황에서 사람들은 때로 받아들이기에는 너무 고통스러운 현실에 대해 스스로 눈을 감는 것이다.

- **함입**(introjection)

함입은 '투사'의 반대말로 갈등을 일으키는 가치, 기준, 사람, 사물이나 태도를 자기 안으로 넣어 용해시키거나 내재화함으로써 그것들이 더 이상 외적인 위협이 되지 않도록 하는 것이다. 함입은 때때로 타인에게 느끼는 감정을 그대로 표현하지 못하고 그 느낌을 자신에게 돌려 자학, 우울, 자살을 유발하기도 한다.

② 무의식, 전의식, 의식의 관계

프로이트는 그림 8-1 과 같이 성격의 구조를 원초아, 자아, 초자아로 보았으며, 의식수준을 의식, 전의식, 무의식으로 구분하였다.

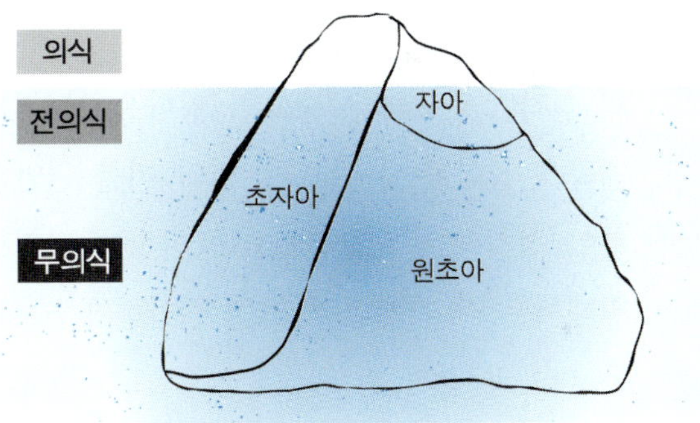

그림 8-1 성격의 구조와 의식수준

가. 무의식

무의식은 인간행동을 개념화하는 데 가장 중요한 요소 중 하나로서, 개인의 의식수준 혹은 사고 가능한 수준이 아닌 무의식 수준의 정신에너지가 행동에 영향을 미친다고 보았다. 다시 말해 욕구나 본능이 깊게 자리 잡고 있는 영역으로, 인식할 수 없고, 직접적으로 확인할 수도 없는 것이 무의식이다. 무의식은 억압된 생각이나 정서로 이루어진다. 무의식의 내용은 충족되기를 기다리는 소원으로 한정되어 있다. 따라서 무의식은 본능(원초아)과 밀접한 관계에 있다.

나. 전의식

전의식이라는 정신과정은 즉시 인식되지는 않지만, 조금만 노력하면 접근할 수 있는 무의식의 영역이다. 소원이나 욕구를 통제하며 외부 현실적 요구, 도덕기준, 가치관에 맞추어서 불쾌한 것을 피하고 본능적 욕구의 방출을 지연시킨다.

다. 의식

의식은 한 개인이 어느 순간에 인식하고 있는 감각, 지각, 경험 등 모든 것을 대표한다. 하지만 개인이 인식할 수 있는 것은 빙산의 일각에 불과하다고 프로이트는 주장하였다. 개인은 감각기관, 주의력을 통해서만 외부세계를 의식할 수 있다.

③ 성격의 발달

프로이트에 의하면 개인은 생후 첫 5~6년 동안에 자신의 성격형성에 결정적인 영향을 주는 연속적인 5단계를 거치게 된다고 가정한다. 특히, 각 단계에서 경험하게 되는 성적 또는 육체적 쾌락이 지나치게 충족되거나 좌절되는 경우, 이 경험은 개인의 성격발달에 매우 중요한 영향을 미친다고 보고 있다. 각 단계에서 개인은 갈등과 왜곡을 경험할 수 있으며, 만약 이를 원만하게 해결하지 못하면 특정 단계에 많은 부분이 정지되는 고착화(fixation) 현상이 나타난다. 개인이 최적의 정신건강을 유지하기 위해서는 각 단계의 위기를 원만하게 해결해야 한다. 각 단계에 대한 구체적인 내용은 다음과 같다.

가. 구강기(출생에서 약 1.5세)

입 주위에 흥분이 모아지는 시기로 수유, 손가락 빨기 등으로 충족되며, 성인은 껌 씹기, 섭식, 흡연, 키스 등으로 얻어진다. 이 시기에 유아는 자신의 생존을 위해서 전적으로 다른 사람에게 의존한다. 유아는 젖을 빨면서 어머니와의 상호작용을 경험하지만, 어머니의 존재를 자신과 분리된 존재로 보지 못한다. 유아의 주된 성감대는 입과 구강이며, 만족의 중요한 근원은 먹는 것이다. 모든 경험은 먹기와 관련된 활동에 의해 중재된다고 가정한다. 구강기에 겪는 대부분의 경험은 언어로 표현되지 못하기 때문에 무의식 속으로 영구히 남기 쉽다. 먹는 것 이외에도 빨기, 핥기, 물기 등의 구강활동을 통해서도 쾌감을 얻는다. 구강기에 기본적이고 근본적인 욕구를 만족시키는 사람은 대부분 어머니이지만, 자신에게 만족과 쾌감을 주는 대상에게 애착을 가지게 된다. 만약 구강기에 빠는 행동을 충분히 경험하지 못하면 욕구불만을 가져오거나, 젖을 너무 오래 먹는 경우에도 고착 현상을 초래하게 된다.

나. 항문기(1.5세에서 3세)

항문기는 성감대가 항문영역으로 옮겨지는 시기이며, 항문 주변 점막의 자극에 대한 민감성이 높아지는 시기이다. 이때 아이는 배설물을 보유하거나 배설하는 데서 쾌감을 얻는다. 즉, 아동의 신경계의 발달로 자신의 능력으로 괄약근을 조절할 수 있기 때문에 자신이 원하는 대로 배변이나 배뇨를 할 수 있게 되며, 배설행동과 관련된 행동을 중심으로 성격이 형성된다. 프로이트 이론에서 항문기는 아동이 처음으로 사회의 기대에 순응하도록 요구되는 단계이다. 이때에는 언어적인 능력도 어느 정도 있어 타인과의 의사소통이 이루어져서 대소변 훈련이 이루어진다. 아동의 본능적인 충동은 처음으로 외부로부터의 통제를 받게 되는데, 이 단계에서는 아동이 경험한 것을 언어로 표현할 수 있기 때문에 의식에 남게 된다. 만일 부모가 너무 엄격하고 억압적으로 대소변훈련을 시킨다면 성인이 된 후에도 고착 현상이 나타난다. 항문기의 고착 성격에는 청결성, 강박감, 수전노 등과 같은 것이 있다.

다. 남근기(3세에서 5세)

성감대가 성기로 옮겨가는 시기로 아동의 성격발달에 중요한 심리적 변화가 일어나는 시기이다. 아동은 성적 관심이 더욱 강해지며, 모든 관심이 성기에 집중되어 있다. 자신의 성기를 자세히 관찰하며 자위행위를 하기도 하고 부모에게 출생과 성에 관련된 질문을 하기도 한다. 프로이트의 정신분석학에 따르면 아동은 이성의 부모에 대해서 무의식적인 성적 소망을 가진다는 점이다. 그 결과 남아에게는 오이디푸스 콤플렉스, 여아에게는 엘렉트라 콤플렉스가 나타난다. 즉, 동성의 부모를 적대시하고 이성의 부모에 대하여서는 근친상간적 성적 욕구가 생긴다. 이 시기의 중요한 역할은 초자아가 형성되는 것이며, 적절한 성역할 정체감이 확립되는 데 있다. 이 단계에 고착하게 되면 적극적인 남근기적 성격은 과시적이고 거만하고 공격적인 성향을 보이며, 소극적인 남근기적 성격은 오만하면서도 겸손한 성향을 보이게 된다.

글상자 **오이디푸스 콤플렉스와 엘렉트라 콤플렉스**

그리스 3대 비극작가의 한 사람이었던 소포클레스(Sophocles)의 작품들 중 모자 간의 근친상간을 소재로 한 비극적인 오이디푸스(Oedipus) 신화가 소개된다. 그 작품을 통하여 우리는 근친상간의 충동이 억압되었을지라도 무의식적으로 존재하고 있으며, 아울러 인간의 근친상간은 오이디푸스 콤플렉스 신화처럼 불행을 자초하는 일이므로 금기되어야 함을 엿볼 수 있다. 프로이트는 남아가 부친을 증오하면서 무의식적으로 모친에 대해 품고 있는 성적 애착을 그 신화에 착안하여 오이디푸스 콤플렉스라고 명명했는데, 그는 아동들의 최초의 성적 대상이 모친이기 때문에 그러한 경향이 남근기에 나타난다고 주장하였다. 이와 반대로 여아가 무의식적으로 부친에게 품는 성적 애착을 호머(Homer)의 서사시 일리아드(Iliad)를 근거로 엘렉트라(Electra) 콤플렉스라고 명명했다. 그리스군의 총사령관 아가멤논(Agamemon)이 트로이 전쟁에서 아내에 의해 살해되었는데, 아가멤논의 딸 엘렉트라가 아버지의 원수를 갚기 위해 어머니를 죽인다는 내용에서 유래된 용어이다.

출처: 윤가현(1998). 성문화의 심리. 학지사. p.385.

라. 잠복기(6세부터 11세까지)

남근기와 관련된 문제가 성공적으로 해결되었든 성공적이지 못하였든 간에 그 성적 욕구가 철저히 억압되며, 성적 욕망에 투자되었던 정신에너지는 다른 행동으로 대체되거나 변화된다. 즉, 성적 욕구는 완전히 사라지는 것은 아니며 그 강도가 약화되는 것이다. 이 시기에는 부모에 대한 애정을 발달시키고, 이성의 또래와는 이타적인 관계를 형성하고 동성의 또래와 강한 사회적 유대를 확립하게 된다. 이러한 동성과의 놀이 등을 통한 상호작용에서 아동은 삶에 필요한 여러 가지 사회적인 기술을 습득하게 된다. 비록 아동이 여러 가지 활동에 참여하고 학습하지만 심리성적인 입장에서 볼 때 이 단계는 다음 단계를 준비하는 과정이며, 갈등의 상황에서 잠시 휴식을 취하는 기간이라고 할 수 있다.

마. 생식기(12세 이후)

사춘기가 시작되면서 무의식에 억압되었던 성적 특성이 의식세계로 이동하면서 정신에너지의 재분배가 이루어진다. 사춘기에는 생식기관이 발달하고 2차 성징이 나타난다(그림 7-4 참조). 사춘기 초기에는 부모로부터 자유로워지는 것이 개인의 주요 과제라고 보았다. 남아의 경우 아버지와의 경쟁심을 버리고 아버지의 지배로부터 자유로워져야 한다. 여아도 마찬가지이다. 생식기에는 새롭게 나타난 성적 에너지가 동성 친구에게로 향했다가 점차 이성관계, 결혼, 가족 형성, 직업에 대한 관심으로 바뀐다. 프로이트는 잠복기 이전에는 자기애착적인 경향을 보이며, 사춘기 이후에는 이성애착적인 경향을 보여 타인인 이성으로부터 성적 욕구를 만족시키려고 한다고 하였다. 또한 이 시기에 자아와 초자아는 부적절하게 발달할 경우 이상행동이나 비행을 야기시킨다.

프로이트의 정신분석이론은 그의 동료 및 제자들에 의해 계승, 발전되었다. 후기 프로이트주의 정신분석이라고 불리는 이들의 이론은 프로이트 이론과 상당 부분을 공유하면서도 동시에 그것과 구별되는 특성들을 제시하고 있다. 예를 들어, 이들은 사회적 요구, 자기존중감, 심리적 전체성 등의 중요성을 강조한다.

(2) 에릭슨의 심리사회적 성격발달이론

에릭슨(Erikson)의 심리사회적 성격발달이론은 정신분석적 모형에서 발전된 것으로, 이 이론은 전 생애를 통한 발달이라는 점과 자아를 성격의 중심적 구조로 보고 있다는 점에서 프로이트와 구분된다. 프로이트가 삶의 원동력을 원초아로 보는 데 비해, 에릭슨은 자아의 중요성을 강조한다. 생물학적인 힘보다는 인간관계에서의 경험이 자아의 기능을 요구하고 있으며, 자아는 사회화 과정, 사회와의 관련성을 전제로 하고 있다. 따라서 인간을 제대로 파악한다는 것은 개인과 사회와의 관계를 이해하지 않고는 불가능하다고 본다. 이 때문에 에릭슨의 성격발달을 심리사회발달이론이라고 한다.

그는 인간은 8단계의 일정한 발달시기를 거치게 되고, 각 시기마다 그 시기에 해결해야 될 사회발달 문제, 즉 발달과업이 있는 것으로 보았다 표 8-1 .

표 8-1 에릭슨의 인간발달 8단계

단계	시기	발달과업
1단계	유아기: 구강기	신뢰감 대 불신감
2단계	초기 아동기: 항문기	자율성 대 수치심
3단계	학령 전기	주도성 대 죄책감
4단계	학령기	근면성 대 열등감
5단계	청소년기	정체감 대 정체감 혼동
6단계	성인 초기	친밀감 대 고립감
7단계	성인 중기	생산성 대 침체감
8단계	성숙노인기	자아통합 대 절망감

표 8-1 에서 보는 바와 같이 각 시기에 해결해야 될 과업을 만족스럽게 해결하면 앞으로의 건전한 발달을 할 수 있지만, 잘 해결되지 못한다면 앞으로의 발달단계에 적응하기 어렵다고 본다.

에릭슨은 변화하는 욕구를 충족시키고자 환경과 접촉하는 아동의 자아양식이 주변 인물들과의 상호작용 속에서 충족 또는 좌절하는 양상을 성격발달의 주요 요인으로 간주하였다. 예로 엄마의 젖을 먹는 단계인 구강기에서 아이는 엄마 젖을 빨고자 하는 자아양식을 가지고 있는데, 아동의 주변 환경은 이런 욕구를 때로는 충족시켜 주지만 때로는 좌절을 경험하기도 한다. 이처럼 욕구가 충족되는 긍정적 경험과 좌절되는 부정적 경험이 교차하는 과정 속에서 자아양식은 일종의 위기(crisis)를 경험하게 되는데, 에릭슨에 의하면 인간의 성격은 이들 위기의 극복양상에 의해 결정된다. 만약 긍정적 경험이 부정적 경험보다 많은 경우 긍정적 성격으로 발달하게 되지만 그 반대의 경우는 부정적 성격으로 발달하게 된다는 것이다.

에릭슨에 따르면, 발달이란 개인의 심리적 발달(성격과 가치관)과 개인이 만든 사회적 관계들이 병행하여 성장해 나가는 이중적 과정이다. 이러한 에릭슨의 성격발달이론은 개인과 사회의 역할을 동등하게 중시했다. 즉, 성격발달을 단순히 아동 초기의 좌절과 갈등으로부터 계속 영향을 받는 것으로 간주하지 않고 성인기 이후까지 계속되는 발달과업의 해결과 관련이 있는 것으로 보면서 성격의 점진적인 발달을 설명하고자 하였다.

(3) 융의 성격유형론

칼 융(Carl Jung)의 신념은 여러 가지 면에서 프로이트와 달랐다. 융은 리비도, 즉 정신에너지는 모든 삶의 힘을 나타내는 것이며, 꼭 성적인 힘만은 아니라고 주장하였고 또한 무의식의 영역을 확장하였다. 융은 무의식을 크게 개인적 무의식(personal unconscious)과 집단적 무의식(collective unconscious)으로 구분하였는데, 개인적 무의식은 억압된 사고들, 잊혀진 경험들, 미개발된 관념들로 이루어진 것으로, 이 관념들은 어떤 사건이나 감정이 이들의 회상을 야기시키면 또다시 의식으로 떠오를 수 있는 것으로 보았다. 집단적 무의식은 과거 세대로부터 이어 받은 기억 및 행동양식으로 이루어져 있는 것으로 인간 신체가 수억 년 동안의 진화의 산물인 것과 마찬가지로 인간 정신도 수 세기에 걸쳐 선사시대 이래로 공통으로 지녀 왔었던 경험들의 '사고형태들' 혹은 집단적 기억들을 발전시켜 왔다고 보는 것이다. 그는 이들 사고형태들을 원형들(archetypes)이라고 명명하였다. 원형들은 어떤 전형적인 정신적 심상들 혹은 신화적 표상들을 일으킨다. 어떤 원형들은 성격형성에 특별한 역할을 한다고 주장하였는데, 대표적인 원형은 표 8-2 와 같다.

표 8-2 융이 주장한 원형들

종류	특성
페르조나(persona)	우리의 공적인 자기, 우리 자신을 다른 사람에게 나타내기 위해 알리는 가면이다.
아니마(anima)	남성적인 성격의 여성적인 측면이다.
아니무스(animus)	여성적인 성격의 남성적인 측면이다.
그림자(shadow)	인간의 어둡고 사악한 동물적인 측면이다.
자기(self)	정신의 중심이자 주인이며 '본래적 나', '선험적 나'이다.

그리고 융은 성격유형론을 주장하였는데, 그가 주장한 성격유형론은 인간의 복잡한 성격구조를 이해하기 위한 심층적인 이론이다. 융은 인간의 행동과 사고패턴을 분석하기 위해 정신적 기능과 태도라는 두 가지 주요 요소를 결합하여 8가지 성격유형을 제시하였다. 그의 이론은 심리학뿐만 아니라 개인의 자기이해, 심리치료 및 조직 행동론 등 다양한 분야에서 활용되고 있다.

① 정신적 기능

융은 인간이 외부 세계를 인식하고 판단을 내리는 방식을 네 가지 정신적 기능(Psychological Functions)으로 설명하고 있는데, 이 네 가지 기능은 각각 인식기능(Perceiving Functions)과 판단기능(Judging Functions)으로 구분할 수 있다. 구체적으로 인식기능은 우리가 정보를 받아들이는 방식으로 감각과 직관이 포함되고, 판단기능은 우리가 받아들인 정보를 평가하고 결정하는 방식을 의미하며, 여기에는 사고와 감정이 포함된다.

표 8-3 정신적 기능의 내용

구분	항목	내용
인식기능	감각	감각(Sensation)기능은 오감(시각, 청각, 후각, 미각, 촉각)을 통해 물리적 세계의 정보를 수집하는 데 중점을 둔다. 감각형 사람들은 현재의 구체적인 사실과 경험에 집중하며, 실질적이고 현장 중심적인 접근을 선호한다. 이들은 사물의 세부 사항에 주의를 기울이며, 현실적이고 실용적인 사고를 한다.
	직관	직관(Intuition)기능은 보이지 않는 패턴, 가능성, 미래의 잠재성을 인식하는 능력에 중점을 둔다. 직관형 사람들은 명확한 정보보다는 내면의 감각이나 영감에 의존하며, 상황의 큰 그림을 파악하는데 능숙하다. 이들은 창의적이고 상상력이 풍부하며, 변화와 혁신을 선호하는 경향이 있다.
판단기능	사고	사고(Thinking)기능은 논리와 이성을 통해 정보를 분석하고 판단을 내리는 방식이다. 사고형 사람들은 객관적이고 비인격적인 기준에 따라 결정을 내리며, 논리적인 일관성과 사실에 중점을 둔다. 이들은 이론적이며, 분석적인 접근을 선호하며, 종종 결과 중심의 사고방식을 가진다.
	감정	감정(Feeling)기능은 개인적인 가치관과 감정을 바탕으로 판단을 내리는 방식이다. 감정형 사람들은 인간관계나 사회적 조화에 중점을 두며, 의사결정 과정에서 사람들의 감정을 고려한다. 이들은 따뜻하고 배려심이 많으며, 관계중심적인 사고를 한다.

② 태도

융은 인간이 외부 세계와 상호작용하는 방식, 즉 에너지를 얻는 방식에 따라 성격을 외향성(Extraversion)과 내향성(Introversion)으로 구분하였다. 외향적인 사람은 외부 세계의 활동, 사람들과의 교류 그리고 외부 환경에서의 경험을 통해 에너지를 얻는다. 따라서 외향성 성격은 사교적이고 적극적이며, 새로운 경험을 추구하는 경향이 있다. 이들은 외부의 사건이나 사람들에게 반응하며, 종종 행동이 빠르고 직접적이다. 이에 비해 내향적인 사람은 자신의 내면세계, 생각, 감정 그리고 개인적인 성찰을 통해 에너지를 얻는다. 따라서 내향형 성격은 조용하고 신중하며, 깊이 있는 사고를 선호한다. 이들은 자신만의 공간에 집중하고, 외부 자극보다는 내면의 과정에 더 큰 관심을 가진다.

③ 성격유형

융의 네 가지 정신적 기능과 두 가지 태도를 조합하여 8가지 성격유형을 제시하였는데, 이 성격유형은 개인의 주된 기능과 그 기능을 사용하는 태도에 따라 외향적 성격유형(Extraverted Personality Types)와 내향적 성격유형(Introverted Personality Types)으로 구분된다.

표 8-4 성격유형

구분	항목	내용
외향적 성격유형	외향적 사고형	외향적 사고형은 논리와 객관적인 사실을 기반으로 외부 세계를 구조화하는 데 중점을 둔다. 이들은 효율적이고 체계적인 접근을 선호하며, 주로 사실과 데이터에 의존하여 결정을 내린다. 이 유형은 종종 리더십이 필요한 역할에서 강점을 보이며, 조직적이고 규칙적인 삶을 선호한다.
	외향적 감정형	외향적 감정형은 인간관계와 사회적 조화에 중점을 둔다. 이들은 사람들과의 관계에서 감정을 중요시하며, 다른 사람들의 요구와 기대에 맞추어 행동하는 경향이 있다. 사회적 상호작용에서 편안함을 느끼며, 타인의 감정을 잘 이해하고 배려한다.
	외향적 감각형	외향적 감각형은 현재의 물리적 현실에 집중하며, 감각적 경험을 중시한다. 이들은 실제적인 정보를 바탕으로 즉각적인 행동을 취하며, 종종 활동적이고 모험적

구분	항목	내용
		인 성향을 보인다. 이 유형은 새로운 경험과 자극을 즐기며, 삶을 생생하게 체험하고자 한다.
	외향적 직관형	외향적 직관형은 외부 세계의 가능성과 잠재력을 인식하고, 이를 발전시키는 데 중점을 둔다. 이들은 미래 지향적이고 혁신적인 아이디어를 추구하며, 종종 창의적이고 독창적인 접근을 선호한다. 새로운 기회를 발견하고 이를 실현하는 데 능숙하다.
내향적 성격유형	내향적 사고형	내향적 사고형은 내면의 논리적 구조의 원칙을 통해 세계를 이해하고 분석하는 데 중점을 둔다. 이들은 깊이 있는 사고와 성찰을 통해 결정을 내리며, 객관적 진리와 이론에 관심을 둔다. 이 유형은 종종 학문적 연구나 이론적 작업에 강점을 보인다.
	내향적 감정형	내향적 감정형은 내면의 감정과 가치관을 중시하며, 이를 바탕으로 판단을 내린다. 이들은 외부 세계보다는 자신의 내적 경험에 집중하며, 개인적이고 주관적인 기준에 따라 행동한다. 감정이 깊고 섬세하며, 종종 예술적 표현에 강점을 보인다.
	내향적 감각형	내향적 감각형은 과거의 경험과 기억을 통해 세상을 인식하며, 전통적이고 보수적인 성향을 보인다. 이들은 익숙하고 안정적인 환경을 선호하며, 과거의 경험을 바탕으로 현재를 이해하고 행동한다. 실용적이고 안정된 생활방식을 유지하려는 경향이 강하다.
	내향적 직관형	내향적 직관형은 내면의 상징적 의미와 무의식적인 이미지를 통해 세상을 이해한다. 이들은 보이지 않는 가능성과 잠재력에 집중하며, 직관적이고 상상력이 풍부하다. 종종 철학적이거나 영적인 것에 관심을 가지며, 깊은 내적 통찰을 추구한다.

융의 성격유형론은 다양한 분야에서 실용적으로 적용될 수 있다. 예를 들어, 심리치료에서는 내담자의 성격유형을 이해함으로써 맞춤형 치료접근을 설계할 수 있으며, 조직관리나 팀구성에서는 각 성격유형의 강점을 활용하여 효율적인 팀구성을 할 수 있을 것이다. 또한 개인의 자기이해와 발전을 위한 도구로써 성격유형론은 자신의 성향을 이해하고, 이를 바탕으로 삶의 방향성을 설정하는 데 도움을 받을 수 있다.

(4) 아들러의 개인심리이론

아들러는 초기에는 프로이트 이론의 신봉자였으나, 후기에 이르러서는 프로이트와는 다른 이론적 관점을 제시하게 된다. 즉, 그는 인간의 성격이나 행동이 오직 성적이고 생물학적인 충동에 의해서만 결정된다는 프로이트의 생물학적 결정론을 비판하고 사회적, 가족적 요인을 중시하는 사회적 결정론을 주장하였다. 또한 그는 인간에게 이타주의, 인본주의, 협동, 창조성, 고유성, 인지력을 부여하여 정신분석학이 크게 파괴하였던 인간의 존엄성과 가치를 부활시킴으로써 인본주의적 관점을 제시하기도 하였다. 그는 성적 본능이 인간의 성격을 결정한다는 프로이트의 이론과는 달리, 대부분의 사람들이 갖고 있는 열등감과 무력감 그리고 그것을 보상 혹은 극복하려는 우월성의 추구가 인간의 행동과 발달을 결정한다고 보았다.

인간은 사회적 존재로서 생물학적 충동보다는 사회 환경의 자극에 의해 동기 유발이 이루어지며, 자아(ego)는 원초아(id)의 현실적 충족을 위해 작동하는 것이 아니라 자신의 과거 경험을 주관적으로 지각하고 해석함으로써 행동을 결정하고 자신의 삶을 창조해 나갈 수 있다는 것이 인간의 행동과 성격을 바라보는 아들러의 기본 입장이다. 이러한 입장은 인간은 창조적인 능력이 있기 때문에 자신의 인생 목표를 직시할 수 있고, 스스로 결정을 내리며, 자신의 목적 및 가치와 일치되는 여러 삶의 방식을 선택할 수 있는 합리적 존재라는 그의 인간관이 반영된 것이다. 그의 인간관과 성격이론의 기본 전제를 요약하면 표 8-5 와 같다.

표 8-5 아들러의 인간관과 성격이론의 기본 전제

- 인간은 통일된, 자아가 일치된 유기체이다. 아들러는 이처럼 통일된 성격구조를 생활양식(life style)이라 일컬었고, 인간을 전체적 관점에서 보았다.
- 인간은 역동적으로 완성을 추구하며, 개인적으로 중요한 인생 목표를 향해 전진한다.
- 개인은 창조적인 힘을 가지고 자신의 삶을 결정할 수 있다. 즉, 인간은 외적 환경에 의해 지배되는 수동적 존재가 아니라 자신의 생활양식에 의해 자신의 미래의 삶을 결정한다고 보았다.
- 모든 사람은 협동하고 상호작용하는 사회적 관계를 맺을 수 있는 선천적인 능력을 갖고 태어난다.
- 개인이 자신을 어떻게 주관적으로 지각하느냐에 따라 행동이 결정된다고 보았다. 과거의 사건 자체가 아니라 그 사건에 대한 개인의 지각과 해석이 행동에 영향을 미친다는 것이다.

① 열등감과 보상

아들러 이론에서 열등감(inferiority feeling)과 보상(compensation)은 핵심 개념이다. 열등감이란 자신에게 부족하고 모자라는 부분에 대한 지각 또는 인식을 말하고, 보상이란 그것을 보완하려는 노력을 말한다. 의사인 아들러는 특정 신체기관이 약하거나 장애를 가진 사람이 그 기관을 강화시키거나 다른 기관을 개발하여 약점을 보완, 즉 보상하려고 노력하는 것을 발견하였다. 그 후 그는 이러한 신체적 열등감이 심리적 열등감으로 전개된다는 사실을 발견하고, 심리적 열등감과 그 보상에 대해 연구하였다.

상식적으로 봐도 한 인간이 자신의 단점을 극복하고 빛나는 삶의 성취를 거둔 사례는 무수히 많은데, 스티븐 호킹(Stephen Hawking), 베토벤(Beethoven), 헬렌 켈러(Helen Keller) 등이 그 예이다. 또한 어릴 적 지독한 가난 속에서 눈물겨운 노력을 통해 삶의 꽃 한 송이를 아름답게 피워 낸 사람들도 무수히 많다. 특히 남들에게는 '당연히' 있는 손과 팔이 자신들에게는 없어서, 입과 발로 그림을 그리는 구족화가들의 존재는 우리 모두를 인간으로서 긍지를 갖게 하고, 인류라는 이름을 고귀하고 거룩하게 만든다.

② 우월성의 추구

아들러에 의하면 우월성의 추구(striving for superiority)란 인간의 기본적인 동기에 속하며, 열등감을 보상하려는 욕구에서 나온다. 모든 인간은 기본적으로 불완전한 것은 완전하게 만들고, 부족한 것은 채우며, 미완성은 완성으로 이끌려는 선천적인 동기를 갖추고 있고, 바로 이것이 인간의 모든 성장과 발달, 성취의 원동력이 된다는 것이 아들러 이론의 기본 입장이다. 그런데 이러한 '우월을 향한 노력'이 선천적이고 모든 사람에게 내재된 보편적 특성이기는 하지만, 사람마다 추구하는 우월의 목표가 다르기 때문에 개인의 삶에서 구체적으로 구현되는 데는 개인차가 존재한다. 즉, 우월의 목표는 긍정적 경향 또는 부정적 경향을 취할 수 있는데, 긍정적으로 나타나면 타인의 행복을 지향하는 이타적 형태로 나타나고 부정적으로 나타나면 자기존중과 권력 집착, 허세 등의 이기적 형태로 나타난다.

③ 생활양식

아들러의 생활양식(life style) 개념은 각자가 처한 상황에서 어떤 목표를 설정하고 추구하는 개인적으로 독특한 방식을 의미한다. 이는 개인의 성격을 기능하게 하는 체계이자 원리이므로, 모든 사람의 행동은 그의 생활양식이 반영된 것이라 볼 수 있다. 생활양식은 개인이 인생의 장애물을 극복하고 문제해결 방법을 찾으며 목표를 추구하는 방식을 결정하는 역할을 한다. 아들러는 이러한 생활양식은 유년기인 4~5세경에 이미 형성된다고 주장한다. 그 시기에 경험한 가족 관계나 가족 형태, 가족 분위기 등의 가족적 요인과 가정의 울타리 밖에서 얻게 되는 다른 특별한 사회적 경험 등의 사회적 요인을 통해 생활양식이 형성되는데, 그렇게 형성된 생활양식의 기본적인 틀은 일생 동안 유지되고, 한 개인의 성격이나 행동에 지속적인 영향을 미친다는 것이다.

④ 출생순위

아들러에 따르면 한 사람의 생활양식이 형성되는 데는 사회적 요인과 함께 가족적 요인이 중요한 역할을 하게 된다. 그는 이러한 가족 요인으로서 가족의 크기와 정서적 유대, 출생순위, 성별 등을 들고 있는데, 특히 출생순위를 강조하였는데, 출생순위에 따른 성격특성은 표 8-6 과 같다.

표 8-6 출생순위에 따른 성격특성

형제 순위	성격특성
첫째 아이	부모의 사랑을 독차지하므로 자기중심적이 될 가능성이 크다. 그러다 동생이 생기면 "폐위된 왕"의 처지가 되어 부모의 관심과 사랑을 동생과 공유해야 한다. 이런 상황이 되면 마음의 상처를 치유하기 위해 과거의 유치한 단계로 퇴행을 하거나, 부모의 사랑을 다시 얻기 위해 여러 가지 돌발적인 행동을 할 수도 있다.
둘째 아이	둘째 아이의 특성은 경쟁이다. 맏이와 경쟁을 해야 하는 상황에서 태어나기 때문에 도전적이고 야심이 강하다. 또한 손위 형제 때문에 협동과 타협의 기술도 더 쉽게 배울 수 있다.
막내	막내는 부모의 관심과 사랑을 동생에게 빼앗기는 비극적 상황 자체가 없는 유리한 상황에 있다. 또한 다른 형제들과 나이 차이가 많이 날 경우, 부모뿐만 아니라 손위 형제들의 보살핌도 받을 수 있다. 따라서 과잉보호를 받아서 과도하게 의존적이 될 가능성이 크다.

형제 순위	성격특성
외동	외동은 경쟁할 형제가 없고 부모의 사랑을 잃어버릴 가능성이 전혀 없기 때문에 자기중심적인 응석받이로 자라기 쉽다. 아들러는 외동의 경우 소심하고 의존적 특성을 지닌다고 보았다.

이상에서 출생순위가 생활양식이나 성격에 미치는 영향을 살펴보았다. 그러나 아들러는 단지 형제 서열에서 나타날 수 있는 가능한 특성을 나타내었을 뿐, 모든 가정 내의 형제들에게 보편적으로 나타나는 일반적인 특성은 아니라고 주장한다. 즉, 다른 변수들에 의해 얼마든지 달라질 수 있는 것으로 본다.

⑤ 성격유형

생활양식은 인간의 모든 사고와 감정, 행동의 기본 토대가 된다. 아들러는 생활양식에 기반한 성격구조의 골격은 평생 유지된다고 보고, 그것을 기반으로 인간의 성격을 유형화하였다. 성격유형은 사회적 관심과 활동수준이라는 두 변수를 기준으로 하여 정해지는데, 사회적 관심이란 개인적 이익보다 사회 발전을 위해 타인과 협력하는 것을 말하고, 활동수준이란 삶의 문제를 해결하려는 개인의 에너지 수준을 말한다. 이에 따라 아들러는 개인의 성격을 지배형, 획득형, 회피형, 사회적으로 유용한 유형 등 네 가지로 분류하였는데, 구체적인 내용은 표 8-7 과 같다.

표 8-7 아들러의 성격유형

유형	성격특성
지배형	지배형은 활동수준은 높지만 사회적 관심은 낮은 유형으로, 독선적이고 타인을 지배하려는 태도를 지닌다. 따라서 공격적이고 비사회적인 방식으로 삶을 영위한다.
획득형	획득형은 활동수준은 중간이고 사회적 관심은 낮은 유형을 말한다. 이런 성격을 지닌 사람은 남에게 의존하여 자신의 욕구를 충족시키고자 노력한다. 남에게서 가능한 한 많은 것을 얻어 내는 데 관심이 집중된다.
회피형	회피형은 사회적 관심과 활동수준이 모두 낮은 유형으로, 성공하려는 욕구보다 실패에 대한 두려움이 더 강해서 인생의 모든 문제에서 도피함으로써 실패를 면하려고 한다.
사회적으로 유용한 유형	사회적으로 유용한 유형은 사회적 관심과 활동수준이 모두 높아서, 자신과 타인의 욕구를 모두 충족시키기 위해 타인과 협력한다. 타인의 복지에 기여하려는 의지를 갖고 있다.

2) 셸던의 체질이론

체질이론은 가장 초기의 성격이론으로서, 신체유형과 성격이 관계가 있다고 주장한 셸던(Sheldon, 1942)에 의해 이루어진 이론이다. 그는 체격의 세 차원과 그것들에 부합되는 기질들을 제안하였다 그림 8-2 .

체	격	기	질
	내배엽형 (부드럽고, 둥글고, 소화기관이 아주 잘 발달됨)	내장 긴장형 (이완되어 있고, 먹기를 좋아하고, 사교성이 풍부함)	
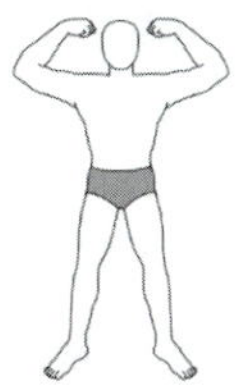	중배엽형 (근육이 잘 발달되고 체격은 단단하고, 각이 지고, 신체는 건강함)	신체 긴장형 (왕성하고, 주장적이고, 용기가 있음)	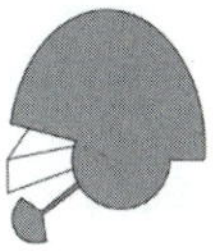
	외배엽형 (키가 크고, 허약하며, 큰 대뇌와 예민한 신경계를 가짐)	대뇌 긴장형 (조심스럽고, 두려움이 많고, 내향적이며, 예술적임)	

그림 8-2 셸던의 체격 차원들과 연합된 기질

출처: 손정락 역(2002). 성격심리학. 시그마프레스. p.157.

내배엽형은 큰 복부를 지닌 뚱뚱하고 유연한 신체를 가졌으며, 중배엽형은 튼튼한 뼈대와 근육을 지닌 건장하고 자세가 반듯한 신체로 구분되며, 외배엽형은 홀쭉하고 뼈대가 가늘며 허약한 신체로 구분된다.

내배엽형의 기질은 내장 긴장형으로 사교적이며, 음식, 사람들 및 안락을 선호하는 사람들이며, 중배엽형의 기질은 신체 긴장형으로 모험, 위험, 정력적인 활동을 좋아하는 것으로 보고 있다. 마지막으로 외배엽형은 대뇌 긴장형으로 자제, 자기자각 및 은둔을 좋아하는 것으로 기술하고 있다.

셸던이 주장한 이론의 제한점은 단순성을 가정하고 있다는 것이다. 다시 말해 3개의 범주로 나누고 사람들을 분류된 범주에 맞추려고 하였다는 것이다. 그러나 각 개인의 행동들과 심리적 특질들은 복잡하고 가변적이기 때문에, 한 개인을 단일의 위치에 할당하는 것은 매우 어렵다는 것을 기억해야 한다. 즉, 한 개인의 성격은 한 범주 혹은 다른 범주에 정확하게 부합할 수 없다는 것이다.

3) 행동주의 및 학습이론

행동주의적 이론들은 성격이 객관적 환경조건들에 의해 형성된다고 가정한다. 행동주의 및 학습이론적 접근에서는 체격유형 및 특성, 자아개념, 동기, 태도 등 이론적 개념에 의해 성격이 형성된다는 데 반대하고, 또한 인간이 내적인 자율적 존재로서 자신의 행동을 결정한다는 데에도 반대한다. 오로지 주어진 상황의 자극에 대한 반응결과로써 관찰과 측정이 가능한 인간의 행동만을 중요시한다. 여기에는 스키너와 반두라가 대표적이다.

(1) 스키너와 행동주의

스키너는 성격이론에 행동주의적 학습이론을 도입하기 위해 노력한 학자 가운데 한 사람이다. 스키너의 학습이론을 급진적 행동주의라고 한다. 그 이유는 인간의 자유의지, 무의식, 자아 및 다른 가상적 실체를 전면 부정하고, 인간의 행동은 오직 행동 뒤의 강화와 처벌에 의해 결정된다고 보기 때문이다. 그러나 스키너는 유기체의 유전과 종특유의 행동들을 인정하기는 한다.

스키너는 인간의 성격형성은 개인이 지금까지 살아오면서 경험한 강화 역사의 총체라고 본다. 비슷한 상황에서도 강화의 경험이 개인마다 다르므로 한 개인의 성격을 이해하기 위해서는 자극상황과 강화에 대한 체계적 분석이 필요하다고 주장한다. 예로 스키너는 적응적 행동과 부적응적 행동, 학교공포증, 동물공포증, 우울증, 불안증 등과 같은 개인의 성격특성은 원초아, 자아, 초자아 사이의 갈등에서 비롯된 것이 아니고, 개인의 성장과정에서 강화를 통해 조성된 것으로 보고 있다. 또한 그는 인간의 행동방식은 개인의 주관적인 사고, 감정, 인지, 지각, 기능 등에서 비롯되는 것이 아니라 주위 환경의 산물이라고 본다.

(2) 반두라의 사회학습이론

반두라는 다른 성격이론들이 인지적 요인들의 역할을 무시한 점, 특히 학습이론은 주로 동물실험에 의존하였기 때문에 인간환경 속에서의 복잡한 경험적 연구를 등한시한 점에 반기를 들어 사회학습을 강조하는 성격이론을 제시하였다. 반두라는 성격과 환경 간의 이러한 상호작용을 상호결정론이라고 불렀다. 성격변인, 상황변인 및 실제 행동은 끊임없이 상호작용하고 있다. 어떤 사람은 공격적인 행동을 나타내 보이기 쉬울 수 있다. 그러나 이 사람이 실제로 공격적으로 행동할 것인가는 자신의 주어진 상황 지각에 달려 있으며, 여기에는 또한 다른 사람들도 관여되어 있을 수 있다.

이것은 행동주의 학습이론과 인지적 학습이론 및 여러 심리학적 이론을 절충한 것이 아니라 과학적인 인간이해를 위한 체계적인 이론을 제시하는 것이다. 즉, 인간의 행동은 환경에 의해 영향을 받는다. 그러나 인간은 환경적 힘에 의해 통제되는 무기력한 존재는 아니고 인간이 그 환경의 자극에 의미를 부여하는 인지과정을 동반할 때 행동이 결정되는 것이다. 또한 인간은 자신들의 행동을 통해 환경조건을 조형시킨다.

행동주의 학습이론에서는 바람직한 강화를 통한 행동의 훈련을 강조하나, 사회학습이론은 관찰과 모방학습, 대리강화, 자기조정 등을 중요시한다. 그는 어떤 행동을 학습하기 위해서는 대리적, 상징적인 자기통제 역할과 자기 자신에 대한 효능감 등이 필요하다고 주장한다.

반두라는 초기 실험연구를 통하여 아이들이 세상에 널리 알려져 있거나 사회적으로 명망이 있는 사람의 행동을 더 잘 모방하며, 자신들과 비슷하다고 생각하는 사람들이나 동일한 성을 가진 사람들에 대하여 더욱 잘 모방하는 사실을 알았다. 또한 사회경제적 지위가 높은 모델을 더욱 잘 모방하는 반면에 상대적으로 자신들의 행동에 처벌을 가하는 사람들이나 벌을 받는 모델에 대해서는 거의 모방하지 않으려는 경향이 있다는 사실을 발견하였다. 반두라는 모방학습을 효과적으로 사용하기 위한 원칙을 아래와 같이 제시하였다.

- 바람직한 행동은 가능한 한 여러 사람이 여러 번 시범을 보인다.
- 모방의 내용은 쉽고 간단한 것에서 시작하여 점차로 복잡하고 어려운 것으로 옮겨 간다.
- 각 단계에서 말로써 설명해 주거나 지도해 주는 것이 필요하다.
- 가르치는 내용에 따라서 보여 주는 것이 효과적이다.
- 각 단계마다 잘하면 칭찬을 해 주어야 한다.

4) 인본주의 성격이론들

인본주의 이론은 정신분석적 접근과 행동주의적 접근에 대한 최초의 대안을 제시해 주었기 때문에 심리학에 있어 '제3의 세력'이라고 한다. 인본주의적 접근은 1950년 미국의 심리학자인 매슬로우와 로저스가 인간에게는 자유 의지가 있으며 무의식적인 동기와 환경적 자극에 의해 움직여지는 존재가 아니라는 생각을 발전시키면서 탄생하게 되었다. 인본주의는 현상학적 이론에 근거하고 있는데, 오직 지금 일어나고 있는 경험에 대한 주관적인 해석에 초점을 두고 있다. 즉, 모든 인간은 자기 자신에 대한 주관적인 인식과 자기를 둘러싼 세상에 대한 주관적인 인식에 따라 행동한다는 것이다. 반면에 객관적인 현실은 우리의 행위를 결정하는 중요한 요인이 아니라, 그 현실을 우리가 어떻게 보느냐에 따라 행동하게 된다는 것이다.

인본주의는 인간이 통합된 유기체로서 행동하기 때문에, 인간을 전체론적 관점에서 접근해야 한다는 입장을 가졌다. 인간이 어떻게 행동하는가는 그가 세계를 어떻게 지각하느냐에 달려 있다고 생각하며, 개인의 행동을 가장 잘 이해하기 위해서는 그 개인이 지니고 있는 내적 준거틀에 대한 이해가 필요하다는 입장을 취한다.

(1) 매슬로우의 욕구이론

매슬로우는 사람들이 동기화되는 요인과 개인을 완전하게 기능하는 삶으로 이끌어 가는 동기에 관심을 가졌으며, 완전하게 기능하는 사람만이 자아실현을 하는 것으로 보았다. 완전하게 기능하는 사람들은 유기체가 가치를 부여하는 과정에 따라 행동을 조정하며 모든 경험에 개방되어 있고 자아개념이 경험과 일치하며 위협과 불안이 없기 때문에 방어의 필요도 없다고 설명하였다.

매슬로우는 자아실현 동기가 그 사람의 삶을 지배하기까지에는 몇 개의 단계를 거치게 된다고 가정하였는데, 그것을 욕구위계설(hierachy of need)이라고 한다(그림 7-2 참조). 매슬로우는 인간이란 완전한 만족의 상태에는 도달하지 못하고 항상 부족함을 느끼는 동물이라고 하였으며 인간의 욕구는 본능적이고, 또한 계층적 단계로 배열되어 있다고 주장한다. 즉, 생리적 욕구, 안전 욕구, 소속 및 사랑의 욕구, 자존감의 욕구, 자아실현의 욕구로 구성되어 있으며, 이러한 각각의 욕구는 우선순위의 원리에 따라 급히 해결되어야 하는 낮은 단계의 욕구에서부터 더 높은 단계의 욕구로 진행하게 되어 있다. 높은 수준의 욕구를 추구한다는 것은 정신적 건강과 안녕상태의 방향으로 가고 있음을 의미한다. 인간은 욕구의 순서에 따라 그 욕구를 충족시키기 위해 행동하게 된다. 즉, 인간 생존의 기본적인 요소가 충족되어야 상위계층의 욕구가 생기고, 이런 인간의 욕구는 불균형상태를 해소하는 행동을 선택하게 되고 행동을 일으키는 원동력이 된다는 것이다.

매슬로우는 이러한 욕구가 모든 사람에게 공통적으로 있는 본능과는 달리 개인의 생물학적 특성과 경험에 따라 다르게 결정된다고 보았으며, 변화가 가능한 역동적

과정으로 생각하였다. 또한 한 위계에 있는 욕구가 충족되면 상위의 위계에 있는 욕구를 만족시키고자 동기화된다고 가정하였는데, 이러한 가정은 현상적인 입장과 일치하는 것이다. 그는 이러한 동기가 결손되면 개인의 행동은 긴장을 감소시키거나 특정 욕구의 일시적인 결핍을 충족시키는 방향으로 나아간다고 가정하였다. 생리적 욕구, 안전 욕구 수준에서는 이러한 결손동기화가 더 강하게 일어나며 소속과 사랑에 대한 욕구나 자존감에 대한 욕구에서는 동기화가 보다 약하게 일어나는 것으로 보았다.

(2) 로저스의 현상학 이론

로저스의 현상학 이론은 현상이 나타나는 방식, 그리고 그 현상을 어떻게 경험하고 느끼는지에 관심을 두는 이론으로 내담자중심 치료의 근간이 되는 내용이다. 현상학 이론에서의 인간관은 인간은 본래 특정한 성격유형을 가지고 태어난다는 것을 부정하고 다양한 주관적인 경험을 통해 자신을 형성한다고 주장한다. 또한 인간은 목적 지향적인 존재로서 인간행동의 모든 근원을 자기실현의 욕구로 바라본다.

① 현상학적 장

현상학적 장(phenomenal field)은 주관적인 경험의 세계로 특정 순간 개인이 지각하고 경험하는 모든 것을 의미한다. 즉, 같은 현상이라도 사람마다 그것을 경험하고 느끼는 방식에 차이가 있기 때문에 로저스는 사람을 이해하려면 그 사람이 주관적으로 느끼고 경험하는 것을 이해하려고 노력해야 한다고 생각하였다. 예를 들어, 동언이와 동민이가 같이 놀이를 하고 있는데 갑자기 벌레가 나타난 상황에서 벌레를 무서워하는 동민이는 소리를 지르면서 그 자리를 피하고, 벌레를 무서워하지 않는 동언이는 휴지를 가져와 벌레를 잡는다면 벌레가 존재하는 객관적인 상황에서 두 사람이 인지하는 주관적 방식의 차이가 결국 행동의 차이를 가져온다는 것이다. 이때 벌레에 대해 느끼는 각자의 방식이나 주관적 경험을 현상학적 장이라고 말할 수 있다.

② 자기

자기(self)는 인간 스스로가 어떤 사람인지를 인식하는 것을 의미한다. 자기는 현실적 자기, 즉 현재 인식하는 자신의 모습과 이상적 자기, 즉 되기 위해 원하는 모습을 가지고 있다. 따라서 자기구조와 주관적 경험이 일치된 경우에는 건강한 성격을 가지지만 그렇지 않을 경우에는 긴장, 불합리한 혼동, 불안을 경험하게 된다. 이에 비해 자기개념이 불확실한 경우에는 방어기제가 나타나기도 하는데 왜곡, 부정 등의 형태도 나타난다. 왜곡은 받아들이기 어려운 경험을 현재 자아상과 일치하는 형태로 변형시켜 받아들이는 것이고 부정은 위험한 경험이 의식화되는 것을 회피하고 무시함으로써 자아구조를 유지하려는 것이다.

③ 자기실현 경향성

사람의 궁극적 동기는 인간의 모든 잠재력을 개발하는 것이라고 생각하는 것이 이 개념이다. 사람은 선천적으로 자기능력을 개발하려는 경향성을 가지고 있으며, 이는 유기체적 평가과정을 겪는다고 주장한다. 긍정적인 경험들이 많아지면 만족감을 얻지만 부정적인 경험들이 많아지면 회피하게 되는 경향을 보이게 된다.

④ 긍정적 관심에 대한 욕구

로저스는 모든 인간은 중요한 타인으로부터 따뜻함, 존경, 숭배, 사랑 그리고 수용과 같은 태도를 받고 싶어 하는 기본적 욕구를 갖고 있다고 주장한다. 긍정적 관심에 대한 욕구는 선천적이기 때문에 어린 시절에 자연스럽게 발달하며 자기 주변의 중요한 사람들이 자기에 대해서 가지는 기대와 태도에 많은 영향을 받는다. 아동은 타인으로부터 긍정적인 관심을 얻기 위하여 자신이 경험한 어떤 가치를 부정하고 타인이 생각하는 가치에 따라서 그 경험을 지각하게 되는 경우를 경험하기도 한다. 조건적인 긍정적 관심이 지속되면 그것이 아동에게 내면화되어 규범과 기준이 되며, 심지어는 자신의 행위를 제한시키고 현실을 왜곡하기도 한다. 조건적인 긍정적 관심이 그 사람의 가치부여과정을 지배하게 될 때 그 사람은 자신의 잠재력과의 접촉을 상실하며 자기소외를 경험하게 된다.

⑤ 조건적 가치부여

어린아이는 긍정적 관심에 대한 강한 욕구를 가지고 있으며 점차로 자기 인생에서 중요한 사람들의 자기에 대한 기대와 태도에 영향을 받고 민감해진다. 대부분 어른들이 아동에게 조건적인 긍정적 관심을 보이는 것을 우리가 흔히 볼 수 있는데 이는 전혀 놀라운 일이 아니다. 즉, 어른들은 “네가 내가 바라는 사람이 되면 나는 너를 사랑하고 인정하고 대우할 것이다”라고 말한다. 이를 바꾸어 말하면 “네가 내가 원하는 방향으로 성장하지 않으면 절대 사랑을 받을 수 없어”라는 얘기와 같다. 이러한 조건적×긍정적 관심 또는 조건적 가치부여(conditions of worth)는 아동을 타인의 기대에 따라 행동함으로써 칭찬을 받고, 주의를 끌며, 인정이나 또 다른 형태의 보상을 받는 상황으로 내몰게 된다. 로저스는 아동에게 부과된 가치의 조건은 아동이 완전히 기능하는 사람이 되어 가는 데 부정적인 영향을 준다고 강력하게 주장한다. 이것은 아동이 현재의 자기나 앞으로 되고자 하는 자기를 찾고 그렇게 되고자 노력하기보다 타인이 세운 기준에 맞추려고 애쓰기 때문이다.

⑥ 무조건적 긍정적 관심

어떠한 사람도 완전히 조건적 가치부여를 피할 수는 없지만 로저스는 구체적인 어느 개인의 행위에 부여된 가치와는 무관하게 긍정적 관심을 주거나 받는 것은 가능하다고 생각한다. 로저스에 의하면 인간은 무조건적으로 관심(unconditional positive regard)을 주는 가정과 사회환경 속에서 성장해야 완전히 자신의 잠재력을 발휘할 수 있다고 주장한다. 건강한 성격이 되기 위한 기본적인 요건은 유아기에 무조건적인 긍정적 관심을 받는 것이다. 이것은 아동이 어떻게 행동하느냐에 관계없이 사랑과 애정을 줄 때 발달한다.

4. 성격평가

우리는 일상생활에서 타인의 성격을 평가할 기회를 자주 갖는다. 그러나 성격평가에서는 평가하는 사람의 고정관념이나 관찰의 비체계성 때문에 편파되거나 정밀하지 못한 평가가 되기 싶다. 성격평가란 개인의 특징적이며 전형적인 행동을 알아내는 방법이다. 보다 객관적이고 편견에 많이 좌우되지 않으며 정밀한 평가를 위해 개인면접, 관찰, 객관적 검사, 투사검사 등을 사용한다.

1) 개인면접

면접은 목적을 가진 대화로서 면접자는 그 사람이 말하는 것을 듣고 그의 행동을 관찰함으로써 다른 사람을 평가하는 것이다. 면접은 크게 비구조화된 면접과 구조화된 면접으로 나눌 수 있는데, 전자는 피면접자의 경험, 감정 및 태도를 자유롭게 토의할 수 있도록 하며, 광범위한 주제를 다루는 방법이며, 후자는 질문의 순서와 내용은 사전에 미리 정해지며, 가능한 그 양식에 맞추어 면접이 진행되는 것을 의미한다. 효과적인 면접자의 태도는 온정적이고 반응자가 말하는 것에 관심을 기울이며 침착하고 이완되어 있고, 자신감이 있는 사람이다. 흔히 면접자의 태도는 그 결과에 상당히 많은 영향을 주는 경향이 있다. 따라서 구조화된 면접을 하게 되면 면접자의 행동이 응답자가 말하는 내용에 유의한 영향을 덜 주는 경향이 있다.

2) 관찰

관찰은 개인이 일정 기간에 걸쳐 일정 상황에서 어떻게 행동하는가를 밝히기 위해서, 또한 상황 및 환경이 그 사람이 나타낼 행동범위에 미치는 영향을 결정하기 위해서 행해지는 것을 의미한다. 이때 관찰자는 사전에 행동의 어떤 측면을 어떻게 평가할 것인지에 대해 미리 결정하고 훈련을 받는다. 관찰의 장점은 관찰자가 피험자의 자기 행동에 관한 기술에 의존하지 않는다는 것이다. 이에 비해 단점은 관찰자가 피험자의 행동을 잘못 해석할 수 있다는 것과 경비 및 시간이 많이 든다는 것이다. 더하여 관찰당한다는 사실이 피험자의 행동에 영향을 줄 수 있다는 것이다.

3) 객관적 검사

표준화된 절차에 따라 실시되고 채점되는 검사이다. 객관적 검사는 보통 '예' 혹은 '아니오' 반응이나 중다선택지 중에서 하나의 응답을 선택하도록 요구하는 질문지이다. 모든 객관적 검사가 자기보고에 의존하기 때문에 이러한 검사의 효율성은 질문에 응답할 때의 정직성에 달려 있다. 대표적인 성격검사로는 미네소타 다면적 인성검사(MMPI-2), 캘리포니아 성격검사(CPI), 성격요인검사(16PF), MBTI 및 성격 5요인 검사(NEO-AC) 등이 있다. 객관적 검사의 장점은 이 검사들이 사용하기에 값싸고, 채점이 쉽고, 관찰자 혹은 면접자의 해석기술에 의존하지 않는다는 점이다. 그러나 단점은 응답자들이 솔직하게 응답하지 않고 자신의 인상을 특정한 방향으로 꾸미는 데 취약하고, 성격의 단면들에 대해서는 정보를 주지만 전체적으로 통합된 성격의 모습을 파악하기 힘들며, 자신이 잘 인식하기 어려운 성격의 측면에 대해서는 알 수 없다는 등의 단점을 가지고 있다.

4) 투사검사

투사검사는 무제한의 반응을 유발할 수 있는 모호한 자극을 사용하는 검사이다. 개인이 자신의 성격을 검사재료에 투사할 것이라고 가정한다. 두 가지 유명한 투사검사는 피험자들에게 판단을 요구하는 10매의 잉크반점 도안으로 구성된 로샤 잉크반점 검사와 피험자들이 이야기를 구성하도록 요구받은 20매의 그림으로 구성된 주제통각검사(TAT)이다. 투사검사는 응답자들의 의도적인 반응 왜곡을 줄일 수 있고, 성격의 심층적이고 무의식적인 측면에 접근할 수 있으며, 성격의 전체적 모습을 파악하기 좋다는 장점을 가지고 있는 반면, 검사가 신뢰롭고 타당한가에 대한 지지증거가 부족하고 검사를 잘 사용하기 위해서는 임상적 경험과 전문성이 요구된다는 등의 단점이 있다.

글상자

투사검사

❖ 로샤 잉크반점 검사

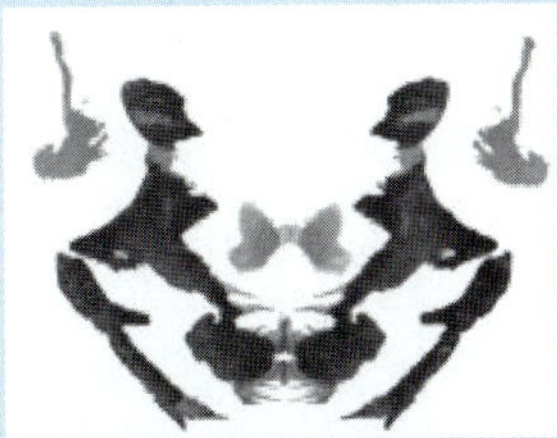

이 검사는 스위스 정신의학자 헤르만 로샤(Herman Rorschach)가 1921년 출판한 『심리진단』에서 소개되었다. 그는 잉크를 종이에 떨어뜨리고 접었다 폈을 때, 나타나는 좌우대칭의 형태들을 수천 장 제작하여 정신과에 입원한 환자들에게 보여 주었다. 증상 내지 진단범주에 따라 다른 반응들을 보이는 카드들을 채택하고 그러한 판별을 해 주지 못하는 카드들은 버리는 과정을 통하여 10장의 카드를 선정하였다. 카드들에는 흑백도 있고 여러 색이 들어간 것도 있다. 프로이트의 이론을 잘 알고 있었던 그는 잉크반점 검사에서 나온 자료가 무의식을 이해하는 데 도움을 준다고 보았다.

❖ 주제통각검사(TAT)

TAT는 욕구와 압력의 결합인 주제를 측정하기 위해 헨리 머레이와 크리스티아나 모건(Christiana Morgan)이 개발한 투사검사이다. TAT의 재료는 사람이 나오는 장면들의 그림들이다. 인물들은 성별, 나이가 분명치 않으며, 표정도 보는 사람에 따라 여러 의미로 해석될 수 있다. 배경도 모호하여 매우 다양하게 지각, 해석된다. 피험자는 각 카드에 그려진 장면에 대해 이야기를 만든다. 그림에서 무슨 일이 일어나고 있으며, 인물들은 무슨 생각을 하며, 어떻게 해서 이 장면에 오게 되었고, 앞으로 어떻게 될지를 이야기 하는 것이다. 어떤 카드들은 여자에게만 제시되고, 어떤 카드들은 남자에게만 제시되며, 남녀 공용의 카드들도 있다. 검사에서 표현된 내용은 무의식적 동기를 드러내 주며, 나아가 피험자들의 행동과도 관계된다고 가정한다.

연습문제

01 성격을 결정하는 유전적 요인과 환경적 요인은 무엇이며, 본인은 어떤 요인에 의해 성격이 결정된다고 생각하는가?

02 프로이트가 주장한 성격의 구성요소는 무엇이고, 어떤 발달단계를 통해 성격이 형성되는가?

03 에릭슨이 주장한 인간발달 8단계는 무엇이고, 각 단계에서 달성해야 할 과업은 무엇인가?

04 매슬로우의 욕구위계단계는 무엇인가?

05 반두라의 사회학습이론에서 주장하고 있는 것은 무엇인가?

Chapter 09

스트레스와 대응행동

배울 내용

1. 스트레스의 정의 / 2. 스트레스의 양면성 / 3. 스트레스의 반응
4. 스트레스의 측정 / 5. 스트레스와 성격 / 6. 스트레스의 대응행동

학습목표

1. 스트레스 정의와 양면성을 이해한다.
2. 스트레스에 대한 반응과 측정방법을 이해한다.
3. 성격에 따른 스트레스를 이해하고 스트레스에 대처하는 방법을 모색해 본다.

우리는 생활 속에서 '스트레스 쌓인다', '스트레스 받는다'라는 말을 자주 사용한다. 일상생활에서 스트레스에 대해 이야기할 경우는, 예를 들어 학생들은 시험기간이 다가오거나, 시험성적이 나쁜 경우 그리고 보고서를 제출해야 할 시간이 다가올 때, 스트레스를 경험한다고 이야기할 것이고, 직장인의 경우 직장에서 과중한 업무에 시달리거나, 승진에서 탈락하거나 혹은 경제적 어려움이 있을 때 스트레스를 경험한다고 할 것이다. 이처럼 우리는 일상생활 속에서 스트레스라는 단어를 많이 사용하지만 스트레스가 무엇인지 물어보면 대답하기가 어렵다. 그 이유는 개인마다 사용하는 스트레스에 대한 정의가 너무나 다양하기 때문이다. 따라서 본 장에서는 스트레스에 대한 정의와 스트레스에 따른 반응 및 측정방법을 살펴보고, 마지막으로 성격유형과 관련성을 파악한 뒤 자신에게 맞는 스트레스 대처방법을 모색해 보고자 한다.

1. 스트레스의 정의

스트레스라는 용어는 15세기에는 압력 또는 물리적 압박이라는 의미로 사용되었으며, 17세기에는 공학이나 건축분야에서 역경 또는 곤란의 의미로 사용되다가 20세기에 들어와서는 질병이나 정신질환의 원인으로 그 개념이 사용되고 있다(이민규, 2001).

스트레스의 사전적인 정의는 "적응하기 어려운 환경에 처할 때 느끼는 심리적·신체적 긴장상태로써, 이런 상태가 장기적으로 지속되면 심장병, 위궤양, 고혈압 등의 신체적 질환을 일으키기도 하고 분열증, 노이로제, 우울증의 심리적 부적응을 나타내기도 하는 것"이다(김민수 외, 1992).

스트레스라는 용어는 압력(pressure) 혹은 긴장(strain)이라는 용어로 대신 사용되기도 한다(Rice, 1999). 스트레스에 대한 정의는 많은 학자들에 의해 정의되고 설명되어져 왔는데, 그중 스트레스의 아버지로 불리는 셀리에(Selye, 1956, 1985)에 의하면 "스트레스란 신체가 어떤 외부 자극에 대하여 보이는 비특정적 반응(nonspecific response)이다"라고 정의하고 있다. 그리고 스트레스란 "지금 자기에게 부과된 요구수준과 이 요구에 부응할 수 있는 자신의 능력 간에 어떤 불균형감을 지각할 때 일어나는 생리적·심리적 반응"으로도 정의될 수도 있다(장현갑, 강성군, 1996).

현대사회를 살아가는 우리들에게 스트레스는 필연적으로 경험할 수밖에 없는 것이다. 스트레스에 대처한다는 것은 우리가 환경의 변화에 적응해 나간다는 것을 의미한다. 여기서 환경의 변화란 살아가면서 경험하게 되는 모든 것이 포함되는데, 예를 들면 결혼과 이혼, 취업과 실직, 학업, 이사, 출산과 사망, 연애, 운전 등이 그 예이다.

이러한 상황에 적절히 대처하면 원활한 생활을 유지할 수 있지만, 그렇지 못하면 우리는 신체적 혹은 정신적인 문제에 부딪히게 된다. 위의 예에서 알 수 있듯이 스트레스를 유발하는 상황은 긍정적인 상황과 부정적인 상황 모두가 해당됨을 주지해야 한다.

많은 연구자들에 의해 정의된 스트레스를 분석해 보면, 스트레스를 경험한다고 이야기하려면 두 가지 요소가 있어야 하는데, 첫째, 자극이 있어야 하고, 둘째, 그 자극에 대한 반응이 있어야 한다. 즉, 자극으로서의 스트레스와 반응으로서의 스트레스가 존재한다. 전자는 스트레스를 하나의 자극으로 보며, 여기서는 스트레스가 비통상적 반응을 요구하는 어떤 사건이나 상황으로 본다. 셀리에(1936)는 이를 반응으로서의 스트레스와 구분하기 위해 스트레스원(stressor)으로 정의하고 있다. 후자는 생물학이나 의학에서 사용되는 것으로 캐논(1932)은 추위나 산소 결핍 등의 조건에서 항상성(homeostasis) 유지에 장애가 왔을 때 경험되는 상태로 보았고, 셀리에(1936)는 새로운 자극형태가 나타났을 때 이에 대처하려는 신체적인 방어의 틀, 즉 비특정반응(일반적응증후군)으로 보았다.

글상자

한국인이 가장 많이 사용하는 외래어 '스트레스'

한국인이 가장 많이 사용하는 외래어는 무엇일까? 정답은 바로 '스트레스(stress)'다. 이처럼 많은 사람들이 입버릇처럼 얘기하는 스트레스는 보통 일시적인 증상으로 사라지곤 하지만, 반대로 오래 지속되는 경우엔 만병의 근원이 될 수 있어 각별히 주의해야 한다. 우리 몸의 기관은 스트레스에 취약해 근골격계(긴장성 두통 등), 위장관계(과민성 대장증후군), 심혈관계(고혈압) 등에 영향을 주어 각종 질병에 원인이 되기도 한다. 실제로 내과 입원 환자의 70% 정도가 스트레스와 연관이 있었다는 연구결과도 발표된 바 있다. 따라서 이러한 스트레스 관리법으로는 규칙적인 생활 습관 유지와 건강한 식습관을 갖는 것이 무엇보다 중요하다. 이를 위해서는 과도한 음주, 카페인, 인스턴트, 패스트푸드의 섭취는 자제하는 것이 좋다. 그 대신 스트레스 해소에 좋은 음식을 섭취하는 것이 증상 완화에 도움이 될 수 있다. 스트레스 해소에 좋은 음식으로는 고구마, 전체식 홍삼, 아스파라거스, 오렌지, 아보카도, 참치, 블루베리 등이 있다. 이들은 비타민 C나 항산화 물질 등으로 스트레스를 감소시킨다. 스트레스는 증상을 방치할 경우, 각종 질병에 주범이 될 수 있다. 따라서 이를 예방하기 위해서는 평소 스트레스를 잘 관리해야 한다. 스트레스의 적절한 관리로 건강을 유지하도록 하자.

출처: 시선뉴스(http://www.sisunnews.co.kr). 이호 기자. 2016. 06. 29.

2. 스트레스의 양면성

우리는 일반적으로 스트레스라고 하면 부정적인 의미만 생각하게 된다. 그러나 스트레스는 부정적인 면과 긍정적인 면 모두를 가지고 있다. 예를 들어, 능력을 최대한으로 발휘하여 성취감을 느끼려면 적당한 스트레스가 필요하다. 즉, 어떤 일을 계획하고 진행해 나가는 것에 있어 많은 스트레스를 경험하게 되지만, 적절한 결과나 원하는 결과를 얻게 된다면 성취감, 자부심, 행복감 등을 느끼게 될 것이다. 우리에게 유용한 스트레스와 해로운 스트레스를 살펴보면 다음과 같다.

1) 유용한 스트레스

유용한 스트레스(eustress)란 우리가 불쾌하거나 고통스러운 환경에 처했을 때, 그 상황을 극복할 수 있도록 도와주는 것을 말한다. 유용한 스트레스는 인생을 보람 있게 하며, 이것이 없다면 우리는 제대로 자신의 직분을 다할 수가 없다. 즉, 유용한 스트레스는 우리의 생활 속에 있는 긍정적 힘이다. 다음 표 9-1 은 유용한 스트레스가 우리에게 미치는 긍정적인 영향들의 보기이다.

표 9-1 유용한 스트레스

- 자신의 능력을 최대한으로 성취하도록 만드는 경쟁적 스트레스로서 다양한 작업환경이나 운동경기에서 볼 수 있다.
- 시끄럽게 울리는 자명종 소리는 우리에게 직장으로 출근하게 하는 동기 역할을 한다.
- 몸무게가 약간 줄었을 때 체험하는 가벼운 배고픔은 자신에게 몸에 대한 자신감을 주는 역할을 한다.
- 자신이 세운 목표를 달성하기 위해 자신의 상관이 그 목표에 관심을 가지고 있다면, 그 사람들이 목표를 달성하려고 더 열심히 일하게 된다.

2) 해로운 스트레스

해로운 스트레스(distress)란 질병, 예를 들어 궤양, 긴장항진(hypertension), 우울증을 유발하게 되는 스트레스를 말한다. 즉, 해로운 스트레스는 몸에 가해지는 육체적 · 정신적 문제의 원인이 되는 과도한 압력(strain)을 말한다. 이런 해로운 스트레스가 신체에 미치는 영향은 표 9-2 와 같다.

표 9-2 해로운 스트레스의 영향

• 심장병	• 편두통	• 피부병	• 소화장애
• 위궤양	• 자살	• 성(性)문제(성불능)	• 긴장항진(고혈압)
• 천식	• 생리불순		

지금까지 스트레스의 양면성에 대해 살펴보았는데, 우리에게 유용한 스트레스와 해로운 스트레스를 구분하는 기준을 생각해 볼 필요가 있다. 유용한 스트레스와 해로운 스트레스는 자극이나 상황에 따라 나누어지는 것이 아니다. 우리가 스트레스를 주는 자극이나 상황을 어떻게 받아들이고 해석하는가에 따라 긍정적 영향을 받거나 부정적 영향을 받게 되는 것이다. 즉, 스트레스가 되는 자극이나 상황을 너무 과도하게 받아들이거나 그 상황이 오랫동안 지속된다면 혹은 자극이 너무 없는 상황에서도 부정적 영향을 받을 것이다. 따라서 스트레스는 우리가 감당할 수 있을 정도로 적절히 관리하는 것이 필요하다. 일반적으로 중간 정도의 스트레스를 경험하고 있을 때 효율적인 행동을 하게 되는 최적의 상태라고 할 수 있다.

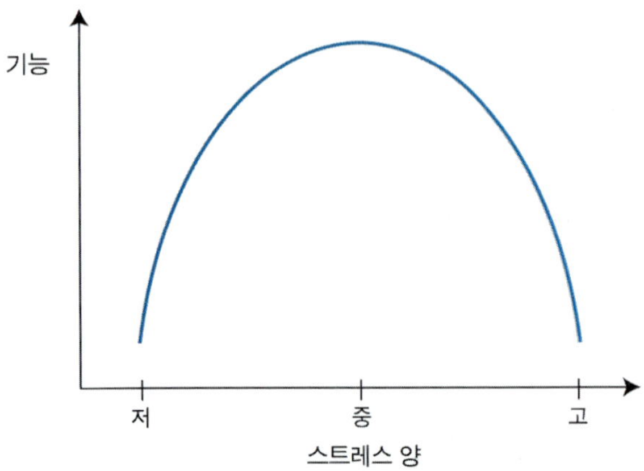

그림 9-1 스트레스 양과 기능과의 관계

그림 9-1 에서 보는 바와 같이 적절한 스트레스 상황에서는 최상의 기능을 보이지만, 과도한 스트레스와 스트레스가 없는 상황은 기능을 더욱 떨어뜨리게 한다. 그러므로 우리에게는 직질한

양의 스트레스가 필요하며, 이를 위해 스트레스 관리가 필요하다.

이처럼 스트레스는 우리에게 필요하면서도 지나치면 다양한 신체적 · 심리적 질병을 유도하게 된다. 다시 말해 지나친 스트레스는 해로우며, 적절한 스트레스는 우리에게 성취감과 성공을 제공해 준다.

3. 스트레스의 반응

스트레스에 대한 정의에서 개개인이 스트레스 상황 아래서 다양한 반응을 일으킬 수 있다는 것을 강조함을 알 수 있었다. 우리는 스트레스를 경험하게 될 때, 심리적 · 신체적 · 정서적 · 행동적 증상이 수반됨을 경험한다. 즉, 스트레스는 우리에게 내적 혹은 외적으로 어떤 영향을 미치게 된다. 이런 의미에서 스트레스가 자신에게 어떤 증상을 주는지를 파악하는 것은 중요하다. 왜냐하면 스트레스는 우리들이 인식하지 못하는 사이에 영향을 줄 수도 있기 때문이다. 따라서 스트레스의 반응을 잘 알고 있으면, 현재 자신이 스트레스를 경험하고 있는지 아닌지를 파악할 수 있게 되고, 이에 잘 대응할 수 있게 된다. 스트레스를 경험할 때 일반적으로 느끼게 되는 증상은 크게 셀리에의 일반적응증후군, 신체적 반응, 심리적 반응 및 자살로 구분할 수 있다. 각각에 대해 구체적으로 살펴보면 다음과 같다.

1) 일반적응증후군

셀리에

셀리에는 여러 가지 유해한 스트레스원에 대한 동물의 반응을 폭넓게 연구하였다. 이때 그가 가정한 스트레스원은 극도의 더위, 추위, 전기쇼크, 외과적 외상, 출혈, 움직일 수 없는 것 등이 포함된다. 이와 같은 스트레스원은 각각 특유의 반응을 보였다. 그러나 중요한 것은 대부분의 스트레스원에 대해 광범

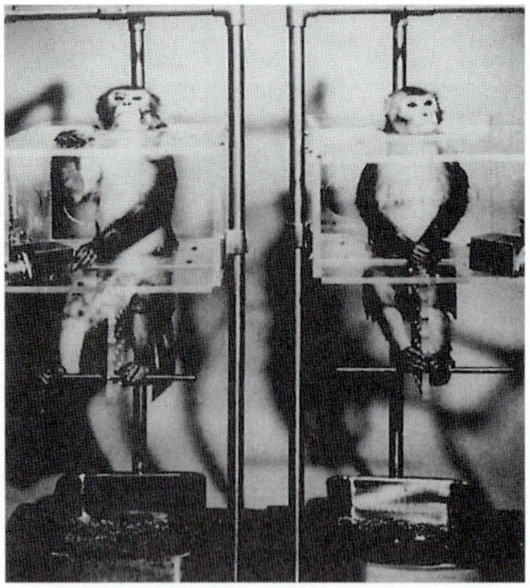

그림 9-2 셀리에의 스트레스 실험

전기쇼크를 피하기 위해서는 자신과 동료 원숭이의 목의 레벨을 눌러야만 한다.

출처: Rice, P. L. (1999). Stress and Health. Brooks/Cole Publishing Company. p.16.

위한 변화의 증후군이 반복해서 나타난다는 사실이다. 셀리에는 여러 가지 스트레스원에 대한 일정한 신체적 반응을 '스트레스 상태'라고 불렀다. 그림 9-2 에 셀리에가 사용한 실험의 예가 제시되어 있다.

스트레스 반응에 따른 생리적 변화는 시상하부라는 뇌의 신경중추에 의해 일어난다. 스트레스원이 시상하부를 흥분시키면 복잡한 신경적·생화학적 반응이 연쇄적으로 일어나 전신의 기능을 변화시킨다. 시상하부는 신체를 스트레스에 대항시키는 자율신경계를 직접 활성화시킨다. 또한 시상하부는 뇌하수체도 자극한다. 그러면 뇌하수체는 '항부신피질 호르몬(ACTH)'을 혈관에 방출한다. ACTH의 자극으로 부신은 아드레날린 등 몸의 활동을 촉진시키는 생화학물질을 분비한다. 이 '시상하부, 하수체, 부신피질계'가 스트레스원의 자극을 받아 체내를 변화시켜, 동물이나 인간은 "싸울 것인가, 아니면 도피할 것인가"의 반응 준비를 하게 된다.

셀리에는 위와 같이 스트레스를 받아 발생하는 모든 신체적 반응을 '일반적응증후군(General Adaptation Syndrome: GAS)'이라고 부른다. 셀리에는 일반적응증후군을 3단계, 즉 경고기, 저항기, 소모기로 구분하고 있다.

(1) 경고기(Stage of alarm reaction)

스트레스가 많은 상황에 갑자기 직면했을 때 일어나는 반응으로 시험을 앞둔 수험

생의 경우, 이러한 경고반응을 경험한다. 경고기에는 적응 호르몬이 자극을 받아서 생화학적 작용이 일어나며, 이러한 생화학적 작용은 부신피질과 임파절을 증대시키고 호르몬 수준을 증가시킨다. 그러므로 이 단계에 처한 사람들은 수면장애, 심계항진, 복통, 설사 등을 나타낼 수 있고 작은 자극에도 과민해지고 신체적 · 심리적 통합을 유지하지 못하는 반응을 나타낸다.

(2) 저항기(Stage of resistance)

경고기의 스트레스가 계속 가해지면 '경고반응'에 이어 '저항기'가 온다. 항상성에 의해 스트레스에 적응함에 따라 '경고반응'의 증상은 감소되고, 특별한 증상을 보이지 않고 잘 적응하는 것처럼 보인다. 그러나 이 '저항'은 생명유지에 필요한 다른 작용에 사용되어야 할 에너지도 써 버리게 된다. 저항기에는 호르몬 수준, 부신피질과 임파절의 생물학적 변화가 역전되어 부신피질의 크기와 활동이 줄어든다.

(3) 소모기(Stage of exhaustion)

스트레스가 지속되어 계속 작용을 하면 제3단계인 소모기가 오며, 이 단계에서는 우리 몸이 가지고 있던 에너지를 이미 모두 사용하였기 때문에 다시 '경고반응'의 증상이 나타날 수 있다. 스트레스에 대항하던 힘을 모두 사용한 후에도 스트레스가 계속되면 면역체계가 약화됨에 따라 여러 가지 신체적 · 정신적 질환이 나타나게 되며, 심지어는 죽음에 이르게 된다. 이때 학습된 무기력(learned helplessness)이 나타날 수 있고, 이에 더해 자포자기를 하게 된다.

요약하면 경고기는 신체적 위협에 대항할 수 있도록 생리적인 변화를 나타내는 시기로 정서적 흥분, 긴장과 같은 변화를 가져오고, 저항기는 지속되는 스트레스로 인해 정상수준 이상의 반응을 나타내는 시기이며, 소모기는 신체적 방어능력이 떨어져 그 결과로 퇴화하거나 병이 드는 단계를 말한다. 이와 같이 계속되는 스트레스는 생리적으로 각종 질병, 특히 심인성 신체질환을 야기하며, 이는 스트레스가 질병과 밀접한 관계를 있음을 보여 주는 것이다.

2) 신체적 반응

신체적 질병은 의료적인 관심이 요구되는 질병으로 궤양, 편두통, 천식, 습진, 고혈압 등이 있다. 이들 질병들은 부분적으로 스트레스가 병의 원인으로 여겨지는 질병들이다.

(1) 고혈압

스트레스와 관련된 질병 중의 하나가 고혈압이다. 본태성 고혈압은 유기체적인 원인을 추적할 수 없는 만성적인 고혈압이다. 심장박동의 가속은 종종 스트레스 상황에서 경험을 하게 되고, 고혈압과 상당히 많은 관련이 있다. 스트레스 상황에서는 동맥벽의 수축이 일어나고, 좁아진 동맥벽 때문에 심장은 혈액을 내보기가 더욱 어려워져 고혈압을 경험하게 된다.

(2) 궤양

스트레스는 소화기 계통에도 영향을 미치는데, 특히 위궤양과 십이지장궤양에 영향을 미친다. 이 질병은 과도한 염화수소산의 분비와 관련되어 있다. 사소한 자극에도 쉽게 많은 양의 위산이 분비되는 신체적 구조를 가지고 있는 사람이 오랜 시간 동안 스트레스 상황을 경험할 경우 궤양이 걸릴 확률이 더욱 높아진다.

(3) 면역체계

면역체계는 박테리아, 바이러스, 알레르기, 암세포 등에 맞서 싸우기 위해 항체를 만들어 내는 것이다. 현재 스트레스가 사람들이 질병에 취약하도록 면역체계의 기능에 손상을 준다는 많은 증거들이 나타나고 있다(Jemmott & Locke, 1984). 그러나 모든 스트레스원은 면역체계 기능의 손상만을 가져오는 것은 아니다. 반대로 면역체계의 증가를 가져오는 것도 있다. 구체적으로 흉선 위축을 일으키는 스트레스의 경우는 뇌하수체, 부신피질계를 통해 코르티졸이 증가하여 면역 기능이 저하되지만, 흉선의 위축을 일으키지 않는 스트레스는 시상하부에서 교감신경이 작용하고 부신수질이 자극되어 아드레날린의 방출이 생겨 면역능력이 증가되기도 한다. 즉, 스트레스의 종류가 달라짐에 따라 시상하부에서 자율신경계에 영향을 미치기도 하고, 뇌하수체에 영향을 미치기도 한다. 그리고 이러한 방향에 따라 면역반응도 달라지게 된다.

3) 심리적 반응

(1) 불안

스트레스에 대한 가장 흔한 반응 중의 하나가 불안이다. 불안은 근심, 염려, 긴장 및 두려움과 같은 용어로 기술되는 불쾌한 정서이다. 스트레스 상황에서 경험되는 불안의 증상으로는 이전의 활동에 전혀 관심을 보이지 않고 타인을 회피하거나 세상일에 무관심해지는 것이다. 또한 기억과 꿈에 외상이 반복적으로 나타나고, 수면장애, 주의집중의 곤란 및 과잉경계 등이 나타나는 것을 예로 들 수 있다. 심한 고통을 유발하는 사건을 경험한 사람들은 외상후 스트레스 장애(posttraumatic stress disorder)의 심각한 불안 증상을 보인다.

외상후 스트레스 장애는 베트남전에 참가하였던 군인에게서 발견되었기 때문에 치열한 전투를 경험한 군인들에게 나타나는 장애로 알려져 왔다. 그러나 이 장애는 화재, 자동차사고, 강간, 비행기 추락사고와 같은 심한 스트레스를 경험하는 경우에도 종종 나타난다. 외상후 스트레스 장애는 심한 스트레스를 경험한 뒤 바로 나타날 수도 있고, 몇 주 혹은 몇 년 뒤에 나타날 수도 있다. 처음에는 멍한 상태에 있는데, 이때 다른 사람과 동떨어져 있음을 느끼고, 사회적으로 무반응을 보인다. 그런 다음 반복해서 악몽에 시달리고 정신적 충격을 주었던 사건들이 되살아난다. 이런 기억들은 너무 생생하기 때문에 이 순간 자신이 그 상황에 다시 처해 있는 것으로 믿는다.

(2) 분노와 공격성

스트레스에 대한 공통적인 반응 중의 하나는 분노인데, 이것은 공격성을 유발하기도 한다. 동물실험에서 보면 전기충격이나 기대되는 음식을 제공하지 않았을 때 이에 대한 반응으로 매우 공격적인 행동을 보인다는 결과가 나타났다. 즉, 한 쌍의 동물을 피할 수 없는 우리 속에 가두고 전기충격을 가하게 되면 이들은 전기충격이 가해지는 순간부터 싸우기 시작해서 전기충격이 멈추면 싸움도 중지하게 된다.

(3) 무력감

계속된 스트레스를 경험하게 되는 사람은 무기력해진다. 영화에서 보면, 포로수용소에 수용된 포로들이나, 노예들의 표정에서 무력감을 느낄 수 있다. 사람은 누구나 스트레스를 경험하게 되면 정서적으로 우울해지거나 열등감 혹은 후회 등을 경험하게 된다. 우울증을 유발하는 대부분의 스트레스 상황은 애정 대상의 상실과 관련되며, 그것은 대인관계의 파괴나 신체적 고립, 혹은 사별 등을 의미한다. 즉, 자신이 사랑하는 사람이 정을 주지 않거나, 말을 하지 않거나 멀리 떠나게 되면 누구나 스트레스를 받고 우울해질 것이다. 그러나 병적인 우울증은 사랑의 대상을 잃고 난 후 그 대상에 대하여 억압되었던 적개심을 나타내기도 하며, 정서적 불안정, 죄책감, 자기경멸이 생기며, 반사회적인 행동을 나타내기도 하며, 사회적 책임을 거부하기도 하며, 때에 따라 상태가 지속되어 자살을 시도하기도 한다.

4) 스트레스와 자살

최근 우리 사회에 나타나고 있는 심각한 문제 중 하나가 바로 자살이다. 우리나라의 자살률 통계를 살펴보면 1983년 8.7%(총 자살자 수 3,471명)에서 2003년 22.7%(총 사살자 수 10,973명), 2011년 31.7%(총 자살자 수 15,906명)으로 최고를 기록하였다가 2023년 27.3%(총 자살자 수 13,978명)으로 다소 떨어지고 있지만 이런 수치는 OECD 국가 중 1위이며, 특히 40~60대 중 · 장년층이 46.5%를 차지하는 것으로 나타났다. 우리 사회에서 이렇듯 자살인구가 많아지는 이유가 무엇일까? 가장 중요한 요인 중 하나가 바로 스트레스 때문이라고 할 수 있다. 학생들은 대학입시와 학업성적으로 사람을 평가하는 사회 분위기와 집단 따돌림, 젊은이들은 전 세계적으로 찾아온 경제적 어려움으로 인한 취업의 어려움, 또한 중년층들은 직장에서의 조기 퇴직 및 해고 등의 고용불안, 노년층들은 일상생활을 영위하는 것에 있어서의 경제적 어려움과 사회적 고립의 문제, 그리고 높아지는 이혼율과 강력범죄 등 이 모든 것이 사회구성원들로 하여금 스트레스를 높게 지각하게 만들고 있다.

다시 말해 스트레스와 자살은 높은 연관성을 가지고 있다. 이는 자살을 예방하기 위해서는 무엇보다 스트레스를 잘 관리하는 것이 중요하다는 것을 의미한다. 일상생활에서 경험하는 스트레스를 적절하게 관리하는 것이 건강한 삶을 유지하는 데 필수적이라고 할 수 있다.

4. 스트레스의 측정

우리는 수없이 많은 이유로 스트레스를 경험하게 된다. 스트레스를 보다 체계적으로 이해하기 위해서는 우리가 경험하는 스트레스를 어떻게 측정하는지를 알아볼 필요가 있다. 스트레스 측정방법은 크게 사회적 재적응 평정척도(SRRS), 일상생활의 골칫거리에 의한 방법으로 나눌 수 있다.

1) 사회적 재적응 평정척도(SRRS)

거의 모든 스트레스는 신체적 · 심리적 변화를 수반한다. 그러나 대부분의 사람들은 자신들의 생활이 질서 있고, 예언 가능하기를 바란다. 그러므로 우리는 생활에서의 변화와 단절을 유발하는 어떠한 사건도 좋건 나쁘건 간에 스트레스를 주는 것으로 경험할 수 있다. 즉, 다양한 상황에서의 스트레스는 상황이 요구하는 변화의 양에 의해 결정될 수 있다. 홈즈와 라헤(Holmes & Rahe, 1967)는 어떤 사람이 특정 기간 동안 어느 정도의 스트레스를 경험하는가를 측정하기 위해 사회적 재적응 평정척도(Social Readjustment Rating Scale: SRRS)를 고안하였다. 일상의 사건들이 더 좋거나 더 나쁘거나 간에 개인의 생활양식에 변화를 일으키고, 그로 말미암아 적응을 필요로 하기 때문에, 홈즈와 라헤(1967)는 스트레스를 주는 것으로 생각되는 수십 개의 사건들의 목록을 수집하였다.

각 사건마다 그것이 요구하는 변화의 양에 따라 특정한 값이 주어진다 표 9-3 . 이 목록에서 가장 많은 스트레스를 유발하는 사건은 배우자의 죽음(100점)이고, 가장 적은 스트레스를 유발하는 사건은 사소한 법의 위반(11점)이다. 주목할 것은 다음의 사건들이 주는 스트레스는 그 사건들이 바람직하든 바람직하지 않든 별로 관계가 없다는 것이다.

표 9-3 **사회적 재적응 평정척도**

생활사건	점수	생활사건	점수
배우자의 죽음	100	자녀가 집을 떠남	29
이혼	73	친척과의 불화	29
별거	65	괄목할 만한 개인적 성취	28
교도소 수감	63	아내가 직장에 나가거나 그만둠	26
가까운 가족구성원의 죽음	63	입학이나 졸업	26
개인적 부상이나 질병	53	생활조건의 변화	25
결혼	50	자신의 습관 교정	24
직장에서의 해고	47	상사와의 불화	23
별거 후의 재결합	45	작업시간이나 작업조건의 변화	22
은퇴	45	이사	20

생활사건	점수	생활사건	점수
가족구성원의 건강상 변화	44	전학	20
임신	40	여가활동의 변화	19
성문제의 곤란	39	교회활동의 변화	19
새로운 가족이 생김	39	사회적 활동의 변화	18
사업상의 재적응	39	다소의 부채	17
재정상태의 변화	38	수면습관의 변화	16
친한 친구의 죽음	37	동거 가족 수의 변화	15
직장 부서의 변화	36	섭식습관의 변화	15
배우자와의 언쟁 횟수의 변화	35	휴가	13
부채가 많음	31	크리스마스	12
저당물이나 채권의 권리상실	30	사소한 법률 위반	11
직장에서의 책임 변화	29		

사회적 재적응 평정척도(SRRS)를 사용하여 사람들이 경험한 스트레스의 양을 결정하려면 지난 1년 동안 경험한 사건들을 확인해서 각 사건에 할당된 점수들을 합하면 된다. 일반적으로 총점이 150점 이하면 정상으로 간주되고, 150~199점은 경미한 스트레스에 해당되고, 200~299점은 중간 정도의 위기를 의미하며, 300점 이상은 중대한 인생의 위기를 의미한다.

2) 일상생활의 골칫거리

라자루스가 생각하는 스트레스의 핵심은 "골칫거리"라는 개념이다. 그는 이것을 사소하게 성가신 것, 초조감, 좌절 등으로 정의하고 있다. 라자루스는 교통이 혼잡하여 차가 움직이지 못하는 것, 열쇠를 잘못 두는 것, 사소한 일에 시비를 따지는 것 등과 같은 생활상의 작은 문제들이 사회적 재적응 평정척도(SRRS)상에 있는 주요한 생활사건들 만큼이나 스트레스를 줄 수 있다고 주장한다. 이는 라자루스가 큰 사건들을 무시한다는 것을 의미하는 것이 아니다. 오히려 그는 큰 사건들은 스트레스를 직접적으로 유발하기 때문이 아니라 스트레스를 유발하는 작은 골칫거리들을 촉발하기 때문에 그만큼 큰 문제가 될 수 있다고 본다. 예로 이혼은 남자로 하여금 그동안 하지 않았던 음식 만들기, 세탁하기, 집안 청소하기 등과 같은 일들을 하게 만들며, 여자에게는 처음으로 가정의 재정에 책임을 지거나 혹은 수도를 수리하도록 만들기 때문에 이혼을 더 큰 스트레스로 느끼게 된다고 본다(Lazarus, 1981). 라자루스는 일상생활의 골칫거리를 가사일, 건강문제, 시간의 압박, 내적 생의 문제, 환경문제, 경제문제, 일에서 생기는 문제, 미래에 대한 걱정 등으로 구분하고 있다(원호택, 1997).

5. 스트레스와 성격

성격이란 시간과 상황에 걸쳐서 지속되는 개인의 독특한 사고, 감정 및 행동양식으로 정의된다. 개인의 성격에 따라서도 스트레스의 영향 정도는 달라지게 된다. 스트레스와 관련된 성격특성은 강인성(hardiness), 낙관주의(optimism), 감각추구성향(sensory seeking), 자율반응(autonomic response), A유형의 행동(type A behavior) 등이 있다(이민규, 2001). 그중 먼저 A유형과 B유형의 성격이 스트레스와 어떻게 관련되어 있는지를 살펴보면 다음과 같다.

1) A유형의 행동

먼저 표 9-4 의 성격유형 파악지를 통해 자신의 성격이 A유형(type A)인지, B유형(type B)인지를 파악해 보자.

표 9-4 성격유형 파악지

다음의 항목을 읽고 자신에게 해당되는 진술이면 "예", 그렇지 않으면 "아니오"에 체크하시오.	
1. 나는 가끔 두 가지 일을 하려고 시도한다.	예____ 아니오____
2. 나는 다른 사람에 비해 밥을 빨리 먹는 편이다.	예____ 아니오____
3. 나는 일을 하고 있을 때 다른 사람의 방해를 받으면 몹시 불쾌하다.	예____ 아니오____
4. 나는 사소한 일로 다른 사람에게 짜증을 내기도 한다.	예____ 아니오____
5. 나는 다른 사람에 비해 말을 빨리 하는 편이다.	예____ 아니오____
6. 나는 다른 사람이 일(공부)을 잘하면 몹시 긴장된다.	예____ 아니오____
7. 나는 야망이 있고 모든 일에 정력적이다.	예____ 아니오____
8. 나는 어떤 일을 다하지 못하면 심장박동이 빨라지고 몹시 긴장하는 편이다.	예____ 아니오____
9. 나는 일을 서두르는 경향이 있다.	예____ 아니오____
10. 나는 줄을 서서 기다리는 것을 싫어한다.	예____ 아니오____
11. 나는 앞 차가 우물쭈물거리면 짜증이 난다.	예____ 아니오____
12. 나는 게임을 하면 양보하지 않는다.	예____ 아니오____
13. 나는 일이 항상 효과적으로 처리되기를 바란다.	예____ 아니오____
14. 나는 일의 질보다는 양을 중시하는 편이다.	예____ 아니오____
15. 나는 약속시간에 빨리 도착해서 상대방을 기다리는 편이다.	예____ 아니오____
16. 나는 일을 하지 않고 놀고 있으면 죄의식을 느낀다.	예____ 아니오____
17. 나는 하루가 너무 짧아 불만일 경우가 종종 있다.	예____ 아니오____
18. 나는 다른 사람보다 어떤 일이든지 더 잘 해야 한다고 생각한다.	예____ 아니오____
19. 나는 사회적 경제적으로 성공하는 것만이 최선이라고 생각한다.	예____ 아니오____
20. 나는 두 가지 일을 한꺼번에 처리하기 위해 고민한다.	예____ 아니오____
"예" 응답의 개수__________ "아니오" 응답의 개수__________	

표 9-4 에서 "예"라고 대답한 응답의 수가 "아니오"라고 대답한 응답의 수보다 많으면 당신의 성격은 A유형이고, 반대로 "아니오"가 많다면 B유형 성격이라고 할 수 있

다. A유형과 B유형 성격은 미국의 심장병 전문의 프리드먼과 로젠만(Friedman & Rosenman, 1959)에 의하여 처음으로 명명된 성격유형이다. 프리드먼과 로젠만(1959)은 A유형의 남자들이 B유형의 남자들에 비해 10년 이내에 심장질환에 걸릴 확률이 3배나 된다는 것을 발견하였고, 글래스(Glass, 1977)는 A유형의 사람들은 환경에 대한 그들의 통제를 위협하는 해로운 스트레스에 민감하므로 반응성이 심장질환에 걸릴 가능성을 증가시킨다고 주장한다. 또한 A유형의 성격을 가진 관리자들에게서 대인관계 갈등이 더 많이 나타난다(Baron, 1989). 그리고 A유형의 운전자들이 B유형의 운전자보다 사고율이 더 높다는 것을 발견하고 이러한 성격유형이 교통사고와도 관련이 있다는 것이 밝혀졌다(Evan et al., 1987). A유형의 성격의 특징은 다음과 같다. B유형은 아래에서 제시된 A유형의 성격과는 반대되는 성향을 가진다.

프리드먼

- 시간개념이 강하다.

  제 시간에 일을 마쳐야 하고, 단기간에 많은 일을 해야 하기 때문에 늘 초조하고 바쁘다. 이들은 시계 없이 하루를 보낸다는 것을 상상할 수 없다. 시간에 대해 융통성이 없으며 시간 낭비를 증오한다.

- 참을성이 없고 공격적이다.

  말을 빨리 하고 대화 중에 핵심 단어를 지나치게 강조하거나 감정이 폭발하면 욕설을 퍼붓기도 한다. 다른 사람이 하고 있는 일이 자기의 마음에 들지 않으면 참지 못하고 직접 나서서 스스로 일을 한다.

- 경쟁적이며 승부욕이 강하다.

  어떤 상황이든지 무조건 이기려고 한다. 친선 게임이나 경쟁적 속성을 지니지 않은 놀이에서도 경쟁적으로 경기를 이끌어 간다. 자신이나 타인의 성패 정도를 양적으로 평가하기를 좋아한다.

- **성취지향적이고 정력적이다.**

  자신을 극한 상황까지 몰아붙이며, 동시에 여러 개의 과제를 동시에 수행하고 자신의 일정을 지나치게 많이 잡는다. 또한 휴식시간이 없이 한 과제를 수행하면, 곧이어 다른 과제를 수행한다. 이들은 야망수준이 높고 투쟁적으로 일을 한다. 이들은 일을 하지 않고 가만히 있으면 죄책감과 불안감이 들기 때문에 밤늦게까지 일을 하거나 토요일, 일요일에도 일을 한다.

- **심미안과 감정이 결여되어 있다.**

  그림이나 음악, 시 등 예술과 세상의 아름다움에 대한 진정한 관심이 부족하다. 대화도 개인적인 감정을 표현하거나 다른 사람의 감정에 공감하는 내용보다는 시간, 일, 성취 등에 집중되어 있다.

A유형 성격의 소유자들이 스트레스를 받으면 스트레스와 관련하여 호르몬의 분비, 혈압의 상승 및 심장박동의 증가 등 교감신경계가 민감하게 흥분된다. 하지만 A유형 성격의 사람들은 스트레스로 인한 질병으로 고통받을 가능성이 더 높음에도 불구하고 스스로는 스트레스를 별로 느끼지 못한다. 자신은 불안감을 표현할 기회가 없으며, 감기와 같은 사소한 병에도 시간이 없기 때문에 걸리지 않는다고 주장한다. 또한 놀라운 것은 이들이 노력을 기울이고 경쟁적 성격임에도 불구하고 회사의 최고경영층이 되는 경우는 거의 없다는 것이다. 이에 반해 B유형의 성격은 덜 쉽게 좌절하고, 좌절하더라도 느긋한 태도를 보인다. 또한 온화한 표정, 침착하고 조용한 사려 깊은 태도, 가벼운 악수, 적당한 걸음 속도, 부드럽고 나직한 목소리가 그들의 일반적인 특징이며, B유형의 성격은 융통성이 있고 현실적이기 때문에 스트레스를 덜 받는 경향이 있다.

2) 강인성

코바사(Kobasa, 1982)가 제시한 강인성(hardiness)이란 스트레스에 잘 견디는 성격특성을 말한다. 그는 스트레스와 질병 발생 간의 관계를 설명하기 위해 중간 관리자와 상급 관리자를 대상으로 업무스트레스와 질병 발생 정도를 연구하였는데, 그 결과 높은 업무스트레스에도 불구하고 건강하게 잘 적응하는 사람들이 있었으며, 이들이 가지고 있는 심리적 특성을 강인성이라고 하였다.

이러한 강인성에는 세 가지 하위요소들로 이루어져 있는데, 헌신(commitment), 통제감(control), 그리고 도전(challenge)으로 구성되어 있다. 먼저 헌신은 명확한 가치관과 삶의 목표를 가지고 자신이 하는 일에 최선을 다하는 것이고, 통제감은 자신에게 일어나는 일들이 외부 요인에 있는 것이 아니라 자기 스스로가 선택하고 결정할 수 있다고 믿는 것이며, 도전은 변화를 받아들이고 문제를 회피하는 것이 아니라 적극적으로 대처하려는 자세를 말한다. 이처럼 강인성을 가진 사람들은 스트레스 상황에 대해 소극적인 대처를 하기보다는 문제를 해결하려고 하는 적극적인 대처를 하는 경향성을 가지고 있어 강인성이 적은 사람보다 스트레스에 대해 더 잘 적응할 수 있는 것으로 보고되고 있다.

3) 낙관주의

낙관주의(optimism)는 일반적으로 세상이나 인생을 희망적으로 보는 긍정적인 태도나 시각을 말한다. 낙관적인 특성을 가진 사람들은 스트레스 상황에 대해 부정적인 시각보다는 긍정적인 시각으로 바라보고, 효율적인 대처방안을 찾아내려고 노력하며, 문제중심적인 대처나 사회적 지지와 같은 적극적인 방법을 사용하여 그 상황에 대응을 한다. 이와는 반대로 비관적인(pessimism) 사람들은 스트레스 상황을 부정적인 것으로 지각하고, 적극적인 태도로 문제에 직면하기보다는 그 문제상황에서 회피하려는 경향을 보인다. 이로 인해 문제가 해결되지 않아 지속적으로 어려움이나 고통을 겪게 되고, 결국에는 질병으로 이어지는 경우가 많다.

6. 스트레스의 대응행동

스트레스 대응행동은 여러 가지 방법으로 구분할 수 있다. 한 가지는 '문제중심의 대응(problem focused coping)'과 '정서중심의 대응(emotion focused coping)'으로 구분하는 방식이며, 다른 구분방식으로는 '적응적 대응(adaptive coping)'과 '부적응적 대응(maladaptive coping)'으로 구분하는 방식이 있고, 또한 '인지적 대응(cognitive coping)'과 '행동적 대응(behavior coping)'으로 구분하는 방식도 있다.

이러한 대응방식 중 어떤 방식을 주로 사용하는지, 그것이 결과적으로 효과적인 대응행동이 되었는지 비효과적인 대응행동이 되었는지는 수많은 개인적인 변인과 관련된다. 예를 들어, 성격이 조급하고 경쟁적이며 공격적인지, 또는 세상과 일정한 거리를 두고 지내는 냉담한 성격인지, 그리고 세상을 낙관적으로 보는지, 비관적으로 보는지, 자신에 대하여 좋은 자기개념을 갖고 있는지, 나쁜 자기개념을 갖고 있는지 등이 영향을 미친다. 또한 스트레스 자극을 얼마나 위협적인 것으로 지각하는지, 그것을 자신의 힘으로 다룰 수 있다고 느끼는지, 그것에 관한 정확한 지식을 보유하고 있는지, 문제상황을 정확하게 파악하고 있는지, 문제의 원인을 제대로 짚었는지, 자신의 스트레스 반응을 제대로 인식하고 있는지, 현재 스트레스 상황이 초래된 것에 대한 자신의 책임을 인식하고 인정하고 있는지, 스트레스를 극복하기 위하여 노력할 각오가 되어 있는지, 문제에 대처할 수 있는 적절한 기술을 보유하고 있는지 등 수많은 개인적인 요소들이 그의 '스트레스 대응행동'을 결정한다.

따라서 개인이 스트레스 자극에 직면하여 효과적인 대응을 하지 못했다면, 거기에는 단지 스트레스가 과도하였기 때문만이 아니라, 본인의 대응행동이 적절하지 못했던 이유가 추가된다.

1) 문제중심의 대응과 정서중심의 대응

문제중심의 대응을 '인지적 대응행동', 정서중심의 대응을 '감정적 대응행동'이라고도 한다. 문제중심의 대응은 스트레스를 일으키는 상황을 평가하고 스트레스 자극을 변화시키기 위해 어떤 것을 하는 것이다. 즉, 스트레스를 유발하는 환경자극 자체를 변화시키려고 노력하는 것이다. 문제중심의 대응에는 직면적인 대응이나 계획적인 문제해결[1], 책임감 수용 등이 포함된다. 반면에 정서중심의 대응은 스트레스를 일으키는 상황을 직접 다루기보다는 그 당시에 경험하는 정서적인 고통을 조정하여 삶과 환경의 관계에 변화를 가져오도록 하는 것이다. 즉, 스트레스 자극으로 인해 유발된 부정적인 정서반응을 조절하려고 노력하는 것이다. 정서중심의 대응에는 자기통제나 거리두기, 사회적 지지추구 등이 포함된다. 이 두 가지는 일률적으로 한 가지 방법이 다른 것보다 더 좋은 것이 아니라, 스트레스 자극의 성격에 따라 보다 적절한 방식이 결정되며, 상당수 경우 두 가지 모두를 적절히 활용하는 것이 바람직하다.

2) 적응적 대응과 부적응적 대응

적응적 대응(adaptive coping)이란 스트레스에 효과적으로 대응하는 것으로서 스트레스로부터 받은 부작용을 최소화할 수 있는 것을 의미한다. 반대로 부적응적 대응(maladaptive coping)이란 스트레스에 대해 비효과적이고 부적절하게 대응해서 부작용을

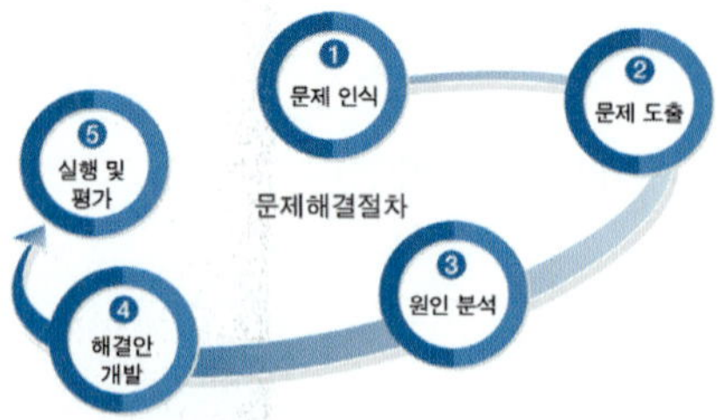

그림 9-3 문제해결 프로세스

1) 문제해결과정을 5단계로 나누어 살펴보면, 해결해야 할 전체 문제를 파악하여 우선순위를 정하고 선정된 문제에 대한 목표를 명확하게 하는 문제인식단계, 선정된 문제를 분석하여 해결해야 할 것이 무엇인지를 명확하게 하는 문제도출단계, 파악된 핵심 문제에 대한 분석을 통하여 근본 원인을 도출하는 원인분석단계, 문제로부터 도출된 근본 원인을 효과적으로 해결할 수 있는 최적의 해결방안을 수립하는 해결안단계, 마지막으로 해결안 개발을 통하여 구축된 실행계획을 실제 상황에 적용하는 활동으로 처음부터 장애가 되는 문제의 원인들을 해결안을 사용하여 제거하는 실행 및 평가단계로 나누어 볼 수 있다.

야기하는 것을 의미한다. 예로 직장상사로부터 질책을 받을 때마다 술로 스트레스에 대응하여 나중에 지나치게 술에 의존하게 되었다면 그것은 부적응적 대응이라고 할 수 있다.

3) 인지적 대응과 행동적 대응

인지적 대응(cognitive coping)이란 스트레스와 관련된 부정적 효과를 강화시키거나 제거하고 스트레스 유발사건 자체를 자신에게 유리하게 만들기 위해 사고 방식을 사용하는 것이다. 예를 들어, 스트레스 상황에 대해 긍정적인 사고를 한다거나, 문제해결을 위한 합리적인 사고로 생각을 전개하는 것이다. 행동적 대응(behavior coping)은 스트레스의 부정적 효과를 제거하기 위해 행동을 사용하는 과정을 말한다. 예를 들어, 운동을 하거나 노래를 부르며 춤을 추고, 영화를 보는 등의 행동을 통해 스트레스에 대응하는 것을 말한다.

4) 구체적인 대응기법들

(1) 방어기제

방어기제(defence mechanism)는 자기기만이 무의식적으로 이루어지는 과정이다. 자아를 성공적으로 방어하기 위해서는 자기 스스로 자신을 속이고 있다는 것을 모르고 있어야 한다. 따라서 성공적인 방어는 현실 왜곡을 포함하고 있기 때문에 당장의 불안을 감소시키는 데는 도움이 되지만 결과적으로는 도움이 되지 않을 수도 있다. 우리는 모두 때때로 방어기제들을 사용한다. 그리고 이것은 스트레스 상황을 직접적으로 처리할 수 없을 때, 우리에게 심리적인 안정을 가져다준다. 방어기제에 지나치게 의존하지 않고 적절하게 사용한다면 훌륭한 대응방법이 된다.

8장에서 살펴보았듯이 방어기제는 종류가 다양하다. 누구나 한 번쯤은 8장에서 제시한 방어기제를 사용하였을 것이다. 특정 방어기제의 사용은 개인 및 상황에 따라 상당히 변화하기는 하나 어떤 형태든 일반적인 경향이 있다고 주장한다(Coleman & Hammen, 1974).

일반적으로 사람들이 사용하는 방어기제를 유형에 따라 기만형의 기제, 대체형의 기제, 도피형의 기제 등 3가지 범주로 구분하고 있다(임승권, 1995). 기만형의 기제는 자신의 불안이나 위협이 되는 스트레스를 자기의 감정이나 태도를 변경시킴으로써 그것에 대한 인식을 변화시키는 무의식적 기제이다. 대체형의 기제는 욕구충족과정에서 장애가 나타날 때 스트레스를 경험하게 되며, 아울러 달성할 수 있는 다른 목표를 설정하여 그것을 달성함으로써 스트레스를 해소시키고 자기를 방어해 나가려는 것이다. 마지막으로 도피형의 기제는 현실적인 것이 아니라 현실에서 탈출하여 비현실적인 세계로의 도피를 통해 만족을 추구하거나 혹은 스트레스를 해결하려는 기제들로 각각에 대한 방어기제는 표 9-5 와 같다.

표 9-5 심리적인 방법에 의한 유형

- 기만형의 기제: 합리화, 억압, 억제, 투사
- 대체형의 기제: 보상, 치환, 반동형성, 승화, 주지화
- 도피형의 기제: 공상, 퇴행, 동일시, 현실 부정, 운동성 히스테리

우리는 스트레스에 대한 대응으로써 의식적이든 무의식적으로든 방어기제를 사용하고 있다. 그러나 방어기제에는 자기기만이나 왜곡 혹은 비현실적인 것이 있으며, 지나친 방어기제의 사용은 자기자신에 대한 파경과 성장을 방해하는 것이 되기도 한다는 것을 명심해야 한다.

(2) 근육이완법

인간은 원시시대부터 이완을 유도하기 위해 약리적 혹은 비약리적 방식을 사용해왔다. 이완유도에 아주 효과적인 훈련은 요가, 명상과 같은 동양의 종교철학으로부터

확립되었고, 오래전부터 최면술도 이완방법으로 사용되고 있다.

근육이완법은 생리학자인 제이콥슨(Jacobson, 1936)에 의해 개발되었으며, 주로 여러 가지 신체근육을 긴장, 이완시킴으로써 발전되어 왔다. 일반적으로 신체적 또는 정신적 긴장상태에서 그와 반대되는 상태로 이행하는 과정을 이완(relaxation)이라 한다. 즉, 긴장감을 해소하고 심신의 안정과 평온을 회복하는 일종의 심리적 체제 변화를 이완 또는 긴장이완이라 정의하고 있다. 제이콥슨(1936)의 이론에 의하면 긴장은 생리적 긴장과 심리적 긴장으로 구분되고 모든 종류의 심리적 긴장은 반드시 어떤 형태의 생리적 또는 신체적 긴장을 수반한다고 주장한다. 또한 심리적 긴장이 해소되면 그것으로 야기된 신체적 긴장도 저절로 소멸된다고 주장한다. 이는 심리적 긴장과 신체적 긴장 간에는 인과관계가 있음을 시사하고 있다. 즉, 신체적 또는 생리적 긴장을 경험하게 되면 심리적 긴장이 일어나게 되고, 신체적 긴장이 사라지면 그로 인하여 발생된 심리적 긴장도 없어진다는 것이다. 이 사실에 근거를 두고 제이콥슨(1936)은 주요 신체 부위의 근육을 의도적으로 그리고 점진적으로 수축시켰다가 서서히 풀어주는 동작을 반복하는 과정에서 다른 여러 가지 원인으로 축적된 심리적 긴장을 자유자재로 통제할 수 있는 기술을 터득하게 되리라고 가정하였다. 그가 세운 가설의 타당성은 이 분야의 전문가들에 의한 다각적인 실험을 통해 입증되었고 훈련방법과 절차의 실용성도 입증되었다.

한편 슐츠(Schultz, 1959)는 제이콥슨(1936)의 이완요법을 다소 변형시킨 자율적 이완훈련법을 개발하였는데, 이 방법은 '팔이 느슨하고 따뜻해진다'와 같은 자생적 암시어를 사용하여 팔, 근육 등을 이완시키고 동시에 자율신경계통의 긴장을 이완시키는 방법이다. 바꾸어 말하면 자동중재 반응을 일으킬 수 있는 능력을 길러 손과 팔 등의 근육에서 따뜻한 감을 느끼게 함으로써 말초신경계통의 활동을 촉진시키고 반면에 교감신경계통의 활동을 억제시켜 자율신경계통을 이완시키게 하는 방법이다.

근육이완법은 개인적으로나 소집단 혹은 대집단으로 실시할 수 있으며, 특별한 기구가 필요하지 않고, 또한 전문가의 감독이 필요하지 않기 때문에 여러 상황에서 적용할 수 있다는 장점을 가지고 있다. 근육이완법은 여러 번의 연습을 통해 숙달된다.

그러므로 매일 2~3회씩 연습하여 신체적, 심리적으로 안정되도록 하는 것이 중요하다. 이렇게 숙달되면 스트레스 반응을 적게 일으키고, 이로 인해 스트레스와 관련된 고혈압, 위궤양, 편두통 등의 질병을 감소시킬 수 있다.

(3) 사고바꾸기

스트레스를 유발시키는 생각들이 상한 음식이라면, 생산적이고 유쾌한 생각은 건강식이다. 우리들이 먹는 음식에 관심을 기울이는 것 못지않게 사고방식에 대해서도 관심을 기울여야 한다(오강섭, 1995). 그러므로 자신의 사고방식에 대해 아는 것이 중요하다. 자신의 사고방식을 알게 되면 이익이 되는 사고와 해가 되는 사고들을 구분할 수 있다. 그런 다음 자신의 사고를 적합하고 긍정적인 방향으로 전환할 수 있도록 여러 가지 기술들을 익히는 것이 중요하다. 사고를 바꾸는 기술에는 크게 사고를 멈추는 기술[2]과 부정적 사고[3]를 긍정적 사고로 전환하기 기술로 나눌 수 있다.

우리의 사고에서 중요한 것은 우리 자신이 부정적 사고를 하고 있다는 것을 잘 알아차리지 못한다는 것이다. 자신의 부정적 사고를 인식할 수 있는 한 가지 방법은 각각의 생각들이 떠오를 때마다 기록한 다음 일주일이나 혹은 한 달 단위로 자신의 사고내용들을 분석해 보는 것이다. 이것을 토대로 스스로의 감정과 스트레스에 영향을 주는 사고가 어떤 것인지, 자꾸만 머릿속을 혼란시키거나 맑게 해 주는 생각들이 어떤 것인지를 스스로 찾아낼 수 있다. 또한 문제를 안다면 해결책도 찾을 수 있을 것이다. 특히 주간이나 월간으로 사고내용을 관찰하는 것이 필요하다. 중복되거나 중

---

2) 사고멈추기의 구체적인 기법은 먼저 원하지 않는 생각이나 부정적인 생각이 날 때, '그만'이라고 말하고, 다른 생각을 떠올리는 것이다. 하지만 그만이라는 말이 효과가 없을 경우에는 다른 방법, 즉 손목에 고무줄 튕기기, 꼬집기, 손톱으로 누르기 등의 방법을 사용할 수 있다.

3) 우리는 흔히 생각이 많은 사람을 보고 "오만 가지 생각을 다한다"고 말한다. 미국의 심리학자이며 동기부여가인 쉐드 헴스테더(Shad Helmstetter)의 주장에 따르면 실제로 인간은 하루에 5~6만 가지 생각을 한다고 한다. 중요한 사실은 이러한 생각 가운데 75%인 3~4만 가지 생각은 자신의 의도와 상관없이 저절로 부정적 사고를 한다는 것이다. 그 결과 우리는 행복보다는 불행을 더 많이 생각하고, 긍정적이고 적극적인 사고보다는 부정적이고 소극적인 시각으로 자신을 바라보며 세상을 평가한다. 문제는 우리가 부정적이고 소극적인 생각을 많이 할수록 심한 스트레스와 우울증에 빠지게 된다는 것이다. 따라서 부정적인 생각을 긍정적인 생각으로 바꾸려는 노력이 무엇보다 중요하다.

요하다고 생각되는 사고들을 발견하라. 이런 절차로 자신의 부정적 사고 패턴을 발견했다면 떠오르는 부정적 사고들을 조절, 통제하는 것이 중요하다. 먼저 부정적 사고들을 하지 않으려고 노력하기보다는 줄여 나가는 노력을 해야 한다. 이때 사고멈추기 기법이 도움이 된다.

한 가지 기억해야 할 것은 긍정적 사고가 모든 스트레스를 해결해 주는 것은 아니라는 것이다. 생각이 행동을 바꾸기도 하지만 행동이 사고를 바꾸기도 한다는 것을 기억해야 한다.

(4) 영양관리

영양에 대한 세계보건기구(WHO)의 정의를 보면 "영양이란 생명체(인간 또는 모든 생물)가 생명을 유지하고 성장, 발육하기 위해서 외부로부터 여러 가지 물질을 섭취하여 건강한 체조직을 구성하고 에너지를 발생시켜 생명현상을 유지하는 과정이다"라고 되어 있다. 우리의 몸이 스트레스 상황에서도 충분한 에너지 저장분을 유지하기 위해서는 균형 있는 적당한 식사가 매우 중요하다. 물론 영양관리는 스트레스 관리뿐 아니라 심장병, 고혈압, 뇌졸중, 당뇨 그리고 여러 종류의 암의 원인이 된다. 일상생활에서 영양관리를 잘 하지 않고 있을 때, 스트레스를 받으면 스트레스를 이기는 데 도움이 되는 필수영양소를 몸에서 빼앗기게 된다.

(5) 운동

운동은 우리의 신체에 영향을 준다. 운동을 통한 육체적 자극은 긴장을 풀어 주고 또한 수면과 마찬가지로 에너지 저장고를 복원해 주는 역할을 한다. 그러므로 진정한 육체적 건강은 심혈관계와 순환계의 상태, 근육상태를 조절 · 유지시킴으로써 스트레스와 질병을 줄이거나 예방하는 역할을 한다. 즉, 운동은 긴장을 풀어 주고, 신체의 일반적인 생리학적 상태를 개선시켜 주는 동시에 체중을 감소시킨다. 심혈관계와 순환계의 개선은 인체 조직 내에 더 많은 산소를 공급해 줌으로써 그 사람의 스트레스에 대한 적응력을 고양시킨다.

이처럼 운동은 우리에게 많은 긍정적인 영향을 미치는데, 특히 스트레스를 줄이고 긴장완화에 효과가 있다는 증거들이 나타나면서 운동은 육체적 · 정신적 건강을 유지하는 데 중요한 요인으로 받아들이고 있다. 건강한 신체에 건강한 정신이 깃든다라는 말처럼, 운동을 통해 신체적인 건강을 잘 유지한다면, 스트레스 상황에서 경험하는 정신적인 어려움을 극복할 힘도 높아진다고 할 수 있는 것이다.

연습문제

01 스트레스 반응에는 어떠한 것이 있는가?

02 당신의 스트레스 반응은 무엇인가?

03 셀리에의 일반적응증후군의 3단계는 무엇인가?

04 스트레스와 자살과의 관련성은 무엇인가?

05 스트레스와 관련된 성격은 무엇인가?

06 스트레스에 대응하는 당신의 전략은 무엇인가?

Chapter 10

심리검사와 지능

배울 내용

1. 심리검사의 조건 / 2. 표준화된 심리검사 / 3. 지능

학습목표

1. 심리검사의 조건들을 이해한다.
2. 표준화된 심리검사들의 종류와 측정내용을 이해한다.
3. 지능에 대한 정의와 지능발달에 영향을 미치는 요인들을 이해한다.

심리검사란 인간의 행동이나 심리적 특성을 양적으로 측정하고자 하는 방법이다. 인간을 대상으로 한 심리검사의 결과에 대해 공정성을 가지기 위해서는 그 실시방법이나 채점과정이 표준화되어 있어야 한다. 또한 표준화된 심리검사는 신뢰도와 타당도의 준거를 가지고 있어야 한다. 한편 지능은 일반적으로 추론, 계획, 문제해결, 추상적 사고능력 등을 포함하는 정신능력이라고 한다. 이러한 지능은 유전적 요인과 환경적 요인의 상호작용에 의해 발달되며, 연령의 증가에 따른 변화도 나타난다. 또한 지능에 있어 남녀 간의 차이는 과거에는 과제에 따른 수행에 차이가 있었으나 최근 들어서는 그 차이가 줄어들고 있는 추세이다.

1. 심리검사의 조건

심리검사(psychological test)란 표준화된 절차를 이용하여 한 개인이 가지고 있는 능력, 행동, 성격 등 고유한 특성을 측정하는 것이다. 이러한 측정은 개인적인 특성을 파악하는 것이기 때문에 개인차 측정이라고도 한다(박권생 외, 2004). 심리검사는 직접적인 관찰이 불가능한 심리적 특성을 측정하는 것이므로, 심리검사의 결과를 믿고 신뢰하기 위해서는 심리검사의 시행절차와 채점방법 등에 있어 갖추어야 할 조건이 있다.

1) 신뢰도

신뢰도(reliability)란 검사를 사용하여 측정한 결과가 매번 일관성 있게 나오느냐의 문제이다. 즉, 한 가지 검사를 사용하여 여러 번 측정하였을 때 그 결과가 일정하게 나오는가를 의미하는 것이다. 예를 들어, 체중계를 이용하여 체중을 측정하는데, 측정을 할 때마다 몸무게가 다르게 나온다면, 그 체중계는 신뢰롭지 못한 것이다.

검사의 신뢰도를 판단하기 위한 몇 가지 방법이 있다. 첫 번째로 검사-재검사 신뢰도(test-retest reliability)이다. 이것은 같은 검사를 같은 사람에게 두 번 실시하여 그 결과를 비교하는 방법인데, 두 측정치 간의 상관계수를 산출하여 신뢰도를 알아본다. 상관계수가 +1.00이면 완전상관으로 두 측정치가 완전하게 일치함을 의미한다. 그러나 어떤 검사이든 완전상관은 나올 수가 없으며, 상관계수가 높아짐에 따라 검사의 신뢰도가 증가함을 의미한다.

두 번째로 동형검사 신뢰도(equivalent-form reliability)인데, 이 방법은 처음 실시한 검사와 측정하는 내용이 같은 다른 검사를 실시하여 나온 측정치와 비교하는 방법이다. 즉, 두 검사가 문항은 다르지만, 측정하고자 하는 내용과 동일한 검사를 사용하는 것이다. 이 방법은 검사-재검사 신뢰도에서 발생할 수 있는 연습효과와 문항내용을 기억하여 답하는 문제를 최소화할 수 있는 방법이다.

세 번째는 반분신뢰도(split-half reliability)이다. 이 방법은 한 검사의 문항을 반으로 나누어서 그 결과의 일치도 내지 동질성을 비교하는 것이다. 즉, 검사의 홀수 문항과 짝수 문항을 나누어서 그 점수를 비교하는 것이다. 반분신뢰계수를 통해 검사의 내적타당성의 정도를 알 수 있다.

2) 타당도

타당도(validity)란 한 검사가 측정하고자 하는 것을 얼마만큼 잘 측정하고 있는가를 의미한다. 즉, 지능검사를 통해서 지능을 측정하고자 할 때, 만일 지능검사가 그 사람의 성격이나 불안수준을 측정하고 있다면, 그 검사는 타당성이 없는 것이다. 타당도는 검사의 목적이나 의도와 연관된 행동이나 결과를 정확히 예측하는 정도를 의미한다(박권생 외, 2004).

타당도를 측정하는 방법에는 몇 가지가 있다. 먼저 내용타당도(content validity)란 검사의 문항내용에 대한 것인데, 검사의 문항이 측정하고자 하는 내용을 적절하게 측정하고 있는가를 알아보는 것이다. 이 방법은 문항의 표면적인 내용에 대한 것이므로 안면타당도(face validity)라고도 한다.

모리스(Moriser, 1947)는 내용타당도를 세 가지 의미로 언급을 하고 있다. 첫째로 외견상으로 보아 그 검사의 제작 시 제시했던 목적을 그 검사가 잘 반영하고 있는가?, 둘째로 검사 문항이 모집단의 내용과 목표를 얼마나 잘 대표하고 있는가?, 셋째로 검사가 실제 상황의 사용에서 얼마나 실용적인가?를 통해서 검사의 타당도를 측정하고 있다(김정희 외, 2002). 여기서 세 번째로 언급한 내용에 대해 정확한 측정을 하고 있는가에 대해서는 다소 회의적일 수 있다. 왜냐하면 검사에 응하는 사람이 문항을 정확하게 지각하지 못하거나 어떻게 답을 해야 할지 모를 수도 있으며, 또한 어떤 문항은 너무나 명백한 내용을 담고 있어 피검자가 자신의 답을 조작할 수도 있기 때문이다. 예를 들어, 징병검사에서 군에 가기 싫은 사람들이 검사에서 답을 의도적으로 조작하는 경우가 있다.

타당도를 측정하는 두 번째 방법은 예언타당도(predictive validity)이다. 이 방법은 검사를 통해 측정한 결과가 미래의 상황을 어느 정도로 정확하게 예언하는가를 비교하는 것이다. 예를 들어, 대학수학능력시험은 그 점수가 그 학생의 대학 성적을 예측한다고 생각한다. 즉, 수학능력시험의 점수가 높은 학생은 대학에서의 학점도 높을 것으로 본다. 이 타당도는 측정한 점수가 다른 상황을 예측하는 데 필요한 기준을 제공하기 때문에 준거타당도(criterion validity)라고도 한다.

세 번째 방법은 구인타당도(construct validity)인데, 이 방법은 검사를 통해 측정한 결과가 그 검사가 원래 측정하고자 한 속성과 목적에 비추어 얼마나 적절하게 측정을 했는가를 알아보는 것이다.

신뢰도와 타당도의 관계적 특성을 살펴보면, 신뢰도가 낮으면 타당도도 낮게 나타난다. 왜냐하면 검사를 통해 나온 결과의 신뢰성이 떨어진다면, 그 검사가 측정하고자 한 특성을 적절하게 측정했다고 볼 수 없기 때문이다. 하지만 타당도는 낮아도 신뢰도는 높게 나올 수가 있다. 예를 들어, 체중계로 키를 측정할 경우, 몇 번을 측정해도 유사한 값이 나오기 때문에, 그 측정치는 신뢰로울 수는 있지만, 체중계로 키를 측정한다면 그 측정치는 타당성이 없게 된다.

3) 표준화와 규준

검사를 통해 얻은 결과가 신뢰롭기 위해서는 검사가 표준화되어 있어야 한다. 표준화(standardization)란 검사의 실시와 채점, 해석의 방법이 일정하게 정해져 있어 누가 그 검사를 사용하더라도 동일한 절차에 따라 검사를 진행하도록 하는 것이다. 이렇게 표준화된 절차에 따라 검사가 진행될 때 그 검사의 신뢰성이 높아질 것이다.

한편 검사를 통해 얻은 점수는 그 자체로는 아무런 의미가 없다. 이 점수가 의미하는 바를 알기 위해서는 비교할 수 있는 어떤 기준이 있어야 하는데, 이를 규준(norm)이라고 한다. 규준은 검사가 사용될 대상을 대표할 수 있는 집단으로부터 얻은 점수의 분포인데, 검사점수를 이 분포와 비교함으로써 그 의미를 해석하게 된다. 예를 들어,

지능검사에서 105점을 받은 것만으로는 아무런 의미가 없으며, 이 점수가 자신의 나이와 성별 등이 비슷한 규준과 비교할 때 비로소 어떤 의미가 있게 된다.

2. 표준화된 심리검사

1) 지능검사 및 인지검사

(1) KEDI–WISC(Korean Education Development Institute-Wechser Intelligence Scale of children)

만 5세에서 15세 아동들에게 실시할 수 있는 지능검사이다. KEDI-WISC는 언어성 검사 7개와 동작성 검사 7개로 구성되어 있으며, 두 검사에서 나온 언어성 지능과 동작성 지능을 합쳐 전체 지능을 측정한다.

(2) K–WISC–III(Korean-Wechsler Intelligence Scale for Children)

우리나라에서 현재 가장 널리 사용되고 있는 아동용 지능검사로, 만 6세에서부터 16세 11개월 된 아동까지의 지능을 임상적으로 평가할 수 있다. K-WISC-Ⅲ의 경우, 언어성, 동작성, 전체 검사 IQ뿐만 아니라, 요인에 근거한 지표점수들(factor-based index score)이 계산될 수 있다. 많은 연구결과들은 언어성과 동작성 두 개의 주요인 이외에 세 번째 요인으로 주의집중을 지적하고 있으며 이는 기호 쓰기, 산수, 숫자 소검사에서 주로 나타난다. WISC-III를 개발한 또 다른 목적이 이러한 요인들을 추가로 조사하기 위한 것이다.

(3) K–ABC(Kaufman Assessment Battery for Children)

$2\frac{1}{2}$~$12\frac{1}{2}$세 아동의 지능과 습득도를 평가하기 위하여 고안된 것이다. K-ABC로

측정되는 지능은 문제를 해결하고 정보를 처리하는 개인의 인지처리양식으로 정의된다. K-ABC는 문제해결과 사실에 대한 지식을 명확하게 구별하여 측정하고 있는데, 즉 문제해결과 관련된 일련의 기능을 지능으로 정의하여 인지처리척도(순차처리척도와 동시처리척도)에서 측정하고 있으며, 사실에 관한 지식을 습득도로 정의하여 측정하고 있다.

(4) K-WAIS(Korean Wechsler Adult Intelligence Scale)

16~64세 성인을 대상으로 실시할 수 있는 지능검사도구이다. K-WAIS는 언어성 검사 6개와 동작성 검사 5개로 구성되어 있고, 각 검사를 통해 나온 언어성 지능과 동작성 지능의 점수를 합쳐 전체 지능을 측정한다.

(5) 사회성숙도 검사(Social Maturity Scale)

미국의 돌(Doll)의 "바인랜드 사회성숙척도(Vineland Social Maturity Scale)"를 김승국 등이 표준화(1977)하여 이후에 개정판(1995)을 내었으며 자조능력, 이동능력, 작업능력, 의사소통능력, 자기관리능력, 사회화 등과 같은 사회적 능력(social com- petence), 즉 적응행동(adaptive behavior)을 평가하는 검사이다. 즉, 피검자에 해당되는 사회연령을 구하고, 실제 생활연령과의 비율을 알아보는 사회성지수(Social Quotient)를 구하여 사회적 적응행동의 발달 정도를 알아본다.

(6) 기초학습기능 검사(KEDI-Individual Basic Learning Skills Test)

박경숙 등(1989)이 제작한 검사로서 아동의 학습수준이 정상으로부터 어느 정도 떨어지는가를 알아보거나 학습집단 배치에서 어느 정도 수준의 아동집단에 들어가야 하는가를 결정하며, 특히 선수학습 정도나 학습결손 사항의 파악, 학습곤란의 현상이나 요인을 밝혀내어 구체적인 개별화 교수안(IEP)을 계획하려는 검사목적을 갖고 있다. 대상 아동은 유치원부터 초등학교 6학년까지이며 정보처리, 셈하기, 읽기Ⅰ, 읽기Ⅱ, 쓰기의 5개 하위 소검사들로 구성되어 있다.

2) 성격검사

(1) MMPI-2(The Minnesota Multiphasic Personality Inventory)

13세 이상 아동과 성인의 성격평가를 위해 가장 많이 사용되는 검사이다. 주로 임상진단용으로 개발되었기 때문에, 임상장면에서 정신병리적인 측면을 평가하기 위해 주로 사용된다. 하지만 개인의 성격이나 행동을 측정하기 위한 도구로도 활용된다. 4개의 타당도 척도와 10개의 임상척도로 구성되어 있다.

(2) KPI-C(Korean Personality Inventory for Children)

임상장면에서 아동의 정신과적인 문제를 선별 · 진단하고 학교장면에서 심리적인 도움을 필요로 하는 아동들을 조기에 발견하여 도움을 주는 데 목적이 있다. 검사는 최근 6개월 간 아동과 함께 생활한 보호자가 수행을 하며, 아동의 발달, 정서, 행동, 대인관계, 현실접촉 등에 대해 응답하여 다차원으로 평가할 수 있다. 4개의 타당도 척도, 1개의 자아탄력성 척도, 11개의 임상척도로 구성되어 있다.

(3) 한국판 아동행동척도(Korea-Child Behavior Checklist: K-CBCL)

아헨바흐(Achenbach, 1983, 1991)가 제작한 CBCL은 부모 또는 아동, 청소년과 함께 생활하는 성인이 아동, 청소년의 문제행동과 사회적 능력을 표준화된 형태로 기록하는 행동평가도구이다. K-CBCL은 임상장면이나 학교 등 아동 개인의 평가자료를 필요로 하는 다양한 상황에서 실제적으로 활용이 가능할 뿐 아니라 역학조사, 병인론 연구, 치료효과연구 등 여러 가지 연구에서 다양하게 활용될 수 있다. 즉, 평가대상이 각 평가치들에서 또래집단에 비해 얼마나 일탈되었는지, 사회능력척도와 문제행동증후군척도의 총점이 준거집단에 비해 얼마나 일탈되어 있는가를 평가하고 그 정도가 임상범위에 있는지 혹은 정상범위 내에 있는지를 판별하여 하나의 진단자료로써 활용될 수 있다.

(4) MBTI(Myers-Briggs Type Indicator)

성격을 융의 심리유형론에 근거하여 4가지 선호지표를 조합해 16가지 유형으로 구분한다. 이 검사는 임상장면이 아닌 일반장면(학교, 상담, 교육, 산업, 의사소통 훈련 등)에서 주로 활용되며, 자신과 타인의 성격유형을 이해하는 데 유용하게 사용된다. 외향성(E)-내향성(I), 감각형(S)-직관형(N), 사고형(T)-감정형(F), 판단형(J)-인식형(P)의 4가지 차원에 근거해 성격유형을 분류한다.

3) 신경심리검사(Neuropsychological Assessment)

신경심리검사는 뇌와 행동과의 관계를 다루는 것으로 신경심리평가를 통해 뇌의 특정 부위의 손상에 대한 추론을 가능하도록 하는 검사이다. 따라서 신경병리학적 관련 장애를 갖고 있는 사람들에게 적용되어 왔고(Taylor & Fletcher, 1990), 다양한 영역의 인지기능을 포함하여 지각기능과 운동기능을 평가하게 된다.

(1) 연속수행검사(CPT)

지속적 주의력은 상대적으로 긴 시간 동안 특정 과제 수행을 위해 집중된 주의를 유지하는 능력으로 정의된다. 이러한 지속적 주의력 연구에 가장 널리 사용되는 실험과제는 연속수행검사(Continuous Performance Task: CPT)이다. 지속적 주의력을 측정하기 위하여 제작된 프로그램은 X-CPT(표적자극과 방해자극 모두 알파벳으로 구성되어 있으며, 알파벳 X에 대해 반응을 하도록 하는 방법)와 같은 유형의 검사이다.

(2) TOVA(Test of Variables of Attention)

TOVA는 주의력결핍 과잉행동장애를 가진 아동과 성인의 진단 및 약물효과를 평가하기 위해 제작된 일종의 연속수행검사이다. TOVA는 컴퓨터를 사용하여 실시하는 표준화된 검사로서, 목표자극은 배경이 되는 직사각형 내부의 위쪽에 정사각형이 위치해 있는 것인데, 피검자는 목표자극이 나타날 때마다 반응을 하도록 지시를 받는다. 전체 수행시간은 약 20~40분이며, TOVA 결과(Ommission, Commission, Response Time, RT Variability)를 통하여 아동의 부주의성, 충동성, 과제에 대한 정보처리 속도, 주의력의 비일관성의 심한 정도를 알 수 있으며, 아동의 연령과 약물복용 여부에 따른 다양한 기준에 따라 주의력결핍 과잉행동장애의 여부가 결정된다.

(3) 위스콘신 카드분류검사(Wisconsin Card Sorting Test: WCST)

이 검사의 목적은 전두엽의 실행기능을 측정하는 것이다. 이를 위해 필요한 재료는 4개의 자극카드 세트와 64개의 반응카드 세트(2벌) 그리고 기록지이다. 실시하는 방법은 한 개의 빨간색 삼각형, 두 개의 초록색 별, 세 개의 노란색 십자가, 네 개의 청색 원이 그려진 4개의 자극카드를 피험자 앞에 일렬로 놓고 피험자로 하여금 검사자가 정해진 기준에 따라 반응카드 더미를 배열하도록 요구하는 것이다. 피험자의 과제는 각각의 반응카드 64개를 하나씩 4장의 반응카드 앞에 놓는 것이다. 반응카드들이 어디에 놓여야 되는지는 피험자가 스스로 판단해야만 하고 검사자는 놓은 위치가 맞았는지 틀렸는지에 대한 정보만 준다. 분류기준은 색깔, 모양, 수이며, 피험자가 10장의 카드를 연속적으로 올바르게 놓으면 분류기준이 바뀐다. 검사는 6번의 성공적인 범주(색깔, 모양, 수가 각각 2번)가 완료될 때까지 또는 128장의 카드 모두가 분류될 때가지 계속한다.

(4) ADS(ADHD Diagnostic System)

주의력장애 진단 시스템은 아동 · 청소년들의 주의력 문제를 진단하는 전산화된 도구이다. ADS는 주의력 평가를 위해 사용할 수 있는 객관화되고 표준화된 연속수행검사로서 시각 버전과 청각 버전으로 구성된 비언어적 검사이다. 일정한 간격으로 자극과 비자극이 혼합되어 제시되고 피검자는 자극에 대해서만 반응하여야 한다. 시각자극, 청각자극에 대하여 각각 15분 간 검사하게 된다. 단 5세는 5분, 6세는 10분이다.

4) 투사검사

여기서 소개되는 검사들은 채점과 해석에 있어 표준화된 규준은 없으나 실제 임상장면에서 유용하게 사용되고 있다.

(1) BGT(Bender Gestalt Test for Young Children)

벤더(Bender)가 베르트하이머의 연구에서 사용된 그림들 중 9개를 선택하여 단순화하거나 일부는 기본적인 특징을 강조하였으며, 언어결함을 가진 피험자를 대상으로 하는 경우를 고려하여 도형의 형태에 관해 기술하지 않고 도형을 그리도록 하였다. 특히 이 검사는 형태심리학의 원리에서 발달된 검사로서 성인들의 정신병과 기질적인 문제를 탐색하기 위해 실시되어 왔으나 최근 아동용 신경심리평가 도구 중 하나로 주로 선별(screening)검사로 사용되고 있다. 이 검사는 9개의 기하학적 도형을 하나씩 보여 주면서 그리게 하는 것으로, 점으로 구성된 선과 원, 교차하는 2개의 곡선 등으로 구성되어 있다. 현재는 뇌손상이나 시각-운동협응에 대한 평가, 그리고 지각적 성숙뿐만 아니라, 정서적 혼란이나 성격 특성의 평가 및 아동의 학업성취에 대한 예측이나 대략적인 지능 추정을 위한 목적으로도 사용되고 있다.

(2) 로샤 잉크반점 검사

스위스의 정신의학자인 헤르만 로샤가 잉크반점을 이용하여 만든 10개의 카드로 구성되어 있다(8장 글상자 참조). 임상장면에서 정신과 질환의 증상과 정신역동을 파악하는 데 매우 유용하게 사용된다. 실시 및 채점, 해석 등을 배우기 위해 상당히 많은 시간이 요구되고, 전문적인 교육과정이 필요하다.

(3) TAT(Thematic Apperception Test)

머레이와 모건이 개발한 그림검사로, 사람이 나오는 특정장면의 그림을 사용한다(8장 글상자 참조). 피검자는 제시되는 그림을 보고 그 장면에 대한 이야기를 만든다. 이 검사는 자아와 환경 간의 관계를 파악하는 데 도움을 주며, 특히 개인의 동기, 정서, 기분, 콤플렉스, 갈등 등의 다양한 요소를 파악하는 데 유용하다. 검사결과의 해석을 위해서는 많은 시간과 다양한 경험을 필요로 한다.

(4) CAT(Children Apperception Test)

CAT는 TAT가 아동에게 실시하기에 부적합하여 아동에게 적용하기 위해 만든 것이다. 아동들이 동물을 자신과 쉽게 동일시하며, 자신과 연관된 이야기를 한다는 전제하에 개발되었다. 이 검사는 아동의 역동적 평가에 매우 유용하다.

(5) HTP(House/Tree/Person: 집, 나무, 사람 그림검사)

HTP는 벅(Buck, 1953)이 인간의 심리상태에 대한 정보를 알기 위한 검사를 개발하면서 집, 나무 그리고 사람을 하나로 묶어서 검사로 제작하였으며, 이후 해머(Hammer, 1958)에 의해서 임상적 적용이 확대되었다. HTP는 일종의 투사적 성격검사로서 평가자의 지시에 따라 아동이 흰 종이 위에 집과 나무와 사람을 그리게 되며, 그 그림에 대하여 솔직하고 자유롭게 설명하게 된다. 이 검사는 친숙한 소재를 통해 아동의 생각이나 내부의 욕구상태, 자아개념, 부모와의 관계나 가족관계, 현재 보이는 정서상태 등에 대하여 알아볼 수 있다는 장점이 있다.

(6) 동작성 가족화(Kinetic Family Drawing: KFD)

1970년대 번즈와 카우프만(Burns & Kaufman)은 아동에게 그의 가족구성원이 뭔가를 하고 있는 장면을 그리도록 간단히 요구하는 동작성 가족화 검사를 창안하였다. K-F-D는 흰 종이 위에 가족들이 무엇인가를 하는 활동들을 그리게 되는 투사검사의 일종으로 가족관계에서의 문제나 역동에 대하여 알아볼 수 있다. 특히 피험자가 가족관계에서 느끼는 자신의 위치나 가족들에 대한 감정상태 등에 대해 알 수 있다는 장점을 가지고 있는 검사이다.

3. 지능

1) 지능의 개념

지능(intelligence)이란 용어를 처음으로 사용한 사람은 19세기의 스펜서(Spencer)이다. 이후 지능에 대한 개념이 계속 발전하고 있으며, 지능에 대한 정의나 개념은 지능의 구성요인에 대한 학자들의 견해에 따라 상당히 차이가 난다. 하지만 일반적으로 지능은 인간의 지적능력을 나타내는 것으로 추상적인 사고를 수행하는 능력 또는 목적에 따라 행동하고 합리적으로 사고하며 환경에 효율적으로 대응할 수 있는 능력으로 정의된다(송명자, 2008). 기존에는 지능을 개인 간 능력의 차이를 나타내는 특성으로 간주하여, 지능 발달을 지능 지수(Intelligence Quotien: IQ)의 개념으로 수량화하고 개인 간 비교를 함으로써 개인차를 진단하고자 하였다(조성연 외, 2010). 그러나 이 검사는 이미 경험하거나 학습된 지적 수행수준을 진단함으로써 아동이 발휘할 수 있는 지적 잠재력을 보여 주지 못한다는 비판을 받아 왔다. 지능에 대한 찬반 의견은 표 10-1 과 같다(손혜숙 외, 2019).

표 10-1 **지능에 대한 찬반 의견**

찬성	반대
• IQ는 다른 척도가 할 수 없는 인간 능력의 성공과 실패를 가늠할 수 있는 척도이다. • 지능검사는 많은 사람들에게 생각지도 않은 재능들을 발견해 주어, 더 나은 교육 기회를 준다. • 지능검사는 다른 아동의 지적능력과 비교해 볼 수 있는 표준화된 방법이다. • IQ는 학문적 성취를 예견해 볼 수 있다. • IQ는 특별 프로그램, 처치, 훈련 등을 통한 영향을 측정할 수 있다.	• 지능검사는 인간의 지적능력 중 드러날 수 있는 일부분으로 한정되어 있다. • 많은 아동들은 자신의 IQ를 알고 다소 성취동기가 움츠러들고 자아개념에 영향을 미친다. • IQ는 선천적 역량으로 잘못 인식되고 있어 지능지수는 고정되어 있다고 여기지만 그렇지 않다. • 단일 IQ만으로는 지능의 다차원적 본질을 평가할 수 없으며 직업적 성공을 예견하는 데는 제한이 있다. • 지능검사는 소수 민족에게 불리한 성향이 있다.

출처: Sattler, J. M. (1990). Assessment of children(3rd ed.). San Diego J. M. Sattler Publishing group, Inc.

가드너

한편 가드너(Gardner)는 기존의 전통적인 지능이론이 언어적 지능과 논리·수학적 지능을 지나치게 강조하며, 지능이 높은 아동이 모든 영역에서 우수하다고 보는 획일적인 지능관을 가질 수 있다고 비판하였다. 그리고 지능은 사회와 문화의 영향을 많이 받게 된다고 보았으며, 더불어 지능은 여러 가지 내용을 다룰 수 있는 능력을 말한다고 주장하면서 다중지능이론(theory of multiple intelligences)을 제시하였다(문용린, 2004). 그가 지능의 요소를 서로 구분한 이유는 각기 다른 능력은 두뇌에서 관장하는 부위가 다르기 때문일 뿐 아니라 각각의 특정 능력은 서로 공유할 수 없는 능력으로 구성되어 있기 때문이라고 주장한다(최경숙, 2010). 가드너의 지능의 요소는 표 10-2, 그림 10-1 과 같다.

표 10-2 가드너의 다중지능

구분	내용
언어지능	단어의 의미를 이해하는 능력, 새로운 개념을 이해하기 위해 단어를 사용하는 능력, 의미를 전달하기 위해 언어를 사용하는 능력
논리 · 수학지능	사물, 행동, 개념 간의 관계를 이해하는 능력, 수학적으로 조작하는 능력
공간지능	3차원적으로 생각하는 능력, 사물을 정확하게 지각하고 마음의 눈으로 상상하는 능력
신체운동지능	대상을 지각하는 능력, 신체적으로 숙련되는 능력, 고도로 분화된 방식으로 신체를 사용하는 능력
음악지능	음의 고저, 멜로디, 리듬, 음색의 다양성을 이해하고 만들어 내는 능력
대인관계지능	다른 사람을 이해하고 감정, 기분, 동기, 의도를 식별하는 능력, 다른 사람과 효과적으로 상호작용하는 능력
개인이해지능	자신을 이해하고 자신의 삶을 효과적으로 감독하는 능력, 자신의 정서를 이해하고 자신의 강점과 약점을 파악하는 능력
자연지능	자연 속의 유기체들의 체계와 관련 요인들에 대한 예민성

출처: 최경숙(2010). 아동발달심리학. 교문사.

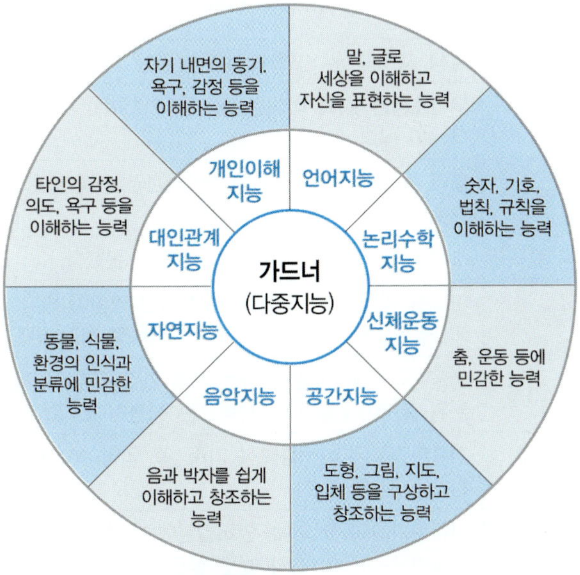

그림 10-1 다중지능의 요소

2) 지능의 발달에 영향을 미치는 요인

지능을 이야기할 때 항상 제기되는 중요한 문제 중의 하나는 지능이 어떻게 결정되느냐는 것이다. 다시 말해 '지능은 선천적인 유전에 의한 것인가? 아니면 후천적인 환경의 영향에 의한 것인가? 지능은 어떻게 발달되어 가는가?' 이러한 물음에 대해 많은 학자들이 연구를 하고 있지만 일치된 결론은 없다. 하지만 지능발달에 개인적인 차이를 가져오는 요인으로 태아기와 초기 발달적 영향(출산과 분만 합병증, 체중, 질병, 영양 등), 가족배경(수입, 교육수준, 직업, 가정분위기, 출생순위, 출생간격, 가족크기 등), 교육수준(교육의 질, 기간 등) 등을 들 수 있다. 지능발달에서의 가장 큰 환경요인은 영양 섭취로, IQ점수 15점 내외의 영향을 준다고 보고하고 있다(Martorell, 1996).

표 10-3 지능에 영향을 미치는 요인

구분		내용
태아기와 초기 영향	출산과 분만 합병증	산부인과적 합병증들은 IQ와 관련되는 것으로 보이지 않는다.
	출생 시 체중	출생 시 체중은 IQ와 미미한 상관을 가진다(7세와 상관계수 r=.08).
	무산소증	무산소증은 IQ와 미미한 상관을 가지며(r=-.05에서 -.06), IQ가 평균보다 4.6 낮다.
	아동기 질병	홍역, 백일해, 풍진, (유행성)이하선염, 선홍열은 아무런 관련이 없는 것으로 보인다.
	납 중독	소량의 납 중독 영향은 아직 밝히지 못했다.
	영양실조	미비한 영양실조는 지능과 실질적인 영향이 없다. 그러나 기아 상태에서의 영양실조는 지적 발달 저해, 신체적 성장 부진과 사망을 초래한다.
가족배경	생물학적 가족	생물학적 가족이 같이 사는 가족 환경, 예를 들어 수입, 교육, 직업, 가정분위기는 아동들의 IQ와 중요한 상관이 있다(r=.18에서 .58).
	비생물학적 가족	가족환경들은 비생물학적 가족, 즉 입양아의 IQ에 어느 정도 영향을 미친다(r=.09에서 .21).
	가정환경 변수들	성취동기에 대한 기대, 언어발달에 대한 기대, 학습에 대한 준비 등의 가정환경은 아동의 IQ와 높은 상관이 있다.
	출생순위 · 가족 크기/ 출생 간격	IQ에 있어서 개인차들을 설명하려고 출생순위, 가족 크기, 출생 간격 등의 변수로서 군집 모델을 설정하였으나, 이 모델의 타당함에 의문을 제기하는 증거가 많이 있다.

구분		내용
학교교육	학교교육의 질	초등학교와 중 · 고등학교 교육의 질이 IQ에 있어서 개인차의 주요한 원천이 된다는 확고한 증거는 없다.
	학교교육의 기간	성인 IQ와 학교교육 기간과의 상관은 약 .69였다.
	학령 전 증진 프로그램	학령 전 증진 프로그램은 IQ에 영향을 미치나 장기적인 영향은 적은 것으로 나타났다.

출처: Sattler, J. M. (1990). Assessment of children(3rd ed.). San Diego J. M. Sattler Publishing group. Inc.

이 외에 지능발달에서 학문적 성취와 동기, 자존감 등에 대한 문화적 기대가 인종 집단마다 다르기 때문에 사회와 문화의 영향이 크다고 보는 입장이 있는 반면, 민족 간의 지능발달 차이는 유전의 영향이 50% 정도이며, 개인 간에도 대체적으로 비슷하다고 보기도 한다(Ferrari & Stemberg, 1998, 조복희, 2010 재인용).

(1) 지능과 유전

우리는 흔히 자녀의 머리가 좋으면 자신을 닮은 것이고 그렇지 않으면 상대 배우자 때문이라고 한다. 이것은 지능은 유전에 의해 선천적으로 정해져 있다는 의미일 것이다. 과연 그렇까? 지능에 있어 유전적 요인이 중요하다고 주장하는 대표적인 사람은 젠센(Jensen)이다. 그는 1969년에 수행한 연구에서 흑인이 백인보다 지능점수가 16점이나 낮게 나온 것을 보고하면서 이는 유전적인 요인에 의한 것이라고 하였다. 또한 지능의 유전과 환경의 영향에 대한 많은 연구를 종합하면서, 지능의 75~80%가 유전에 의해 결정되고, 20~25%가 환경에 의해 결정된다고 주장하면서 지능에 있어 유전이 더 많은 영향을 준다고 하였다.

(2) 지능과 환경

많은 연구에서 환경이 지능에 중요한 영향을 준다는 것이 밝혀지고 있다. 도시 아동과 도외지역 아동의 비교연구를 수행한 터만과 메릴(Terman & Merrill, 1937)은 도시의 아동이 도외지역의 아동에 비해 지능점수가 평균 6.5점이 높다고 하면서, 그 이유 중

하나가 교육환경이 두 지역 간에 차이가 나기 때문이라고 하였다. 올프(Wolf, 1963)는 가정환경과 지능의 관계에 대한 연구에서 가정의 성취 압력, 학습기회와 환경의 제공 등 환경변인이 개인 지능의 변량 중 50% 이상을 설명할 수 있다는 결과를 보고하였다. 따라서 지능에 있어 '유전과 환경의 관계에 대해서는 어느 것이 결정적인가?'라는 것보다는 이 두 요소가 어떻게 상호작용을 하느냐가 중요하다. 이에 대해 아나스타시(Anastasi, 1958)는 연구를 통해 풍요로운 환경일수록 아이의 지능은 높아질 가능성이 높고, 불우한 환경일수록 아이의 지능은 낮아지는 경향을 보인다고 하였다. 그리고 지능에 대한 환경의 영향은 아이가 태어나기 전인 태내환경에까지 그 중요성이 강조되고 있다. 즉, 태내기 동안의 환경이 이후의 지능발달에 영향을 미치며, 태어난 후 어떤 환경이 주어지느냐에 따라 그 사람이 유전적으로 가진 지능이 어떻게 발달되어지는가에 중요한 영향을 준다는 것이다.

(3) 지능과 연령

'사람의 지능은 언제까지 발달을 하는가? 나이가 들면서 계속 증가하는가?' 등의 질문을 자주 하게 된다. 사람의 지능은 유아 시절에 빨리 발달하고 연령이 증가할수록 점점 느리게 발달하는 것으로 본다. 비네(Binet)의 연구에 따르면 지능은 약 16세경에 정점에 도달하고 45세까지는 고원(plateau)을 유지하다가 그 이후 감소한다는 것을 보여 준다 그림 10-2 .

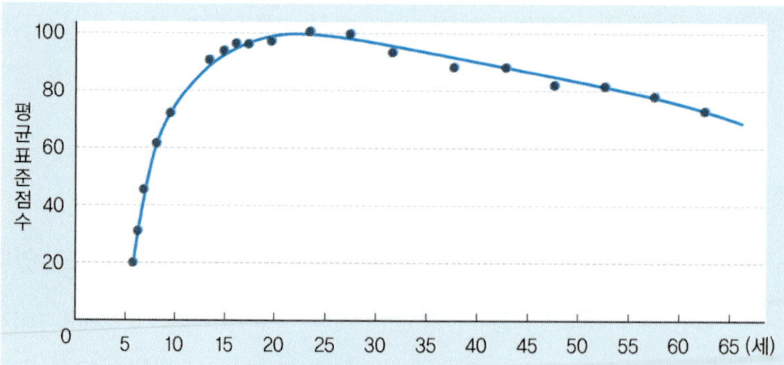

그림 10-2 지능의 발달곡선

또한 여러 종단연구의 결과를 보면, 일반지능은 약 50세까지 성장하는 경향을 보이지만 그 과정은 사람마다 다른 것으로 나타났다. 샤이에와 스토더(Schaie & Strother, 1968)의 연구에서는 언어적 의미를 이해할 수 있는 능력은 55세가 정점이고, 문제를 해결하는 추리력은 40세에 정점에 도달하는 반면, 언어유창성은 25세에 정점에 도달하고 이후 감소하는 경향을 보였다. 일반적으로 유아나 아동기에는 지능이 변화하는 경향이 있으나 성인이 되면 큰 변화를 보이지 않고 유지된다. 따라서 지속적이고 활발하게 일상생활에 참여하고, 지적인 활동을 계속 유지하는 것이 연령의 증가에 따른 상대적 지능 저하를 최소화할 수 있는 방법이다.

이상의 연구 결과들을 종합해 볼 때, 지능의 결정적 시기가 유아기부터 청소년기까지인 것으로 볼 수 있다. 따라서 이 시기에 가정과 학교에서 풍부한 교육적 환경과 자극을 제공할 필요가 있다. 20세가 넘은 뒤에도 어떤 지적능력, 예를 들어 평가력, 종합력, 해석력 등과 같이 경험의 양적 증가와 관련된 능력들은 지속적으로 발달한다. 이와 같은 증거는 19세, 50세, 61세 100명을 대상으로 수행된 연구에서 나타난다. 이 연구에서 수학점수는 19세 때 최고였으며 나이가 들어감에 따라 서서히 내려갔다. 그러나 추리력 검사에서 나타난 점수는 바로 그 반대였다. 추리력 점수는 계속적으로 올라갔으며 61세 때 최고였다. 언어능력 점수는 19세 때보다 50세 때 높았으나 61세 때는 조금 내려갔다. 총점은 19세 때보다 50세 때 훨씬 높았고 그 후 조금 내려가는 경향을 보였다(강태훈 외, 2013).

이 연구는 최소한 현재의 지능검사로 측정된 지능이 나이가 들어감에 따라 결코 하강만 하는 것은 아님을 말해 준다. 카텔은 결정성 지능은 나이가 들어감에 따라 계속 증가하고, 유동성 지능은 청소년기에 절정을 이루다가 서서히 하강한다고 주장한다.

(4) 남녀 간의 차이

지능에 있어 남녀 간의 차이는 지능의 높고 낮음의 차원이 아니라 특정 과제를 수행하는 데 있어 남녀 간의 차이가 있느냐? 하는 것이다. 전통적으로 언어과제 수행에 있어 여성이 남성보다 우수하고, 공간이나 기계과제는 남성이 우수하다는 견해가 지배적이다. 이러한 차이는 유전적인 영향도 있지만, 환경적인 영향도 중요하게 작용한다. 즉, 일반적으로 공간이나 기계과제에 대해 남성이 더 잘 할 것을 요구하는 경우가 많기 때문이다. 최근 들어 과제에 따른 남녀 간의 차이는 줄어들고 있는 추세이다. 이는 주변 환경이 남성이나 여성에게 모든 과제를 잘 수행할 것을 요구하기 때문이다. 히데와 린(Hyde & Linn, 1988)의 언어능력에서의 성차이에 관한 메타연구의 결과를 보면, 여성이 다소 우수하였으나 그 차이는 매우 작은 것으로 나타났다.

(5) 지능과 학업성취와의 관계

지능에 관한 지식을 학교교육과 관련지어 보면, 지능지수와 학업성취도 간에는 상당한 정도의 상관관계가 있게 마련이다. 이는 지능검사를 구성하는 대부분의 내용이 학교의 교과학습에서 핵심이 되는 언어적 능력, 수리능력, 추리능력을 측정하는 문제로 구성되어 있기 때문이다. 그동안 지능지수와 학업성취도 간의 관계를 밝힌 연구는 대부분 상관연구였다. 상관연구가 인과관계를 밝혀 주는 것이 아니기 때문에 우리는 지능지수가 학업성취도에 영향을 미치는 것인지, 학업성취도가 지능지수에 영향을 미치는지는 알 수 없지만 이러한 연구 결과들을 통해 몇 가지 사실을 알게 된다.

첫째, 지능과 학업성취도 간에는 상관관계가 높다. 그러나 이들은 서로 관련되어 있을 뿐 같은 것은 분명 아니다. 둘째, 지능지수로 학업성취도를 예언할 수 있지만, 그러한 예언은 학년이 올라갈수록 어려워진다. 셋째, 지능과 학업성취도 간의 관계에 대한 지금까지의 연구에서 나타난 일반적인 경향은 연구에 따라 심한 변동을 보이고 있다는 사실이다. 이와 같은 변동이 의미하는 것은 학업성취에 미치는 지적능력이 환경의 영향을 크게 받고 있다는 것이다.

3) 정서지능

최근 들어 지능의 이론으로 등장하게 된 것이 정서지능이다. 메이어와 살로비(Mayer & Salovey, 1990)는 기존 지능보다 중요한 개념으로 정서지능(emotional intelligence)을 제안하였다. 그들은 지금까지 산만하게 흩어져 있던 정서지능 관련 연구를 종합하여 체계적인 모형을 제시했다. 정서지능[1]에 대한 정의는 학자에 따라서 다르게 정의되고 있으나, 메이어와 살로비(1997)는 정서지능이란 정서를 정확히 지각하고 평가하며 표현하는 능력, 사고를 촉진할 수 있도록 정서를 생성할 수 있는 능력, 정서와 정서 관련 지식을 이해할 수 있는 능력, 그리고 정서적·지적 성장을 촉진시키기 위하여 정서를 적절히 조절할 수 있는 능력이라고 정의하고 있다.

그리고 골드만(Goleman, 1995)은 정서지능이란 자기 자신의 감정 상태를 정확히 인식할 줄 알고 그 감정을 타인에게도 적절하게 전달할 뿐만 아니라 충동을 자제하고 분노를 삭일 줄 알며 사물을 가급적 낙관적으로 파악할 줄 아는 능력이라고 했다. 또한 골드만은 정서지능을 적절히 발휘한다면 원만한 대인관계를 통해 사회에서 성공할 수 있다고 주장하였다.

골드만

다시 말해 종전의 지능이론에서는 이런 인간적인 측면을 제외하고 순수하게 언어적·논리적 능력인 지능만을 다루었으나 최근의 지능이론에서는 이와 같이 감정, 입장, 기분, 동기, 가치관, 선호 등을 이해하고 의사소통능력을 강조하고 있다. 골드만(1995)은 정서지능을 표 10-4 와 같이 5가지 요인으로 구성되는 것으로 주장하고 있다.

---

1) 정서지능 개념의 대표적인 사례는 1966년 스탠포드 대학의 월터 미셸(Walter Mischell)이 653명의 유치원생들에게 실시한 '마시멜로 실험'이다. 미셸은 아이들에게 마시멜로 한 개를 준 뒤, 15분 동안 먹지 않고 있으면 마시멜로 한 개를 더 주겠다는 약속을 하였다. 하지만 15분 동안 유혹을 참고 마시멜로 두 개를 획득한 아이들은 전체의 30%에 불과하였다. 이후 이들의 성장과정을 추적한 결과, 그 30%의 아이들은 월등한 학업성취도를 보였으며, 45년이 지난 2011년의 후속조사에서도 사회적으로나 가정적으로나 성공한 삶을 살고 있는 것으로 나타났다. 합리적 판단으로 욕구를 인내할 수 있는 것도 정서지능의 한 영역인 것이다.

표 10-4 정서지능의 구성요소

구분	내용
자기인식	자신의 내적 상태에 지속적인 주의를 기울이고 스스로의 감정 상태를 깨닫는 능력으로 정서지능의 핵심이다. 자신의 감정을 관찰하는 능력은 자신에 대한 심리적 통찰과 이해에 필수적이다. 이런 능력이 풍부한 사람은 자신의 인생을 보다 적절하게 이끌어 가며 개인적 결정의 순간에 어떤 감정을 가져야 하는지에 대한 정확한 감각을 가지고 있다.
자기동기화	난관에 봉착했을 때 어려움을 무릅쓰고 문제를 해결하기 위해 계속 노력하는 정서적 능력을 말하며 이런 능력은 주의집중, 동기부여, 자기 정복, 창조에 필수적이다. 이런 능력이 많은 사람은 혼란스러운 상황에서도 보다 생산적이고 효율적으로 일을 한다. 자기동기화의 하위 요인은 집중력, 만족지연능력 그리고 낙관성이 있다.
감정이입 (공감)	타인의 생각이나 느낌을 대리적으로 느끼고 타인의 입장을 자신의 입장으로 받아들이고 이해할 수 있는 능력이다. 공감적인 사람은 돌보는 직업, 가르치는 일, 판매, 관리와 같은 일에서 능력을 발휘한다.
대인관계기술	자신의 감정을 인식하고 스스로 조절하거나 타인의 감정을 아는 데만 그치는 것이 아니라, 타인의 감정에 대응하기 위하여 내가 할 일이 무엇인지를 알고 실천하는 능력이다. 이 능력은 우선 타인의 감정을 느끼고, 그에 대한 나의 감정을 인식한 후 내가 어떤 행동을 하는 것이 최선인지를 이해하고 나서, 실제 행동으로 옮기는 과정을 통해 이루어진다.
정서조절	주로 충동성이나 공격성 등의 자기 감정을 통제하고 제어할 수 있는 능력으로 이런 능력이 풍부한 사람은 자신의 분노, 흥분, 우울, 불안을 쉽게 떨쳐 버리고 좌절과 혼돈에서 빨리 벗어날 수 있지만 부족한 사람은 늘 괴로운 느낌에 시달린다. 정서조절의 목적은 정서적 억압이 아니라 정서적 균형이다.

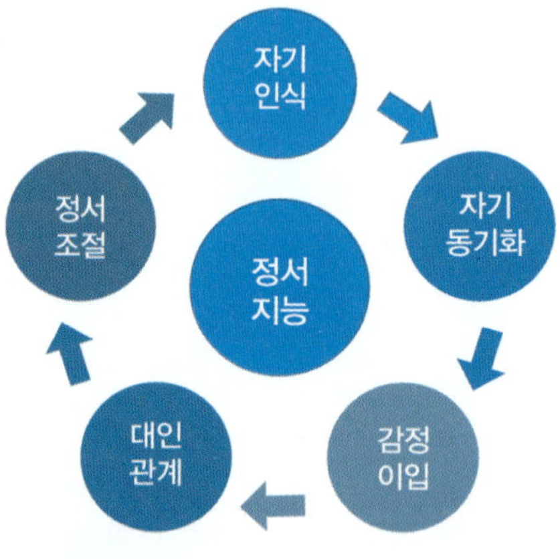

그림 10-3 정서지능 향상을 위한 전략

연습문제

01 신뢰도와 타당도의 개념은 무엇인가?

02 검사의 표준화와 규준의 의미는 무엇인가?

03 지능의 발달에 있어 유전적 요인과 환경적 요인의 영향은 무엇인가?

04 남녀 간의 지능의 차이는 무엇인가?

05 가드너의 다중지능의 요소에는 어떤 지능들이 있는가?

06 정서지능을 구성하고 있는 5가지 요인은 무엇인가?

Chapter 11

이상행동

배울 내용

1. 정상과 이상의 판단기준 / 2. 정신장애의 분류
3. 정신장애의 역사 및 원인 / 4. 주요 정신장애
5. 정신장애의 치료

학습목표

1. 정상과 이상을 판단하는 기준들의 장단점을 이해한다.
2. 정신장애의 분류법과 역사 및 원인을 이해한다.
3. 주요 정신장애에 대해 이해하고 치료법들을 모색해 본다.

'가족 혹은 친척 중에 정신장애를 경험하고 있는 사람이 있는가?'라는 질문을 하면 대부분은 있음에도 불구하고 없다고 부정을 한다. 이는 정신장애에 대한 편견 때문이다. 현대에 와서 정신장애에 대한 평생유병률이 30% 이상이라고 말한다. 이 말은 한 개인이 태어나서 죽을 때까지 정신적인 문제로 전문가의 도움을 받아야 할 사람이 30% 이상이라는 의미이다. 즉, 국민 10명 중 3명 이상이라는 의미이다. 정신장애는 한 종류가 아니다. 병원이나 전문기관에서 주로 사용하고 있는 분류기준인 DSM-5에서는 22가지로 규정하고 있으며, 유아부터 노년기에 이르기까지 발생될 수 있는 다양한 정신장애를 제시하고 있다. 따라서 이상행동을 이해하기 위해서는 정상과 이상의 판단기준, 분류 및 주요 정신장애의 증상들과 그들을 치료하는 치료법들을 모색해 볼 필요성이 있다.

1. 정상과 이상의 판단기준

우리는 누구나 살아가면서 여러 가지 다양한 경험을 하게 된다. 일생을 살아가는 동안 즐겁고 행복한 일도 있고, 어렵고 고통스러운 일도 있다. 또한 삶의 과정에서 고통과 갈등, 좌절 등을 경험하지 않는 사람은 없으며, 대부분의 사람들은 그러한 상황에 적절히 적응을 하며 삶을 살아간다. 하지만 어떤 사람들은 고통스러운 상황에 직면하였을 때 그 상황을 극복하지 못하는 경우도 있다. 이처럼 어떤 어려운 상황에 부딪히게 되고, 그 상황에 적절하게 적응하지 못하게 되면 부적응적인 행동을 하게 되는데, 이를 이상행동이라고 한다. 이러한 이상행동들 중 몇 가지 특정한 행동들이 함께 나타날 때 정신질환이 발병하게 되는 것이다.

그렇다면 정상행동과 이상행동을 어떻게 구분할 것인가? 정상행동과 이상행동을 한 가지 기준에 의해 구분한다는 것은 어려운 일이다. 일반적으로 우리들은 상식적으로 생각했을 때, 이해가 되지 않는 행동을 하는 사람을 보고 이상하다고 한다. 그러나 이러한 기준은 애매하다. 상식이라는 것은 인종이나 문화권, 사회적 · 시대적 관점에 따라 달라지기 때문이다. 예를 들어, 서양에서는 동성 간의 결혼을 합법적인 것으로 인정하고 있지만 우리나라에서는 이상한 행동으로 보고 있다. 따라서 정신건강 전문가들은 이상과 정상을 구분하기 위해 몇 가지 기준을 통합하여 사용하고 있다.

이상행동을 정의하는 데 사용되는 일반적인 기준은 통계적 관점의 기준, 주관적 불편감의 기준, 사회적 규범의 기준, 행동의 적응성 기준 및 전문적 기준이다. 그 각각의 기준과 각 기준의 장단점을 살펴보면 다음과 같다.

1) 통계적 관점의 기준

통계적 관점의 기준은 어떤 행동이 정상범위에서 벗어나는 경우 비정상 혹은 이상행동(abnormal behavior)이라고 정의하는 것이다. 이상행동을 통계적 관점에서 정의하려는 사람들은 사람들의 구체적인 특징을 측정하고 모집단에서 이런 특징의 분포를 추정하려고 한다. 모집단 분포의 한 유형이 그림 11-1 의 정규분포곡선이다. 이 관점의 전제조건은 인간의 특성(신체 혹은 심리적 특성)은 어떤 것이든 무선적으로 선별한 집단을 대상으로 측정한다면, 이러한 측정치들의 분포는 정규분포곡선을 형성할 것이라고 보는 것이다.

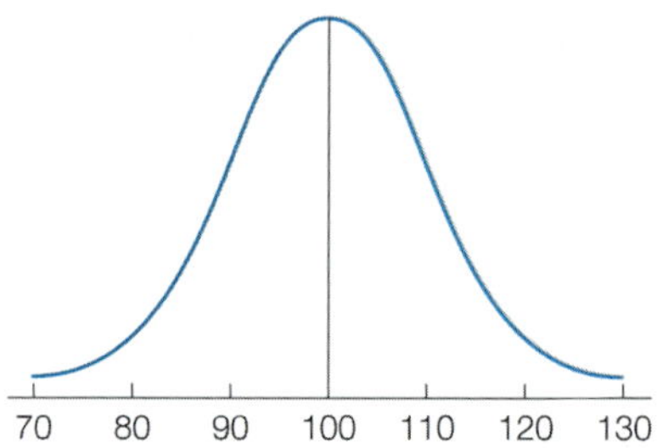

그림 11-1 지능의 정규분포곡선

정규분포곡선에서 대다수의 사람들은 중간 정도에 위치하고 있지만 소수의 특별한 특징을 가진 사람들은 양극단에 위치하게 된다. 그러므로 이 관점에서 정상이라는 것은 평균에서 많이 떨어지지 않은 것을 의미하고, 이상행동이라는 것은 평균에서 많이 떨어진 것(보통 2배의 표준편차 떨어진 것)을 의미한다. 지능을 예로 들면, 지능의 평균점수는 100점이고, 표준편차가 15점이다. 따라서 2배의 표준편차가 떨어진 경우는 70점이 되고, 그 이하의 점수를 받게 되면 이상으로 판단한다. 이 기준에 의해 진단을 받게 되는 경우가 지적장애(intellectual disabilities)이다.

이 기준의 장점은 정확한 기준에 의해 경계선을 긋는다면, 객관적이고 정확하다는 것과 사회문화적 요인이나 환경적인 요인의 간섭을 배제할 수 있다는 것이다. 그러나 이 기준에 의해 이상행동을 규정하는 데는 여러 가지 문제점을 지니고 있는데, 첫째, 평균에서 얼마나 이탈된 행동을 이상행동이라고 정의할 것인가의 문제이다. 즉, 정상과 이상의 경계를 어떻게 결정하느냐에 따라 정상과 이상이 달라지게 된다. 둘째, 평균에서 많이 이탈된 행동이 이상행동으로 성립되는 경우도 있지만 그렇지 않은 경우도 많다(지능이 130 이상인 사람을 이상으로 취급하지 않음). 예로 탁월한 운동능력을 가진 사람은 드문데, 그 능력을 이상행동으로 여기지 않는다. 또한 음악적 재능이나 수리적 능력이 평균보다 훨씬 뛰어나다고 해서 이를 이상행동으로 규정 내리지 않는다는 것이다.

2) 주관적 불편감의 기준

주관적 불편감의 기준은 개인이 자신의 심리적 고통을 얼마나 느끼느냐에 따라 정상과 이상을 구분하는 것이다. 이 기준에 의하면 어떤 사람의 행동이 자신에게 심한 불행과 고통을 준다면, 그것이 이상행동이 될 수 있다는 것이다.

이 기준의 장점은 임상적인 활동에서 실용적인 의미를 가진다는 것이다. 즉, 불안장애나 우울증 등을 호소하며 병원을 찾게 되기 때문이다. 그러나 문제점으로는 첫째, 주관적 불편감을 가지고 있다고 해서 모두 이상행동으로 볼 수 없다. 예를 들어, 배우자의 죽음이나 이성 간의 이별을 경험했을 때 심리적인 고통을 느끼는 것은 정상적인 것이다. 둘째, 때로 정신병 증상이 심하면서도 본인은 전혀 고통과 불편함을 경험하지 못하는 경우가 있다. 예를 들어, 망상과 환각 증상을 지닌 조현병 환자의 경우, 그의 증상으로 인해 가족과 주위 사람들은 불편함을 경험하지만 본인은 전혀 불편함을 느끼지 못하는 경우이다. 셋째, 너무 주관적이라는 것이다. 즉, 사람들이 자신의 고통을 호소하지만 그들이 가진 심리적 상태가 너무나 다양하기 때문에 고통의 정도를 비교하기가 어렵다. 따라서 어느 정도 심해야 이상으로 구분할 것이냐 하는 기준이 애매하게 된다.

3) 사회적 규범의 기준

사회적 규범의 기준은 사회가 만들어 놓은 규준을 위배하거나 위협 또는 불안하게 만드는 것을 이상행동이라고 정의하는 것이다. 즉, 어떤 사람이 그가 속한 사회규범을 어기고 엉뚱한 행동을 한다면 그는 적응을 못하는 사람이 될 것이다. 이렇게 한 사회의 규범에 적응하지 못하고 일탈된 행동을 하는 경우를 이상행동으로 정의한다. 예를 들어, 타인의 물건을 빼앗고, 공격하고, 아무 곳에서나 자신의 성기를 노출시킨다면 이상행동으로 정의될 것이다.

이 기준의 장점은 사회구성원 다수가 공유하고 있는 준거(사회적 규범)가 그 기준이 되므로 모든 사회구성원이 쉽게 동의를 하게 된다는 것이다. 그러나 이 기준의 문제점은 첫째, 문화적 상대성에 대해서는 설명을 하지 못한다. 즉, 사회적 규준을 어떻게 보는가에 영향을 받는다. 한 문화권에서는 규준인 것이 다른 문화권에서는 규준이 아닐 수도 있기 때문이다. 둘째, 규범 자체가 바람직하지 않을 때, 그 규준을 받아들이지 않는다고 하여 이상행동이라고 정의할 수는 없다는 것이다.

4) 행동의 적응성 기준

행동의 적응성 기준은 어떤 사람이 이상행동으로 인해 사회적 · 직업적 영역에서 역할을 해내지 못할 때 이를 이상행동으로 정의하는 것이다. 즉, 그가 속한 사회나 문화권에서 요구하는 행동을 할 수 없게 되어 사회적 기능을 적절히 수행할 수 없다면 이상행동으로 규정하는 것이다. 만약 수영을 못하는 사람이 물속에 들어가는 것을 두려워하는 것은 정상적인 행동이지만, 수영을 잘하던 수영선수가 어느 날 갑자기 물에 들어가는 것을 두려워한다면, 그것은 이상한 것이라고 할 수 있다. 또한 직장인이 상습적인 음주로 자주 결근을 하고 이로 인해 직무를 수행하는 데 어려움을 가지게 된다면, 음주행동을 이상행동으로 보게 되는 것이다.

행동의 적응성 기준을 이상행동의 기준으로 삼는 것은 그가 사회적 규범에 어긋나는 행동을 한 것이 아니라는 점에서 사회적 규범의 기준과 다르다. 그러나 이 기준의 문제점은 행동의 부적응성이 어떤 경우에는 장애가 되지만 그렇지 않은 경우도 있다는 것이다. 예를 들어, 가수가 되고 싶어 하는 사람이 있는데, 그 사람이 노래를 잘 부르지 못한다고 해서 그것을 이상행동으로 간주하지는 않는다.

5) 전문적 기준

전문적 기준은 이상행동을 심리학적 평가나 정신과적 진단방법에 의해 판단하는 것을 말한다. 임상심리전문가가 각종 심리검사도구(10장 표준화된 심리검사 참조)를 사용하여 검사한 결과를 바탕으로 이상과 정상을 결정하거나 정신과 의사가 정신과적 면접과 평가를 토대로 이상행동을 판단하므로 전문적이고 객관성이 높은 기준이다. 그러나 이 기준에 의해 정확하게 판단하기 위해서는 전문가에 대한 교육과 훈련에 많은 시간과 노력이 요구된다.

지금까지 이상행동을 정의하는 데 사용되는 기준들을 살펴보았다. 앞에서 제시한 기준 외에도 기괴함(사회생활을 하면서 때로 일반적으로 받아들여지지 않는 일탈된 행동을 하는 것)과 비효율성(일상생활에서 자신의 기능을 효율적으로 수행하지 못하는 것)의 기준도 있다. 그러나 앞에서 제시된 어느 한 가지 기준으로 이상행동을 규정해서는 정확하지 않다. 따라서 앞에서의 기준을 모두 적용하거나 아니면 적어도 두 가지 이상의 기준을 이용하여 이상행동을 결정하는 것이 일반적이다. 그리고 이상행동은 신체적 질병과는 달리 심리적 건강과 심리적 장애를 구분하는 경계선이 분명하지 않다. 따라서 심리적 건강과 불건강의 연속선상에서 증상의 정도에 따라 심리적 장애의 여부를 결정하기도 한다.

2. 정신장애의 분류

19세기 말부터 질병이 다르면 치료법도 달라져야 한다는 인식이 점차 늘어갔다. 이런 이유로 정신장애에 대한 진단절차들이 개발되었고, 질병들이 분류되면서 적절한 치료방법들을 적용하려는 시도가 있어 왔다. 그렇다면 정신장애의 분류는 왜 필요한 것인가? 첫째, 정신장애의 분류를 통해 전문가들이 서로 의사소통을 할 수 있기 때문이다. 둘째, 질환들의 특성을 밝힘으로써 서로 유사한 또는 상이한 질환들과 어떻게 다른가를 이해하고, 특히 효과적인 치료법을 발견할 수 있기 때문이며, 셋째, 다양한 질환들의 원인을 이해할 수 있기 때문이다.

우리나라는 현재 두 가지 진단체계를 통해 정신장애를 분류하고 있는데, 그 분류기준은 국제질병분류체계(International Classification of Disease: ICD)와 정신질환의 진단 및 통계편람(Diagnostic and Statistical Manual of Mental Disorders: DSM)이다. ICD와 DSM 진단분류체계는 처음 만들어진 이후로 지금까지 계속해서 개정되었고, 앞으로도 개정될 것이다. 이는 질병을 분류하는 기준이 시대와 문화 등에 의해 영향을 받아 바뀌고 있음을 의미하는 것이다. 각각의 진단분류체계를 살펴보면 다음과 같다.

1) 국제질병분류체계(ICD-10)

우리나라에서 공식적으로 사용하고 있는 분류기준의 한 가지는 세계보건기구(WHO)에서 제정한 질병분류체계[1])이다. 이 분류체계는 1900년에 개발된 이후로 지금까지 10번의 개정을 하였다. ICD-10은 세 개의 축(임상적 진단 clinical diagnoses, 후유장애 disablement, 상황적 요인 contextual factors)으로 이루어져 있으며, 진단서 발급, 보험료 청구 등 법률적인 행위를 할 때 이 진단기준을 주로 사용한다. ICD-10에서 분류하고 있는 정신장애의 종류는 표 11-1 과 같다. 그러나 이 진단체계는 신체질병을 포함한 모든 질병을 분류하는 포괄적인 진단체계이기 때문에, 상대적으로 정신장애에 대한 분류가 세밀하지 못하다는 단점을 가지고 있다.

1) 세계보건기구(WHO)는 2022년 초 국제질병분류의 제11차 개정판을 발표하였다. 현재 버전인 ICD-10은 1992년도에 도입되어 지난 30년 동안 사용한 것으로 세계 각국에서는 ICD-11을 도입하기 위해 다양한 활동을 전개하고 있다. 우리나라는 현재 ICD-10 기반 한국표준질병 · 사인분류(Korean Standard Classification of Diseases-8th Revision: KCD-8)를 사용하고 있다. 보건복지부는 세계보건기구(WHO)의 ICD-11 공표에 맞추어 한국보건의료정보원, 건강보험심사평가원 및 통계청 등과 협력체계를 구축하여 ICD-11 국내 도입을 위한 번역과 검증 작업 등을 진행하고 있다. 이에 통계청은 현재 ICD-11 한국 버전과 관련하여 개략적인 방안을 마련 중에 있는데, 2020년부터 2026년 말까지 ICD-11을 기반으로 한 ICD 제10차 개정판(KCD-10)을 개발하여 2027년 7월 정부 고시를 통해 공개할 예정이며, 이후 2028년부터 2030년까지는 현장 검증을 통해 발생되는 모든 문제를 해결하여 2031년에 공식 버전을 발표할 계획이다.

표 11-1 ICD-10의 정신장애 분류

F00-F09	기질성(증상성 포함) 정신장애
F10-F19	정신활성물질 사용에 의한 정신 및 행동장애
F20-F29	조현병, 조현형 및 망상장애
F30-F39	기분장애
F40-F49	신경증적 스트레스 관련 및 신체형장애
F50-F59	생리적 장애와 신체적 요인과 관련된 행동증후군
F60-F69	성인인격 및 행동장애
F70-F79	지적장애
F80-F89	정신발달의 장애
F90-F98	소아기 및 청소년기에 흔히 발병하는 행동 및 감정장애

2) 정신질환의 진단 및 통계편람(DSM-5)

정신장애에 대한 세밀한 분류를 하기 위해 미국정신의학회에서 제정한 것이 정신질환의 진단 및 통계편람(DSM)이다. 1952년 DSM-I 이 출간된 이후 현재 5판까지 개정되었다. 정신장애를 가진 사람들을 치료하기 위하여 진단을 내릴 때, 그리고 전문가들 간에 환자에 대한 정보를 교환할 때, 이 진단체계를 많이 사용한다. DSM 분류체계는 1판(1952년), 2판(1968년), 3판(1980년), 4판(1994년), 5판(2013년) 등으로 발전하였다. DSM-5에서는 정신장애를 22가지로 구분하고 있는데, 분류하고 있는 정신장애는 다음과 같다.

- 신경발달장애(Neurodevelopmental Disorders)

  신경발달장애는 발달기에 시작되는 장애들의 집합이다. 이 장애는 전형적으로 초기 발달 단계의 학령전기에 발현하기 시작하여, 개인적 · 사회적 · 학업적 또는 직업적 기능에 손상을 야기하는 발달 결함이 특징적이다. 발달 결함의 범위는 학습 혹은 집행 기능을 조절하는 것과 같은 매우 제한적인 손상부터 사회기술이나 지능처럼 전반적인 손상에 이르기까지 매우 다양하다. 이 장애에는 지적장애, 의사소통장애, 자폐스펙트럼장애, 주의력결핍 과잉행동장애, 특정학습장애, 운동장애(틱장애)가 포함된다.

- **조현병 스펙트럼 및 기타 정신병적 장애**(Schizophrenia Spectrum and Other Psychotic Disorders)

조현병 스펙트럼 및 기타 정신병적 장애에는 조현병, 기타 정신병적 장애, 조현형(성격) 장애 등이 포함된다. 이들은 망상, 환각, 와해된 사고(언어), 극도로 와해된 또는 비정상적인 운동 행동(긴장증 포함), 음성증상의 다섯 범주 중 하나 이상의 증상이 있는 경우로 규정된다.

- **양극성 및 관련장애**(Bipolar and Related Disorders)

양극성 및 관련장애는 기분의 변화와 관련된 장애로서, 제Ⅰ형 양극성장애, 제Ⅱ형 양극성장애, 순환성장애, 물질/약물치료로 유발된 양극성 및 관련장애, 다른 의학적 상태로 인한 양극성 및 관련장애, 달리 명시된 양극성 및 관련장애, 그리고 명시되지 않는 양극성 및 관련장애가 포함되어 있다.

- **우울장애**(Depresive Disorders)

우울장애는 파괴적 기분조절부전장애, 주요우울장애, 지속성 우울장애(기분저하증), 월경전불쾌감장애, 물질/약물치료로 유발된 우울장애, 다른 의학적 상태로 의한 우울장애, 달리 명시된 우울장애, 명시되지 않는 우울장애를 포함한다. 이 모든 질환의 공통 양상은 슬프고, 공허하거나 과민한 기분이 있고, 개인의 기능 수행 능력에 영향을 주는 신체적 · 인지적 변화가 동반되는 특징이 있다.

- **불안장애**(Anxiety Disorders)

불안장애 범주에는 극도의 공포, 불안 및 관련된 행동 장애의 특징을 지닌 질환들이 포함된다. 공포란 실제로 있거나 혹은 지각된 즉각적인 위협에 대한 감정적 반응이며, 불안이란 미래의 위협에 대한 예측에서 발생하는 현상이다. 불안장애에 포함되는 질환들은 공포, 불안 혹은 회피 행동을 일으키는 대상이나 상황, 그리고 이와 관련된 인지적 관념에 따라 구분된다. 그러므로 불안장애에 속하는 장애들은 함께 나타나는 경향이 높음에도 불구하고, 환자들이 두려워하거나 회피하는 상황 또는 이와 관련된 생각이나 믿음의 내용에 대해 자세히 관찰함으로써 서로 구별할 수 있다. 이 장애에는 분리불안장애, 선택적 함구증, 특정공포증, 사회불안장애(사회공포증), 공황장애, 공황발작 명시자, 광장공포증, 범불안장애, 물질/약물치료로 유발된 불안장애, 다른 의학적 상태로 인한 불안장애, 달리 명시된 불안장애, 명시되지 않는 불안장애가 포함된다.

- **강박 및 관련장애**(Obsessive-Compulsive and Related Disorders)

강박 및 관련장애는 강박장애로 시작한다. 강박장애를 가진 사람은 지속적으로 강박관념과 강박행동을 드러낸다. 강박관념은 되풀이되는 사고, 아이디어, 그리고 이미지이다. 그것은 통제를 벗어나 그 사람의 의식을 지배한다. 강박행동은 흔히 절박한 공포상황을 피하는 것이 불가능한 목표이지만, 그럴듯한 상투적 행위를 수행하려는 것이다. 강박행동에 저항하려고 시도하면, 너무 큰 긴장이 생겨 그 사람은 흔히 강박행동에 빠지게 된다. 이후 신체이형장애와 수집광으로 이어지며, 이는 각각 신체적 외모의 결함이나 장애를 의식하는 인지적 증상, 소지품들을 보유하고 싶은 인지적 필요 등으로 특징화 된다. 다음으로는 발모광과 피부뜯기장애로 이는 모두 재발하는, 신체에 집중된 반복적 행동으로 특징지어진다. 마지막으로는 물질/약물로 유발된 강박장애, 다른 의학적 상태로 인한 강박 및 관련장애, 그리고 달리 명시된 강박 및 관련장애와 명시되지 않는 강박 및 관련장애가 포함된다.

- **외상 및 스트레스 관련 장애**(Trauma-and Stressor- Related Disorders)

외상 및 스트레스 관련 장애는 진단적 기준으로 외상성 또는 스트레스성 사건에 대한 노출이 명백하게 기재되어 있는 장애를 포함한다. 이 장애에는 반응성 애착장애, 탈억제성 사회적 유대감 장애, 외상 후 스트레스 장애, 급성 스트레스 장애를 포함한다.

- **해리장애**(Dissociative Disorders)

해리장애는 의식, 기억, 정체성, 감정, 지각, 신체 표상, 운동 통제 그리고 행동의 정상적 통합의 붕괴 또는 비연속성을 그 특징으로 한다. 해리증상은 잠재적으로 모든 심리 기능 영역을 붕괴시킬 수 있다. 이 장애에는 해리성 정체성 장애, 해리성 기억상실, 이인성/비현실감 장애, 달리 명시된 해리장애 그리고 명시되지 않는 해리장애가 포함되어 있다.

• **신체증상 및 관련장애**(Somatic Symptom and Related Disorders)

신체증상 및 관련장애는 명확한 고통 혹은 손상과 관련된 신체증상들이 두드러지게 나타나는 유사성을 가지고 있다. 이 장애에는 신체증상장애, 질병불안장애, 전환장애(기능성 신경학적 증상장애), 기타 의학적 상태에 영향을 미치는 심리적 요인, 인위성 장애, 달리 명시된 신체증상 및 관련장애, 그리고 명시되지 않는 신체증상 및 관련 장애가 포함된다.

• **급식 및 섭식장애**(Feeding and Eating Disorders)

급식 및 섭식장애는 장기간 지속되는 섭식의 장애 혹은 섭식과 관련된 행동들로 인해 음식 소비 혹은 섭취의 변화가 생기고 신체적 건강과 정신사회적 기능에 심각한 손상을 가져오는 질환이다. 이 장애에는 이식증, 되새김장애, 회피적/제한적 음식섭취장애, 신경성 식욕부진증, 신경성 폭식증, 폭식장애가 포함된다.

• **배설장애**(Elimination Disorders)

배설장애는 소변 또는 대변의 부적절한 배설을 포함하여 일반적으로 아동 · 청소년기에 처음으로 진단된다. 따라서 이 장애에는 부적절한 장소에서 반복적으로 소변을 보는 유뇨증과 부적절한 장소에서 반복적으로 대변을 보는 유분증으로 구분할 수 있다.

• **수면-각성장애**(Sleep-Wake Disorders)

수면-각성장애를 가진 사람들은 전형적으로 수면의 질과 시간대와 양에 대한 불만족감을 호소하며, 그로 인해 낮 시간의 고통과 손상의 발생이 모든 수면-각성장애의 핵심양상이라고 할 수 있다. 이 장애는 불면장애, 과다수면장애, 기면증, 호흡관련 수면장애, 일주기리듬 수면-각성장애, 비급속안구운동으로 유발된 수면장애, 악몽장애, 급속안구운동수면 행동장애, 하지불안 증후군, 물질/치료약물로 유발된 수면장애가 포함된다.

• **성기능부전**(Sexual Dysfunctions)

성기능부전은 여러 장애로 구성된 이질적 집단이며 보통 임상적으로 개인의 성적인 반응 또는 성적 즐거움을 경험하는 능력에 현저한 장애를 가지고 있는 것이 특징이다. 이 장애에는 사정지연, 발기장애, 여성극치감장애, 여성 성적 관심/흥분장애, 성기-골반통증/삽입장애, 남성성욕감퇴장애, 조기사정, 물질/약물치료로 유발된 성기능부전, 달리 명시된 성기능부전, 명시되지 않는 성기능부전 등이 포함된다.

- **성별불쾌감**(Gender Dysphoria)

성별불쾌감은 개인의 경험되고 표현되는 성별과 할당된 성별 사이의 불일치로 인한 고통을 의미한다. 모든 개인이 그런 불일치의 결과로 고통을 경험하지는 않지만 많은 사람이 호르몬 그리고/또는 수술과 같은 신체적 중재가 가능하지 않은 경우 고통을 받는다. 이 장애에는 성별불쾌감, 달리 명시된 성별불쾌감, 명시되지 않는 성별불쾌감이 포함된다.

- **파괴적, 충동조절 및 품행장애**(Disruptive, Impulse-Control, and Conduct Disorders)

파괴적, 충동조절 및 품행장애는 정서 및 행동에 대한 자기조절 문제와 관련이 있으며, 다른 사람의 권리를 침해하는 것(예: 공격성, 재산파괴), 그리고 사회적 규준, 권위자나 성인과 현저한 갈등을 유발하는 행동을 보이는 특징을 지니고 있다. 이 장애에는 적대적 반항장애, 간헐적 폭발장애, 품행장애, 반사회성 성격장애, 병적방화, 병적도벽, 그리고 달리 명시된/명시되지 않는 파괴적, 충동조절 및 품행장애를 포함한다.

- **물질관련 및 중독장애**(Substance-Related and Addictive Disorders)

물질관련장애는 술, 담배, 마약 등과 같은 중독성 물질을 복용함으로써 생겨나는 다양한 심리적 증상을 포함하며, 크게 물질관련장애와 비물질관련장애로 구분된다. 물질관련장애에는 알코올관련장애, 카페인관련장애, 대마관련장애, 환각제관련장애, 흡입제관련장애, 아편계관련장애, 진정제, 수면제 또는 항불안제 관련장애, 자극제관련장애, 담배관련장애, 기타 물질관련장애가 포함되며, 비물질관련장애에는 도박장애가 포함된다.

- **신경인지장애**(Neurocognitive Disorders)

신경인지장애는 인지 기능 손상을 주된 임상적 특징으로 하는 장애군으로 이는 발달상의 장애라기보다는 후천적 장애로 보는 것이 일반적이다. 이 장애에는 알츠하이머병으로 인한 신경인지장애, 혈관성 신경인지장애, 루이소체 신경인지장애, 파킨슨병으로 인한 신경인지장애, 전두측두엽 신경인지장애, 외상성 뇌손상으로 인한 신경인지장애, HIV 감염으로 인한 신경인지장애, 물질/약물치료로 유발된 신경인지장애, 헌팅턴병으로 인한 신경인지장애, 프라이온병으로 인한 신경인지장애, 다른 의학적 상태로 인한 신경인지장애, 다중병인으로 인한 신경인지장애, 그리고 명시되지 않는 신경인지장애가 포함된다.

- 성격장애(Personality Disorders)

성격장애란 내적 경험과 행동의 지속적인 유형이 개인이 속한 문화에서 기대되는 것으로부터 현저하게 편향되어 있는 지속적인 유형을 의미하며, 만연하고 경직되어 있고, 청소년기나 성인기 초기에 발병하며, 시간이 지나도 변함이 없이 유지되며 고통과 손상을 초래하는 특징을 보인다. 이 장애에는 편집성 성격장애, 조현성 성격장애, 조현형 성격장애, 반사회성 성격장애, 경계성 성격장애, 연극성 성격장애, 자기애적 성격장애, 회피성 성격장애, 의존성 성격장애, 강박성 성격장애, 다른 의학적 상태로 인한 성격변화, 달리 명시된 성격장애와 명시되지 않는 성격장애가 포함된다.

- 변태성욕장애(Paraphilic Disorders)

변태성욕장애는 정상적인 표현형을 가진, 신체적으로 성숙한, 동의하는 인간인 동반자와 성기 자극이나 그 준비를 위한 애무를 하는 것 외의 다른 것에 강렬하고 지속적인 성적 관심을 가지는 것을 의미한다. 이 장애에는 관음장애, 노출장애, 마찰도착장애, 성적피학장애, 성적가학장애, 소아성애장애, 물품음란장애, 복장도착장애가 포함된다.

- 기타 정신질환(Other Mental Disorders)

기타 정신질환은 사회적, 직업적 또는 다른 중요한 기능 영역에서 임상적으로 현저한 고통이나 손상을 초래하는 정신질환 특유의 증상이 두드러지나 DSM-5의 어떤 다른 정신질환의 기준 전체를 만족하지 않는 발현 징후에 적용된다. 이 장애에는 다른 의학적 상태로 인한 달리 명시된 정신질환, 다른 의학적 상태로 인한 명시되지 않는 정신질환, 달리 명시된 정신질환, 명시되지 않는 정신질환이 포함된다.

- **약물치료로 유발된 운동장애 및 약물치료의 기타 부작용**(Medication-Induced Movement Disorders and Other Adverse Effects of Medication)

  약물치료로 유발된 운동장애 및 약물치료의 기타 부작용은 치료약물 노출과 운동장애의 발생 사이의 인과관계를 규정하기가 어려우며, 특히 이러한 운동장애의 일부는 치료약물 노출 없이도 일어나기 때문에 더욱 그렇다. 여기에는 신경이완제로 유발된 파킨슨증, 기타 약물치료로 유발된 파킨슨증, 신경이완제 악성증후군, 약물치료로 유발된 급성 근육긴장이상, 약물치료로 유발된 급성 좌불안석, 지연성 운동이상, 지연성 근육긴장이상, 지연성 좌불안석, 약물치료로 유발된 자세 떨림, 기타 약물치료로 유발된 운동장애, 항우울제 중단 증후군, 기타약물의 기타 부작용이 포함된다.

- **임상적 주의의 초점이 될 수 있는 기타의 상태**(Other Conditions That May Be a Focus of Clinical Attention)

  임상적 주의의 초점이 될 수 있는 기타의 상태에는 여전히 관심이나 치료의 초점이 되기는 하지만, 그 자체로서 정신장애로 간주되지 않는 조건들이 속한다. 여기에는 관계문제, 학대와 방임, 교육과 직업 문제, 주거와 경제 문제, 사회환경과 관련된 기타 문제, 범죄 또는 법체계와의 상호작용과 관련된 문제, 상담과 의학적 조언을 위한 기타 건강 서비스 대면, 기타 정신사회적, 개인적 및 환경적 상황과 관련된 문제, 개인력의 기타 상황이 포함된다.

3. 정신장애의 역사 및 원인

정신장애의 원인을 밝히려는 노력은 오래전부터 있어 왔지만 일치된 의견을 찾아보기가 어렵다. 즉, 정신장애의 원인에 대한 주장은 시대와 연구자에 따라 다르게 나타난다. 과학의 시대 이전에는 정신장애를 폭풍, 화재, 계절의 변화와 같이 인간이 통제할 수 없는 영역으로 간주하거나 혹은 초자연적인 것으로 믿었다. 또한 마음을 연구하는 철학자, 의사들은 정신장애의 원인을 신의 노함이나 악마에 씌인 병으로 믿기도 하였다.

정신장애의 원인을 체계적인 방법으로 규명하려는 노력은 150여 년 전부터라고 할 수 있다. 그러나 많은 연구자들의 노력에도 불구하고 아직까지 정신장애에 대한 원인은 확실하게 밝혀지지 않고 있다.

먼저 정신장애의 원인에 대한 생각의 변화들을 살펴보고, 최근 많은 전문가들이 동의하고 있는 취약성-스트레스-대응능력 모형으로 정신장애의 원인을 살펴보고자 한다.

1) 정신장애의 역사

(1) 고대 원시사회: 초기 악령학

고대 원시사회에서는 이상행동을 초자연적 현상이라고 믿었다. 악령학은 몸 속에 악령이 있고, 그것이 마음과 몸을 조절한다고 믿는 것이다. 고대 바빌론 사람들과 중국, 이집트, 그리스 사람들이 악령학을 믿은 것으로 기록되고 있다. 이들은 정신장애는 몸속에 악령이 들어 그것이 마음과 몸을 지배하기 때문이라고 믿었다. 또한 유태인들은 정신장애인들은 나쁜 영혼을 가졌고, 신이 노하여 보호하지 않기 때문이라고 믿기도 하였다. 그러므로 이 시기에 행해진 치료는 종교적인 의식(기도, 찬송)에 의존하거나, 아주 독한 술을 마시게 하거나, 악령이 더 이상 머물지 못하도록 고문을 하거나 또는 굶기는 것과 같은 방법으로 몸에 들어온 악령을 쫓아내려고 했었다.

(2) 그리스-로마시대: 신체원인론

B.C 5세기경 히포크라테스(Hippocrates)는 신체적 질병이나 정신장애는 신이 내린 병이 아니라고 주장하였다. 그는 어떤 사람의 생각과 행동이 이상하다면 그것은 뇌의 병이라고 주장했다. 그리고 그는 액체병리학을 주장하였는데, 건강한 정신은 4가지 액체(혈액, 점액, 노란 담즙, 검은 담즙)의 균형을 통해 이루어지는 것으로, 이 액체들의 불균

형이 정신장애를 일으킨다고 보았다. 예를 들어, 우울증은 검은 담즙이 너무 많아서 발생한다고 생각하였다. 그래서 몸 안에 과다하게 있는 체액을 많이 제거할수록 이러한 불균형을 바로 잡을 수 있다고 생각하여 4가지 체액 중에 제거하기가 쉬운 피를 흘리게 하는 방법으로 정신장애를 치료하려고 하였다. 히포크라테스의 액체병리학은 과학적인 방법으로 받아들여지지 않았지만 인간의 행동이 신체적 구조와 물질에 의해 영향을 받고, 이상행동은 어떤 종류의 불균형과 손상에 의해 발생한다는 생각은 지금까지 영향을 주고 있다.

(3) 중세시대: 마녀로서의 정신질환

13세기와 그 이후의 몇 세기 동안 사회적 불안과 계속되는 흉작과 전염병이 유행하였는데, 이 현상은 악령에 의한 것이라고 생각하였다. 이 시기에는 중세의 종말을 예견하는 혼란한 시기였고, 그 혼란의 원인을 마녀라는 대상으로 돌림으로써 정신장애를 가진 사람들을 희생양으로 삼았다. 이 시기는 정신장애의 암흑기라고 불릴 정도로 정신질환을 가진 사람들을 억압하였다. 이 시기는 종교 세력이 권력을 가지고 있었기 때문에 정신질환을 사탄에 의해 나타나는 것이라고 하였으며, 종교재판을 통해 정신장애를 가진 많은 사람들은 마녀로 동일시되었고, 고문을 하고 화형을 시키거나 온몸을 묶은 채 물속에 빠뜨리기도 하였다.

(4) 근대: 수용시설의 발달

1500년대에 들어 정신장애를 가진 사람들의 수용기관이 감옥에서 정신병이나 요양원으로 바뀌게 되었다. 1547년 영국 베들레햄의 수도원에 최초의 정신병원이 문을 열었고, 1700년대 초까지 유럽이나 미국에서 병원이 세워져, 화형이나 가혹한 처벌을 면할 수 있었다. 물론 이 시기에 의학적 치료를 받은 것은 아니다. 그들을 쇠사슬로 묶어 놓거나 발가벗긴 채 지내도록 하였으며, 사회로부터 격리시키는 것이 목적이었다.

(5) 도덕적 치료

정신장애를 가진 사람들을 인간적으로 치료하려는 시도는 피넬(Pinel)에 의해서 이루어졌다. 그는 1793년에 파리에 큰 수용시설을 설립하여 쇠사슬을 풀고, 죄수가 아니라 환자로서 친절과 관심으로 치료를 하기 시작하였다. 그는 직원들이 환자들을 때리지 못하도록 하였고, 환자가 난폭한 행동을 할 때는 그에 상응하는 처벌을 주었고, 환자를 수용적 태도로 대하고 치료를 받아야 하는 대상으로 존중해 주었다. 그 효과가 확산되어 사랑과 관심으로 환자들을 치료하려는 시설들이 점점 늘어나게 되었다.

2) 정신장애의 원인

(1) 19세기 후반: 생물학적 원인론

1883년에 정신장애에 대한 교과서가 출판되었고, 또한 이 시기에 크레펠린(Kraepelin, 1856~1926)이 정신장애에 대한 구조적 본질을 만들 수 있도록 분류체계를 제시하였다. 그는 정신장애의 경향성을 증후군이라고 불리는 증상군으로 분류했고, 특정 의학적 질병과 그것의 증후군이 심리적 역기능에 영향을 미친다고 보았다. 그는 각각의 질환이 다른 것과 구별되어지는 유전요인, 증상, 과정, 결과를 가지고 있다고 생각하였고, 심한 정신장애를 조현병과 조증 두 집단으로 나누었다. 그는 조현병은 화학적인 불균형으로, 조울증은 불규칙적인 신진대사로 인해 발생하는 것으로 보았다. 또한 1950년대에는 조현병의 증상을 완화시키는 클로르프로마찐(chlorpromazine)이라는 약물이 발견되면서, 정신과 환자에게 약물을 처방하기 시작하였다.

19세기 후반 많은 연구자들에 의해 정신장애가 뇌 또는 신경계통의 이상으로 발생한다고 가정하였지만 이 시기에는 인간의 뇌를 연구할 수 있는 과학적 장비나 방법이 부족하여, 구체적인 해부학적 또는 생화학적 증거를 제시하지는 못했다.

(2) 20세기 중반: 심리적 원인론

프로이트가 정신분석학을 창시하고 난 후부터 그의 제자들은 신경증뿐만 아니라 정신병도 심리적인 원인 때문이라고 설명하기 시작하였다. 이 이론은 1920년대 이후 전 세계적으로 확산되었으며 1950년대에는 프로이트 이론이 정신의학계를 지배하게 되었다. 그 결과 1950년대에는 '유아기 때에 어머니가 아이를 어떻게 키웠는가'가 모든 정신장애의 원인이라고 주장하는 "대상관계이론"이 등장하였고, 이로 인해 '조현병 엄마(schizophrenia mother)'라는 용어가 등장하기도 하였다. 뒤이어 '가족 내에서 가장 약한 사람이 희생양이 되어, 가족들이 스트레스를 해소하는 대상이 됨으로써 정신장애가 된다'는 "가족체계이론"이 등장하게 되었다. 그러나 이들의 주장을 뒷받침해 주는 증거를 찾지 못하였고, 그 치료법 또한 효과를 거두지 못하였다.

1970년대 이후, 살아 있는 뇌를 연구할 수 있는 최신 의료장비들이 속속 개발됨에 따라 대상관계이론과 가족체계이론을 반박하는 증거들이 나타나기 시작하였다. 그 결과 잘못된 양육방식 때문에 정신장애가 발생한다는 이론들은 점차 사라지게 되었다.

(3) 1980년대 이후: 복합적 원인론

1970년대부터 살아 있는 인간의 뇌를 연구할 수 있는 장비들이 개발되었다. 예로 뇌파검사(EEG), 뇌단층촬영술(CT), 자기공명술(MRI), 양전자방출 단층촬영술(PET) 등이다(2장 참조). 이러한 장비들을 이용하여 정신장애를 가진 사람들의 뇌를 본격적으로 연구하면서 뇌의 해부학적 및 기능적 이상 소견들이 발견되기 시작하였다. 그 결과 정신장애가 생물학적 원인과 관련이 있다는 주장이 강하게 제기되었으며, 심리적 원인만을 주장하던 이론들은 사라지게 되었다. 그러나 생물학적인 증거들이 발견됨에도 불구하고, 이 병에 관한 최신이론은 생물학적인 원인만을 가정하지는 않는다. 왜냐하면 현대의학이 발전함에 따라 신체와 정신이 불가분의 관계에 있음이 밝혀졌고, 정신질환을 가진 사람들이 약물치료만으로 회복되지 않기 때문이다.

3) 취약성-스트레스-대응능력 모형

현재 많은 정신건강전문가들이 정신질환의 발병원인을 설명하는 이론으로 가장 지지하는 이론이 '취약성-스트레스-대응능력 모형(Vulnerability-Stress-Coping Competence Model)'이다. 이 원인론은 "정신장애에 걸리기 쉬운 약한 뇌를 가진 사람이(취약성), 환경적인 스트레스에 직면하여(스트레스), 자신의 대응능력으로 그것을 감당하지 못할 때(대응능력), 정신장애가 나타난다"고 설명하는 것이다. 여기서는 정신질환이 발병하는 이유에 대해 3가지 복합적인 원인요소를 가정하고 있는데, 그 세 가지 복합적인 원인은 뇌의 취약성 요인과 스트레스 요인, 대응능력 요인이다. 각각의 요인들을 살펴보면 다음과 같다.

(1) 뇌의 취약성 요인

환자의 뇌를 연구하는 방법에는 구조적 이상을 연구하는 방법, 생화학적 이상을 연구하는 방법, 기능적 이상을 연구하는 방법, 신경심리검사로 행동을 관찰하는 방법 등이 있다.

① 뇌의 구조적 이상

CT와 MRI를 통해 정신장애를 가진 사람들의 뇌를 연구한 결과 조현병 환자는 뇌의 앞부분(전두엽 부위)이 정상인의 뇌에 비하여 위축되어 있으며, 전반적인 뇌의 크기도 다소 작은 것으로 나타났다. 또한 조현병을 가진 사람과 강박증을 가진 사람의 경우 정상인에 비해 뇌실(ventricle: 뇌 속의 텅 빈 공간으로 뇌척수액으로 차 있는 부분) 부분이 정상인에 비해 더 확장되어 있는 것으로 나타났다 그림 11-2 .

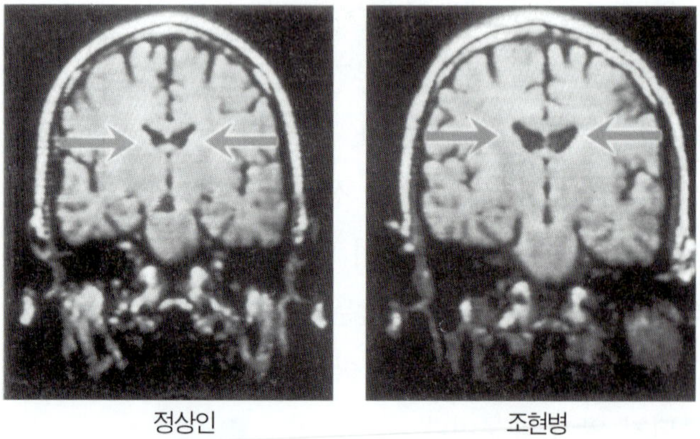

그림 11-2 조현병과 정상인의 뇌실

그리고 최근의 연구에서 조현병 환자의 경우 해마(hippocampus)라는 부분의 크기가 감소되어 있는 것으로 보고되고 있다 그림 11-3 .

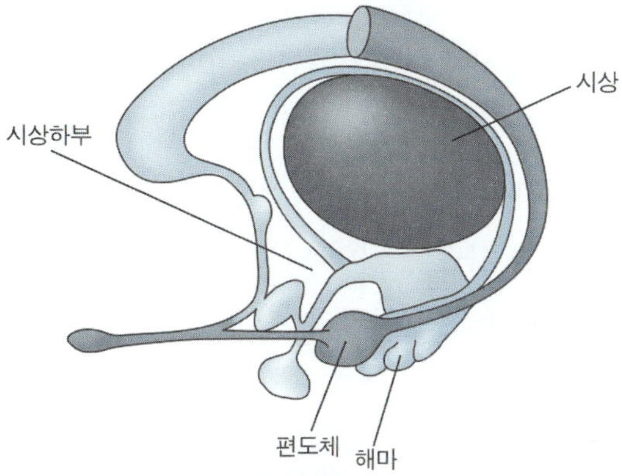

그림 11-3 해마

② 신경전달물질의 이상

과거에는 정신장애를 가진 사람들의 뇌에 어떤 신경전달물질이 지나치게 많은지 또는 지나치게 적은지 전혀 알지 못했다. 조현병이 '도파민'이라는 신경전달물질과 관련이 있다는 점을 알게 된 것은 1952년에 클로르프로마찐(chlorpromazine)이라는 약물이 개발된 이후부터이다. 약물이 개발된 이후 과학자들은 이 약물의 작용방식을 규명하려고 노력하였다. 그 결과 이 약물이 도파민(dopamine)이라는 신경전달물질의 작용을 억제한다는 사실을 발견하게 된 것이다. 즉, 조현병 환자의 경우 도파민이 과다활동하는 것으로 밝혀졌다. 그 외에도 알쯔하이머(Alzheimer's disease)는 아세틸콜린(acetylcholine)의 감소가 보여지고 있으며, 우울증을 가진 사람은 세로토닌(serotonin)이라는 신경전달물질이 과소활동하는 것으로 보고되고 있다. 강박증을 가진 사람들도 세로토닌이 정상인보다 더 적게 활동하고 있는 것으로 보고되고 있다.

③ 기능적 이상

뇌파검사를 이용하여 조현병 환자의 뇌를 연구한 결과 전체 환자의 1/3 정도에서 이상 소견이 발견되었는데, 특히 뇌의 앞부분, 그중에서도 좌반구의 전두엽 부위에서 많이 발견되었다. 발견된 이상 소견은 주로 활동 중이거나 휴식 중임에도 불구하고 수면 시에 나타나는 세타(theta)파 또는 델타(delta)파가 가끔씩 출현하는 것이다.

또한 PET에 의하여 조현병 환자의 뇌는 같은 상황에서 정상인의 뇌보다 더 많은 포도당을 사용하고 있음을 확인할 수 있게 되었다. 이것은 뇌의 기능이 그만큼 비효율적이라는 것을 의미하며, 정상인과 동일한 활동을 하고 있음에도 불구하고 환자의 뇌는 더 많은 에너지를 소비하고 있다는 것을 의미한다.

그리고 강박증을 가진 사람의 경우 전두엽 안쪽과 표면, 대상회 및 미상핵이 다른 부위보다 과다활동하고 있는 것으로 보고되고 있고(Breiter et al., 1996; Insel, 1992), 우울증을 가진 사람의 뇌의 기능을 PET로 촬영한 결과, 우울증을 가진 사람들의 뇌의 기능은 우울증을 경험할 때 뇌의 전두엽 부분의 활동이 감소되어 있는 것으로 보고되고 있다.

④ 신경심리검사에서 나타난 이상

신경심리검사는 환자의 감각기능, 운동기능 및 인지기능에 구체적으로 어떤 이상이 있는가에 관한 매우 구체적인 정보를 제공해 준다. 또한 뇌의 기능에 관한 지식을 바탕으로 하여 손상된 뇌 부위가 어딘지도 추정할 수 있다. CT, MRI, PET 등의 현대적인 장비가 발명되기 이전까지는 뇌수술이 필요한 환자의 수술 부위를 결정하는 데 신경심리검사가 결정적인 기여를 하였으며, 현재에도 이러한 장비들과 함께 상호보완적으로 사용되고 있다.

신경심리검사를 통하여 발견된 대표적인 연구결과는 조현병 환자의 70% 정도에서 안구운동과 정향반응에 장애가 있으며, 이러한 장애는 환자의 발병 이전에도, 또한 환자의 가족들에게서도 폭넓게 발견된다. 더하여 환자의 주의력과 주의집중력에 상당한 장애가 있다는 점도 발견되었다.

(2) 스트레스 요인

오늘날은 경쟁의 시대라고들 한다. 이처럼 치열한 경쟁과 복잡한 생활 때문에 우리는 매일 스트레스를 경험하고 살아간다. 일반적으로 우리는 스트레스라고 하면 부정적인 의미만을 생각한다. 하지만 적절한 스트레스는 우리의 삶의 활력소가 되는 등 긍정적인 의미도 지니고 있다. 따라서 우리에게는 스트레스가 너무 없어도 안 되고, 너무 많아도 안 된다. 우리가 생활하는 데는 적당한 정도의 스트레스가 필요하다.

정신장애를 가진 사람들도 마찬가지로 스트레스를 경험하는데, 정신장애를 가진 사람들은 정상인보다 스트레스를 이겨 내는 힘이 약하다. 그러므로 정신장애를 가진 사람들은 정상인보다 더 많은 스트레스를 받았기 때문에 정신장애가 발생하는 것이 아니라 정상인과 동일한 스트레스를 받아도 그것을 이겨내지 못하기 때문에 정신장애가 발생하게 된다.

(3) 대응능력 요인

인간은 스트레스에 대하여 단순히 수동적으로 대처하는 존재가 아니다. 우리는 매일 스트레스를 경험하며, 또한 그것에 대응하고 있다. 그리고 우리들 각자의 대응방식에 따라 결과는 크게 달라진다. 만약 당신의 부서에 같이 일하고 있는 동료들(자신을 포함하여)이 직장 상사로부터 심한 질책을 당했다고 가정해 보자. 그런 상황은 모든 동료들에게 스트레스 상황이 된다. 하지만 스트레스를 해소하는 방법은 각자 다르다. 어떤 사람은 퇴근 후 운동으로 스트레스를 해소하고, 어떤 사람은 술을 마시게 되고, 또 어떤 사람은 잠을 자거나, 음악을 들음으로써 스트레스를 해소하려고 한다. 이것을 스트레스 대응능력의 차이라고 한다. 이와 마찬가지로 정신장애를 가진 사람들도 개인의 스트레스 대응능력에 따라 병이 생기거나, 재발하거나, 병의 경과가 각각 다르게 나타나게 된다.

4. 주요 정신장애

1) 조현병(Schizophrenia)

조현병의 발병은 10대 후반에서 30대 초반에 가장 많이 나타나며, 발병률에서의 남녀 차이는 없다. 조현병은 발병률이 세계적으로 0.2~1% 정도이고, 우리나라의 경

뷰티풀 마인드(2002)

우 현재 조현병 환자가 10~40만 명 정도로 추정되는 매우 흔한 정신장애 중의 하나이다.

조현병의 주요 증상으로는 망상, 환각, 횡설수설(지리멸렬), 이상한 행동, 음성증상이다. 이들 증상 중 2가지 이상의 증상이 6개월간 지속되고, 그로 인하여 사회생활이나 직업생활을 제대로 못할 때, 조현병으로 진단받게 된다.

블로일러(Bleuler, 1911)는 조현병을 조현병들의 집단유형이라고 하였으며, 블로일러(1911) 이래로 조현병은 여러 가지 방식으로 분류되어 왔다.

최근 조현병의 병인론적 이해, 치료 및 예후 등에 관한 정보를 얻기에 적절한 분류준거로 알려져 새롭게 주목받고 있는 분류방법은 1980년에 크로우(Crow)에 의해 분류된 양성증상(positive symptom)과 음성증상(negative symptom)이다. 양성증상과 음성증상은 최근 여러 연구자들에 의해 연구되고 있는 것으로 조현병 환자들이 보이는 증상을 환청, 망상, 사고장애, 이상한 행동 등과 같은 양성증상과 주의집중 결여, 정서적 둔마, 무감동, 언어의 빈곤, 욕구의 상실 등과 같은 음성증상으로 구분한다. 양성증상은 신경전달물질인 도파민의 과잉활동과 관련이 있을 가능성이 높고, 음성증상은 뇌세포의 구조적 손상이나 뇌의 위축과 같은 신경적 이상과 관련이 있을 가능성이 높다. 이런 주장에 대한 증거는 양성증상은 항정신병 약물에 잘 반응하여 예후가 좋은 경향이 있으나, 음성증상은 항정신병 약물에 잘 반응하지 않아 만성적 경과를 밟는 경향이 나타난다는 것이다(Kay, 1990; Mundt et al., 1995; Strauss, 1993).

2) 우울증(Depression)

우리는 일상생활에서 누구나 우울감, 좌절감 등을 느끼며 살아간다. 그러나 이러한 감정을 느낀다고 우울증은 아니다. 이런 감정들은 대개 그 정도가 심하지 않고 짧은 기간 동안에만 지속되기 때문이다. 그러나 우울한 기분, 비관적인 생각, 불면증, 식욕감퇴 등의 현상이 수 주에서 6개월가량 지속되면 우울증으로 간주한다. 연구에 의하면 우울증은 남성의 5~12%, 여성의 10~25%가 평생 한 번은 경험한다고 보고하고 있다.

멜랑콜리아(2011)

이런 우울증의 특징은 정서적 증상, 인지적 증상, 행동적 증상, 신체증상으로 세분화할 수 있다. 이러한 증상들이 복합적으로 나타날 때 우울장애라고 하며, 심한 상태를 '주요우울장애', 가벼운 상태를 '기분부전장애' 또는 '우울성 성격장애'라고 한다.

이전에는 우울증이라고 하면 성인의 전유물로 받아들여졌지만, 최근에는 전 연령에 걸쳐 우울증상을 호소하는 경향이 늘어나고 있다. 하지만, 연령층에 따라 나타나는 우울증의 양상은 다르다. 특히 소아·청소년에게서 나타나는 우울증을 '가면우울증(masked depression)'이라고 하는데, 그 이유는 이들에게서 보여지는 우울증상은 학교공포, 분리불안, 행동과잉, 가출, 무단결석, 학업저하, 반사회적 행동 등이 나타나 우울증상을 가리고 있기 때문이다. 또한 노인에게서 나타나는 우울증의 양상은 신체적 증상을 호소하거나 수면장애, 인지기능장애 등을 동반하는 경우가 흔하여 성인들에게서 나타나는 우울증상과는 다른 특성을 보인다.

3) 양극성장애(Bipolar disorder)

조증과 우울증이 번갈아 나타날 때 이를 양극성장애라고 한다. 이러한 양극성장애는 기분과 활동수준 장애의 삽화가 최소한 2회 이상 반복되는 경우로 어떤 삽화는 기분의 고양과 활력 및 활동의 증가(조증상태)를 나타내고, 어떤 삽화는 기분의 저조와 활력 및 활동의 감소(우울증 상태)가 나타나기도 한다. 조증상태에서 정상상태가 되었다가 우울증상태로 전환되기도 하며, 조증상태에서 우울증상태로 바로 전환되기도 한다. 드물게는 조증과 우울증이 혼합되어 나타나기도 한다.

미스터 존스(1993)

조증 증상의 일반적인 양상은 우울증에서 나타내는 증상과 정반대이다. 구체적으로 들뜨고 과대적이고 과민하며 흥분하기 쉽다. 자신의 들뜬 기분이 방해받을 때는 쉽게 화를 내고 짜증을 내는 경우가 많다. 조증상태에 있는 사람들은 지나치게 술을 과음하는 경우가 많고, 억제력의 상실로 인해 지나치게 전화를 사용하거나 어떤 경우에는 상대방의 입장을 전혀 고려하지 않고, 늦은 시간이나 새벽에 전화를 하기도 한다. 도박판에 병적인 정도로 몰두하거나 공공장소에서 옷을 벗기도 한다. 조증을 가진 사람이 종교적, 정치적, 성적 또는 피해적 사고에 몰두하여 망상에 빠지기도 하며, 드물게는 퇴행하여 대소변을 가지고 장난을 하는 경우도 있다. 조증보다 가벼운 형태를 경조증이라고 한다. 경조증은 사회적, 직업적 기능 면에서 심한 손상을 보이지는 않지만 생활기능 면에서 증상이 없었을 때는 보이지 않았던 명확한 변화를 보인다.

양극성 장애는 '심한 조증상태'와 '심한 우울증상태'가 번갈아 나타나는 양극성장애 I형과 '가벼운 조증상태'와 '심한 우울증상태'가 번갈아 나타나는 양극성 장애 II형, 그리고 순환성 장애로 구분된다.

4) 공황장애(Panic disorder)

공황장애는 불안장애의 한 유형이다. 최근 이경규, 김장훈, 차태현 등의 연예인들이 앓고 있다고 밝힘에 따라 많이 알려지게 된 장애이다. 이 장애는 이유 없이 갑자기 불안이 심해지면서 숨이 막히거나 곧 죽을 것 같은 공포를 느끼는 것이 주 증상이다. 이와 같은 공황발작이 나타나면서 심계항진, 호흡곤란, 흉부 통증, 현기증, 오한, 손발저림 등의 다양한 신체적 증상이 동반된다. 또한 공황발작이 없을 때라도 이런 증상이 다시 나타나지 않을까 하는 예기불안(anticipatory anxiety)을 경험하는 경우가 많아, 도움을 받기 어려운 공공장소나 대중교통수단 등을 두려워하는 광장공포증이 동반되기도 하고, 심할 경우에는 집안에서 꼼짝하지 못하고 외출을 전혀 하지 못하게 된다.

미쓰고(2012)

5) 성격장애

성격장애는 성격특성 자체가 부적응적이어서 증상이 지속되며, 약물치료의 효과를 얻기가 어렵다. 성격장애란 성격특성이 완고하고 비적응적이어서 개인의 사회적 · 직업적 기능에 어려움이 생기는 것을 말한다. DSM에서는 성격장애를 10가지로 구분하고 있으며, 다시 공통적으로 보이는 특성에 따라 A, B, C군집(cluster)의 세 유형으로 분류하고 있다.

A군집은 기괴하고, 엉뚱하며, 냉담한 특성을 보이는 편집성, 조현성, 조현형 성격장애가 포함되고, B군집은 극적이고, 감정적이며, 충동적이며, 변덕스러운 특성을 가지는 반사회성, 경계성, 연극성, 자기애성 성격장애가 포함되며, C군집에는 불안하고 두려움이 주된 특징을 보이는 의존성, 회피성, 강박성 성격장애가 포함된다.

양들의 침묵(1991)

5. 정신장애의 치료

정신장애에 대한 치료방법에는 크게 약물치료와 재활치료(정신재활)가 있으며, 이 두 치료방법은 대립적인 것이 아니라 보완적인 관계에 있다. 즉, 약물치료를 통해 재활치료도 가능하다. 그렇다고 약물치료만으로는 정신장애를 가진 사람들이 회복하는 데는 부족하다. 그러므로 약물치료와 재활치료를 병행하는 것이 가장 효과적이다. 여기서는 약물치료와 재활치료에 대해 살펴볼 것이다.

1) 약물치료

정신장애에 대한 약물치료에는 항정신병약물(antipsychotic drugs)이 사용된다. 여기서 '항정신병'이라는 용어는 '정신병에 대항한다'는 의미이다. 이 용어는 향정신성약물(psychotropic drug)과 발음이 비슷해서 일반인들이 듣기에 혼동되기도 하는데, '향정신성'이라는 용어는 '정신에 향한다', 즉 '정신에 작용한다'는 뜻이다(민성길, 1994). 다시 말해 향정신성약물은 '뇌에 작용하여 정상적 또는 비정상적인 정신기능에 영향을 미치는 약물'로 정의되며, 정신과에서 치료목적으로 사용하는 모든 약물을 일컫는다. 그러므로 향정신성약물 중의 한 가지가 항정신병약물이다.

과거에는 정신장애에 효과적인 약물이 없었다. 그래서 단지 환자를 가두어 두거나, 환자의 증상이 심하면 묶어 두었다. 예를 들어, 쇠사슬로 묶어 놓거나, 아주 뜨거운 물에 담가서 기진맥진하게 만들거나, 일부러 말라리아 병에 걸리게 하여 고온으로 정신병 환자를 치료하였다.

1930년대부터는 몇 가지 방법이 새로 개발되었는데, 수면제를 지속적으로 투여하여 계속 잠을 재우거나(지속수면요법), 인슐린을 혈관에 주사하여 인슐린쇼크로 며칠간 혼수상태에 빠지게 하거나, 전기충격요법을 사용하여 뇌를 일시적으로 흔들어 놓거나, 뇌수술로 뇌의 전두엽을 일부 제거함으로써 환자를 무기력하게 만드는 방법을 사용하였다. 국내에서도 1960년대까지는 주로 지속수면요법이나 인슐린쇼크요법을 사용하였다. 그러나 이러한 방법들은 환자가 다른 사람에게 피해를 입히거나 귀찮은 행동을 못하도록 하기 위하여 환자를 멍청하고 무기력하게 만드는 방법이지 실제로 환자를 치료하는 방법이 되지는 못했다.

최초의 항정신병약물은 클로르프로마찐(Chlorpromazine)[2)]이다. 이 약물은 1950년에 개발되었으며, 현재까지도 항정신병약물 중에서 가장 널리 사용되고 있다. 항정신병약물은 정신장애의 생물학적 취약성을 직접 바꿀 수는 없지만 재발에 대한 취약성을 완화시키는 역할을 한다. 정신장애는 약물을 복용하지 않을 경우 5년 내에 재발할 가능성이 70~80%에 이르며, 약물복용을 하지 않는 상황에서는 어떤 치료법도 효과를 보지 못한 연구결과들이 이를 지지하는 증거들이다. 항정신병약물의 기능으로는 첫째, 뇌의 이상(신경전달물질의 이상)이라는 생물학적 가설에 근거하여 약을 복용함으로써, 신경전달물질의 불균형을 바로 잡아 준다. 둘째, 증상을 완화시킨다. 셋째, 재발을 방지한다. 그러나 꾸준한 약물복용의 중요성에도 불구하고 약에 대한 오해와 약물에 따른 부작용으로 임의로 약의 용량을 조절하는 경우가 많다. 그러나 재발방지에 약물복용은 필수적이다.

---

2) 클로르프로마찐이라는 항정신병약물은 우연히 발견되었다. 프랑스의 제약회사에서 연구원으로 일하던 카펜티에(Charpentier)가 보다 효과적인 항히스타민제(알레르기와 천식의 치료에 사용되는 약물)를 개발하기 위하여 여러 가지 화학물질을 합성하다가 이 약물을 합성해 내게 되었는데, 처음에 목표로 하였던 항히스타민 효과는 크지 않았고, 단지 생각지 못했던 부작용들만 나타났다. 즉, 혈압과 체온이 떨어지고, 의식은 또렷한데도 몸이 뻣뻣하게 굳어지는 특이한 부작용이었다. 그래서 이 약물은 시판되지 못하고 제약회사의 한쪽에 방치되어 있었다. 그 해에 프랑스의 라보리(Henri Raborit)라는 외과의사가 이 약물의 특이한 부작용에 관심을 갖고 이것을 마취제로 사용하면 '환자가 수술 도중 쇼크로 사망하는 일을 막을 수 있지 않을까' 생각하였다. 그래서 마취제로 사용해 보았더니, 이전의 마취제보다 안전하고, 마취효과도 좋았다. 이 약물은 인도차이나 전쟁(1950년대에 월남이 프랑스를 상대로 식민지 상태에서 독립하고자 전쟁을 하였는데, 이를 프랑스에서는 인도차이나 전쟁이라고 함)에서 실제로 마취제로 사용되었다. 라보리는 수술환자들에게 클로르프로마찐을 투여하면 마취효과 외에도 '환자들이 주위에 무관심해지고, 불안감이 감소되는 현상'을 발견하였다. 그는 정신과의사들을 초청하여 자신의 연구결과를 설명하고, 환자들의 상태도 보여 주었다. 그러나 당시의 정신과의사들은 조현병이 마음의 병이라고 믿고 있었기 때문에 '약물로 조현병을 치료할 수 있다'는 사실을 믿으려 하지 않았다. 그러던 중 딜레이(Jean Delay)와 데니커(Pirre Deniker)라는 정신과의사가 심한 흥분상태에 있는 정신과 환자 10명에게 이 약을 투여해 보았으며, 그 결과를 1952년 프랑스 정신의학회 100주년 기념행사에서 발표하였다. 그들은 '환자들의 흥분이 매우 빠른 속도로 가라앉았다'고 보고하였다. 그 이후 이 약물은 전세계적으로 보급되기 시작하였다.

2) 정신재활

1995년 「정신보건법」(이후 「정신건강증진 및 정신질환자 복지서비스에 관한 법률」로 개정됨)이 통과된 이후 정신장애인을 위해 새로이 우리나라에 등장한 개념이 정신재활이다. 정신재활이론에 대해서는 정신재활모형 표 11-2 을 통해서 간단하게 설명할 수 있다(손명자, 배정규, 2003).

표 11-2 정신재활모형(정신장애가 일으키는 부정적 영향)

단계	손상 (Impairment)	기능결함 (dysfunction)	역할장애 (disability)	불이익 (disadvantage)
정의	심리적, 생리적 혹은 해부학적인 구조나 기능이 상실되거나 어떤 이상이 생긴 상태	정상이라고 생각되는 방식과 범위 내에서 활동수행능력이 제한되거나 부족한 상태	정상이라고 생각되는 방식과 범위 내에서 역할수행능력이 제한되거나 부족한 상태	어떤 개인이 정상적인 역할을 수행하는 일에 제한과 방해를 받는 불이익 상태
예	환각, 망상, 우울, 무감동	직무적응기술 부족, 사회기술 부족, 일상생활기술 부족	학교를 다니지 못함, 취업을 하지 못함, 거주지가 없음	차별화, 편견, 가난
대표적 개입법	약물치료 정신치료	재활상담 기술훈련 환경지원	직업재활상담 역할훈련 환경지원	제도 변화 권익옹호 편견 일소하기

이 모형에서는 한 개인에게 정신질환이 발생하면 네 가지 단계로 그 영향이 진행된다고 주장한다. 첫 번째 단계를 살펴보면, 이 단계에서는 심리적, 생리적 기능에 손상이 일어나거나 해부학적 구조에 손상이 일어난다. 이것은 환각이나 망상, 우울증, 무감동 등의 증상으로 나타나며, 환자는 엄청난 고통을 경험한다. 이 단계에서는 증상을 치료하기 위하여 약물치료나 정신치료가 사용된다. 하지만 아직도 증상을 완전하게 없애 주는 약물이 없기 때문에 정신장애가 발생하여 증상이 나타나면 증상만의 문제로 끝나지 않게 된다. 그 영향력은 개인의 인생 전체에 미치기 쉽다. 이 단계의 증상이 약물치료를 통하여 아무리 최적의 상태로 안정이 되었다 해도 다음 단계

들에서 일어나는 이차적인 문제들을 보완하지 않으면 시간이 지나면서 다시 악화될 수밖에 없다.

증상은 생활상의 기술을 떨어뜨린다. 잦은 입원과 퇴원을 반복하는 가운데 친구도 없어지고 사회적 접촉이 결여되므로 보거나 배울 기회가 없으며, 배운 것도 잊어버린다. 또한 사회와 단절된 생활로 인해 적절한 행동을 한 후에 보상받는 경험도 가지지 못한다. 나아가 시간이 지날수록 사회적 행동을 하는 것에 대한 자신감이 떨어지고 불안하여 사회적 상황을 피하게 되며, 이것은 스트레스를 더욱 가중시킨다. 이것이 바로 두 번째인 기능결함 단계인데, 여기에서는 직업기술이나 사회기술 그리고 일상생활기술의 결함이 드러난다. 그들은 병 전에 잘하던 활동들도 하기 어려워한다. 따라서 이 단계에서는 재활상담이 필요하며, 부족한 기술을 가르치고 훈련하며 환경적으로 이를 지원하는 것이 요구된다.

세 번째 단계에서는 역할장애가 일어난다. 즉, 학생이나 직업인이 되지 못하거나 독립적인 생활을 해내지 못하는 등 정상적인 사람으로서의 사회적 역할을 해내지 못한다. 하지만 사람은 사회에서 할 일이 있어야 삶의 가치를 느끼며 행복할 수 있는 것이다. 정신장애가 있는 사람들에게는 정상인이면 모두 갖게 되는 사회 속의 역할이 없다. 즉, 학생이거나 직업인으로서의 구실을 해내지 못하므로 그들에게는 할 일이 없다는 것이다. 그 이유는 실제 역할을 해내는 데 필요한 능력이 결여되어 있기 때문이다. 따라서 이 단계에서 필요한 재활법은 직업재활 상담과 역할을 수행하도록 하는 역할훈련, 그리고 역시 이를 지원하는 환경지원이다. 그러나 세 번째 단계에서 아무리 역할수행능력을 갖추었다 해도 사회가 그들을 낙인찍고 그들에게 일할 혹은 공부할 기회를 주지 않으면 역할수행이 불가능하다.

따라서 이 역할장애 단계는 네 번째 불이익 단계와 밀접히 관계된다. 이 단계에서는 정신장애인에 대한 사회적 편견과 차별화가 그들을 사회에서 받아들이기 힘들게 하고, 경제적인 가난은 그들이 정상적으로 살아가는 데 불리한 입장에 처하게 한다. 예를 들어, 환자가 학업을 계속하거나 직장에 나갈 능력이 있어도 현장에서 거절을 당한다. 더 심하게는 이웃에 살기를 거부한다. 따라서 경제적 빈곤은 가중되고 상황이 더 어렵게 되는 악순환이 일어나는 것이다. 그러므로 이 단계에서 해야 할 일은 가족이나 사회가 나서서 정신보건 관련 제도를 개선시키고 정신장애인 권익옹호 활동과 편견해소 활동을 하는 것이다.

여기에서 한 가지 분명하게 구분하고 넘어가야 할 점이 있다. 즉, 치료법과 재활법은 다른 것이라는 것이다. 치료는 첫 번째 손상단계에 해당하는 것이고, 나머지 세 가지 단계는 모두 재활에서 하는 일이다. 물론 치료와 재활은 서로 배타적인 것은 아니며, 상호 보완적이어서 양자가 모두 필요하다. 또한 그 경계선이 명확하게 구분되지 않으며 연속적인 특성도 있다. 이러한 이유로 재활을 치료의 연장 혹은 치료의 확장으로 보고 재활치료라고 부르기도 한다. 그러나 양자를 개념상 구분하는 것이 정신보건전문가, 가족, 그리고 무엇보다도 환자를 위해 바람직하다.

물론 네 가지 측면의 모든 서비스를 다 받는다고 해서 재발이 결코 일어나지 않는다는 말은 아니다. 연구에 의하면, 약물에 더하여 재활서비스를 제공하는 것이 훨씬 효과가 높다고 보고되고 있다. 예를 들어, 약물치료만을 받았을 때는 40%가 1년 이내에 재발되었지만, 재활서비스를 함께 받은 사람들의 경우는 재발률이 8%로 낮아졌다. 더욱이 재활서비스를 받은 환자는 자신의 삶에 대하여 만족감과 자신감을 느끼며, 취업 비율도 높아지는 등 전반적으로 삶의 질에 있어 향상되는 면을 보였다.

연습문제

01 정신장애의 원인은 무엇인가?

02 만약 당신과 가까운 사람이 정신장애를 앓고 있다면 어떻게 하겠는가?

03 정상과 이상을 판단하는 기준의 장단점은 무엇인가?

- 통계적 관점의 기준
- 주관적 불편감의 기준
- 사회적 규범의 기준
- 행동의 적응성 기준
- 전문적 기준

04 정신장애인을 위한 약물치료와 정신재활의 차이점은 무엇인가?

Chapter 12

사회행동

배울 내용

1. 사회지각(대인지각) / 2. 대인사고 / 3. 대인기술 / 4. 사회적 영향
5. 집단의 영향

학습목표

1. 사회지각의 개념을 이해한다.
2. 대인사고와 대인기술을 이해하고 실생활에 적용할 수 있는 방법을 모색해 본다.
3. 사회적 영향과 집단의 영향을 이해하고, 가장 합리적인 방법들을 모색해 본다.

사람은 누구나 다른 사람들로부터 사랑과 관심을 받고 싶어 하고, 원만한 인간관계를 형성하기를 원한다. 인간은 지극히 무력한 존재로 태어나서 부모와의 관계, 형제관계를 통해 성장을 하게 되고 더 나아가 교우관계, 직장에서의 상하관계, 결혼을 통해 부부관계를 맺으면서 살아가게 된다. 인간은 타인의 도움 없이 혼자서는 살아가기 힘들다. 따라서 서로 이해할 수 있고 사랑을 나눌 수 있는 대인접촉을 갈망하고, 그렇지 못할 경우 고독에 빠지고 그 고독에서 벗어나려고 노력한다. 그래서 사람은 각종 집단을 형성하고 그 관계 속에서 살아가는 것이다. 사람과 사람이 만나 이루는 관계는 그들에게 기쁨과 즐거움을 줄 수도 있고 고통과 괴로움을 줄 수도 있다. 원만하고 건전한 대인관계는 삶을 풍요롭게 하고 생의 의미를 부여한다. 그러나 계속되어야 할 관계가 원만하지 못하면 많은 갈등과 스트레스를 받게 된다. 즉, 인간은 사회를 형성하고 그 속에서 타인과 관계를 맺으면서 살아가게 된다. 이러한 관계 속에서 한 개인은 타인으로부터 혹은 주변 환경으로부터 영향을 받기도 하고, 반대로 영향을 주기도 하는 것이다.

1. 사회지각(대인지각)

인간을 정의하는 많은 용어 중 가장 대표적인 것은 아마도 '인간은 사회적 동물(social animal)이다'일 것이다. 인간은 태내기부터 간접적으로 사회에 속하게 되며, 태어난 후부터는 직접적으로 사회의 한 일원으로서 살아가게 된다. 일반적으로 사회가 구성되기 위한 최소한의 요건은 나와 타인, 즉 2인 이상의 사람이 있어야 한다. 사회가 구성되고 나면, 나 아닌 타인과 함께 생활을 하기 때문에 자신의 생각과 감정, 행동이 타인에게 영향을 줄 뿐만 아니라 타인의 생각과 감정, 행동으로 인해 자신도 영향을 받게 된다. 여기서 타인의 행동을 어떻게 해석하고 판단할 것인가는 매우 중요하다. 왜냐하면 대인관계 상황에서 적절하게 대처하기 위해서는 상대방의 얼굴표정이나 억양, 몸짓 등의 비언어적 신호와 언어적 신호가 어떤 의미인지를 잘 파악해야지만 그에 상응하는 행동을 할 수 있기 때문이다. 앞서 3장에서 다루어 보았듯이 외부 자극을 어떻게 해석하고 판단하는가 하는 것을 지각(perception)이라고 한다.

지각은 크게 대물지각(physical perception)과 사회지각(social perception)으로 나눌 수 있다. 사회지각 현상은 여러 가지가 있을 수 있으나 가장 중요한 것이 대인지각(person perception)인데 이것은 몇 가지 특징 때문에 대물지각과 구별된다.

첫째, 인상형성(impression formation)에 있어 일관성을 유지하려는 현상이 강하게 나타난다. 즉, 불변 항구성의 측면을 갖고 있다. 예로 사람들이 어떤 하나의 집을 지각할 때는 그 집이 넓다, 쓸 만하다, 정원이 좋다, 하지만 어쩐지 춥고 싸늘해 보인다 등의 평가를 함으로써 집 전체가 따스해 보인다든가 매력적이라든가 하는 결론을 꼭 내릴 필요가 없다. 그러나 인간이란 인상이 좋고 또 나쁘고 온화하고 차다 등의 속성을 동시에 가진다고 보지는 않는다. 이와 같은 현상은 항상 있는 것은 아니지만 대인지각에서는 대물지각보다 정도가 강하고 또 타인의 성격에 대해 보통 항구성 있는 인상형성을 하게 된다. 둘째, 내적인 상황에 대한 추측을 요구한다. 즉, 상대방의 내적 상태에 대해 직접적으로 물어보기보다는 상대방의 내적 상태에 대해 추측을 통해 판단하려고 한다. 셋째, 지각되는 대상(사람)이 관찰된다는 사실에 영향을 받는다. 즉, 누군가가 자기를 바라보고 있다고 지각되는 순간 그 대상에게 호감을 얻기 위해 평상시와 다른 행동을 나타낼 수도 있다. 넷째, 사람이란 자기의 행동을 마음대로 조작하여 거짓 정보를 줄 수 있다. 다섯째, 대인지각에는 어떤 기준점이 없다는 것이다.

이상과 같은 몇 가지 특징 가운데 우리가 인간을 자주 만난다 해도 관찰하여 파악하기 어려운 이유는 주로 둘째와 셋째 때문이라고 할 수 있다.

1) 인상형성

우리는 일상생활 속에서 어떤 사람을 만나거나 보게 되면 그 사람의 모습이나 언어 또는 행동을 보고 거의 즉각적으로 그 사람의 내적 상태, 즉 기분 · 감정(정서) · 성격(기질) 등에 대해 전반적인 인상을 형성하게 된다. 사람들은 통상 매우 제한되고 단편적인 정보에 근거하여 타인에 대한 인상을 형성함에도 불구하고, 그 사람이 갖고 있는 내부 특성에 대해 이제는 거의 모든 것을 다 파악했다는 식의 결론을 내리는 것이 보통이다(김정희 외, 2001).

우리가 한 사람을 평가하기 위해서는 그 개인이 가지는 생김새, 표정, 옷차림, 동작 등을 단서(cue)로 삼는다. 그런 단서들을 통해 그 사람이 화가 났다, 행복하다, 슬프다 또는 놀라고 있다 등으로 지각하며 온화하다, 정직하다 등으로 판단하고 타인에 대한 인상을 형성하게 되는 것이다. 그렇다면 인상형성에 대한 단서와 인상형성에 영향을 주는 요인들은 무엇일까?

(1) 단서(Cue)

어떤 사람을 직접 대면함으로써 얻을 수 있는 단서로는 그 사람의 생김새, 신체 크기, 체형, 자세, 행동(결과), 얼굴표정, 옷차림, 걸음걸이, 말소리, 동작 등이 있다. 이 단서들은 대상 인물이 자신의 인상을 좋게 하기 위해 혹은 자신의 감정이나 의도를 드러내 보이지 않도록 하기 위해 조작을 할 수도 있다. 이런 이유로 오류를 범할 수 있는데, 특히 이러한 단서들로부터 비교적 영속적인 성격특성을 추리하는 경우 오류를 범할 가능성이 더 높아진다.

(2) 판단(Inference)

우리는 인상형성 시 어떤 사람에 대해 판단을 하게 되는데, 그 판단에는 그 사람의 성격과 관련되는 것이 많다. 판단되는 인간의 속성에는 변하지 않는 속성과 변하는 속성, 외형적인 것이 있는데, 그 내용은 다음과 같다.

- 변하지 않는 속성: 능력, 신뢰성, 태도, 성격, 기질
- 변하는 속성: 기분, 감정, 노력, 의도
- 외형적인 것: 신분, 출신학교, 나이, 역할, 교육수준

(3) 중심특질이론(Central trait theory)

애쉬(Asch, 1946)는 대상의 속성에 관한 언어의 역할을 연구하였는데, 그는 한 피험자 집단에게 7개의 특성, 즉 영리하다(intelligent), 능숙하다(skillful), 근면하다(industrious), 온화하다(warm), 단호하다(determined), 실천적이다(practical), 주의 깊다(cautious)를 불러 준 후 이 특성을 가지고 있는 개인의 인상을 상징적으로 서술하게 하고, 또 다른 피험자 집단에게는 온화하다는 단어 대신 차갑다(cold)라는 말로 대치시킨 후 인상에 대해 기술하도록 하였다. 결과 그 사람 전체에 대한 인상이 크게 달라졌다는 사실이 밝혀졌다. 이처럼 사람의 특성을 나타내는 말 중에는 다른 것들에 비해 인상형성에 더 큰 영향을 갖는 것이 있는데, 이것을 중심특질이라고 한다.

오스굿(Osgood, 1957)은 인상형성에 영향을 미치는 중심특질에 관한 형용사를 줄이기 위해 요인분석을 실시한 결과 대상을 판단하는 3가지 차원으로 나타난다고 주장하였는데, 그 내용은 다음과 같다.

- 평가(Evaluation) 차원: 좋다-나쁘다, 따뜻하다-차갑다.
- 권력(Potency) 차원: 세다-약하다.
- 활동(Activity) 차원: 빠르다-느리다.

이 중에서 대인지각의 인상형성에 가장 강하게 작용하는 것이 좋다-나쁘다, 따뜻하다-차갑다의 개념을 가진 평가 차원이라는 것이 실험으로 밝혀졌다.

(4) 판단에 영향을 주는 요인들

성격, 감정들을 판단하는 많은 연구가 있지만 그 자체가 타인에 대한 정확한 판단을 하게 해 줄 수 있는가에 대한 명확한 답은 없다. 다음에 설명되는 내용은 여러 변인에 의해 영향을 받고 있는 인간을 판단하는 데 영향을 주는 요인들이다.

① 보는 사람의 마음가짐(The state of the judges)

사람들은 그의 느낌을 타인에게 투사하고 그 자신의 정서상태 때문에 특별한 사건에 더 민감한 반응을 보인다. 바틀렛(Bartlett, 1932)은 징병에 소집된 성인 남자들에게 군장교들의 사진을 평정시킨 결과, 징병과 관계없는 사람들보다 장교들을 더 위협적이고 큰 지휘력을 가지고 있는 것으로 평가한다는 사실을 발견하였다.

② 지각의 왜곡(Perceptual biases)

지각의 왜곡에는 후광효과와 논리적 오차, 긍정적 왜곡, 가정된 유사성에 의해 영향을 받게 되는데 구체적인 내용은 다음과 같다.

- 후광효과(Halo effect)

  얼굴이나 몸매가 잘생긴 사람이 타인으로부터 더 호감을 받을 것이라는 것은 많은 연구들에서 입증된 사실이다. 여기서 더 나아가 잘생긴 사람에 대해 사람들은 다른 면에서도 좋은 점을 갖고 있다고 보는 경향이 강하다. 예로 잘생긴 사람은 친절하고, 예의도 바르고, 사교적이며, 지능도 높고, 여러 면에서 유능하리라고 본다는 것이다. 이것을 후광효과라고 부른다. 후광효과는 평정요소 간의 상관관계가 낮다. 예로 생김새와 지능 간의 상관은 낮음에도 불구하고 잘생긴 사람이 지능이 높을 것으로 판단하는 경우이다.

- 논리적 오차(Logical error)

사람들은 소박한 성격관을 가지고 비과학적인 상태에서 추리하고 판단하는 경우가 많다. 그러므로 개인이 가지고 있는 한 특성으로부터 그가 가지고 있는 다른 여러 특성들을 추리하는 경향이 있다. 가령 어떤 사람이 지능이 높다고 생각하면 마찬가지로 상상력이 풍부하고, 영리하며, 활동적이고 사려가 깊고 신중한 사람으로 판단하게 된다. 논리적 오차는 후광효과와 달리 평정요소 간의 상관이 다소 높은 경우에 해당된다. 예로 지능이 높다고 해서 모두 영리할 수 없지만 보편적으로 지능이 높으면 영리하다는 것은 어느 정도 논리적으로 상관이 있기 때문이다.

- 긍정적 왜곡(Positivity bias)

사람들에게는 일반적으로 타인을 보다 긍정적으로 평가하려는 경향을 가지고 있다. 이것을 관대의 효과(leniency effect)라고도 한다.

- 가정된 유사성(Assumpted similarity)

사람들은 상대방이 나와 동일할 것이라는 관련 의식을 가지고 보는 경향이 있다. 극단적으로 대인지각에서 관찰자로서 상대방을 보는 것이 아니라 상대방 지각에 자신을 투영시켜 생각한다. 이러한 현상은 상대방의 연령, 종족, 혈통, 사회·경제적 지위가 유사할 때 일어나지만, 이러한 것에 무관하게도 발생한다. 예로 자기가 어떤 정당을 좋아한다면 남들도 좋아할 것으로 생각하고, 자신이 공격적이면 남들도 공격적이라고 생각한다. 이것은 타인을 더 잘 지각해서가 아니라 항상 사람들을 그들 자신과 유사하게 평가하기 때문이다.

③ 타인에 대한 지식(Knowledge of the others)

타인에 대한 지식이 그 사람의 성격이나 행동을 판단하는 정확성을 증가시키는 것은 사실이지만 그런 지식이 타인에 대해 정확하게 판단하는 데 방해가 되기도 한다.

더하여 그 사람이 속해 있는 집단이나 문화권에 대한 지식 또한 타인을 판단하는 데 영향을 미치게 된다. 게이지(Gage, 1952)는 피험자로 하여금 한 번도 보지 못했지만 대학생으로 생각되는 사람들을 평가시키고, 다시 실제 그 사람들을 피험자에게 보게 한 후 평가시킨 결과 전자가 훨씬 정확하게 평가했다는 것을 밝혔다.

④ 지식의 편견과 정확성(Prejudice and accuracy of perception)

편견적인 사람들은 그들의 판단에 대해 그렇지 않은 사람들보다 더 확신을 가지고 있는 것으로 알려져 있다. 예로 반유태인들은 유태인을 구별하는 데 실수가 없다고 주장한다. 따라서 편견의 정확성에 따라 지각에 도움이 될 수도 있고 방해가 될 수도 있다.

⑤ 상호작용에 대한 기대(Anticipated interaction)

미래에 자신에게 어떤 영향을 줄 수 있을 것으로 판단되는 상황에서는 그 사람에 대한 지각에 영향을 받는다. 이러한 경우 보통 긍정적인 지각을 하게 되는데 좀 더 바람직한 방향으로 인상을 형성하게 된다. 그러나 일부 학자들은 이러한 효과는 처음부터 지각하는 사람이 어떤 일치감 내지 호의감을 갖고 시작되는 관계에서만 성립된다고 주장한다.

2) 인상형성 과정

지금까지 인상형성에 영향을 주는 여러 가지 단서 및 타인을 평가하는 데 미치는 영향들에 대해 살펴보았는데, 여러 가지의 인상형성 단서가 동시적으로 들어올 때 어떻게 단일한 인상으로 통합되는 것일까? 이러한 과정을 인상형성 과정이라고 하는데, 이에 대한 이론들을 살펴보면 다음과 같다.

(1) 평균원리(Averaging principle)

평균원리란 한 사람에 대한 긍정적인 성격특성과 부정적인 성격특성을 동시에 접했을 때, 사람들은 이 특성들의 평가치를 평균하여 인상을 형성한다는 것이다(Anderson, 1965). 예로 '착하다'는 것은 매우 긍정적인 성격특성으로 +3점이고, '인내심이 있다'는 것은 비교적 긍정적인 특성으로 +2점으로 평가된다고 하였다면, 이 두 가지 점수를 평균낸 값 +2.5가 그 사람에 대한 인상형성 값이 되는 것이다.

(2) 초두효과(Primacy effect)

대상 인물에 대해 상반되는 정보가 순서적으로 제시되는 경우 먼저 제시된 정보가 나중에 제시된 정보보다 인상형성에 더 큰 영향을 주게 된다. 이처럼 먼저 주어진 정보가 나중에 주어진 정보보다 인상형성에 더 큰 비중을 차지하는 현상을 초두효과라고 한다. 초두효과가 왜 일어나는지에 대한 한 가지 설명은 먼저 주어진 정보에 의해 일단 인상이 형성되고 나면 나중에 제시되는 정보는 이 인상과 일치하는 방향으로 의미가 바뀌어져 해석되기 때문이라는 것이다. 다른 설명은 먼저 주어지는 정보에 대해서는 주의를 많이 기울이지만 나중에 주어지는 정보에 대해서는 그만큼 많은 주의를 기울이지 않기 때문이라는 주장도 있다.

3) 귀인이론

(1) 귀인의 의미

우리가 대인지각을 할 때 사용하는 단서는 주로 한정된 정보에 의한 것이다. 왜냐하면 표정, 몸짓과 같은 외부 단서나 사람들이 말하는 내부 상태 등의 단서에 의해서만 접근을 하기 때문이다. 다시 말해 우리는 외부 단서에 의해 주어진 간접적인 정보를 가지고 그의 내적인 상태를 파악하고 추리해야만 하는 경우가 많다. 그러나 귀인이론에서는 관찰자가 행동이라는 결과를 바탕으로 그 자신이나 행동자의 내적인 상황에 대한 추리를 한다고 주장한다. 즉, 어떤 행동이나 행동의 결과에 대한 원인을 추리하는 것을 귀인(attribution)이라고 한다.

(2) 귀인의 방향

귀인에는 두 가지 방향이 있다. 하나는 행위를 한 당사자에게 돌리는 것이고, 나머지 하나는 행위자 이외의 요소, 즉 환경으로 원인을 돌리는 것이다. 전자를 내부귀인(internal attribution)이라고 하는데, 여기에는 행위자의 성격, 능력, 동기, 노력 등으로 세분화할 수 있다. 원인을 환경의 탓으로 돌리는 경우는 외부귀인(external attribution)이라고 하며, 여기에는 상황, 타인, 운 등으로 세분화할 수 있다.

(3) 귀인의 원리

사람들은 일반적으로 사건이나 행동에 대한 원인을 추리하는 방식에 있어 그 사건이나 행동이 나타나기 전에 발생한 상황과 연결지어 그 원인으로 생각하게 된다. 이러한 귀인의 원리를 항상성 원리(principle of invariance)라고 한다.

켈리(Kelley, 1967)는 귀인의 원리에 대한 포괄적인 연구를 통해 공변모형을 제시하였다. 그는 사람들이 타인의 행동의 원인을 판단하는 데 있어 세 가지 요인을 고려한다고 하였는데, 일관성(consistency), 특이성(distinctiveness), 합치성(consensus)이 그것이다. 이 세 가지 요인의 높고 낮음에 따라 외부귀인과 내부귀인이 결정된다. 일관성이란 행위자가 특정한 상황에서 항상 동일한 행동을 하는가를 의미하고, 특이성이란 행위자의 행동이 특정한 자극대상이 있을 때만 나타나는가의 정보이고, 마지막으로 합치성이란 행위자 이외의 다른 사람들도 동일한 반응을 보이는가를 의미하는 것이다. 행위자의 행동에 대해 이 세 가지 요인 모두가 높게 나타난다면 외부귀인이 되고, 일관성에 대해서는 높게 나타나고 나머지에 대해 낮게 나타날 경우에는 내부귀인을 하게 된다.

(4) 귀인의 오류

사람들이 타인의 행동에 대한 원인을 판단할 때는 여러 가지 정보를 합리적이고 논리적으로 생각하는 것이 아니라, 비교적 단순하게 생각하기 때문에 판단에 오류를 범하는 경우가 많다. 귀인의 오류에는 다음과 같은 것들이 있다.

① 기본 귀인오류

사람들은 타인의 행동에 대해서는 외부귀인보다는 내부귀인을 하는 경향이 강하다. 예를 들어, 공공기관에서의 직원이 불친절하게 대할 경우 그러한 행동이 더운 날씨나 다른 상황 때문이 아니라 그 사람의 성격 때문인 것으로 판단하게 된다. 이처럼 타인의 행동의 원인에 대해 외부적 요인을 낮게 평가하고 그 사람의 내적인 특성을 과대평가하는 경향을 기본 귀인오류(fundamental attribution error)라고 한다.

② 행위자–관찰자 편향

타인의 행동에 대해서는 그 사람의 내적인 특성으로 귀인시키는 경향이 있지만, 반면 자신의 행동에 대해서는 외부귀인을 하는 경향이 강하다. 예를 들어, 수업시간에 지각한 학생에 대해 선생님은 그 학생이 게을러서 늦었다고 생각하지만, 당사자는 길이 막혀서 늦었다고 할 것이다. 이렇게 행위자–관찰자 편향(actor-observer bias)이 나타나는 이유가 무엇일까? 이에 대한 한 가지 설명은 행위자는 자신의 행동에 대해 스스로가 잘 관찰할 수 없기 때문에 외부귀인을 하는 반면, 관찰자는 타인의 행동을 직접 볼 수 있기 때문에 행위자의 특성(내부귀인)으로 귀인하게 되기 때문이라는 것이다.

③ 자아고양편파

일반적으로 사람들이 행동에 대해 평가를 할 때, 그 결과가 긍정적이면 자신에게 귀인을 하고 결과가 부정적이면 외부귀인을 하게 된다. 이러한 경향을 자아고양편파(self-serving bias)라고 한다. 이는 '잘되면 내 탓이고, 잘못되면 조상 탓'이라고 하는 우리나라 속담과 유사하다. 예를 들어, 자신이 시험을 잘 친 것은 노력을 열심히 하고 능력이 있기 때문이라고 하지만, 시험을 잘못 친 것은 운이 없었거나 문제가 너무 어려웠기 때문이라고 한다.

2. 대인사고

인간은 정보를 수동적으로만 받아들이는 존재가 아니라 능동적으로 받아들이는 존재이다. 다시 말해 인간은 세상에 의미를 부여함으로써 세상을 능동적으로 구성하는 존재이다. 특히 대인관계에서 일어나는 사건에 대해서는 인간의 의미부여기능이 더욱 활발해진다. 이처럼 인간은 대인관계 상황에서 항상 마음속으로 이러한 의미추론을 하고 있다. 대인관계상황에서 행동하기 위해서는 순간순간 대인상황과 타인의 행동에 대한 의미를 생각해야만 한다. 이렇게 대인관계에서 일어나는 사건의 의미를 추론하는 과정과 추론된 사고내용을 통칭하여 대인사고라고 부른다(권석만, 1999).

이렇게 대인관계에서 발생하는 사건의 의미를 추론하는 대인사고과정은 매우 복잡한 과정이지만 일반적으로 세 가지 과정을 통해 이루어진다. 그림 12-1 에서 보는 바와 같이 대인사고과정은 의미추론과정과 의미평가과정 그리고 대처결정과정으로 이루어진다. 이러한 과정들은 반드시 순차적이며 단계적으로 일어나는 것이 아니라 서로서로 영향을 주고받을 수 있다(권석만, 1999).

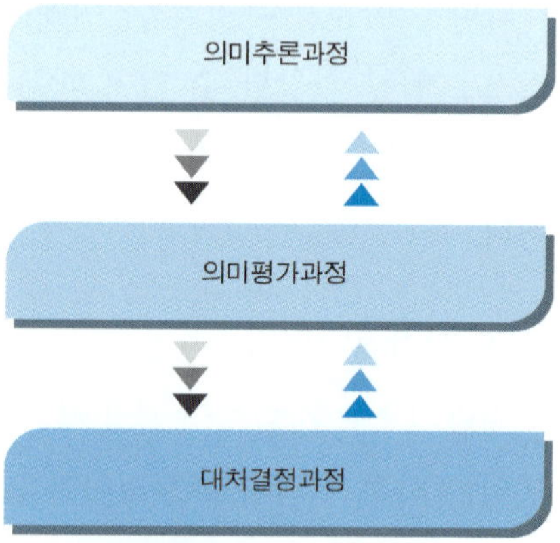

그림 12-1 대인사고의 과정

첫째 과정은 의미추론과정이다. 의미추론과정은 대인관계에서 일어나는 사건의 의미를 추론하는 일차적인 심리적 과정이다. 특정한 사건이 발생하게 된 원인에 대해 추론하거나 특정한 행동을 한 사람의 내면적 의도를 파악하는 일이 의미추론과정에서 이루어진다. 이렇게 의미를 추론하는 과정에서 여러 가지 인지적 오류를 범하게 되면 오해가 생겨나게 된다.

둘째 과정은 의미평가과정이다. 의미평가과정은 전 단계인 의미추론과정에서 파악된 의미의 긍정성과 부정성을 평가하는 과정이다. 즉, 특정한 의미로 해석된 타인의 행동이 자신에게 어떤 영향을 미치는지에 대해서 평가하는 과정을 뜻한다. 이러한 의미평가과정에서는 개인이 지니고 있는 기준 및 기대와의 비교가 일어나게 된다. 이러한 과정에서 대인신념의 내용들이 평가기준으로 작용하게 된다. 의미평가과정을 통해서 우리는 사건이나 타인에 대한 대인감정을 느끼게 된다.

셋째 과정은 대처결정과정이다. 대처결정과정은 대인상황에서 자신이 어떻게 행동하여 대처할 것인가를 판단하고 결정하는 심리적 과정이다. 이러한 결정과정에서 자신이 동원할 수 있는 대처자원을 평가하고 가능한 대처방법을 고려하여 선택하는 판단이 이루어지게 된다. 이러한 판단내용에 따라서 대인행동이 결정되는 것이다.

3. 대인기술

우리는 대인기술이 부족하면 다른 사람들과 사회적 관계를 맺거나 사회적 역할을 수행하는 데 어려움을 경험하게 되며, 특히 대인관계 문제를 잘 해결하지 못함으로써 스트레스를 받게 된다.

인간관계를 성공적으로 이끌어 갈 수 있는 사교적 능력을 대인기술(interpersonal skill)이라고 한다. 즉, 대인기술은 자신의 대인목표를 달성하기 위해 언어적 또는 비언어적 행동을 통해 구사할 수 있는 대인능력을 의미하며 사회기술(social skill)이라고 부르기도 한다(권석만, 1999). 넓은 의미의 사회기술은 의사소통기술과 문제상황 해결기술을 함께 포함하는 개념이나, 일반적으로는 의사소통기술을 사회기술과 같은 개념으로 사용하고 있다. 다시 말해 '사회기술이란 대인관계에서 상황에 맞게 의사소통하는 기술'로 정의되고 있다(권석만, 1999; 김철권, 1995; Bellack et al., 1997).

대인기술은 크게 비언어적 대인기술과 언어적 대인기술로 나누어 볼 수 있다. 우리는 일상생활에서 말에 의한 언어적 대인기술보다는 비언어적 대인기술을 더 많이 사용함에도 불구하고 그 중요성에 대해서 크게 생각하지 않는 경향이 있다. 연구결과에 의하면 의사소통에서 언어적 대인기술은 35% 정도를, 비언어적 대인기술은 65%를 차지한다는 보고가 있다(주삼환, 명제창, 1992). 이 결과는 의사소통에서 비언어적 의사소통이 상당히 중요하다는 것을 말해 준다. 지금부터 각각에 대해 살펴보면 다음과 같다.

1) 비언어적 대인기술

의사소통을 할 때 말과 더불어 나타나는 행동들이 비언어적 대화기술이다. 동양문화권에 속하는 한국사회는 서구사회에 비해 언어적 행동보다는 비언어적 행동을 통해 의사소통을 하는 비언어적 문화를 지니고 있다. 따라서 비언어적 행동을 잘 구사하여 자신의 의사를 표현하는 기술이 중요할 뿐만 아니라 비언어적 행동에 의해서 표현되는 타인의 의도와 감정을 잘 파악하는 것이 매우 중요하다. 이러한 능력을 '눈치'라고 하는데, 특히 한국사회에서는 비언어적 행동과 눈치를 통해 의사소통이 이루어지는 경우가 많으므로 비언어적 대인기술을 잘 이해할 필요가 있다.

표 12-1 비언어적 대인기술

종류	적절한 사용
시선접촉	• 상대방의 눈언저리를 본다. • 가끔 눈을 마주친다.
얼굴표정	• 감정상태에 따라 미소를 짓거나, 찡그리거나 심각한 표정을 짓는다. • 상황에 맞는 적절한 표정을 짓는다.
자세	• 상대방을 향하여 편안하고 바른 자세를 취한다. • 상대방과 적절한 거리를 유지한다.
제스처	• 상황에 맞게 고개를 끄덕이거나 적절한 손동작을 사용한다.
목소리: 크기, 높낮이, 빠르기	• 상대방이 알아들을 수 있는 크기로 분명하게 말한다. • 자연스러운 억양을 사용하여 적절한 빠르기로 이야기한다.

출처: 박상규 외(2001). 조망지향적 사회기술훈련. 정신재활. p.123.

비언어적 대화기술에는 시선접촉, 얼굴표정, 자세, 제스처, 목소리 크기, 거리, 태도, 자신감 등이 포함되는데, 요약하면 표 12-1 과 같다.

2) 언어적 대인기술

인간의 의사소통에 있어, 비언어적 대인기술도 중요하지만 주된 의사소통의 통로는 언어이다. 언어는 인간의 내면적인 상태와 의도를 전달하는 가장 효과적이고 강력한 의사소통수단이다. 언어적 대인기술은 언어적 내용을 말로써 전달하는 것으로, 언어적 내용에는 말의 내용, 말의 양, 말의 이해성, 말의 적절성 등이 있다. 구체적으로 경청하기, 물어보기, 거절하기, 도움 구하기, 화난 감정 표현하기, 칭찬과 고마움 표현하기 등으로 나눌 수 있는데, 그 내용은 다음과 같다(박상규 외, 2001).

(1) 경청하기

상대방의 이야기를 경청하는 것은 모든 대화에서 가장 중요한 태도이다. 왜냐하면 상대방의 이야기를 듣고 그 의도와 의미를 파악하여 적절하게 반응하기 위해서는 경청을 잘해야 하기 때문이다. 그러므로 상대방의 이야기를 진심으로 이해하려고 노력하는 태도를 가지고 있어야 한다.

(2) 물어보기

상대방의 이야기를 들으면서 잘 이해되지 않는 부분에 대해 묻거나, 필요한 정보를 구할 때 사용할 수 있는 방법으로 대화에서 빈번하게 사용된다. 질문을 어떻게 하느냐가 대화의 성패를 좌우할 수도 있다.

(3) 거절하기

상대방의 요구가 부당하거나 자신의 의도와 다를 때 거부의사를 밝히는 것이다.

거절을 할 때 먼저 거절하는 이유를 설명해야 한다. 만약 상대방에게 타당한 요구를 했음에도 불구하고 계속된다면 단호하게 말하는 것이 필요하다. 이럴 경우에도 상대방을 바라보면서 단호한 표정과 자세를 갖추는 것이 중요하다.

(4) 도움 구하기

다른 사람에게 도움을 구할 때는 상대방을 바라보면서 얼굴표정을 부드럽게 하고, 목소리를 명확하게 하여 자신감 있는 태도를 보여야 한다. 도움을 구해야 할 경우 "만약 당신이 ~를 해 준다면, 정말 고맙겠다"와 같은 구절을 사용하는 것이 도움이 된다. 도움을 구할 때도 비언어적 대인기술이 중요하다.

(5) 화난 감정 표현하기

기분이 나쁘거나 화가 난 경우에 화난 감정을 상대방에게 표현하기는 어렵다. 그러나 화난 감정을 표현하는 것이 대인관계에 부정적인 것만은 아니다. 오히려 화난 감정을 적절하게 표현하는 것이 말다툼이나 더 나쁜 감정이 일어나는 것을 예방해 주기도 한다. 화난 감정을 표현할 때도 상대방에게 시선을 맞추고 단호한 태도로 말해야 한다. 더불어 목소리, 얼굴표정과 같은 것도 상황에 맞게 적절하게 나타내야 한다.

(6) 칭찬과 고마움 표현하기

다른 사람들로부터 인정받고, 칭찬받고 싶어 하는 것은 모든 사람들의 바람이다. 그러나 사람들은 다른 사람을 칭찬하는 것에 익숙하지 않고, 칭찬하는 것에 인색하다. 또한 남의 칭찬을 받아들이는 것에도 익숙하지 않아서 적절한 반응을 하지 못한다. 칭찬하고 고마움을 표현하는 경우에는 사실에 근거해서 구체적으로 해야 한다. 이때에도 비언어적 요소를 고려해야 한다.

글상자 나-전달법(I-Message)

나-전달법(I-Message)은 타인이 자신의 욕구충족을 방해해서 자신에게 문제가 생겼을 때 자신의 경험이나 감정을 타인에게 솔직하게 표현하는 방법이다. 이때 말하는 사람은 타인을 비난하지 않고 자신의 감정을 솔직하게 표현하게 됨으로써 타인은 방어적이 되지 않고 말하는 사람을 도와야겠다는 책임감을 갖게 된다. 다시 말해 나-전달법은 자신의 현재 느낌, 생각, 바램을 타인에게 솔직하고 진지하게 전달하는 것이다. 이에 비해 말하는 사람이 타인에게 명령, 지시, 경고, 훈계 등의 말을 많이 하게 되는데, 이를 너-전달법(You-Message)이라고 한다. 엄마가 이야기를 하고 있는데, 아이가 시끄럽게 떠들고 있을 때, 나-전달법과 너-전달법의 예를 살펴보면 다음과 같다.

너-전달법: "엄마가 이야기하는데 조용히 안하면 혼날 줄 알어"
나-전달법: "엄마가 이야기 할 때 네가 큰소리로 말하면 상대방의 소리가 잘 안들려서 엄마는 답답하단다."

이처럼 나-전달법은 타인의 행동에 대한 자신의 느낌을 설명하기 때문에 타인을 탓하지 않는다. 이러한 나-전달법의 원칙은 표 12-2 , 나-전달법과 너-전달법의 전달과정은 그림 12-2 와 같다.

표 12-2 나-전달법의 원칙

- 타인의 어떤 행동에 대해 서술한다.
- 그 행동이 당신에게 미치는 구체적인 영향에 대해 서술한다.
- 타인의 행동이나 또는 구체적인 영향에 대한 당신의 감정과 느낌을 서술한다.

예: "내가 저녁뉴스를 보고 있는데 네가 떠들면(행동), 나는 뉴스에서 무슨 소리를 하는지 들을 수 없어서(영향), 짜증이 난다(감정)"
예: "네가 방 청소를 하지 않으면(행동), 내가 치워야 하고 힘들기 때문에(영향), 화가 난다(감정)"
예: "네가 쓰레기를 치워주니(행동), 나의 일이 줄어들어(영향), 기분이 좋구나(감정)"

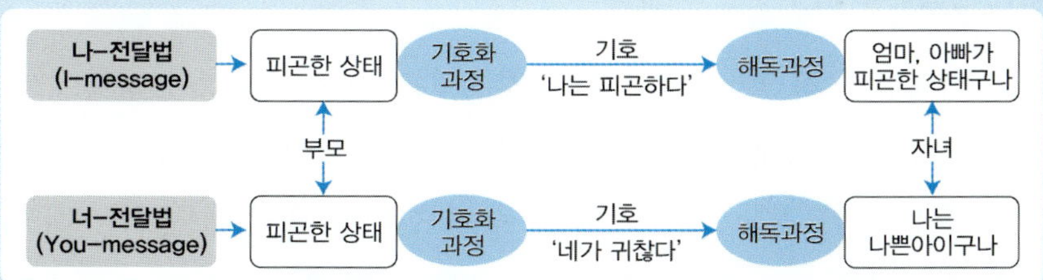

그림 12-2 나-전달법과 너-전달법의 과정 비교

3) 부적응적 대인기술

앞에서 우리는 인간관계를 성공적으로 이끌어 갈 수 있는 사교적 능력인 대인기술(interpersonal skill)에 대해 살펴보았다. 이처럼 대인관계에서 대인기술이 필요함에도 불구하고 대인기술의 문제로 부적응을 경험하는 사람들이 많은데, 여기에는 크게 대인기술 미숙형과 대인기술 억제형으로 구분할 수 있다(권석만, 1999).

(1) 대인기술 미숙형

대인기술 미숙형은 성장과정에서 적절한 대인기술을 습득하지 못한 사람들이다. 이런 사람들은 언어적 또는 비언어적 기술이 부족하여 대상과 상황에 적절하게 행동하지 못한다. 따라서 다른 사람과 친밀한 관계를 맺고 싶은 대인동기는 강해도 대인기술의 미숙으로 원하는 대인관계를 맺지 못한다. 대인기술 미숙형은 타인이 호감을 느끼도록 자신을 나타내지 못하고 타인의 행동에 적절하게 반응하지 못한다. 예로 사람을 만나면 무슨 말을 해야 할지 적절한 화제를 찾지 못하고 자신의 의사를 명료하고 정확하게 표현하지 못하는 사람이 있다. 또한 상대방의 이야기를 진지하게 경청하지 못하고 화제를 자기 멋대로 돌리거나 부적절한 화제를 내놓는 사람도 있다. 때로는 만나는 상대나 상황에 부적절한 옷차림새로 인해 상대방에게 거부감이나 불쾌감을 주는 사람도 있다. 이렇듯 대인기술이 미숙한 사람은 다른 사람에게 호감을 주지 못하게 되므로 관심을 받지 못하거나 거부당하게 된다.

(2) 대인기술 억제형

대인기술 억제형은 적절한 대인기술을 갖추고는 있으나 특정한 상황에서 이러한 기술이 억제되어 적절한 대인행동을 하지 못하는 사람들이다. 흔히 대인기술이 억제되는 주된 이유는 심한 긴장, 불안, 두려움 등의 심리적 요인 때문이다. 대인기술 억제형에 속하는 사람은 가족이나 친한 친구와 같이 익숙하고 편안한 대상에게는 자기

표현도 잘하고 상대방에 대해서 적절한 대인행동을 나타낸다. 그러나 익숙하지 않고 위협적인 상황, 예를 들어 낯선 사람을 만나 부탁을 해야 하는 상황, 낯선 이성을 만나는 상황, 자신이 평가되는 면접상황, 여러 사람 앞에서 발표를 해야 하는 상황 등에서는 긴장되고 불안하여 적절한 행동을 하지 못한다. 말을 더듬고 할 말을 찾지 못하거나 당황하여 횡설수설하는 등 자기표현을 제대로 하지 못할 뿐만 아니라 손발이 떨리고 땀이 나고 몸이 굳는 등 심한 긴장과 불안을 경험하게 된다. 따라서 이러한 상황을 두려워하여 회피하게 된다.

대인기술은 태어나서 자연스럽게 학습되기도 하지만 의식적인 노력을 통해 개선되고 향상될 수 있는 것이다. 그러므로 대인기술에 필요한 기술들을 찾고, 그것을 자기의 것으로 소화시키는 노력이 필요하다고 할 수 있다.

4. 사회적 영향

인간은 사회에 속해 살면서 알게 모르게 자신을 둘러싼 환경으로부터 영향을 받는다. 예를 들어, 요즘 젊은 세대들은 아이돌 스타의 영향을 받아 그들을 따라 하고, 유명 개그맨이 한 말은 유행어가 되어 많은 사람들이 사용하고 있다. 또한 정치적 결정과 국가에서 제정한 제도나 사회적 규범 등에 영향을 받을 뿐만 아니라 그런 결정에 투표를 통해 영향을 주기도 한다. 이처럼 한 개인은 타인으로부터 혹은 주변 환경으로부터 영향을 받기도 하고 반대로 영향을 주기도 한다. 여기서는 서로 간에 영향을 주고받는 과정에 대해 살펴보고자 한다.

1) 동조

인간은 누구나 자기 스스로 생각을 하고 판단해서 행동을 한다고 믿는다. 하지만 우리는 항상 자신의 의지대로 생각하고 행동하지는 않는다. 예전 TV에서 모두가 '예'라고 할 때 '아니오'라고 하고, 모두가 '아니오'라고 할 때 '예'라고 할 수 있어야 한다라는 내용의 광고를 한 적이 있다. 과연 여러분은 모두가 '예'라고 할 때 '아니오'라고 할 수 있는가?

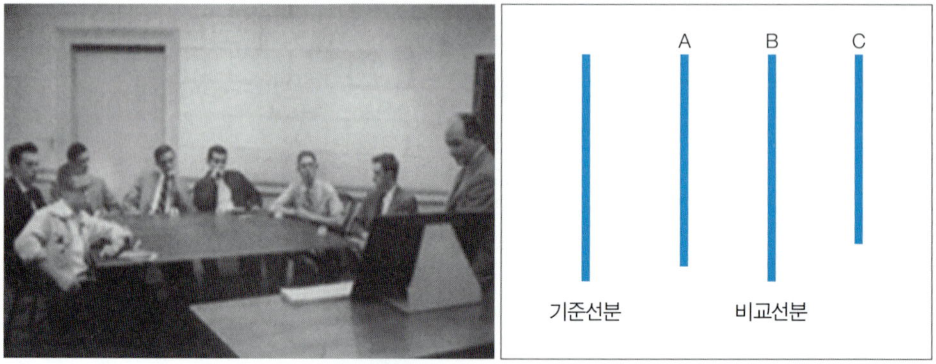

그림 12-3 **애쉬의 동조실험**

동조(conformity)란 자신의 의지와는 상관없이 다른 사람들의 신념이나 기준에 따라 행동하려는 현상을 의미한다. 동조에 대한 유명한 연구로 애쉬(Asch)의 실험이 있다 그림 12-3 . 그는 실험에 참여한 피험자에게 기준선분과 비교하여 길이가 같은 선분을 A, B, C 선분에서 찾아보도록 하였다. 실험에 참여한 피험자는 모두 7명이었지만, 그중 6명은 실험자의 조수로서 가짜 피험자였다. 실제 피험자는 순서상 맨 마지막에 대답을 하도록 배치되었으며, 누가 봐도 정답은 B선분이지만, 앞의 6명은 모두 A선분이 기준선분과 같다고 대답하였다. 실험의 결과는 전체 피험자 중 33%가 다른 피험자들과 같이 A선분이 기준선분가 같다고 대답하였는데, 이들에게 실험이 끝난 후 개별적으로 질문을 하였을 때는 모두가 B선분이 기준선분과 같다고 정확한 답을 하였다. 이처럼 사람들은 공개적인 상황에서 자신의 생각대로 행동하기보다는 다수의 입장에 따라 행동하려는 경향이 있다.

그렇다면 사람들이 동조를 하게 되는 이유는 무엇일까? 그 이유는 대개 두 가지로 설명되는데, 첫 번째는 결정을 내리기 애매한 상황에서 타인의 행동이 유용한 정보가 되기 때문이다. 예를 들어, 요즘 우리 주변에 많이 있는 패밀리 레스토랑을 처음 가 본 사람들은 주문을 하는 것이나 음식을 먹는 방법에 익숙하지 않을 것이다. 그때 다른 사람들이 어떻게 주문하고 먹는가를 보면서 따라 하게 되면 도움이 되기 때문이다. 두 번째는 사람들은 타인으로부터 거부당하거나 존중받지 못하는 것에 대한 두려움을 가지기 때문이다. 우리는 흔히 차를 마시러 가서 '모두 다 커피'라고 하거나 음식점에 가서 메뉴를 정할 때 통일하자는 말을 한다. 여러 사람이 차를 주문할 때 몇 명이 커피라고 하면, 나는 다른 차를 마시고 싶지만 나도 커피라고 하게 된다. 괜히 나만 다른 차를 시키게 되면 집단에서 따돌림 당하지 않을까 하는 두려움이 있기 때문에 동조를 하게 되는 것이다. 하지만 동조현상은 그 집단 내에서 한 사람이라도 다른 의견을 제시하게 되면 크게 감소한다. 애쉬의 실험에서도 가짜 피험자 중 한 명이 정답을 이야기하였을 때 진짜 피험자의 동조량이 크게 떨어지는 것으로 나타났다.

2) 복종

복종(obedience)이란 다른 사람의 명령이나 의사, 또는 규칙 따위에 어긋남이 없이 그대로 따르는 것을 말하는데, 주로 상대방의 권위나 권력에 의해 일어난다. 복종은 상대방의 명령이나 의사가 자신의 의사나 규범에 맞지 않더라도 따르는 것을 말한다.

밀그램(Milgram)은 사람들이 권위에 대해 복종하는 것을 잘 보여 주는 실험을 하였다 그림 12-4 . 그는 실험에 참여한 피험자에게 처벌이 학습이 미치는 효과를 알아보기 위한 연구라고 설명을 하고, 두 명이 한 조가 되어 한 명은 '선생'의 역할을 하고, 다른 한 명은 '학생'의 역할을 하게 될 것이라고 하였다. 학생은 단어를 암기하여야 하고, 선생은 학생이 틀리면 전기충격을 주는데, 틀릴 때마다 강도를 높여야 한다고 하였다. 전기충격은 15V에서 시작하여 최고 450V까지 사용할 수 있었다. 두 명의 피험자 중 학생 역할을 맡는 사람은 실험자의 조수가 되도록 하고, 실제 피험자는 선생 역할을 맡도록 조작을 하였다. 실험이 진행이 되면 학생은 계속 오답을 하게 하였고, 선생은 실험자로부터 전기충격을 계속해서 높이도록 지시를 받았다. 하지만 실제로 학생에게 전기는 통하지 않았고, 강도가 높아질수록 비명을 지르는 것은 사전에 녹음이 된 것이었다. 전기충격의 강도가 높아질수록 학생은 전기충격을 멈추어 달라고 소리를 쳤고, 선생 역할을 맡은 피험자는 계속해서 진행하도록 실험자의 지시를 받았다.

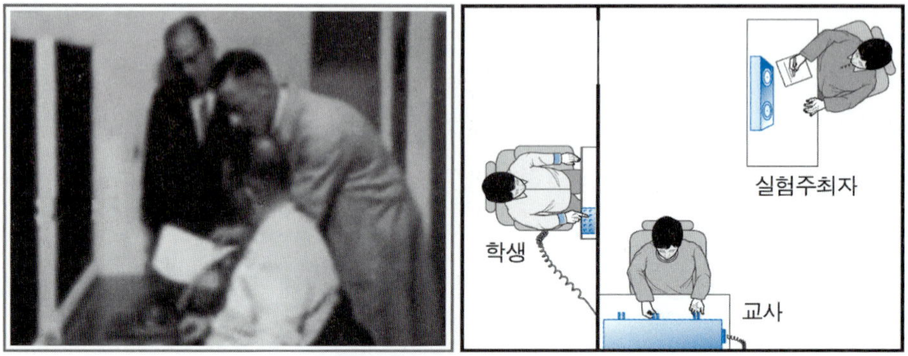

그림 12-4 **밀그램의 복종실험**

실험의 결과는 놀라웠다. 실험에 참여한 피험자 중 63%가 실험자의 지시에 따라 최대 강도인 450V까지 전기충격을 주었다. 이는 실험실에서 피험자는 실험상황에서 권위자라고 할 수 있는 실험자의 지시에 따라 행동한 것이다. 2차 세계대전 당시 히틀러의 명령에 따라 유태인을 학살한 행위나 캄보디아의 킬링필드에서 일어난 학살 등 복종에 의한 행동은 커다란 사회적 파장을 가져올 수도 있다. 복종현상은 명령을 내리는 사람이 바로 옆에 있거나 권력을 가진 사람이라고 생각할 때 더욱 두드러지게 나타나지만, 명령에 불복종하는 사람이 있을 때는 줄어든다.

3) 도움행동

혹시 당신은 길을 가다가 누군가 도움을 필요로 하는 상황을 경험해 본 적이 있는가? 구체적으로 지하철 혹은 버스에서 갑자기 사람이 쓰러지거나 길가에서 교통사고가 난 장면을 목격한 경험이 있는가? 이때 당신은 어떻게 행동했는가? 그 장면에서 그들을 도와주려고 적극적인 행동을 하였는가, 아니면 모른 척하고 그냥 지나쳤는가?

이처럼 도움이 필요한 상황에서 우리가 그들을 돕지 않고 왜 한발 물러서게 되는지를 설명할 수 있는 심리학적 개념이 바스테드 효과(Bystander effect) 혹은 방관자 효과(Genovese Syndrome)이다. 방관자 효과는 다수가 모여 있을 때 개인들이 오히려 행동을 주저하게 되는 현상을 말한다. 즉, 누군가 도움을 필요로 하는 상황에 많은 사람들이 있으면 그들을 도와주는 사람이 많을 것 같은데 오히려 아무도 나서지 않는 경우가 많다는 것이다. 이러한 현상에 대한 연구는 1964년 뉴욕에서 발생한 "키티 제노비스(Kitty Genovese) 사건"이 그 계기가 되었다.

38 Watched Murder--And Did Nothing

그림 12-5 키티 제노비스(Kitty Genovese)와 사건에 대한 신문기사 내용

이 사건은 1964년 3월 13일 새벽, 당시 28세였던 키티 제노비스(Kitty Genovese)는 뉴욕 퀸즈에 있는 자신의 아파트 근처에서 집으로 귀가 중이었는데, 그 때 윈스턴 모즐리(Winston Moseley)라는 남성이 그녀를 공격하기 시작하였다. 제노비스는 도와 달라고 소리치며 저항했지만 공격은 계속되었고, 그녀는 결국 치명상을 입고 사망하였다. 이 사건이 주목을 받게 된 이유는 바로 그 당시 현장에 있던 목격자들의 반응 때문이었

다. 당시 보도에 따르면, 최소 38명의 이웃이 제노비스의 비명 소리를 들었거나 사건 현장을 목격하고 있었지만 어느 누구도 적극적으로 개입하지 않았고, 경찰 신고도 늦게 이루어졌다. 이러한 목격자들의 침묵과 무관심은 대중에게 큰 충격을 주었고, 사회적으로 큰 논란을 불러일으켰다.

이 사건 이후, 심리학자들은 사람들이 왜 이러한 위급 상황에서 아무도 도움을 주지 않는지에 대해 관심을 가지기 시작하였고, 그 결과 방관자 효과라는 개념이 탄생하게 되었다. 이는 사람이 많을수록 책임감이 분산되어 개개인의 행동을 주저하게 되는 현상을 설명하는 중요한 이론이 되었다.

(1) 달리와 래타네의 방관자 효과 실험

1968년 사회 심리학자 존 달리(John Darley)와 빕 래타네(Bibb Latane)가 한 실험은 키티 제노비스 사건을 바탕으로, 사람들이 비상 상황에서 왜 행동을 주저하는지를 이해하기 위한 것이었다. 결과 달리와 래타네는 실험 참가자들의 비상 상황에 놓인 사람을 돕는 확률이 그 상황에 있는 다른 사람들의 수에 따라 어떻게 달라지는지를 밝혀냈다.

① 실험 1: 응급 상황에서의 반응

첫 번째 실험에서 참가자들은 각자 다른 방에 앉아 마이크를 통해 다른 참가자들과 대화를 나누고 있었다. 여기서 '다른 참가자들'은 사실 모두 녹음된 목소리였고, 실험 참가자는 혼자 있었다. 대화 도중에 한 참가자가 발작을 일으키는 듯한 소리를 내며 도움을 요청하는 상황이 발생하게 되었다.

실험 결과, 참가자 혼자 그 상황에 노출된 경우, 약 85%는 즉시 도움을 요청하였고, 참가자가 다른 1명과 함께 있는 경우 62%, 참가자가 5명이었을 때에는 오직 31%만이 도움을 요청하는 것으로 나타났다.

② 실험 2: 연기 실험

두 번째 실험에서는 참가자들이 설문지를 작성하고 있는 동안, 방 안에 연기가 들어오기 시작하였다. 이때 실험자들은 방에 있는 '다른 배우(연구자)'들이 이것에 대해 아무 반응을 보이지 않도록 설정해 두었다.

실험 결과, 참가자가 혼자 방에 있는 경우, 75%의 참가자가 연기를 보고 즉시 방을 나와 도움을 요청하였다. 하지만 참가자가 다른 두명의 배우(연기자)와 함께 있는 경우, 오직 10%의 참가자만이 연기에 대해 경고를 하였다. 즉, 대부분의 사람들은 다른 사람들이 연기에 대해 아무 반응을 보이지 않자 자신도 상황을 심각하게 인식하지 않은 것이다.

(2) 방관자가 되는 원인과 극복

키티 제노비스(Kitty Genovese) 사건을 계기로 시작된 달리와 래타네의 실험들은 방관자 효과를 이해하는데 중요한 기여를 하였다. 다시 말해 사람이 많을수록 책임감이 분산되어 행동을 미루게 된다는 것을 실험적으로 입증을 한 것이다. 이 연구는 이후 많은 다른 연구와 실험의 토대가 되었으며, 비상 상황에서 어떻게 대응해야 할지에 대한 인식 제공에 큰 영향을 미쳤다.

표 12-3 방관자 효과의 원인

구분	내용
책임감 분산	많은 사람들이 있을 때, 우리는 '내가 아니더라도 누군가가 도와주겠지?'라는 생각을 하게 된다. 이로 인해 개인이 느끼는 책임감이 줄어들고, 결국 아무도 행동을 하지 않게 된다.
동조의 압력	다른 사람들이 행동하지 않으면 나도 굳이 행동할 필요성이 없다고 느끼게 된다. '다른 사람들도 가만히 있는데, 괜히 내가 나서서 이상한 사람으로 보이면 어떻하지?'라고 생각을 하게 된다는 것이다. 즉, 집단 속에서 개인이 다르게 행동하는 것에 대한 부담감을 느껴, 다른 사람들이 개입하지 않을 때 그들과 다르게 행동하는 것이 어려워 방관할 수 있다는 것이다.

구분	내용
평가의 염려	도움이 필요한 상황에서 나서다가 상황을 잘못 판단하거나 다른 사람들로부터 비판을 받을까 두려워하는 심리도 작용할 수 있다. 이 때문에 적극적으로 개입하지 않고 방관하는 태도를 취하게 되는 것이다.
상황의 모호성	어떤 상황에서 누군가가 정말로 도움이 필요한지 확신하지 못할 때, 우리는 주저하게 된다. '이게 진짜 긴급한 상황일까?', 내가 괜히 나섰다가 더 큰 문제를 만들지는 않을까?' 라고 생각하는 것이다.
사회적 영향	사람들은 다른 사람들의 행동을 관찰하고 그에 따라 자신의 행동을 조정하는 경향이 있다. 주변 사람들이 아무런 행동을 하지 않으면, '이 상황이 그렇게까지 심각하지는 않은가 보다' 혹은 '굳이 내가 나서지 않아도 되겠지'라고 판단을 한다는 것이다.

이처럼 방관자 효과가 나타나게 되는 이유는 다양한데, 이런 방관자 효과를 극복하는 방법으로는 첫째, 책임감에 대한 인식을 가지도록 하는 것이다. 비상 상황에 다수가 있을 때에도 '내가 아니면 아무도 나서지 않을 수 있다'는 생각을 가지도록 하는 것이다. 실제로 누군가 먼저 행동을 취하게 되면 다른 사람들도 뒤따라 도울 가능성이 높아지게 된다. 둘째, 행동의 선도자가 되어야 한다. 다른 사람들이 주저할 때, 당신이 먼저 행동에 나서는 것도 하나의 방법이다. 이는 다른 사람들에게도 영향을 미쳐 긍적적인 변화를 이끌어 낼 수 있다. 셋째, 상황을 명확하게 하는 것이 중요하다. 상황이 모호할 때 '도움이 필요하신가요?'라고 직접적으로 물어보는 것도 좋은 방법이다. 이러한 명확한 질문을 통해 상황을 정확하게 파악하고, 필요한 도움을 제공할 수 있기 때문이다. 넷째, 도움을 요청할 때 구체적으로 도움을 요청하는 것이 좋다. 비상 상황에서 다수의 사람들을 향해 '도와 주세요'라고 말하는 것보다 '저기 검정색 모자를 착용하신 분 혹은 흰색 옷을 입으신 분, 좀 도와주세요'라고 한다면, 도움 요청을 받은 사람의 경우 책임감에 대한 인식을 가지고 행동을 할 가능성이 높아지게 된다.

5. 집단의 영향

1) 사회적 촉진과 사회적 태만

사람은 어떤 일을 수행할 때 혼자서 할 때보다 여러 명이 함께 할 때 더 나은 수행을 보인다. 이처럼 타인의 존재가 개인의 수행능력에 긍정적인 영향을 미치는 것을 사회적 촉진(social facilitation)이라고 한다. 트리플렛(Triplett)은 사이클 선수가 경주를 할 때 혼자 트랙을 달린 경우보다 여러 명이 함께 달리며 경주를 할 때의 기록이 더 높게 나타나는 것을 발견하였고, 이후의 여러 유사한 연구에서도 같은 결과를 얻었다. 이처럼 사회적 촉진이 일어나는 이유는 타인의 존재가 긴장의 수준을 높이고, 높아진 긴장이 과제를 수행하는 데 도움을 주기 때문이다.

그러나 타인의 존재가 항상 개인의 수행능력을 높여 주는가? 하는 물음에 대답하는 것은 쉬운 일이 아니다. 후속의 다른 연구들에서는 타인의 존재가 오히려 개인의 수행능력을 떨어뜨리는 결과를 나타내기도 하였다. 이를 사회적 억제(social inhibition)라고 한다. 그렇다면 언제 타인의 존재가 개인의 수행을 높이고, 언제 떨어뜨리게 되는가? 이 질문에 대한 답은 '개인이 수행하는 과제의 난이도에 따른다'는 것이다. 사회적 촉진에 대한 초기 연구에서 사용한 과제는 비교적 쉬운 과제였으나, 후기 연구에서 사용한 과제는 어려운 과제였다. 즉, 과제의 난이도가 낮거나 익숙한 과제라면 수행능력을 높이지만, 난이도가 어렵거나 생소한 과제라면 수행능력을 떨어뜨리게 된다.

집단 속에서 일을 하는 것이 수행능력을 높이는 반면, 집단 속에서 함께 과제를 수행할 때 개별적으로 할 때보다 덜 열심히 하게 되는 경우도 있다. 예를 들어, 수업시간에 그룹과제를 해 본 경험이 있다면 알 수 있듯이, 그룹에 속한 구성원 중에서 열심히 하는 사람도 있지만, 그렇지 않은 사람도 있다. 이처럼 집단 속에서 일을 할 때 개인의 수행능력이 떨어지는 경우를 사회적 태만(social loafing)이라고 한다. 사회적 태만은 과제의 난이도와는 관계없이 일어난다. 이는 집단의 과제 수행에서 개인이 얼마나 열심히 하였는지 평가하기 어려운 상황에서 나타나기 쉽다. 우리는 보통 집단에 속해 있을 때 '나 하나쯤이야'라고 생각하는 경우가 많고, 이때 개인은 과제에 대한 책임감을 덜 느끼게 되어 최선을 다하지 않게 된다. 위의 그룹과제의 예에서 볼 수 있듯이, 그래서 학생들은 대체적으로 그룹과제를 좋아하지 않는다.

2) 집단극화

개인이 의사결정을 함에 있어서도 집단의 영향을 받게 된다. 모스코비치와 자발로니(Moscovici & Zavalloni, 1969)의 연구에서 대학생들에게 사회문제에 대하여 토의를 하게 한 다음, 그 문제에 대한 그들의 입장을 토론 전과 후로 비교해 보았는데, 집단토의를 한 후 학생들은 기존에 가지고 있던 자신들의 입장을 더욱 강화하는 것으로 나타났다. 즉, 긍정적인 입장을 가지고 있던 학생은 더 긍정적으로, 부정적인 입장을 가지고 있던 학생은 더 부정적으로 되었다(윤가현 외, 2012). 이와 같이 집단토론을 하고 난 뒤 기존에 가졌던 입장 쪽으로 더 극단화되는 현상을 집단극화(group polarization)라고 한다. 요즘 대중매체에서 많이 방영하고 있는 100분 토론, 심야토론, 끝장토론 등 여러 가지 토론 프로그램을 보면, 한 주제에 대해서 각각의 서로 다른 입장에 있는 사람들과 청중들이 나와서 의견을 이야기한다. 프로그램의 목적은 토론을 통해 서로의 입장 차이를 좁히는 것인데, 토론의 결과를 보면 서로의 견해 차이를 좁히기보다는 오히려 더 벌어지는 경우가 많다는 것을 볼 수 있다.

그렇다면 집단극화가 일어나는 이유는 무엇일까? 한 가지 설명은 설득효과 때문이다. 인종 편견에 대한 마이어스와 브릭스(Myers & Bishop)의 연구에서, 인종 편견이 높은 집단과 낮은 집단을 사전에 분류하고 이 문제에 대해 토론한 결과, 토론 후 편견이 높았던 집단은 더 높게, 낮았던 집단은 더 낮게 나타났다. 이는 토론을 자신의 생각에 부합하는 의견을 더 지지하게 되어 집단의 의견을 강화하게 되는 것이다. 또 다른 설명은 집단 내의 동조현상으로 볼 수 있다. 여기서는 토론을 하는 과정에서 자신의 생각과 일치하는 집단 내에서 소속감을 느끼게 되고, 이로 인해 집단에 속한 구성원들은 그 집단의 기준에 동조하려는 경향이 강해진다는 것이다.

3) 집단사고

우리들은 대부분 중요한 결정을 내려야 할 때는 함께 모여서 의논을 한다. 의사결정을 함에 있어 여러 명이 함께 의논을 하는 이유는 개인이 결정을 할 때보다 더 합리적인 판단을 할 수 있다고 생각하기 때문이다. 보통 어떤 주제에 대해 회의를 할 때는 그 분야의 전문가들이 모여서 이야기를 나누게 되고, 보다 생산적인 결론이 나올 것으로 기대하게 된다. 하지만 이러한 집단 의사결정이 항상 최선의 판단을 가져오지는 않는다. 재니스(Janis, 1972)는 케네디 정권의 쿠바침공 실패, 존슨 정권의 베트남전 확전 결정, 일본의 진주만 공습, 체르노빌 원자력 방사능 누출 사고 등을 분석한 결과, 이러한 사건들은 전문가 집단의 높은 응집성으로 인해 집단에서 이성적 사고나 현실검증력 등이 저해되어 일어난 것이라고 하였다(한덕웅 외, 2002). 이처럼 집단의 응집성이 높아 구성원 상호 간의 합의에 대한 요구가 지나치게 커서, 현실적인 판단을 하지 못하여 부정적 결과를 초래하는 현상을 집단사고(group think)라고 한다.

집단사고는 집단의 응집성이 높고, 폐쇄적일 때, 집단의 능력을 과대평가할 때, 문제를 해결할 시간이 촉박할 때, 집단의 리더가 독재적 성향을 가질 경우에 많이 나타난다. 그렇다면 집단사고를 예방할 수 있는 방법은 무엇일까? 우선은 개방적 태도가 필요하다. 따라서 집단 내에 외부 전문가를 참여시키거나 집단 내에서 구성원 간에 자유롭게 비평을 할 수 있도록 분위기를 조성할 필요가 있다. 또한 집단을 몇 개의 소집단으로 나누어서 문제의 해결에 대한 논의를 한 다음, 전체가 다시 모여 재논의를 하고, 최종 결정된 사항에 대해서도 마지막으로 한 번 더 검토를 할 수 있는 기회를 가진다면, 집단사고의 발생을 최소화할 수 있을 것이다.

연습문제

01 당신은 인상형성을 할 때 어떤 단서를 주로 이용하는가?

02 원활한 대인관계를 형성하기 위해 당신은 어떤 노력을 하는가?

03 동조현상이 일어나게 되는 이유는 무엇인가?

04 도움행동을 촉진시킬 수 있는 방안은 무엇인가?

05 집단의 영향(사회적 촉진과 사회적 태만, 집단극화, 집단사고)이 발생하는 이유와 부정적인 영향을 방지하는 방법은 무엇인가?

Chapter 13

사랑, 결혼 그리고 성

배울 내용

1. 사랑 / 2. 결혼 / 3. 성

학습목표

1. 사랑의 정의와 능동적인 사랑을 할 수 있는 조건들을 이해한다.
2. 결혼의 동기와 시대에 따른 결혼의 변화를 이해한다.
3. 건전한 성행동의 결정요인과 부적응적인 성에 대해 이해한다.

인생에 있어서 가장 기초적인 영역을 차지하는 것이 사랑, 결혼, 성의 문제이다. 건전한 성격의 소유자로 발달, 성숙하여 사회에서 잘 기능하는 개인으로, 사회인으로 존재한다는 것은 결국 가정이라는 가장 작은 규모의 공동사회를 기초로 하지 않을 때는, 그 존재상태가 매우 불안정해진다. 인간은 홀로 존재한다기보다는 다른 사람들과의 물리적 · 심리적 유대관계를 맺고 지속시키려는 경향이 있다. 특히 가장 원초적이면서도 성숙한 인격을 요구하는 사랑의 경우는 자기가 아닌 다른 사람과의 관계를 가장 풍부하게 가장 원숙하게 지속시킬 수 있게 하는 중요한 것이다. 이 장에서는 사랑과 성에 대해, 그리고 사랑에 수반되는 결혼에 대해 살펴보기로 한다.

1. 사랑

1) 사랑의 유형

먼저 다음에 제시된 사랑유형척도를 통해 자신의 사랑유형을 알아보자.

표 13-1 사랑유형척도

유형	번호	문항	매우 반대	약간 반대	보통	약간 동의	매우 동의
열정적 사랑	1	나의 애인과 나는 처음 만난 직후에 서로 매력을 느꼈다.	1	2	3	4	5
	2	나의 애인과 나는 둘이서 체질적으로 잘 어울린다.	1	2	3	4	5
	3	우리의 사랑행위는 매우 강렬하고 만족을 준다.	1	2	3	4	5
	4	나의 애인과 나는 하늘이 정해 준 짝이라고 생각한다.	1	2	3	4	5
	5	나의 애인과 나는 매우 신속하게 육체적으로 빠져들었다.	1	2	3	4	5
	6	나의 애인과 나는 서로를 진정으로 이해한다.	1	2	3	4	5
	7	나의 애인은 신체적인 아름다움이나 멋있음에 대한 나의 이상적 기준들에 합치된다.	1	2	3	4	5
	8	나의 애인과 나는 다소 신속하게 감상적으로 빠져들었다.	1	2	3	4	5
유희적 사랑	9	나는 나의 애인에게 내가 그를 어떻게 생각하는지에 관해 약간 불확실하게 느끼게끔 만들려고 노력한다.	1	2	3	4	5
	10	나는 나의 애인이 나에 관해서 알지 못하는 것이 그에게 해가 되지 않을 것이라고 생각한다.	1	2	3	4	5
	11	나는 때때로 두 명의 나의 애인들끼리 서로의 존재를 눈치 채지 못하게끔 만들어야만 되었다.	1	2	3	4	5
	12	나는 애정관계들을 꽤 쉽고도 신속하게 끝낼 수 있다.	1	2	3	4	5
	13	나의 애인은 내가 실제로 다른 이성들과 연애관계들을 맺어 온 사실을 알게 되면 화를 낼 것이다.	1	2	3	4	5
	14	나의 애인이 나에게 너무 많이 마음을 두게 될 때, 나는 약간 뒤로 물러서고 싶다.	1	2	3	4	5
	15	나는 몇 명의 상대들과의 사랑의 게임을 즐긴다.	1	2	3	4	5
	16	나는 나의 애인이 내가 실제로 다른 이성들과 연애관계를 맺어 온 사실을 알까 봐 다소 두렵다.	1	2	3	4	5

우애적 사랑	17	나는 내가 한동안 실제로 상대를 사랑한 후에야 비로소 내가 사랑했다는 것을 깨달았다.	1	2	3	4	5
	18	나는 이전에 나와 애정관계에 있었던 거의 모든 사람들과 계속 좋은 친구관계를 맺고 있다.	1	2	3	4	5
	19	가장 훌륭한 사랑은 장기적인 친구관계로부터 나온다.	1	2	3	4	5
	20	나는 나의 애인과 내가 사귀는 동안에 언제부터 사랑하게 되었는지를 정확하게 알 수 없다.	1	2	3	4	5
	21	사랑은 원인을 알 수 없는 하나의 신비스러운 감정상태가 아니라 실제로는 일종의 깊은 우정이다.	1	2	3	4	5
	22	나의 가장 만족스러운 애정관계들은 좋은 친구관계에서 발전되어 왔다.	1	2	3	4	5
	23	나는 우리 둘 간에 언제 친구관계가 끝나고 사랑이 시작되었는가를 말하기가 어렵다.	1	2	3	4	5
	24	나는 내가 사랑하는 사람과도 언제까지나 친구관계를 유지하게 될 것이다.	1	2	3	4	5
실용적 사랑	25	나는 어떤 사람에게 마음을 두기 이전에 그 사람이 나의 인생에 대해 적합한가를 숙고한다.	1	2	3	4	5
	26	나는 나의 인생을 주의 깊게 계획 세우고 나서 어떤 애정 상대를 고른다.	1	2	3	4	5
	27	자기 자신과 비슷한 개인적 배경을 지닌 사람을 사랑하는 것이 가장 좋다.	1	2	3	4	5
	28	애정상대를 고르는 데에 있어서 주로 고려할 사항은 그 사람이 나의 가족에 대해 어떤 영향을 미치는가이다.	1	2	3	4	5
	29	애정상대를 고르는 데에 있어서 한 가지 중요한 고려사항은 그 사람이 훌륭한 부모가 될 수 있는가이다.	1	2	3	4	5
	30	애정상대를 고르는 데에 있어서 한 가지 고려사항은 그 사람이 나의 장래 경력에 대해 어떤 영향을 미치는가이다.	1	2	3	4	5
	31	나는 어떤 이성과 깊게 사귀기 이전에 그 사람의 유전적 배경이 우리 두 사람이 자식을 갖게 될 경우에 나의 것과 얼마나 잘 조화되는가를 알아보려고 노력한다.	1	2	3	4	5
소유적 사랑	32	나의 애인과 나 사이의 관계가 잘 되지 않을 때에 나는 울화가 치민다.	1	2	3	4	5
	33	나의 애정관계가 깨졌을 때 나는 매우 의기소침해지고 심지어 자살까지 생각한 적도 있었다.	1	2	3	4	5
	34	때로 나는 사랑하게 된 것에 대해 매우 흥분해서 잠을 이루지 못할 때도 있었다.	1	2	3	4	5

	35	나의 애인이 나에게 관심을 두지 않을 때에는 나는 병이 난 것 같이 느낀다.	1	2	3	4	5
	36	사랑을 느낄 때, 나는 무슨 일이든 간에 주의를 집중시키기가 어렵다.	1	2	3	4	5
	37	나의 애인이 어떤 다른 이성과 함께 있다고 의심이 들게 되면, 나는 안절부절못한다.	1	2	3	4	5
	38	만일 나의 애인이 한동안 나를 등한시한다면, 나는 때로는 상대방의 주의를 다시 끌기 위해서 바보 같은 짓들을 하기까지 한다.	1	2	3	4	5
이타적 사랑	39	나는 나의 애인이 인생의 어려운 난관을 극복하는 것을 돕기 위해서 나 자신의 모든 노력을 기울이려고 한다.	1	2	3	4	5
	40	나는 나의 애인이 고통을 당하게 하는 것보다 나 자신이 고통을 당하는 것이 낫다고 느낀다.	1	2	3	4	5
	41	나는 나 자신의 행복보다도 나의 애인의 행복을 우선하지 않을 경우에는 행복을 느낄 수가 없다.	1	2	3	4	5
	42	나는 애인의 소망을 이루기 위해서라면 나 자신의 소망을 기꺼이 포기할 수가 있다.	1	2	3	4	5
	43	내가 소유하고 있는 모든 것을 나의 애인이 마음대로 사용할 수 있다.	1	2	3	4	5
	44	나의 애인이 나에게 화를 낼 때도, 나는 계속 상대방을 전적으로 그리고 무조건적으로 사랑한다.	1	2	3	4	5
	45	나는 나의 애인을 위해서는 모든 어려움을 참을 것이다.	1	2	3	4	5
	46	나는 나의 애인이 인생의 어려운 난관을 극복하는 것을 도우려고 항상 노력한다.	1	2	3	4	5

채점방법: 각 항목에 자신의 생각을 평가한 다음, 각 영역별 평균점수를 구한다. 평균점수가 가장 높은 점수가 자신의 사랑의 유형이 되며, 점수 순으로 자신이 추구하는 사랑의 유형으로 볼 수 있다.

위의 척도에서 당신이 가장 높은 점수를 획득한 사랑유형은 무엇인가? 위의 척도는 존 앨런 리(John Alan Lee, 1977)에 의해 개발된 것이다. 그는 결혼해서 무난하게 살다가 남자에게 끌려 동성애자가 되었고, 이러한 과정에서 사랑에 대한 남다른 고민과 성찰을 바탕으로 사랑의 이론을 만들었다.

그는 이 세상의 모든 사랑을 6가지 유형으로 나눌 수 있다고 주장하는데, 그 6가지 유형은 표 13-2 와 같다. 즉, 낭만적 사랑, 유희적 사랑, 우애적 사랑이라는 3원색을 기본 사랑으로 소유적 사랑, 실용적 사랑, 이타적 사랑은 혼합된 사랑으로 보았다.

표 13-2 사랑의 6가지 유형

구분	유형	내용
기본사랑 (사랑의 3원색)	열정적 사랑 (Eros)	로미오와 줄리엣처럼 첫눈에 반해 황홀경에 빠지는 경우가 많다. 사랑에 높은 가치를 부여하나, 집착하거나 질투하지는 않는다. 상대의 외모에 관심이 많고, 성적으로 개방적이며, 자기노출을 잘하며, 대화를 즐긴다. 자신감이 높고 자존심도 강하다. 그러나 현실을 어느 정도 왜곡해서 지각할 가능성이 있다.
	유희적 사랑 (Ludus)	사랑을 일종의 놀이로 생각해서 즐기는 경우가 많다. 사랑을 대단한 것으로 생각하지 않고, 성관계도 심각한 의미부여를 하지 않는다. 상대에게 깊이 빠지지 않으며, 속마음을 내보이지 않고, 상대가 자신에게 빠져들면 싫어진다. 자신의 스타일을 이해하는 상대와 선을 분명히 긋고 관계를 시작한다. 특별한 이상형이 없고, 동시에 여러 유형의 이성과 연애한다. 상대에게 다른 이성이 접근해도 질투를 느끼지 않고 오히려 스릴을 느낄 가능성이 높다.
	우애적 사랑 (Storge)	오랜 친구와 같은 편안한 연인관계를 추구한다. 함께 지내다 보니 편하고, 좋고, 잘 통해서 친구이자 애인관계를 유지하고 싶어 한다. 언제부터 사랑이 시작되었는지 모르며, 극적인 사건도 감정의 기복도 없다. 갈등이 생겨도 잘 극복하고, 헤어지는 경우는 드물다. 헤어지더라도 좋은 친구로 계속 남아 있다. 육체적 매력보다는 가치의 공유를 더 중요시하고, 상대를 믿기 때문에 편안한 마음으로 자신의 삶에 열중한다.
혼합사랑 (3원색이 혼합된 사랑)	소유적 사랑 (Mania)	상대를 완전히 소유하는 것을 사랑이라고 생각할 가능성이 높다. 늘 사랑을 갈망하지만 너무 집착하기 때문에 고통스러워한다. 상대의 사랑을 확인하는 일로 시간과 정력을 소모하고, 버림받지 않을까 하는 불안으로 항상 마음이 불안하다. 질투심이 강하고, 열정과 증오가 수시로 교차될 가능성이 있다. 상대에게 자신과 똑같은 수준의 사랑을 강요해서 상대에게 부담을 주지만 상대를 사랑하기 때문이라고 주장한다. 자신의 문제를 어렴풋이 알지만 어쩔 도리가 없다. 대개 상대가 먼저 떠나게 되고, 관계가 끝이 난 후에는 서로 원수지간으로 지내게 된다.
	실용적 사랑 (Pragma)	논리적, 현실적, 현명하게 사랑하려는 유형으로, 자기가 어떤 상대를 원하는지 정확히 알고 있고, 적극적으로 찾으며, 나타날 때까지 참고 기다린다. 자신의 장단점도 잘 파악하고 있으며, 주도면밀하다. 오래 지속되지 않을 것 같은 관계는 시작도 하지 않는다. 열정이나 깊은 애정이 없는 것은 아니나 강박적 성격이 이성으로 하여금 열정의 고삐를 꽉 쥐게 할 수 있다. 자신감이 부족하고 성격적 성숙도가 낮은 사람들에게서 많이 볼 수 있으나, 극단적이지만 않다면 성실하고 책임감 있는 배우자가 될 가능성이 높다.
	이타적 사랑 (Agape)	사랑은 받는 것이 아니라 주는 것이라고 생각한다. 즉, 자기희생적 사랑을 할 가능성이 높다. 상대의 행복과 편안을 기원하고, 아무 조건 없이 베풀고, 용서하고, 돌보기를 좋아한다. 성적인 부분에 관심이 적고, 영혼의 교류나 정신적 사랑만이 진정한 사랑으로 생각할 가능성이 높다. 상대방에게 자신이 더 이상 필요치 않다는 확신이 설 때만이 그들의 사랑은 끝이 날 가능성이 높다.

대체로 남자는 주로 유희적 사랑을 지향하는 데 비해 여자는 실용적이고 우애적 사랑을 지향하는 경향이 높은 것으로 나타났다. 남녀 모두에서 공통된 것은 낭만적 사랑에 대한 기대가 높다는 것이다. 사랑의 유형이 같으면 연인이 될 확률도 높으며, 연인이 되었을 때 상호 만족도와 헌신도가 높았다. 특히 애정유형이 낭만적 사랑을 하는 연인과 헌신적 사랑을 하는 연인이 다른 유형의 연인보다 만족하였고, 서로 배려하는 것으로 나타났다. 그러나 유희적 사랑을 하는 연인은 만족도와 헌신도가 낮은 것으로 나타났다(정미경 외, 2009).

2) 사랑의 정의

건전한 성격은 건전한 사회적 관계를 형성해 나갈 수 있다는 것을 의미하고, 이러한 사회적 관계에서 가장 관심을 가지게 되는 것이 사랑이다. 다시 말해 우리는 타인에게 사랑을 주고 또한 타인으로부터 사랑을 받아야만 건전한 성격을 형성할 수 있는 것이다. 이처럼 사랑은 누구에게나 커다란 관심과 흥미를 가지게 하는 용어이지만 사랑은 추상적인 개념이기 때문에 학문으로서도 미개척 분야에 속한다. 또한 사랑에 대한 연구가 미흡한 이유는 사랑에 대한 정의가 모호하기 때문인데, 그 이유는 사람마다 사랑이라는 정의를 다르게 내리고 있기 때문이다. 그러나 대부분의 학자들은 사랑을 잘 표현하지 못하거나, 사랑을 할 수 있는 능력이 상실되면 불안전한 성격을 형성하게 된다는 것에는 의견을 같이하고 있다.

사랑이란 개념을 행동주의적 용어로 처음 정의하여 사용한 사람은 프롬(Fromm)이다. 프롬(1956)에 의하면 사랑은 상대방에 대한 열정이나 정서로 보기보다는 오히려 사랑하는 상대방에 대한 행동양식으로 본다. 즉, 책임감을 가지고 행동을 하게 될 때 사랑이 존재한다는 것이다. 프롬의 정의에 따르면, 사랑은 행동을 묘사하는 형용사이다. 애정행위는 그 동기나 결과 면에서 다른 종류의 도구적 행동과 구별된다. 애정행위는 애정 자체를 목적으로 하며, 건전한 성격을 해쳐서는 안 된다. 애정행위란 사랑하는 상대방의 성장과 행복을 증진시키는 일체의 활동을 뜻한다. 상대방에게 좋은 인상을 주어 그를 이용하려고 한다면 그것은 애정행위가 아니다. 사랑하는 사람의 행복에 필요한 것은 무엇이든지 자유로이 이루어져야만 애정행위이다. 따라서 사랑이란 말에는 '준다'라는 의미가 있는 것이다.

3) 능동적인 사랑을 할 수 있게 하는 요인

사랑을 하고, 사랑을 받으려는 욕구가 없는 사람은 한 명도 없다. 그런 사랑에 대한 욕구는 개인이 유아기에 경험한 사랑의 양과 관련이 많다. 즉, 사랑을 모르고 성장한 어린이는 사랑의 필요성을 느끼지 못하거나, 능동적인 사랑을 할 능력이 없으며, 사랑을 충분히 받지 못해 레비(Levy)가 말한 "1차적 정에 굶주린 자(Primary affect hunger)"가 되거나, 사랑을 위해서는 무엇이든지 희생할 수 있는 사람으로 자랄 가능성이 높다. 이에 반해서 사랑을 충분히 받고 성장한 건강한 성격의 사람은 상대방의 욕구를 채워 주며, 동시에 자기의 욕구도 충족한다. 또한 타인으로부터 무엇인가 받을 것이라는 기대를 하지 않고, 오히려 타인에게 기쁨을 주게 된다.

우리는 상대방에게 전혀 사랑을 받지 않은 채, 상대방을 사랑할 수 있는 완벽한 사람은 없다. 서로 사랑하는 관계에서는 상호 간의 욕구를 채워 주고 받는 것이다. 그러나 사랑이 성숙한 단계에 이르면 사회는 능동적으로 사랑할 것을 기대한다. 사랑을 충분히 받은 개인은 다른 사람과의 상호 사랑관계에서, 수동적이거나 의존적이라기보다는 능동적으로 원만히 관계를 이루게 된다.

능동적 사랑을 할 수 있게 하는 요인과 사랑을 수용할 수 있게 하는 결정요인으로는 어떠한 것들이 있는지 살펴보면 다음과 같다. 사랑을 줄 수 있게 하는 결정요인으로는 첫째, 기본욕구의 충족이다. 일반적으로 자신의 욕구가 충분히 충족되면 능동적인 사랑을 하려는 입장을 가지게 된다. 둘째, 사랑의 가치에 대한 긍정적 견해이다. 사랑의 가치에 대해 긍정적이면 그는 사랑할 기회를 찾을 것이다. 만약 자신이 능동적인 사랑을 하지 못할 것이라고 예상한다면, 그는 충분한 자기실현감을 느끼지 못할 것이다. 셋째, 좌절에 대한 강한 인내이다. 타인을 사랑한다는 것이 개인의 욕구를 박탈하는 경우가 종종 있다. 건강한 성격의 사람일수록 상실의 기간을 잘 참아 낸다. 넷째, 자기애가 있어야 한다. 자기를 사랑하는 것과 남을 사랑한다는 것은 상호배타적인 것이 아니라고 프롬은 말한다. 그는 자기를 사랑할 수 있는 사람만이 타인을 사랑할 수 있다고 강조하고 있다. 자기애로써 자기의 욕구에 주의를 기울이면 타인의 욕구에 관심을 갖게 되며, 자기의 욕구와 만족을 경험하면 타인의 욕구와 충족도 명백하게 보고 느끼는 것이다. 또한 건강한 자기애는 어려서 부모나 기타 중요한 사람들에게서 사랑을 받아 왔다는 것을 말하며, 사랑 받은 경험은 능동적인 사랑을 할 수 있는 능력을 키워 준다. 반대로 자신을 무시하며, 미워하는 사람은 타인도 사랑할 수 없다. 다섯째, 숙련이 필요하다. 사랑하는 사람이 많은 기술을 가질수록 자신의 애정행동을 통해 충족시킬 수 있는 상대의 욕구의 종류도 더 많아질 것이다.

여섯째, 건강한 자아구조의 필요이다. 사랑하는 사람은 긍정적이면서 현실적인 자아개념과 자아이상이 있어야 한다. 현실적인 자아수준에서 행동을 하게 될 때, 그 사람의 애정능력은 충족될 가능성이 높다. 왜냐하면 비현실적인 자아개념을 방어하거나, 그릇된 공적 자아나 과도한 자아이상과 일치하려는 욕구 때문에 행동의 어떤 방식을 제거시킬 필요가 없기 때문이다. 아마도 건강한 사랑은 개인적으로나 사회적으로 용인되는 행동을 통해서 사랑하는 사람의 욕구를 만족시킬 수 있는 사람이라고 정의할 수 있다. 또한 다양한 성격구조와 자아구조를 지닌 건강한 사람은 그런 상대방을 구하여 자기의 욕구를 충족시킬 것이며, 그렇지 못한 사람은 덜 분화된 성격과 욕구의 소유자를 택할 가능성이 높다. 일곱째, 현실접근이다. 효과적인 사랑을 위해서는 상대방에 대한 정확한 지식이 요구된다. 자폐적으로 상대방을 의식하는 사람은 상대방의 욕구를 충족시키는 방향으로 사랑할 수 없을 것이다. 프롬이 말했듯이, 사랑하려는 사람은 상대방을 알아야 한다. 상대방을 정확히 파악하지 못해 곤란을 겪는 경우가 종종 있다. 여덟째, 안정감의 요구이다. 사랑하는 능력을 결정짓는 가장 중요한 요인으로는 두려움과 불안이다. 어떤 사람은 사랑하기 때문에 주는 것이 아니라, 거부당하거나 무시당하는 것이 두려워서 사랑을 주는 경우가 있다. 안정감을 느끼는 사람일수록 자기의 모든 것을 믿을 수 있다. 아홉째, 합리적 이상이다. 어떤 사람은 인간이 갖기에는 불가능한 이상이나 기대를 사랑의 조건으로 세우는 경우가 있다. 그렇게 함으로써 그는 끊임없이 결과도 없는 욕구를 추구하는 데 전념한다. 상대방의 능력 내에 자기의 요구와 이상이 있을 때 사랑이 성립한다는 것은 자명한 사실이다. 열번째, 부모로부터의 해방감이 사랑의 결정요인이 된다. 개인이 단지 부모에게 기쁨을 주려고 자신의 감정과는 반대로 행동한다면, 그의 사랑하는 능력은 현저하게 감소할 것이다. 오히려 부모로부터 독립을 추구하는 개인에게서 더 큰 사랑의 능력을 찾을 수 있을 것이다.

2. 결혼

1) 결혼의 동기

우리는 모두 가정을 가지고 가정을 기초로 생활하고 있다. 즉, 가정은 인간 생활에서 가장 중요한 사회적 단위이다. 가정은 결혼이라는 과정이 없이는 형성되지 않는다. 그래서 결혼은 개인으로 하여금 한 가정의 일원이 되도록 해 주면서, 배우자는 서로 사랑을 줄 수 있고, 받을 수 있는 기회를 마련해 준다는 데 의미가 있다. 따라서 성공적 결혼이 되려면 몇 가지의 중요한 조건들이 충족되어야 한다.

성공적 결혼은 결혼하는 사람들의 성격요인과 특히 결혼의 동기에 크게 영향을 받는다. 조화된 성격을 가진 사람들은 심각한 성격적 문제를 가진 사람들보다는 배우자 선택에 있어서나 결혼생활을 성공적으로 유지할 가능성이 높다. 그리고 성격적으로 성숙된 사람들은 사랑을 주고받을 수 있는 능력도 높다. 그럼에도 어떤 사람들은 일차적으로 성적 만족을 구하려는 생각에서 또는 부모의 기대나 사회적 인습으로 인해, 경제적 이유에서 결혼을 결정하기도 한다. 또한 사회적 지위를 얻으려는 목적으로 결혼한다면 쉽게 불행해지기 쉬우며, 본인들의 불행이 자녀들의 불행으로 이어지기도 한다. 이런 면에서 결혼을 신중하고 사려 깊게 결정해야 함에도 불구하고 단순하게 생각하거나, 기분대로, 혹은 잘못된 정보에 따라 결정하는 경향이 있다.

결혼을 너무 쉽게 결정하는 것 중의 하나의 견해가 첫눈에 반해 사랑하게 되어 결혼을 하는 경우이다. 쉽게 사랑에 빠지는 이들은 쉽게 사랑이 식을 수 있음을 이해하지 못하고, 또한 사랑은 서로가 알게 되면서 배워 가는 점진적 과정이라는 사실을 알지 못하고, 다만 낯설은 다른 사람의 무엇에 반해서 결혼하게 되는 것이다. 또한 젊은 사람들이 갖고 있는 잘못된 견해 중의 하나는 결혼 상대에 대해 다듬어지지 않은 다이아몬드와 같아서 결혼 후에도 얼마든지 갈고 닦으면 빛을 낼 수 있다고 생각하는 것이다. 특히 성격이나 이상에 따른 가정적 역할과 관련시켜 그러한 견해를 많이 갖고 있다. 물론 그중에는 결혼 후 재형성될 수도 있는 것이 있지만 기본적 성격의 문제라든가 사회적 책임감이나 가사의 역할은 그렇게 쉬운 것은 아니다.

성숙한 성격이 건전한 사랑을 할 수 있는 것과 같이 결혼의 동기는 순수하고 건전해야 행복한 결혼생활을 영위할 수 있는 것이다.

2) 결혼의 변화

최근 산업화와 도시화가 진행됨에 따라 현대의 가족은 기본적으로 전통적인 일체성, 연대성 및 안정성을 유지하고 있으면서도 눈에 띄게 변화되어 가는 과정에 있다. 더 나아가 가족유형의 다양화, 즉 한부모가족, 독신가족, 노인단독세대가족 혹은 소년소녀가장가족 등과 같은 다양하고 새로운 형태의 가족이 계속 늘어나고 있는 실정이다. 또한 결혼연령의 상승과 국제결혼이 증가된 것이다.

국제결혼이 증가한 이유로는 초기에는 다소 국제결혼에 대한 부정적인 시각 때문에 결혼을 못한 사람이 외국인을 배우자를 맞이하는 경우가 많았지만 최근에는 국제결혼에 대한 태도의 변화로 국제결혼이 증가하는 추세를 보이고 있는 것이 특징이다. 이와 같이 국제결혼이 증가되었음에도 불구하고 다문화가정에 대한 편견으로 사회에 부적응하는 경우가 많다. 따라서 이들에 대한 편견을 없애고, 사회에 잘 적응할 수 있는 프로그램 개발 등의 지원이 무엇보다 필요한 시점이다.

3. 성

개인의 인생에서 성의 역할을 어떻게 판단할 것인가?라는 물음에 답하기 위해서는 먼저 성이 인간에게 어떤 의미를 지니는지를 알 필요가 있다. 성은 생리적 · 심리적 또한 정신 · 신체의 단위이다. 즉, 성은 신체의 순응이며, 동시에 심리적인 적응이다. 심리적 요인이 적절하지 않을 때에는 성적 역기능을 경험하게 된다. 즉, 인간성의 자유롭고 자발적인 표현에서만 우리는 완전한 성을 경험할 수 있다.

성관계는 성을 보다 풍부하게 해 주며, 성관계를 통해서 남녀 간의 깊은 사랑을 확인한다. 특히 성은 건전한 성격에 중요한 역할을 한다. 그러나 파괴적인 성, 방어기제로서의 성, 기계론적인 성, 비인간화된 성은 건전한 성격을 형성하는 데 해를 끼친다. 성문제를 다른 가치와 결합 · 조화시키지 못하는 사람은 불필요한 성적 좌절, 죄책감, 심한 부적절감으로 고통받는 경우가 있다. '킨제이보고서'에 의하면 사회가 성행동에 엄격한 윤리적 제한을 가하고 있음에도 불구하고, 그 제한은 여러 가지 요인에 의해 무너지고 있다고 한다.

많은 학자들은 성윤리의 엄격함 때문에 불필요한 억압, 불행, 성도착이 일어날 수 있다고 주장하면서 성윤리가 근본적으로 개혁되어야 한다고 주장한다. 이와 같은 개혁은 복잡한 사회문제인 만큼 개혁의 수단과 방법을 예견하기란 쉬운 일이 아니다. 스웨덴 같은 서구사회에서는 성윤리에 대한 혁명이 이루어져 혼전 성행동이 널리 행해진다. 그러나 문제가 없는 것은 아니다. 예로, 자살과 알코올 중독이 성행하고 있다. 우리 사회도 혼외 성행동을 비난하고 있는 한 성적 욕구와 죄악감으로부터 탈피하려는 욕망 사이의 갈등이 계속될 것이다. 보다 근본적인 해결책이 모색되어야 하겠다.

1) 건전한 성행동의 동기

성은 사랑이 아니며, 또한 사랑은 성이 아니다. 성과 사랑은 분리된 것으로써 존재한다. 성은 단순히 신체적인 것일 수도 있으며, 사랑은 단순히 정신적인 것일 수도 있다. 그러나 단순한 정서적 관계 혹은 단순한 신체적 관계보다 성적인 관계를 더욱 더 충만하게 만들 수 있는 것은 사랑의 신체적 표현으로서 사랑과 성이 혼합될 때이다. 이러한 혼합의 능력을 가지고 있는 것이 바로 인간이다. 하등동물에서는 호르몬의 다양한 수준이 성적 충동에 중요한 영향을 미친다. 그러나 인간의 성적 충동의 강도에는 과거의 경험, 습관, 태도가 중요한 역할을 한다. 그러므로 인간에게 있어서 성은 만족되어야만 하는 기본 욕구는 아니다. 성은 정서적인 풍요로움에서 비롯되는 소망인 만큼, 신체적인 결핍에서 비롯되는 욕구는 아닌 것이다. 대부분의 경우에 성숙, 의사소통, 책임감과 함께 이루어지는 성적 관계는 상호 충만감, 고양된 자존심, 지속적인 행복감을 일으킨다. 그러나 착취하거나 정복하려는 의도로 이루어진 성적 관계는 타락과 자존심의 상실만을 안겨 준다.

인본주의 심리학자들은 개인의 성적 욕구를 만족시키는 열쇠는 개인의 사랑하려는 욕구를 만족시키는 것이라고 믿는다. 그러므로 사랑은 다른 정서와 마찬가지로 억압되지 말고 표현되어야 한다. 정서는 억압되면 단지 그 에너지가 축적될 뿐이다. 그러나 억압에 의한 에너지 축적은 부분적인 정서에 대한 성공반응일 뿐이며, 많은 경우에 이러한 에너지는 다른 출구를 통해 표출된다. 또한 억압된 사랑은 어떠한 정서 상태에 과잉반응을 일으키기도 한다. 따라서 성적으로 사랑을 표현하는 것이 가장 적절하면서 의미 있는 관계로 발달될 수 있다고 할 수 있다. 그러므로 다음과 같은 경우는 가장 건전한 형태의 성적 흥분으로 볼 수 있다. 즉, 남자가 매력적이고, 옷을 멋지게 입거나, 살을 노출한 여자를 보고 흥미를 보인다면 현실접촉이 잘되고 있다는 증거이다. 또한 마찬가지로 여자가 사랑의 고백, 부드러움, 포옹 등에 의해 성욕이 생길 수 있는데, 이것은 적절한 방법으로 상대방에게 표현되거나 인정되어도 좋은 것이다.

이러한 성적 흥분 혹은 성적 긴장에 대한 건전한 형태의 반응은 선택적인 억제와 해소를 통한 것이다. 건전한 성격의 소유자는 윤리적인 대인관계와 그의 성적인 느낌을 자유로이 행동으로 표시한다. 그리고 적당한 상황이 아닐지라도 자기 속에서 일어나는 성적인 느낌을 충분히 감지할 수 있다. 그러므로 그것으로 인해서 위협을 받거나 혹은 억압으로 그것을 부인하지도 않는다. 다만 조건이 적당하지 않을 때에는 선택적으로 성욕을 억제한다. 이와 같이 필요하고 가능한 경우에는 자기의 성적 욕구와 흥분을 자유로이 표현하고 해소하지만, 부적합하다고 느껴질 때에는 이를 적절히 억제할 수 있는 것이 건전한 형태의 성행위인 것이다.

2) 건전한 성행동의 결정요인

건전한 형태의 성적 반응을 할 수 있게 하는 요인들을 살펴보면 다음과 같다. 첫째, 가장 큰 결정요인으로는 상대방에 대한 애정이다. 즉, 상대방에 대한 애정은 사랑을 느끼게 하고 더불어 성적 반응을 보일 수 있는 것이다. 둘째, 성교육의 중요성이다. 인간은 하등 동물과는 달리 성행동 양식도 학습한다. 대부분 부모로부터 학습되는 성교육은 부정적인 금기사항에 대한 지시가 많다. 그래서 어려서부터 성에 관련된 것을 두려워하고, 부끄러워하도록 훈련된다. 또한 아이들은 성에 관한 질문을 할 수가 없고, 따라서 그릇된 인식을 갖게 된다. 그러나 어린이들이 성에 대해 금기시하고, 사악함, 죄악감, 불안감이 포함되어 있다고 가르치는 것은 적절한 성교육 방법이 아니다. 그러므로 지적이며 성의 건설적인 사용을 가능하게 하는 성교육이란 성에 대한 정확한 지식, 즉 해부학, 생리 · 생식작용 등에 관한 명확한 지식을 갖게 하여 성욕을 건전하게 처리할 수 있게 하는 것이다. 또한 성욕을 생활의 건전하고 자연스러운 면으로 인정하도록 하여 성에 대한 애욕적인 태도를 갖게 하는 것이다. 그러므로 부모들은 오히려 성에 대해 사실대로 정확하게 가르쳐 주며 아이들의 자연스러운 호기심에서 비롯되는 질문들에 적합한 지식으로 응답해 주는 것이 바람직하다. 셋째, 초기의 성경험에 대한 부모들의 반응이다. 우리 사회에서는 수음이나 다른 성적인 장난을 하면 야단을 맞는다. 어릴 때 심하게 야단을 맞은 아이들은 건전한 성행동을 저해하는 부정적인 정서를 갖게 되고, 성인이 되어 성교불능, 불감증 등의 불건전한 반응을 보인다. 그러므로 수음에 대해서 처벌만 할 것이 아니라 그것이 왜 좋지 않은가를 이해할 수 있도록 설명해 주는 것이 바람직하다. 넷째, 건전한 자아구조의 형성이다. 건전하지 못한 자아구조를 가진 사람은 건전한 성행동을 하기 어렵다. 어떤 사람은 성행동을 비난하고 천시하는 자아이상(ego-ideal)을 갖고 있다. 그렇게 되면 그는 그 자아이상을 유지하기 위해서 "나는 성적인 감정 따위는 갖고 있지 않다"고 하면서 그의 성적인 감정을 억압할 수밖에 없다. 다섯째, 적당한 상대자의 유무이다. 자기 연령이나 신분에 맞는 적합한 상대자가 없으면 비정상적으로 대상을 선택하게 된다. 예컨대 남자(혹은 여자)만 아주 적어 결혼 상대자가 희소할 때는 동물과의 접촉도 일어날 수 있다. 물론 적합한 상대자가 없다는 이유만으로 이런 성도착이 일어나는 것은 아니다. 여기에는 무엇보다도 적합한 상대자를 만날 수 있는 기회를 갖게 하는 것이 중요한 일이다. 여섯째, 만족스러운 생활의 필요성이다. 사람이 다른 영역에서 충분한 만족을 얻으면 자연히 건전한 성행동을 하게 된다. 그러나 인생의 다른 면에서 많은 실패와 욕구불만을 갖게 되면 성적 활동으로 이를 보상하려고 한다. 특히 성적 욕구가 아닌 다른 욕구의 불충분으로 일어나는 긴장과 불만이 건전한 성행동을 방해할 수 있는 것이다.

3) 부적응적 성

DSM-5에서 제시한 성적으로 건강하지 못한 상태는, 첫째, 성기능부전(sexual dysfunctions), 둘째, 변태성욕(paraphilia), 그리고 셋째, 성별불쾌감(gender dysphoria)으로 보고 있다.

먼저 성기능부전에는 성욕장애(성욕감퇴장애, 성적혐오장애), 성적흥분장애(여성 성적 흥분장애, 남성 발기 장애), 절정감장애(여성 절정감 장애, 남성 절정감 장애, 조루증), 성교통증장애(성교 통증, 질경련증), 일반적인 의학적 상태로 인한 성기능부전, 물질로 유발된 성기능부전, 달리 분류되지 않는 성기능부전 등이 포함된다 표 13-3 .

표 13-3 성기능장애의 종류와 특징

종류	특징
성욕장애	성욕장애(성욕감퇴장애, 성적 혐오장애)는 지속적으로 성적 욕구가 없거나 부족한 경우를 말한다.
성적흥분장애	성적흥분장애(여성 성적 흥분장애, 남성 발기장애)는 성적 흥분이 지속적이고 반복적으로 장애를 받는 경우로 발기력이 약하거나 유지가 되지 않아 성행위를 성공적으로 끝내지 못하는 남성의 발기 부전증과 여성의 성적흥분장애가 여기에 속한다.
절정감장애	절정감장애(여성 절정감장애, 남성 절정감장애)는 여성의 경우 적절한 성적 흥분 상태에 도달해도 그 뒤의 절정감이 반복적이고 지속적으로 지연되는 경우를 말한다. 남성의 경우는 성적 흥분 상태에 도달해도 그 뒤에 따르는 사정이 지연되거나 결여된 상태를 말한다.
성교통증장애	성교통증장애에는 질경련과 성교 동통이 있다. 질경련은 여성의 질 아래쪽 1/3 부분의 근육층에 반복적이고 지속적인 불수의적 경련이 일어나 성교 행위가 곤란한 경우로서 성에 대한 죄책감이나 부정적 태도가 있을 때, 상대방에 대한 반감, 성폭행을 당한 여성에서 잘 나타난다. 성교 동통은 성행위 직전이나 도중 혹은 직후에 다양한 통증을 반복적이고 지속적으로 느끼는 경우를 말한다.

둘째, 변태성욕은 비정상적인 대상, 행위 및 상황 그리고 반복적이고 강한 성적 충동, 성적 환상 및 성적 행동이 그 특징이며, 이는 사회적, 직업적 또는 기타 중요한 기능 영역에서 심각한 고통이나 장애를 일으킨다. 변태성욕은 노출증, 물품음란증, 마찰도착증, 소아기호증, 성적 피학증, 성적 가학증, 복장도착증, 관음증 그리고 달리 분류되지 않는 변태성욕을 포함한다 표 13-4 .

표 13-4 변태성욕의 종류와 특징

종류	특징
노출증	성적 흥분을 위해 낯선 사람에게 성기를 노출하고 싶어 하는 반복적이고 강한 욕구, 공상을 갖거나 노출하는 행위로서 여성과의 동일시 내지 남성임을 과시하고 상대방의 반응을 보고자 한다.
물품음란증	남성에서만 볼 수 있으며, 성적 흥분을 위해 무생물적 대상(예: 여성의 속옷, 스타킹, 머리카락, 음모 등)을 수집하고 이를 성적 공상이나 자위행위에 사용하는 것이다.
마찰도착증	혼잡한 지하철이나 버스 안에서 동의하지 않은 사람에게 자신의 음경이나 손으로 이성의 둔부나 살에 부비는 욕구, 공상 또는 실제 행동을 하는 것이다.

종류	특징
소아기호증	사춘기 전의 아동과 성활동을 하는 행위 또는 그 환상이 성적 흥분에 되풀이 애용되는 것을 말한다.
성적피학증	성적 흥분을 위해 신체적으로 상처를 입거나 생명의 위협을 받는 행동에 의도적으로 몸을 내맡기는 경향을 말한다.
성적가학증	성적 흥분을 얻기 위해 동의하지 않은 상대방에게 반복적이고 의도적으로 심리적 · 신체적 고통을 주거나 동의한 상대방에게 상처를 주고 괴롭히는 것을 말한다.
복장도착증	성적 흥분을 위해 여성의 복장을 사용하는 것으로 남성에게서만 볼 수 있다.
관음증	경계하지 않고 있는 사람들의 나체, 옷을 벗는 행동 또는 성행위를 반복해서 훔쳐보고 싶어 하는 욕구, 공상을 반복하거나 그에 따라 행동하는 것을 말한다.

마지막으로 성별불쾌감장애는 자신의 생물학적 성에 반대되는 성에 대해 강하고 지속적인 동일시와 자신의 성에 대한 지속적인 고통이 동반되는 것이 특징이다. 아동기의 성정체감장애는 자신의 해부학적 성에 대해 불편함과 부적합한 느낌을 지속적으로 갖는다. 여자아이의 경우 남자가 되고 싶어 하고 남자라고 우기고 남자 옷을 입고 남자아이들과 어울린다. 음경이 자랄 것이라든가 음경이 있다고 생각하기도 하며, 서서 소변을 보려고 하고 유방, 월경을 거부하기도 한다. 남자아이의 경우 반대로 여자가 되고 싶어 하고 여자라고 우기고 여자 옷을 입고 여자아이들의 놀이를 한다. 합병증으로 동성애 또는 성전환증으로 발전될 수도 있다.

청소년 및 성인기의 성별불쾌감장애도 아동기에서와 마찬가지로 자신의 해부학적 성에 대해 지속적으로 불편을 느끼며, 다른 성이 되기를 원하여 다른 성의 역할을 하고 다른 성의 옷을 입거나 그런 공상을 한다. 심한 경우 남성의 경우 거세하거나 여성 호르몬을 사용하기도 하며 여성의 경우 유방, 자궁을 제거하고 남성 호르몬을 사용하는 등 반대의 성으로 생활하기를 바라고 성전환 수술을 원한다.

연습문제

01 당신의 사랑관은 무엇인가?

02 당신의 결혼관은 무엇인가?

03 능동적인 사랑을 할 수 있게 하는 요인은 무엇인가?

04 최근 국제결혼으로 다문화가정이 증가하고 있다. 다문화가정에 대해 우리가 가져야 할 올바른 태도는 무엇인가?

Chapter 14

범죄 및 교정심리

배울 내용

1. 범죄심리학 / 2. 다양한 범죄와 특성 / 3. 법정심리학
4. 교정심리학

학습목표

1. 범죄심리학의 정의와 이와 관련된 심리학의 여러 영역을 알아본다.
2. 가정폭력, 데이트폭력 및 스토킹, 성범죄, 사이코패스 등 다양한 범죄의 유형과 특성을 파악한다.
3. 수사 및 재판 과정에서 활용되는 법정심리학을 이해한다.
4. 범죄자의 재범 위험성 예측과 교정을 위한 구체적인 방안을 모색해 본다.

최근 들어 범죄심리학에 대한 대중들의 관심이 크게 높아졌고, 미디어에서도 대중들의 흥미를 채울 수 있는 콘텐츠들이 수없이 쏟아져 나오고 있다. 다행스럽게도 대중의 관심뿐만 아니라 범죄심리학에 대한 학술적 관심과 연구방법 또한 함께 발전함으로써 다양한 범죄에 대한 원인을 파악하고 이를 예방하고 통제할 수 있는 구체적인 대안을 과학적으로 제시하고 있다. 그럼에도 불구하고 모든 범죄의 동기와 행동을 설명할 수 있는 단순한 심리학적 이론은 없다. 사기, 절도, 방화, 성, 살인 등 매우 다양한 범죄의 종류가 존재하며, 이에 대한 해석 역시 보편적이기보다는 맥락에 따라 다양하다. 따라서 본 장에서는 범죄심리학에 대한 개괄적인 이해를 돕기 위해 범죄에 대한 이론과 다양한 범죄의 종류, 법정 및 교정심리학에 대해 구체적으로 살펴보고자 한다.

1. 범죄심리학

1) 범죄심리학의 정의

범죄심리학(criminal psychology)은 범죄행동의 심리학적 원인을 밝히려는 응용 심리학의 한 분야로서, 범죄인의 심리적 측면을 다루는 학문으로 정의할 수 있다. 즉, 심리학이 인간의 행동과 정신과정을 과학적인 방법으로 연구하는 학문이라는 점을 고려한다면, 범죄심리학은 범죄인의 행동과 정신과정을 과학적인 방법으로 연구하는 학문인 것이다. 그리고 범죄심리학은 범죄의 원인론 외에도 범죄수사, 판결과정, 범죄예측, 교정 등 다양한 분야와 연계되어 연구 및 응용이 이루어지고 있다. 따라서 협의의 범죄심리학은 범죄의 원인에 대한 심리학적 연구이지만 광의의 범죄심리학은 형사사법체계 전반에 걸쳐 범죄와 관련된 주제를 다루는 심리학의 영역이다.

범죄심리학과 밀접한 분야로는 법정심리학(forensic psychology), 법심리학(law and psychology), 수사심리학(investigative psychology) 등이 있다. 또한 2000년부터 경찰에서 공식적으로 수사기법으로 사용되고 있는 프로파일링의 경우, 범죄심리학적 수사기법으로서 가장 일반적으로 받아들여지고 있는 것 중의 하나이다. 그리고 특정 형사정책 분야에서는 범죄심리학을 범죄자 개인의 재범예측 및 교화에까지 확대해 적용하고 있다.

2) 범죄심리학의 이론

범죄심리학은 범죄자의 의지, 생각, 의도, 반응 등을 연구하는 학문으로 범죄인류학과도 밀접한 관련이 있다. 이 분야의 주요 심층 연구는 사람이 범죄를 저지르는 원인에 대한 질문이지만 범죄를 저지른 후 도주 중 또는 법정에서 어떻게 반응하는지도 포함한다. 범죄심리학자는 또한 법원이 수감자의 심리를 이해하는 데 도움이 되는 증인 역할을 한다. 일반적으로 범죄심리학은 범죄심리를 연구대상으로 삼는다.

그러나 범죄심리학의 정의는 협소한 의미와 넓은 의미의 두 가지 견해가 있지만 아직 합의가 이루어지지 않고 있다. 구체적으로 좁은 의미에서 범죄심리학은 심리학의 기본원리를 이용하여 범죄피해자의 심리와 행동을 연구하는 학문을 의미하며, 넓은 의미에서 범죄심리학은 심리학의 기본원리를 이용하여 범죄피해자의 심리와 행동, 범죄 대책에서의 심리적 문제를 연구하는 학문을 의미한다.

만약 범죄가 인간 본성의 한 측면이며 지속적인 현상이라고 한다면, 심리학은 인간의 감정, 사고, 행동을 과학적으로 연구하는 분야로서 범죄를 주요 연구대상으로 삼는 것이 타당하다고 주장할 수 있다. 범죄학이라는 학문 분야는 범죄에 대해 여러 학문을 통합하여 독립적인 위치를 차지하고 있다. 그러나 범죄학은 범죄자 개인보다는 범죄행위를 일으키는 '사회'에 더 초점을 맞추고 있다. 이로 인해 범죄행위의 주체인 '개인'을 간과한 측면이 부각되고 있다는 사실이다.

이에 대해 심리학과 범죄심리학은 범죄를 연구할 때, 주로 범죄자에 초점을 맞춘다. 이로 인해 범죄행위의 심리적 동기와 다양한 개인적 요인(예: 반사회적 성격, 생물, 생리적 조건 등) 및 외적 요인(예: 가족, 친구 등)과 범죄와의 관련성을 더 깊이 탐구한다. 이러한 개인중심적인 접근은 범죄의 원인, 수사 및 처벌, 교정에 대한 과학적 이해와 설명을 가능하게 한다.

다시 말해 범죄심리학은 범죄행동과 그 심리적 원인을 연구하는 학문분야이다. 이는 범죄자가 왜 범행을 저질렀는지, 어떤 심리적 과정을 거쳐 범죄를 저지르게 되었는지 등을 이해하고 설명하는 데 초점이 맞추어져 있다. 이를 통해 범죄예방, 범죄자의 재활 및 사회 재통합에 기여할 수 있는 중요한 학문 분야로 정의할 수 있다. 이러한 범죄심리학을 설명하는 이론으로는 표 14-1 과 같이 방어기제 이론(Defense Mechanisms Theory), 사회학습 이론(Social Learning Theory), 스트레스 이론(Stress Theory) 등이 있다.

표 14-1 범죄심리학의 이론 및 활용

구분	정의	사례	활용
방어기제 이론	방어기제 이론은 범죄자가 범행을 통해 자신을 보호하려는 심리적 메커니즘을 설명한다. 이는 범행을 자신을 보호하는 수단으로서 사용하는 경우가 많은데, 예를 들어 내재화된 분노를 외부에 폭력으로 표출하는 경우 등이다.	A씨는 살인 사건을 저질렀지만 범행 후 자신의 행동을 완전히 부인하고 있다. 이러한 방어기제는 실제 범죄행위에 대한 책임을 회피하고자 자아를 보호하기 위한 것일 수 있다.	수사관들은 A씨의 방어기제를 파악하여 증거를 축적하고 간접적인 증거를 활용해 사건을 해결할 수 있었다.
사회학습 이론	사회학습 이론은 범죄행동이 주변 환경과 상호작용하여 형성된다는 점에 초점을 두고 있다. 이는 범죄자가 주변 환경으로부터 범죄행동을 배우거나 영향을 받을 수 있음을 의미한다.	B씨는 소수 범죄집단의 일원으로 범죄활동을 시작하였다. 그의 범죄행위는 주변 친구들로부터 영향을 받았을 가능성이 높다.	수사팀은 B씨의 친구와의 관계를 파악하고 사회적 환경이 범행에 미치는 영향을 분석하여 B씨의 범행 동기를 이해하는 데 도움을 받을 수 있었다.
스트레스 이론	스트레스 이론은 범죄행동과 스트레스 간의 관계를 탐구한다. 스트레스는 범죄를 유발하는 요인 중의 하나로 작용할 수 있으며, 이를 관리함으로써 범죄예방에 기여할 수 있다.	C씨는 금전적인 어려움으로 고통받고 있었고, 이에 따른 스트레스로 인해 부정한 방법으로 돈을 획득하려는 범행을 저질렀다.	수사 당국은 C씨의 금전적인 상황과 스트레스 요인을 파악하여 그의 범행동기를 이해하고, 이를 바탕으로 추적과 체포에 성공하였다.

2. 다양한 범죄와 특성

1) 가정폭력

1998년 7월 1일부터 시행되고 있는 「가정폭력범죄의 처벌 등에 관한 특례법」에 의하면, 가정폭력은 가족구성원 사이의 폭력행위를 의미한다. 또한 가정폭력의 범위는 신체적 · 정신적 또는 재산상 피해를 수반하는 행위로 보고 있어 특례법의 적용을 받는 대상과 범위는 매우 포괄적이다. 일반적으로 가정폭력이란 남편과 아내, 부모와 자녀, 형제자매 및 기타 동거가족을 포함한 가족구성원 중의 한 사람이 다른 사람에게 의도적으로 물리적인 힘을 사용하거나 정신적인 학대를 통하여 고통을 주는 행위를 말한다. 이러한 가정폭력의 유형으로는 그림 14-1 과 같이, 신체적 폭력, 정서적 폭력, 성적 폭력, 경제적 폭력으로 구분할 수 있다(여성가족부, 2019).

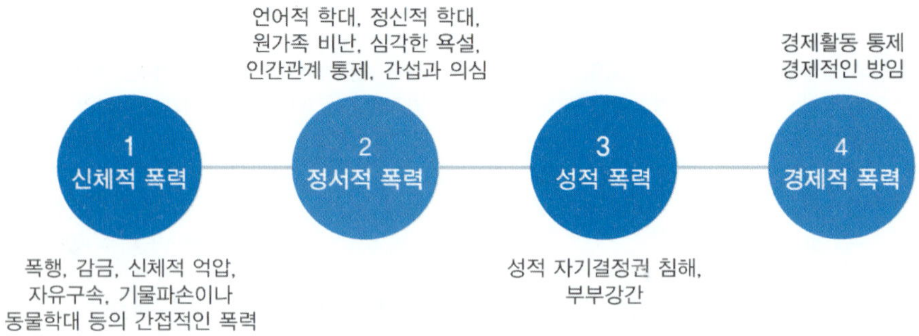

그림 14-1 가정폭력의 유형

(1) 신체적 폭력

신체적 폭력은 모든 폭력적인 행위를 말하는 것으로 힘이나 도구를 사용하여 상대방의 신체에 손상을 입히는 행위, 발차기, 뺨 때리기, 발길질, 몽둥이와 칼 등의 기물을 던지고, 때리며, 떠밀거나, 머리카락 잡아당기기, 물어뜯기, 구타, 팔을 잡고 비틀거나 흔들기, 담뱃불로 지지기, 약물이나 치료 중단, 음식, 수면, 산소 공급 중단, 주먹으로 치거나 때리는 행위, 목을 조르는 행위, 신체에 상해를 입히기와 같은 유형들이다. 신체적 학대의 결과로 피해자가 불구가 되기도 하며 노이로제 등의 정신적인 장애가 발생하거나 목숨을 잃기도 한다.

(2) 정서적 폭력

정서적 폭력은 상대방에 대한 협박, 공포와 외출과 모든 행동을 통제하며 남편의 경우 아내에게 이웃, 친지들과의 만남, 사회적 활동을 금지시키거나 항상 다른 남자와의 관계를 의심하는 것이다. 그리고 자신이 행사한 폭력의 책임을 아내에게 돌리는 행위이며 악담, 모욕적인 말로 기분을 상하게 하고, 때리려고 위협하거나, 물건을 파손하므로 피해자의 마음에 깊은 상처를 입히는 것이다. 자존심을 손상시키는 것, 잠을 이루지 못하도록 하는 것, 굴욕적인 행동을 강요하는 것, 스토킹 등을 포함한다. 정서적 학대는 상대방을 통제하여 심리 · 정서적으로 고통을 주거나, 위협, 저주, 인격모독, 폭력적인 극단적인 말, 집단 따돌림, 무관심 등의 학대 행위이다.

(3) 성폭력

성폭력은 상대방의 동의 없이 성관계를 맺거나 강제적인 성접촉이나 성행위를 의미한다. 성폭력은 강제로 옷 벗기기, 신체부위의 촬영, 성적인 수치심을 일으키는 행위이다. 상대방의 허락 없이 폭력으로 성행위를 요구하고, 부부가 아닌 타인과 성관계를 갖게 하는 등, 성행위로 상대방의 품위를 손상시키는 일체의 성적인 행위와 상대가 원하지 않은 특정한 종류의 성행위를 강요하는 것이다. 성폭력의 흔적은 가슴이나 성기 주위의 멍이나 성병으로 인한 생식기 감염, 질이나 항문의 출혈, 찢어지거나 얼룩진 피 묻은 속옷 등이 해당된다.

(4) 경제적 폭력

경제적 폭력은 경제권을 가진 남편이 가족에게 생활비를 주지 않거나 일방적으로 재산을 처분하고 수입과 지출을 독점하는 행위이다. 경제활동을 하는 여성도 남편에게 자신의 소득을 통제받는 경우도 포함된다. 경제적 폭력의 결과는 자녀양육과 생활고의 어려움에 시달리게 된다.

2) 데이트폭력 및 스토킹

데이트폭력(dating abuse, dating violence)은 연인 관계나 호감을 가지고 만나는 관계에서 일어나는 폭력을 의미한다. 한 사람이 일방적으로 상대방에게 행하는 신체적, 정서적, 언어적, 경제적, 성적 폭력을 아우르는 개념으로 상대를 감시(스토킹)하거나 통제하려는 행위도 데이트폭력에 포함될 수 있다. 데이트폭력은 가정폭력과 마찬가지로 '친밀한 파트너에 대한 폭력(Intimate partner violence)'에 해당한다.

친밀한 관계(배우자, 연인 등)에서 발생하는 폭력이라는 특성상 사적인 문제로 치부하는 경향이 있어 더 큰 피해로 이어지는 사례가 많다. 대부분의 나라에서 1980년대 이후에서야 인간의 기본권과 인권 등의 문제로 인식하기 시작하였다. 특히 여성이 피해자가 되는 사례가 많아 '여성을 대상으로 한 폭력(Violence against women)'의 하나로 보기도 한다. 데이트폭력의 구체적인 특징을 살펴보면 표 14-2 와 같다.

표 14-2 데이트폭력의 특징

구분	내용
재범률이 높고 반복적으로 나타난다.	특히 폭력이 반복되면서 강도가 심해져 살인으로 이어지는 사례도 있다는 점에서 피해가 심각하다. 또한 연인 관계에서 데이트폭력이 있었던 경우 결혼하면 가정폭력으로 이어질 가능성이 높다.
피해자가 법적 대응을 하기 어렵다.	연인 관계의 특성상 피해자가 폭력 사실을 인지하기 어려운 경우가 많기 때문이다. 폭력 사실을 인지하더라도 가해자가 피해자의 정보를 많이 가지고 있어 보복 범죄를 두려워하는 측면도 있다. 집이나 주변인, 개인 정보 등이 노출된 상황에서 피해자가 가해자와의 관계를 정리하거나 법적 대응을 하기가 쉽지 않다. 이런 이유로 많은 피해자가 가해자의 폭력이 심해질까 두려워 참는 경우가 많으며 신고율도 매우 낮은 편이다. 연인 관계에서 일어난 폭력을 사적 영역으로 생각하는 사회적 인식도 해결을 어렵게 만드는 요인이다.

데이트폭력은 크게 상대에 대한 통제, 성적 폭력, 언어 폭력, 정서적 폭력, 경제적 폭력, 물리적(신체적) 폭력 등으로 구분할 수 있다 표 14-3 . 애정을 전제로 폭력이 행해지는 사례가 많아 피해자가 폭력을 인지하기 어려운 측면이 있다. 가해자가 피해자의 행동이나 태도를 폭력의 원인으로 지목하며 폭력을 정당화하기도 한다.

표 14-3 데이트폭력의 유형

구분	내용
행동통제	상대에 대한 감시와 통제는 데이트폭력의 가장 흔한 형태이다. 데이트폭력 가해자는 피해자의 인간관계와 생활반경을 제한하고 통제하려는 경우가 많다. 누구와 있는지 항상 확인하거나 휴대폰이나 이메일, SNS 등을 점검하는 행위, 통화가 될 때까지 계속 전화하기, 옷차림 제한, 친구들을 못 만나게 하거나 다른 상대를 만나는지 의심하고 다른 사람과 통화를 못하게 하는 행위, 일정을 확인하고 간섭하거나 모임 활동 등을 못하게 하는 행위 등이 대표적이다. 결과적으로 피해자는 가족과 친구들로부터 고립되며 데이트폭력에 대한 도움을 받기 어려워지는 경우가 많다.
정서적 폭력	정서적 폭력은 언어적 폭력과 심리적 폭력을 포함한 개념이다. 언어적 폭력으로는 상대에게 욕을 하거나 모욕하기, 비난하거나 책임전가를 하는 행위, 고함, 위협, 악의에 찬 말 등이 있다. 심리적 폭력으로는 발을 세게 구르거나 문을 세게 닫는 행위, 상대방 소유물을 만지거나 부수는 행위 등이 있다. 죽이거나 때리겠다는 협박, 빌려간 돈을 갚지 않는 행위 등도 마찬가지다. 상대방이 자신을 만나 주지 않거나 헤어질 경우 자살하겠다고 위협하거나 자해하는 행위 등으로 상대에게 심리적 위협을 가하는 것도 데이트폭력에 해당한다.
신체적 폭력	상대의 뺨을 때리거나 발로 차는 행위, 팔을 비틀거나 꼬집기, 머리채 잡기, 세게 밀치는 행위 등은 모두 물리적(신체적) 폭력에 해당한다. 거칠게 밀거나 힘껏 움켜잡는 행동, 목을 조르는 행위 역시 마찬가지다. 물건을 던지거나 흉기로 위협, 뜨거운 물이나 불로 화상을 입히는 행위 등도 신체적 폭력에 해당한다. 일부 가해자는 상대방의 반려동물에게 폭력을 행사하거나 죽이는 행위 등으로 폭력을 행사하기도 한다.
성적 폭력	상대방의 동의 없는 스킨십(성희롱)과 성관계(성폭력)를 말한다. 사귀고 있거나 호감을 느끼는 관계에서 상대방의 동의 없이 일방적으로 이뤄진 성관계를 데이트강간이라고 한다. 피해자가 만취한 상황을 악용하거나 약물을 사용하는 경우가 대표적이다. 물리적 폭력을 쓰거나 위협을 통해 관계를 맺는 경우도 있다. 상대가 원하지 않은 방식으로 성관계를 맺은 경우도 마찬가지이다. 그러나 상대가 동의하지 않았는데도 연인 관계라는 이유로 자신의 행동이 성폭력이라고 생각하지 않는 경우가 많다. 같은 이유로 피해자가 피해 사실을 제대로 인지하지 못할 수도 있다.

우리나라에서의 데이트폭력은 통상적인 폭력범죄로 처벌한다. 가정폭력이나 성폭력이 「가정폭력범죄의 처벌 등에 관한 특례법」이나 「성폭력범죄의 처벌 등에 관한 특례법」으로 제재받는 것과 달리 데이트폭력에 대한 처벌법은 별도로 존재하지 않기 때문이다. 따라서 데이트폭력은 개별 사건의 특성에 따라 「형법」, 「성폭력범죄의 처벌 등에 관한 특례법」, 「경범죄 처벌법」 등을 적용하고 있다.

데이트폭력에 관한 수사기관이나 사법기관의 인식이 부족한 것도 처벌을 어렵게 하는 요인이다. 또한 폭력 상황이 사적인 공간에서 일어나는 경우가 많아 증거 부족이 되는 경우도 많다. 이런 이유로 데이트폭력을 가정폭력의 연장선에서 처벌할 수 있게 하거나 관련 법을 제정해야 한다는 의견이 대두하고 있다. 특히 재범률이 높은 데이트폭력의 특성상 피해자를 가해자와 분리하여 보호할 수 있는 시스템이 함께 도입되어야 하며 수사기관, 사법기관을 포함해 일반 시민들에게 데이트폭력에 대한 인식 교육이 이루어져야 한다는 의견도 있다.

한편 스토킹(stalking)의 경우 스토킹의 피해자는 정상적인 일상생활이 어려울 만큼 정신적 · 신체적 피해를 입는 사례가 증가하고, 범행 초기에 가해자 처벌 및 피해자에 대한 보호조치가 이루어지지 않아 스토킹이 폭행, 살인 등 신체 또는 생명을 위협하는 강력범죄로 이어져 사회문제가 되고 있음에도 별도의 적용 법규가 없어 「경범죄처벌법」으로 처벌하거나 10만 원 이하의 벌금이나 구류, 과료의 형으로 규정되어 있어 범죄 억제 효과가 미미하다는 비판을 받아 왔다.

이에 따라 스토킹이 범죄임을 명확히 규정하고 가해자 처벌 및 그 절차에 관한 특례를 정하고, 스토킹 범죄 피해자에 대한 각종 보호절차를 마련하여 범죄 발생 초기 단계에서부터 피해자를 보호하고, 스토킹이 더욱 심각한 범죄로 이어지는 것을 방지하기 위해 「스토킹범죄의 처벌 등에 관한 법률」(법률 제18083호)이 2021년 4월 20일 제정되었고, 같은 해 10월 21일부터 시행되었다.

이 법에서는 스토킹 행위를 상대방의 의사에 반하여 정당한 이유 없이 피해자에게 접근하거나, 따라다니거나, 진로를 막아서는 행위, 주거 · 직장 · 학교, 그 밖에 일상적으로 생활하는 장소 또는 그 부근에서 기다리거나 지켜보는 행위, 우편 · 전화 · 정보통신망 등을 이용하여 물건이나 글 · 말 · 부호 · 음향 · 그림 · 영상 · 화상을 도달하게 하는 행위, 직접 또는 제3자를 통하여 물건 등을 도달하게 하거나 주거 등 또는 그 부근에 물건 등을 두는 행위 등으로 정의하고 있다.

또한 주거 또는 그 부근에 놓여져 있는 물건 등을 훼손하는 행위를 하여 불안감 또는 공포심을 일으키는 것을 스토킹행위로 정의하고, 지속적 또는 반복적으로 스토킹행위를 하는 것을 스토킹범죄로 정의하고 있다(동법 제2조제1호 및 제2호). 이와 함께 스토킹범죄를 저지른 사람을 3년 이하의 징역 또는 3천만 원 이하의 벌금에 처할 수 있도록 하고, 흉기 또는 그 밖의 위험한 물건을 휴대하거나 이용하여 스토킹범죄를 저지른 사람을 5년 이하의 징역 또는 5천만 원 이하의 벌금에 처할 수 있도록 하고 있다(동법 제18조).

3) 성범죄

강간(rape)은 질, 항문, 구강에 강제적으로 성기를 삽입하는 행위를 의미하는 반면, 성폭력(sexual violence)은 심리적, 물리적, 법적으로 타인에게 성과 관련한 위해를 가하는 폭력 행위와 상대방의 의사에 반하여 신체를 만지거나 애무하는 등의 성적인 접근을 포괄하는 개념이다. 성범죄(sex offense)는 성과 관련하여 타인의 의사와 상관없이 가해지는 강간, 준강간, 유사강간, 강도강간, 강제추행, 준강제추행, 통신매체이용 음란죄, 카메라 등 이용 촬영죄, 성희롱 등 성을 매개로 하는 모든 가해행위를 포괄하는 개념이다. 성범죄자의 특징을 살펴보면 표 14-4 와 같다(정태연 외, 2024).

표 14-4 성범죄자의 특징

구분	내용
공격성	공격성은 도구적 공격성과 표출적 공격성으로 구분할 수 있다. 도구적 공격성은 분노의 표현이라기보다는 피해자의 복종을 위한 의도적 공격성이다. 반면 표출적 공격성은 피해자에게 굴욕감을 주고 상처를 입히는 것으로 단순히 피해자를 복종시키려는 의도를 넘어서 극단적 형태의 폭력으로 나타난다. 하지만 실제 범죄에서 이 두 유형의 공격성이 복합적으로 나타날 수 있기 때문에 이를 구분짓기는 어렵다. 즉, 상황적 조건에 따라 공격성의 수준과 패턴이 다양하게 나타날 수 있다.
충동성	충동성은 강간범뿐만 아니라 다른 범죄자들을 설명하는 데 있어서 가장 중요한 요인으로 꼽히는데, 이는 재범 및 상습 범죄행동을 예측하는 가장 강력한 변수이기 때문이다. 충동적인 사람들은 자기통제력이 낮기 때문에 자신의 행위로 인한 부정적인 결과를 예측하면서도 범죄행동을 하는 경향을 보인다.
사회적 역량	사회적 역량은 성범죄자들이 친밀한 이성관계를 포함하여 인간관계를 원만하게 수행할 수 있는지에 관한 것이다. 일반적으로 이들은 일상적인 인간관계에서 소극적이다. 특히 아동을 대상으로 하는 성범죄자들의 경우 사회적 능력이 결여되어 있다.

구분	내용
성적 환상	성적 환상은 일탈적 성행동의 주요 조건이 되며, 특히 성적 연쇄 살인범들에게서 이러한 환상의 비중이 더 높은 것으로 알려져 있다. 하지만 이러한 환상이 있다 하더라도 모두가 실제 행동으로 연결되는 것은 아니며, 타인에 대한 공감능력의 여부가 중요하다.
가학성	가학성은 성적으로 성범죄자를 흥분시키고, 잔혹하면서도 악의적인 행동들을 의미한다. 가학적인 범죄자들은 범행 과정에서 고문, 신체 결박 등을 하며, 잔혹하게 폭력을 가한다. 피해 여성들은 스토킹, 납치, 학대를 당할 가능성뿐만 아니라 살해 당하는 경우가 많다.

그리고 남성 강간범들은 자신의 공격을 정당화하는 태도를 빈번하게 보인다. 성적 공격성이 높은 남성들은 성관계 시 상대방을 복종시키기 위해 폭력과 강압적인 행동을 해도된다는 왜곡된 신념을 가지고 있으며, 강압적인 성적 행동이 폭력적인 행동이 아닌 성적 만족을 위한 행동이라고 인식하는 경향이 있다. 특히 이들은 여성에 대한 방어적 태도, 과민적 태도, 적대적인 불신을 보이며, 여성을 통제하고 지배하는 것을 통한 만족과 희열감 등을 느끼는 경향이 강하다.

4) 사이코패스

사이코패스(psychopath)는 심리, 대인관계 그리고 신경생리학적 특성이 일반 사람들과는 구분되는 사람들을 지칭하기 위해 사용되는 용어이다. 이들은 일반인들에 비해 공감능력, 동정심, 양심의 가책을 느끼는 능력이 현저히 떨어지는 특성을 지니고 있다. 사이코패스의 핵심 요인으로서 4요인 관점은 대인관계(거만함, 기만, 타인을 이용하고 조종함), 충동성(책임감 결여, 신뢰할 수 없음), 정서(냉담함, 감정반응의 결여, 공감능력의 결핍), 반사회성(다양한 형태의 반사회적 행동, 자기조절능력의 결핍) 성향을 주장하고 있다. 그리고 삼원 사이코패스 모델은 그림 14-2 와 같이 사이코패스의 대표적인 특질로서 대담성, 비열함, 탈억제성을 제시하고 있다(정태연 외, 2024).

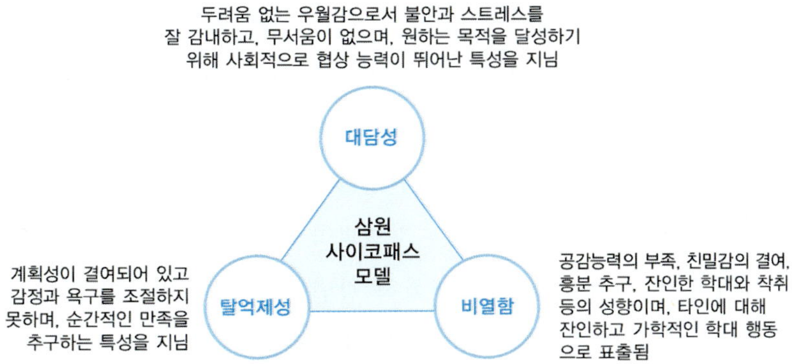

그림 14-2 삼원 사이코패스 모델

3. 법정심리학

1) 목격자 진술

(1) 목격자 진술의 개념

먼저 목격자 진술의 개념을 알아보기 위해서는 목격자 진술이 수사과정에서 다루어지는 과정을 살펴볼 필요성이 있다. 통상 목격자 진술의 활용 형태를 살펴보면, 사건이 발생한 후에 수사단계에서 목격자를 확보하고 범인묘사진술을 획득하고, 이를 바탕으로 범인식별절차를 시행하며 이후 법정에서 (목격)증인의 증언을 통한 범인식별의 과정을 거친다. 즉, 일련의 범행 과정을 목격한 진술(犯行現認陳述)과 "범인은 바로 이 자이다", "내가 본 범인은 피의자(피고인)임에 틀림없다", "매우 닮았다"라고 하는 진술(犯人識別陳述)로 대별될 수 있을 것이다. 여기서 목격자 진술의 개념정의를 도출해 낼 수 있는데, 목격자의 목격증인(eyewitness)이란 범행 현장에서 직접 피해를 입거나 우연히 범행을 목격(시각 이외의 청각 등을 통한 경험을 포함하는 개념)하게 된 사람을 의미한다. 이들이 범인과 범행 현장, 범행 당시, 범인의 목소리 등을 수사기관에서 진술하는 것이 좁은 의미의 목격자 진술(범행현인진술)이며, 범인식별진술은 피의자 · 피고인이 자신이 목격한 범인과 동일한지의 여부에 관한 범인식별절차에서의 목격자의 진술을 말한다. 범인식별절차(identification procedure)란 피의자 · 피고인이 범인이라는 사실을 밝히거나 법원에 제출된 증거물이 범죄와 관련성을 가진다는 것을 입증하는 것으로, 지문과 DNA 분석, 혈액 분석 등에 의하는 자연과학적 방법에 의한 범인식별절차와 목격자 · 피해자의 증언 등에 의한 사회과학적 방법에 의한 범인식별절차로 대별된다.

목격자에 의한 범인식별은 좁은 의미의 범인식별절차로서, DNA 증거분석 등 과학기술이 발달한 오늘날 이전부터 널리 사용되어 왔으며 여타의 물리적 증거가 확보되지 아니한 경우 중요한 증거로서의 기능을 한다.

(2) 목격자 진술의 특징

목격자 진술이 행해지기 위해서는 먼저 사건에 대한 목격이나 경험이 선행되어야 한다. 그리고 목격자가 목격한 사건은 개인의 기억 속에 저장된다. 이처럼 목격은 '기억'이라는 인간의 심리적 요소와 불가분적 연관성을 지니고 있다. 따라서 형사법학자들과 심리학자들은 목격자 진술을 연구함에 있어서 인간의 기억을 연구해야만 하였다. 그런데 학자들이 개인의 마음 속을 온전히 관찰할 수 없기에 목격자의 기억에 관한 연구는 어디까지나 가설적 · 추측적인 측면에 머물 수밖에 없었다. 인간의 경험에 대한 직접적인 접촉이 불가능하기 때문에 사람들은 목격자들이 행동하는 양태를 보고 목격자의 기억을 연구하기 시작하였다. 그 결과 목격자의 기억은 크게 정보취득(acquisition), 정보저장(retention), 정보회상(retrieval)의 세 단계로 구분된다. 목격자의 기억이 세 단계로 크게 나뉠 수 있다는 이론은 심리학계에서 널리 받아들여지고 있으며, 법심리학에서도 3단계설을 수용하고 있다.

① 정보취득 단계(the acquisition stage)

정보취득 단계(the acquisition stage)는 사건을 인식하는 단계(the perception of the original event)이며 정보가 부호화(encoded)되고 기억(laid down)되며 개인의 기억 체계(memory system)로 주입되는 과정이다. 하나의 사건을 바라보는 사람은 여러 시각적 자극과 주목요소를 목격하게 된다. 그런데 사람의 인지 체계는 매우 복잡해서 비디오 리코더처럼 모든 요소를 기억할 수 없다. 결국 사람은 무한한 시각적 인지범위 속에서 저장할 경험 내용을 선택한 뒤에 어떠한 요소에 시각적 · 청각적으로 주목할지를 결정하게 된다. 하지만 이러한 정보취득 과정에서도 목격자의 경험에는 왜곡이 발생할 수 있다.

② 정보저장 단계(the retention stage)

정보저장 단계는 사건이 발생하고부터 관련 사실을 회상하기 전까지의 단계이다. 이 단계에서는 저장 단계에서의 시간(length)과 그 와중에 발생하는 사건 모두가 기억에 영향을 미치기 때문에 매우 중요하다.

③ 정보인출 단계(the retrieval stage)

정보인출 단계란 개인이 기억 속에 저장한 정보를 회상(recall)해 내는 과정이다. 정보인출 단계는 주로 수사기관이나 재판기관 앞에서 이루어진 정보인출 단계에서도 목격자 진술이 왜곡될 수 있다.

이처럼 목격자의 기억은 정보의 인식, 저장, 인출 단계를 거치면서 변형되고 왜곡될 수 있다. 수사기관은 여전히 참고인으로서 목격자의 진술에 많은 비중을 두고 수사에 임하는데, 목격자의 기억에 이처럼 많은 왜곡 요소가 존재한다면 수사기관이 취득한 목격자 진술은 증거로서의 가치가 떨어질 것이다.

2) 범죄자 프로파일링

범죄자 프로파일링은 최근 다양한 대중매체를 통해 알려졌을 뿐만 아니라 상당히 많은 학술 논문 및 책 속의 주제로 다루어지고 있다. 범죄자 프로파일링은 영국의 연쇄 살인범 잭 더 리퍼(Jack the Ripper)의 외모와 범행동기 등에 대한 연구를 진행한 토마스 본드(Thomas Bond) 박사로부터 시작되었다. 그리고 범죄자 프로파일링이 유명세를 탄 것은 미국 FBI의 활약 때문이며, 이후 경찰 수사의 방향을 잡는 데 프로파일링 기법을 도입한 나라들이 많아지게 되었다. 범죄자 프로파일링은 그림 14-3 과 같이 크게 세 가지 이론으로 분류되는데, 즉 범죄 수사 접근, 임상적 접근, 통계적 접근으로 구분할 수 있다.

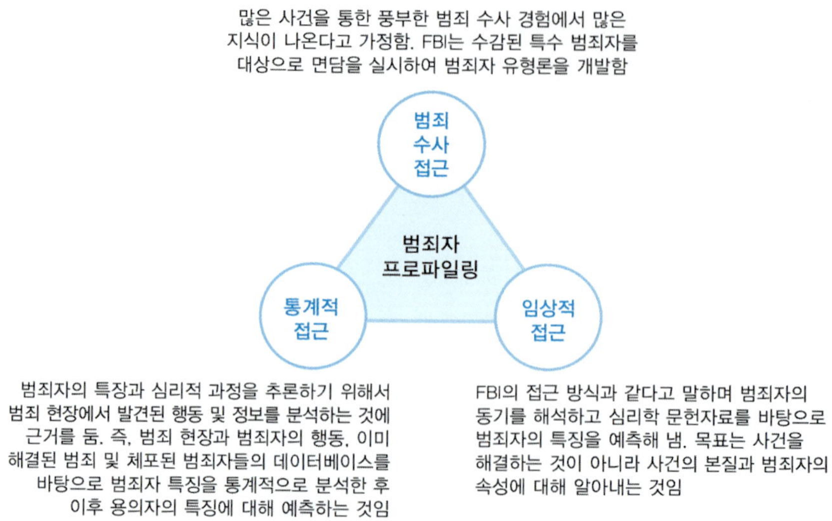

그림 14-3 범죄자 프로파일링의 이론

범죄자 프로파일링은 범죄 현장에서의 특정인의 행동과 그 사람의 특징, 성격 사이에 유의미한 상관관계가 있다고 가정한다. 이에 따르면 범행을 저지를 때 비슷한 행동 패턴을 보이면 성격의 측면에서 비슷한 면을 보여야 할 것이다. 반대로 범행 방식이 다른 범죄자들은 성격 면에서도 다르다는 것이다. 이렇게 범죄현장행동과 범죄자의 특징 사이에 어떤 관계가 있기 때문에 범죄 현장이 비슷한 범죄자는 비슷한 특징을 공유할 것이라는 가정을 동종 가정이라고 한다. 최근에는 범죄현장에 남겨진 물리적인 사법적 증거로서, 범죄자가 신었던 신발이나 신발용품에 대한 인상을 형성하게 해 주는 족적 증거와 범죄자의 특징 사이의 관계도 살펴보고 있다.

3) 거짓말 탐지기

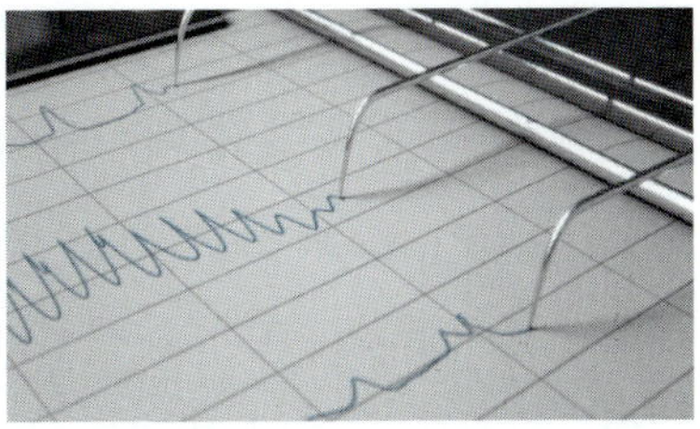

거짓말 탐지기는 종종 범죄 수사나 법적 상황에서 사용하는 도구로 피검자의 진술이 진실인지 거짓인지를 판단하는 데 도움을 주기 위한 기계이다. 거짓말 탐지기의 기본 원리는 개인의 생리적 반응이 심리적 스트레스에 따라 달라진다는 가정에 기반을 두고 있다. 따라서 이 자료는 답변자가 거짓말을 하고 있는지의 여부를 판단하는 기초자료로 사용된다. 1924년부터 경찰 신문과 조사에 사용되고 있지만 심리학자들 사이에는 아직 의견차이가 있으며, 사법처리에 있어서도 거짓말 탐지기에서 나온 결과를 항상 받아들이지는 않고 있는 실정이다. 거짓말 탐지기의 작동원리 및 사용의 한계에 대해 구체적으로 살펴보면 표 14-5 와 같다.

표 14-5 거짓말 탐지기의 작동원리 및 한계

구분	항목	내용
작동 원리	생리적 반응 측정	거짓말 탐지기는 피검자의 심박수, 혈압, 호흡속도, 피부 전도도와 같은 생리적 지표를 측정한다. 이러한 생리적 반응은 개인이 스트레스를 받을 때 변화하는 경향이 있다. 스트레스는 거짓말을 할 때 흔히 발생하는 심리적 상태로 간주되며, 이는 특정 질문에 대한 반응으로 나타날 수 있다.
	주요기술: 폴리그래프	폴리그래프는 거짓말 탐지기의 가장 일반적 형태로, 생리적 반응들을 기록한다. 폴리그래프 검사는 일반적으로 세 가지 유형의 질문을 포함하는데, 즉 관련질문, 통제질문 그리고 중립질문이다. 구체적으로 관련질문은 조사 중인 사건에 직접적으로 관련된 질문이고, 통제질문은 사건과 무관하지만 스트레스를 유발할 수 있는 일반적인 질문이며, 그리고 중립질문은 스트레스를 유발하지 않는 질문이다. 폴리그래프는 이 질문들에 대한 반응을 기록하여 피검자의 진실성을 판단하게 된다.
사용의 한계	정확성의 문제	거짓말 탐지기의 정확성에 대한 논란은 오랜 기간 이어져 왔다. 거짓말 탐지기는 생리적 반응을 측정하지만 이러한 반응이 반드시 거짓말과 직결되는 것은 아니기 때문이다. 피검자가 진실을 말하면서도 스트레스를 받을 수 있으며, 반대로 거짓말을 하면서도 침착함을 유지할 수 있다. 이는 폴리그래프 검사 결과가 항상 정확한 결론을 제공하지 못할 수 있음을 의미한다.
	법적 및 윤리적 문제	많은 법적 시스템에서 폴리그래프 검사 결과는 법정에서 증거로 사용되지 않는다. 이는 거짓말 탐지기가 항상 신뢰할 수 있는 결과를 제공하지 못하기 때문이다. 또한 피검자의 사생활 침해와 같은 윤리적 문제도 제기된다. 즉, 개인의 사적인 생리적 반응을 기록하는 것이 사생활에 대한 침해로 간주될 수 있기 때문이다.

4) 배심원 제도

우리나라는 2008년부터 국민참여재판이 처음으로 시행되어 같은 해 2월 대구지방법원에서 국내 최초로 배심원에 의한 형사재판이 이루어졌다. 전통적으로 영미법을 따르는 국가(미국과 영국)에서는 배심원에 대한 심리학적 연구가 활발히 진행되었는데, 이들은 배심원의 크기와 선정, 의사결정 등에 관한 연구들을 객관적으로 진행하여 왔다. 전적으로 직업 법관이 사법적 판단과 결정을 내리는 법관재판과 달리 배심제는 형사사건에 있어서 법률 전문가가 아닌 일반 시민들이 재판에 참여하는 사법제도를 의미하며, 배심제에 의해 선발된 시민이 사법적 판단과 결정에 참여하는 재판의 유형을 배심재판(juty trial)이라고 한다(정태연 외, 2024).

국민참여재판은 법관재판의 단점을 보완하기 위해 마련된 배심재판의 형태이다. 법관재판은 법률적 전문가가 재판을 처음부터 끝까지 진행함으로써 법률적 완결성이 높다는 장점이 있는 반면, 국민이 판사를 직접 뽑지 않는다는 점에서 사법권이 제한되기도 한다. 반면 배심제는 국민들이 이와 같은 사법권을 직접 행사할 수 있게 한다는 장점을 지닌다. 또한 국민들의 가치와 판단을 사법에 반영함으로써 재판 결과가 국민들의 상식에 부합하고, 사법의 신뢰도도 증가하게 된다. 아울러 일반 시민이 재판에 참여함으로써 법조인들의 유착과 담합 등 법조 비리를 개선할 수 있다. 그리고 시민들의 사회참여를 돕고 재판 및 사법 전반에 대한 만족도를 높일 수 있다. 그러나 배심원들이 서로 견해를 토의하고 결론을 도출하는 과정에 사회적 고정관념과 편견, 동정심과 같은 정서 등이 영향을 미칠 수 있다.

4. 교정심리학

1) 교정시설의 유형

교정시설은 수용자들의 권익보호와 교정교육, 직업훈련 등 사회적응 능력의 배양을 통하여 건전한 사회복귀를 도모하고자 설치 · 운영하는 시설을 말한다. 교정시설은 「형의 집행 및 수용자의 처우에 관한 법률」, 「법무부와 그 소속기관 직제」, 「건축법」, 「국토의 계획 및 이용에 관한 법률」 등 다양한 법률에서 법령제정 취지를 고려하여 교정시설의 범위를 달리 정하고 있는데, 일반적으로 표 14-6 과 같이, 보호감호소, 교도소, 구치소, 소년원 및 소년분류심사원으로 구분할 수 있다.

표 14-6 교정시설의 유형

구분	내용
보호감호소	죄를 지은 사람으로서 동종 또는 유사한 죄를 재범할 위험성이 있다고 인정되는 자를 수용하여 감화 · 교화, 사회복귀에 필요한 직업훈련과 근로 등을 행하는 시설을 말한다.
교도소	징역형 · 금고형 또는 구류형의 선고를 받아 그 형이 확정된 사람과 벌금 또는 과료를 완납하지 아니하여 노역장 유치명령을 받은 사람(수형자)을 격리하여 교정 · 교화하고 건전한 국민사상과 근로정신을 함양하며, 기술교육 · 직업훈련 등을 실시하여 건전한 사회복귀를 도모하고자 법무부 지방교정청장 소속하에 설치 운용되는 시설을 말한다.
구치소	형사피의자 또는 형사피고인으로서 체포되거나 구속영장의 집행을 받은 사람(미결수용자)를 수용하기 위하여 법무부 지방교정청장 소속하에 설치 운용되는 시설을 말한다.
소년원	보호처분에 의하여 송치된 소년을 수용 · 보호하고 이들의 교정교육을 위하여 법무부장관 소속하에 설치 운영하는 시설을 말하며, 기능별로는 다음과 같이 분류한다. • 초 · 중등교육 소년원: 초 · 중등교육이 필요한 소년을 수용 · 교육하는 소년원 • 직업능력개발훈련 소년원: 직업능력개발훈련이 필요한 소년을 수용 · 교육하는 소년원 • 의료 · 재활교육 소년원: 약물 오 · 남용, 정신 · 지적발달 장애, 신체질환 등으로 집중치료나 특수교육이 필요한 소년을 수용 · 교육하는 소년원 • 인성교육 소년원: 정서순화, 품행교정 등 인성교육이 집중적으로 필요한 소년을 수용 · 교육하는 소년원
소년분류심사원	법원소년부로부터 위탁한 소년을 수용 · 보호하고 이들의 분류심사, 인성교육, 상담조사 및 일반 중 · 고등학교 부적응 학생 등에 대한 특별교육, 청소년 적성검사실 운영을 위하여 법무부장관 소속하에 설치 운영하는 시설을 말한다.

2) 교정심리학의 이해

교정심리학(Correctional Psychology)은 교정시스템과 범죄자의 심리건강 및 행동에 초점을 맞춘 심리학 분야이다. 따라서 이 분야는 교정시설에서 범죄자의 행동평가, 치료 및 재범예방과 관련된 다양한 측면을 연구하고 적용하여 사회 개선에 노력을 하게 된다. 교정심리학의 특징을 살펴보면 표 14-7 과 같다.

표 14-7 교정심리학의 특징

구분	항목	내용
교정시스템과 교정심리학	교정시스템의 역할	교정시스템은 범죄자를 감금하고 재사회 통합을 촉진하는 역할을 한다. 그러나 교정시설은 다양한 도전과 과제에 직면하며, 이를 해결하기 위해 심리학적 지식이 필요하다.
	범죄자 분류	교정심리학자는 범죄자를 분류하여 다양한 치료 및 감독 계획을 개발하는 데 도움을 준다. 이를 통해 범죄자를 재범위험에 따라 적절하게 분류하고 관리한다.
범죄자 평가와 진단	신상정보수집	교정심리학자는 범죄자의 개인정보, 범행의 세부 사항, 범행동기, 범죄 패턴 등을 수집하여 평가의 기초를 마련한다.
	정신상태평가	범죄자의 정신건강 상태를 평가하고 정신질환 진단을 수행한다. 정신질환은 적절한 치료와 관리가 필요한 경우가 많다.
	위험평가	범죄자의 재범위험을 평가하여 치료와 감독 계획을 개발한다. 이를 통해 위험을 최소화하고 재범예방을 목표로 한다.
범죄자 치료와 재범예방	행동치료	교정심리학은 범죄자의 문제행동을 이해하고 수정하기 위해 행동치료 접근법을 사용한다. 이는 성범죄, 약물남용, 폭력 등의 문제에 대한 치료를 포함한다.
	인지-행동치료	범죄자의 인식과 태도를 개선하여 범행을 예방하는 인지-행동치료도 중요한 접근법 중의 하나이다.
	사회기술훈련	범죄자는 종종 사회기술의 부족으로 범행에 빠질 수 있다. 따라서 교정심리학은 사회기술훈련을 통해 범죄자의 사회 재통합을 지원한다.
교정심리학의 중요성	범죄자 평가	교정심리학자는 범죄자의 심리적, 사회적, 법적 상태를 평가한다. 이러한 평가를 통해 범죄자의 위험요인과 재활 필요성을 파악하며, 그에 따른 개별화된 치료계획을 수립한다.
	재활과 치료	범죄자들은 교정시스템 내에서 프로그램 및 치료를 받을 수 있다. 이러한 치료는 범죄행동을 예방하고 범죄자가 사회로 돌아오는 과정을 지원하는 데 도움이 된다. 치료는 심리적 치료, 약물중독 치료, 직업훈련 등 다양한 형태로 이루어질 수 있다.

구분	항목	내용
	범무심리학	범무심리학은 범죄자의 정신 상태, 법적 책임, 범죄행동의 동기, 법정 심리학적 평가 등 법적 문제와 관련된 심리학적 연구를 다루는 하위 분야이다. 범죄사건에서 법정심리학자는 법정 심사 및 법원에서 증언을 할 수 있다.
	사회복귀	교정시스템은 범죄자를 사회로 복귀시키는 과정에서 교정심리학의 원칙을 활용한다 사회복귀 프로그램은 범죄자들이 일상생활에서 성공적으로 적응하고 범죄를 저지르지 않도록 돕는다.
	예방	교정심리학은 범죄예방에도 관여한다. 범죄의 원인을 이해하고 예방 전략을 개발하는 데 기여한다. 이는 범죄율을 낮추는 데 도움이 된다.

이와 같이 교정심리학은 현대사회에서 중요한 역할을 하며, 범죄자와 교정시스템 모두에 긍정적인 영향을 미치게 된다. 범죄자를 치료하고 사회로 재통합시키는 것은 그들의 인간성을 존중하며, 사회 안전과 범죄예방에도 기여하게 된다. 따라서 이 분야는 지속적인 연구와 현장 적용을 통해 사회의 안전과 공정성을 높이는 데 기여할 것으로 예상된다.

연습문제

01 범죄심리학을 설명하는 다음 이론들의 정의는 무엇인가?

- 방어기제 이론:
- 사회학습 이론:
- 스트레스 이론:

02 가정폭력을 예방하기 위한 방안은 무엇이라고 생각하는가?

03 데이트폭력과 스토킹 범죄를 예방하기 위한 방안은 무엇이라고 생각하는가?

04 성범죄자의 특성에는 무엇이 있는가?

05 사이코패스를 설명하는 삼원 사이코패스 모델의 특질에는 어떤 것이 있는가?

06 우리나라 사법처리과정에서 거짓말 탐지기의 결과를 수용하지 않는 이유는 무엇인가?

참고문헌

강순희, 김연진, 김이영, 김재현, 김중기, 김현실, 배경란, 시옥진, 이용환, 장지현(2022). **영유아발달.** 경기: 수양재.

강태훈, 이대석, 이주하, 이정원, 조삼호, 조준수(2013). **최신 교육심리학.** 서울: 학이당.

곽노의, 김경철, 김유미, 박대근(2007). **영유아발달.** 경기: 양서원.

권석만(1996). 임상심리학에서의 비교문화적 연구: 정신병리에 나타난 한국인과 한국문화의 특징. 한국심리학회(편). 심리학에서의 비교 연구.

권석만(1999). **인간관계심리.** 서울: 학지사.

권육상(1998). **정신건강론.** 서울: 유풍출판사.

김 선(1998). **기억에 대한 이해와 훈련 프로그램.** 서울: 교육과학사.

김동배, 권중돈(1999). **인간행동이론과 사회복지실천.** 서울: 학지사.

김명훈, 정영윤(1985). **심리학개론** 서울: 박영사.

김민수, 고영근, 임홍빈, 이승재(1992). **(금성판)국어대사전.** 서울: 금성출판사.

김영환(1997). **행동치료의 원리.** 서울: 하나의학사.

김영환, 최광선, 조현춘, 진영선, 곽호완, 이동화(2002). **교양심리학.** 서울: 시그마프레스.

김완균(2009). **청소년을 위한 뇌과학.** 서울: 비룡소.

김유미(2004). **두뇌를 알고 가르치자.** 서울: 학지사.

김은실, 정해옥, 정승태(2000). **(21세기) 식품과 영양.** 서울: 문지사.

김이영, 이우언, 배기효, 김병찬, 정선화, 정왕용(2013). **정신건강론.** 경기: 양서원.

김정희, 남기덕, 박영호, 송명자, 송인섭, 심응철, 윤가현, 윤영화, 이철원, 이현진(2002). **심리학의 이해.** 서울: 학지사.

김철권(1995). 정신분열병 환자를 위한 사회기술훈련. **사회정신의학,** 4, 22-47.

김현택, 김교현, 김미리혜, 권준모, 박동건, 성한기, 이건효, 이봉건, 이순묵, 이영호, 이주일, 이재호, 유태용, 진영선, 채규만, 한광희, 황상민, 현성용(2003). **현대 심리학의 이해.** 서울: 학지사.

김현택, 박동건, 성한기, 유태용, 이순묵, 이영호, 진영선, 한광희, 황상민(2000). **심리학.** 서울: 학지사.

대한주류공업협회(1998). **알코올상식백과.**

리더스 다이제스트(1993). **신비로운 정신의 세계.** 서울: 동아출판사.

문용린(2004). **다중지능: 인간지능의 새로운 이해.** 서울: 김영사.

민성길(1994). **임상정신약리학.** 서울: 진수출판사.

민성길(1999). **최신 정신의학**(4개정판). 서울: 일조각.

박경애(1997). **인지 정서 행동치료.** 서울: 학지사.

박상규, 김이영, 손명자(2001). **(정신재활 프로그램)조망지향적 사회기술훈련.** 대구: 정신재활.

박선환, 박숙희, 이주희, 정미경, 김혜숙(2010). **정신건강론**. 경기: 양서원.

박선환, 박숙희, 신은영, 이주희, 정미경, 김혜숙(2001). **정신건강론**. 서울: 양서원.

박정숙, 김정남, 고효정, 권영숙, 박청자, 박영숙, 이경희, 신영희(1995). **생활과 건강**. 대구: 계명대학교 출판부.

배수진(2000). **최신스트레스관리**. 서울: 학문사.

보건복지부, 육아정책연구소(2013). 영유아 문제행동지도를 위한 어린이집 보육교사 지침서.

설기문(2000). **인간관계와 정신건강**. 서울: 학지사.

성균관대학교 응용심리연구소(2002). **인간의 마음과 행동**. 서울: 박영사.

송명자(2008). **발달심리학**. 서울: 학지사.

손명자, 배정규(2003). **정신분열병과 가족**. 대구: 정신재활.

손명자, 배정규, 김이영(1999). **스스로 관리하는 약물·증상 I, II**. 대구: 정신재활.

손명자, 배정규, 배헌석, 이은진(1999). **스스로 관리하는 스트레스**. 대구: 정신재활.

손혜숙, 김승옥, 신현정(2019). **영유아발달 및 지도**. 경기: 양서원.

승정자, 이영근, 홍원주, 이현옥, 조혜경, 김애정, 최미경(1999). **(현대인의 건강을 위한)영양과 식생활**. 서울: 청구문화사.

신명희, 강소연, 김은경, 김정민, 노원경, 서은희, 송수지, 원영실, 임호용(2016). **유아발달**. 서울: 학지사.

안창일, 고영건, 구민모, 김근향, 김나라, 김미지혜, 김진영, 김현택, 남기훈, 류승아, 박기완, 윤선아, 이순묵, 이정흠, 최승원, 최윤경(2012). **심리학의 현대적 이해**. 서울: 학지사.

양주동(1976). **새국어사전**. 서울: 신한출판사.

여성가족부(2019). 2018년도 전국 가정폭력 실태조사.

오강섭(1995). **여성스트레스 어떻게 할 것인가**. 서울: 도서출판 지구촌.

오세진, 김형일, 임영식, 현명호, 김병선, 김정인, 김한준, 양병화, 이재일, 양돈규, 최창호, 이장한(2000). **인간행동과 심리학**. 서울: 학지사.

원호택(1997). **이상심리학**. 서울: 법문사.

윤가현(1998). **성문화와 심리**. 서울: 학지사.

윤가현, 김문수, 김정희, 남기덕, 도경수, 박권상, 박영호, 손영숙, 송인섭, 심응철, 유승엽, 윤영화, 이철원, 이현진, 조한익, 천성운(2012). **심리학의 이해**(4판). 서울: 학지사.

이민규(2001). **현대생활의 적응과 정신건강**. 서울: 교육과학사.

이사라, 이주연, 박민선, 송승민, 박선영(2013). **영아발달**. 서울: 파워북.

이시형(2005). **우뇌가 희망이다**. 서울: 도서출판 풀잎.

이시형(2010). **세레토닌하라**. 서울: 중앙books.

이우언, 김이영, 배헌석, 이은진(2003). **아동발달의 이해**. 대구: 정신재활.

이정균(1994). **정신의학**(3판). 서울: 일조각.

이해경, 이양, 용홍출(2006). **교육심리학**. 경기: 양서원.

임승권(1995). **정신위생**. 서울: 민서원.

장래혁(2012). 2012년도 생활지도(상담역량강화) 직무연수. 경상남도 거재교육지원청.

장연집, 박경, 최순영(1997). 현대인의 정신건강. 서울: 학지사.

장현갑(1990). 스트레스는 이렇게 푼다. 서울: 고려원.

장현갑, 강성군(1996). 스트레스와 정신건강. 서울: 학지사.

장휘숙(2001). 아동발달. 서울: 박영사.

정남운, 박현주(2000). 알코올중독. 서울: 학지사.

정명희, 김안식, 박서진, 오은주, 윤명길, 이영희, 이용환, 주민경(2024). 정신건강론. 경기: 수양재.

정미경, 문은식, 박선환, 박숙희, 이주희, 최순영(2009). 심리학개론. 경기: 양서원.

정옥분(2002). 아동발달의 이해. 서울: 학지사.

정옥분(2014). 영아발달. 서울: 학지사.

정윤애(1980). 체계적 탈감법이 치과치료의 불안감소에 미치는 영향. 경북대학교 석사학위논문.

정태연, 허성호, 한민, 김기택, 최훈, 이승진, 박준성, 임낭연, 송원영, 박준호, 이명화, 정민희(2024). 심리학개론. 서울: 북앤정.

조대경, 이관용, 김기중(1996). 정신위생. 서울: 중앙적성출판사.

조복희(2010). 아동발달. 경기: 교육과학사.

조성연, 이정희, 천의영, 심미경, 황혜정, 나정혜(2010). 아동발달. 서울: 신정.

질병관리본부(2020). 국민건강영양조사 FACT SHEET: 건강행태 및 만성질환의 20년간(1998-2018) 변화.

최경숙(2010). 아동발달심리학. 서울: 교문사.

통계청(2012). 2012년 사회조사 결과.

통계청(2012). 인구동태통계연보.

통계청(2020). 2019년 다문화 인구동태 통계.

통계청(2020). 2019년 혼인 · 이혼통계.

통계청(2020). 2020년 사회조사 결과(가족 · 교육과 훈련 · 건강 · 범죄와 안전 · 생활환경).

한덕웅, 이정모, 전겸수, 손정락, 김정남, 김교헌, 도경수, 성한기, 탁진국, 서용원, 강혜원, 이종구, 강혜자, 이경성, 이민규, 최훈석(2002). 인간의 마음과 행동. 서울: 박영사.

홍기원, 최영안, 이종택(2009). 알기 쉬운 심리학. 경기: 양성원.

홍숙기(2001). 성격심리. 서울: 박영사.

황준식(1995). 한국인의 스트레스. 서울: 밀알.

국민일보(2015. 3. 25.).

동아일보(2013. 7. 4.).

문화일보(2013. 8. 27.).

시선뉴스(http://www.sisunnews.co.kr).

중앙일보(2007. 4. 9.).

한라일보(2020. 11. 24.).

星惠子(1994). 스트레스와 면역: 스트레스병은 왜 생기며 어떻게 막을까. (민병일 역). 서울: 전파과학사.

小田 晋(1990). **직장인의 스트레스관리학.** (한국생산성본부 역). 서울: 한국생산성본부.

American Psychiatric Association(1994). *Diagnostic and Statistical Manual of Mental Disorders: Fourth Edition.*

American Psychiatric Association(1997). **정신장애의 진단 및 통계편람.** [Diagnostic and statistical manual of mental disorders] (이근후 외 역). 서울: 하나의학사(원저출간: 1995).

American Psychiatric Association(2015). **정신질환의 진단 및 통계편람.** [Diagnostic and statistical manual of mental disorders (5th ed.)] (권준수 외 역). 서울: 학지사(원저출간: 2013).

Ananstasi, A. (1958). Heredity, environment, and the question 'How?'. *Psychological Review, 65*, 197-208.

Anderson, N. H. (1965). Averaging vs adding as a stimulus-combination rule in impression formation. *Journal of Experimental Psychology, 70*, 394-400.

Anthony, W. A. (1998). **정신재활.** [Psychiatric rehabilitation] (손명자 역). 서울: 성원사(원저출간: 1990).

Anthony, W. A., Cohen, M. R., & Farkas, M. D. (1990). *Psychiatric Rehabilitation.* Boston: Boston University, Center for Psychiatric Rehabilitation.

Azar, B. (1999). Maternal emotions may influence fetal behavior. In K. L. Freiberg(Ed.), *Human Development* (27th ed.), 36.

Bandura, A. (1969). *Principles of behavior modification.* New York: Holt, Rinehart and Winston.

Baron, R. (1989). Personality and organizational conflict: Effects of the Type A behavior pattern and self-monitoring. *Organizational Behavior and Human Decision Processes, 44*, 281-296.

Bartlett, F. C. (1932). *Remembering: A study in experimental and social psychology.* New York and London: Cambridge University Press.

Beck, A. T., & Freeman, A. (1990). *Cognitive therapy of personality disorder.* New York: The Guilford Press.

Beck, J. S. (1997). **인지치료이론과 실제.** [Cognitive therapy: Basics and beyond] (최영희, 이정흠 역). 서울: 하나의학사(원저출간: 1995).

Bellack, A. S., Mueser, K. T., Gingerich, S., & Agresta, J. (1997). *Social skills training for schizophrenia: A step by step guide.* New York: The Guilford Press.

Berk, L. E. (1999). *Infants and Children: Prenatal through middle childhood* (3rd ed.). MA: Allyn & Bacon.

Bond, G. R., Dincin, J., Setze, P. J., & Witheridge, T. F. (1984). The effective of psychiatric rehabilitation: A summary of research at thresholds. *Psychosocial Rehabilitation Journal, 7*(4), 6-22.

Bower, T. G. R. (1976). Repetitive processes in child development. *Scientific American, 235*, 38-47.

Bowlby, J. (1973). *Attachment and loss* (Vol. 2). Separation, anxiety and anger. New York: Basic

Books.

Breiter, H. C., Rauch, S. L., Kwong, K. K., & Baker, J. R. (1996). Functional magnetic resonance imaging of symptom provocation in obsessive-compulsive. *Archives of General Psychiatry,* 53, 595-606.

Bridge, L., & Grolnick, W. (1995). The development of emotional self-regulation in infancy and early childhood. In N. Eisenber (Ed.), *Social development: Review of child development research* (pp.185-211). Thousand Lakes, CA: Sage.

Camras, L. A. (1992). Expressive development and basic emotions. *Cognition and Emotion,* 6, 267-286.

Cannon, W. B. (1932). *The wisdom of the body.* New York: Norton.

Carey, G. (1996). **심리상담과 치료의 이론과 실제.** [Theory and practice of counseling and psychotheraphy] (조현춘, 조현재 역). 서울: 시그마프레스(원저출간: 1976).

Carlson, N. R. (2000). **생리심리학의 기초.** [Foundation of physiological psychology] (김현택, 조선영, 박순권 역). 서울: 시그마프레스(원저출간: 1988).

Cohen, J., & Struening, E. L. (1963). Opinions about mental illness in the personnel of two large mental hospitals. *Journal of Abnormal Social Psychology,* 64, 349-360.

Cole, P. M. (1986). Children's spontaneous control of facial expression. *Child Develpoment,* 57, 1309-1321.

Coleman, J. C., & Hammen, C. L. (1974). *Contemporary psychology and effective behavior.* Glenview,. IL: Scott, Foresman & Co.

Collins, A. M., & Quillian, M. R. (1969). Retrieval Time from Semantic Memory. *Journal of Verbal Learning and Verbal Behavior,* 82, 240-247.

Crew. D. J., & Landers, D. M. (1987). A meta analytic review of aerobic fitness and reactivity to psychosocial stressors. *Medicine and Science in Sport and Exercise*, 19, 114-120.

Danley, K. S., Rogers, E. S., MacDonald-Wilson, K., & Anthony, W. A. (1994). Supported employment for adults with psychiatric disability: Results of an innovative demonstration project. *Rehabilitation Psychology,* 39, 269-276.

Davison, G. C., & Neale, J. M. (1986). *Abnormal Psychology* (4ed). New York: John Wiley & Sons Inc.

DeWolff, M. S., & von IJzendoorn, M. H. (1997). Sensitivity and attachment: A meta-analysis on parental antecedent of infant attachment. *Child Development,* 68, 571-591.

Edwards, M. & Pinel, J. P. J. (2001). **신비한 인간 뇌 해부도 입문.** [Colorful introduction to the anatomy of the human brain] (조신웅 역). 서울: 학지사(원저출간: 1998).

Ellenson, A. (1992). **교양인간관계론.** [Human relations] (주삼환, 명제창 역). 서울: 법문사(원저출간: 1973).

Ellis, A. (1962). *Reason and emotion in psychotherapy.* Secaucus, NJ: Citadel.

Ellis, A. (1973). *Humanistic Psychotherapy: The rational-emotive approach.* New York: McGraw Hill.

Ellis, A. (1976). The biological basis of human irrationality. *Journal of Individual Psychology, 32*, 145-168.

Ellis, A. (1984). The essence of REBT-1984. *Journal of Rational-Emotive Therapy, 2*(1), 19-25.

Ellis, A. (1994). *Reason and emotion in psychotherapy.* New York: Birch Lane Press.

Ellis, A. (2000). **스트레스 상담: 인지 · 정서 · 행동적 접근.** [Stress counselling] (김남성, 조현주 역). 서울: 민지사(원저출간: 1997).

Fechner, G. (1860). *Elemente of psychophysik.*(H. Adler. etc. trans). New York: Holt. Rinehart & Winston(1966).

Friend, M., & Davis, T. (1978). Appearance-reality distinction: Children's understanding of the physical and affective domains. *Development Psychology, 29*, 907-913.

Fromm, E. (1956). *The art of loving.* New York: Harper.

Garfield, Sol L. (2000). **심리치료-절충 · 통합적접근.** [Psychotherapy: aneclectic-integrative approach] (김미리혜, 김진영 외 역). 서울: 정민사(원저출간: 1995).

Gerrig, R. J. & Zimbardo, P. G. (2004). **심리학과 삶.** [Psychology and life] (박권생, 김문수, 박태진, 성현란, 이종한, 최해림, 홍기역 역). 서울: 시그마프레스(원저출간: 2001).

Glass D. C. (1977). Stress, behavior patterns, and coronary disease. *Mar-Apr, 65*(2), 177-187. [PubMed].

Gross, A. L., & Ballif, B. (1991). Children's understanding emotion from facial expression and situations: A review. *Developmental Review,* 11, 368-398.

Harlow, H. F., & Zimmerman, R. R. (1959). Affectional responses in the infant monkey. *Science,* 130, 421-432.

Harter, S. (1990). Issues in the assessment of the self-concept of children and adolescents. In A. LaGreca (Ed.), *Through the eyes of a child* (pp.292-325). Boston: Allyn & Bacon.

Holmes, T. H., & Rath, R. H. (1967). The social readjustment rating scale. *Psychosomatic Medicine,* 11, 213-218.https://blog.naver.com/seoulx6/221317425780

Hyde, J. S., & Linn, M. C. (1988). Gender differences in verbal ability: A meta-analysis. *Psychological Bulletin,* 104, 53-69.

Insel, T. R. (1992). Toward a neuroanatomy of obsessive- compulsive disorder. *Archives of General Psychiatry*, 49, 739-744.

Izard, C. E. (1991). *The Psychology of emotion.* New York: Plenum.

Izard, C. E. & Malatesta, C. Z. (1987). Perspective on emotional development 1: Differential emotions theory of early emotional development. In J. D. Osofsky(Ed.), *Handbook of infant development* (pp. 494-555). New York: Wiley.

Jacobson, E. (1936). *Progressive relaxation.* Chicago: University of Chicago Press.

Jemmott, J. B., & Locke, S. E. (1984). Psychosocial factors, immunologic mediation, and human susceptibility to infectious diseases: How much do we know? *Psychological Bulletin,* 95, 78-108.

Jones, M. C. (1924). A laboratory study of fear: The case of Peter. *Pedagogical Seminary,* 31, 308-315.

Kalat, J. W. (1998). *Biological Psychology* (5th). London: Brooks/Cole Publishing Company.

Kelley, H. H. (1967). Attribution theory in social psychology. In D. LeVine (ed.). *Nebraska symposium on motivation.* Lincoln. Neb: University of Nebraska Press.

Kobasa, S. C. (1982). Commitment and coping in stress resistance among lawyers. *Journal of Personality and Social Psychology,* 42, 707-717.

Kopp, C. B. (1989). Regulation of distress and negative emotions: A development view. *Developmental Psychology,* 25, 343-354.

Lazarus, R. S. (1981). The stress and coping paradigm. In C. E. Eisdorfer. D. Cohen. A. Kleinman & P. Maxim (Eds.). *Models for clinical psychopathology* (pp. 177-214). New York: S. P. Medical & Scientific Books.

Lazarus, R. S. (1991). *Emotion and adaptation.* New York: Oxford University Press.

Lewis, M., Sullivan, M. W., Stanger, C., & Weiss, M. (1989). Self development and self-conscious emotion. *Child Development*, 60, 146-156.

Loftus, E. F. (1979). *Eyewitness testimony.* Cambridge, MA: Harvard University Press.

Loftus, E. F., & Palmenr, J. C. (1974). Reconstruction of automobile destruction: An example of the interaction between language and memory. *Journal of Verbal Learning and Verbal Behavior,* 13, 585-589.

Mangelsdorf, S. C., Shapiro, J. R., & Marzolf, D. (1995). Developmental and temperamental differences in emotion regulation in infancy. *Child Development,* 66, 1817-1828.

Martorell, R. (1996). Undernutrition during pregnancy and early children. In M. E. Young (Ed.), *Investing in on children' future.* NY: Elsevier.

Maslow, A. H. (1971). *Motivation and Personality.* New York: Happer & Raw.

Mayer, J. D., & Salovey, P. (1990). Emotional intelligence, Imagination. *Cognition and Personality,* 9, 185-211.

Mayer, J. D., & Salovey, P. (1997). *Emotional intelligence.* NY: Basic Books.

Mischel, W. (2002). **성격심리학.** [Introduction to personality] (손정락 역). 서울: 시그마프레스(원저출간: 1998).

Morris, C. G. (1988). *Psychology: An introduction* (6th Ed.). Englewood Cliffs: Prentice Hall.

Morris, C. G. (1997). **심리학입문.** [Psychology: an introduction] (장동환, 김영채, 손정락 역). 서울: 박영사(원저출간: 1993).

Neisser, U. (1967). *Cognitive psychology.* New York: Appleton-Century-Crofts.

Perls, F. (1973). *The Gestalt approach and eye witness to therapy.* New York: Bantam.

Piaget, J. (1954). *The construction of reality in the child.* New York: Basic Books.

Plante, T. G. (2000). 현대임상심리학. [Contemporary clinical psychology] (손정락 역). (원저출간: 1999).

Rice, P. L. (1999). *Stress and Health.* Pacific Grove: Brooks/Cole Publishing Company.

Restak, R. M. (1997). 나의 뇌 뇌의 나(I)(II). (김현택, 류재욱, 이강준 역). 서울: 학지사.

Romero, J. (1995). 스트레스, 어떻게 극복할 것인가. [How to beat stress] (국순옥, 이태승 역). 서울: 민지사(원저출간: 1992).

Saarni, C. (1984). An observational study of children's attempts to monitor their expressive behavior. *Child Development,* 55, 1504-1513.

Sattler, J. M. (1988). *Assessment of children* (3rd ed.). San Diego: Jerome M. Sattler.

Schaffer, H. R., & Emerson, P. E. (1964). The development of social attachments in infancy. *Monographs of the Society for Research in Child Development,* 29, 3, Serial No. 94.

Schaie, K. W., & Strother, C. R. (1968). A cross-sequential study of age changes in cognitive behavior. *Psychological Bulletin,* 70, 671-680.

Schultz, J., & Luthe, W. (1959). *Autogenic training: A psychosociological approach to psychotherapy.* New York: Grune & Stratton.

Seifer, R., & Schiller, M. (1995). The role of parenting sensitive, infant temperament, and dyadic interaction in attachment theory and assessment. In E. Waters, B. E. Vaughn, G. Posada, &K. Kondo- Ikemura (Eds), Caregiving, cultural, and cognitive perspectives on secure-base behavior and working models: New growing points of attachment theory and research. Monographs of the Society for Research in Child Development, 60(2-3, Serial No. 244).

Seligman, M. E. P. (1975). *Helplessness: On depression, development, and death.* San Francisco: Freeman.

Selye, H. (1956). *The stress of life.* New York: McGraw-Hill.

Selye, H. (1985). History and present status of the stress concept. In A. Monat & R. S. Lazarus (Eds.). *Stress and coping: An anthology.* New York: Columbia University Press.

Shaffer, M. (1992). 스트레스 넘어서기. [Life After Stress] (이일남 역). 서울: 태학당(원저출간: 1982).

Sheldon, W. H. (1942). *The varieties of temperament.* New York: Happer & Bros.

Skinner, B. F. (1938). *The behavior of organisms.* New York: Appleton- Century.

Smith, G. H., & Engel, R. (1968). Influence of a female model on perceived characteristics of an automobile. *Proceedings of the 76th annual Convention of the American Psychological Association,* 3, 681-682.

Spearman, C. (1927). *The abilities of man; Their nature and measurement.* New York: Macmillan.

Sternberg, R. J., Conway, B. E., Ketron, J. L., & Bernstein, M. (1981). People's conception of intelligence. *Attitudes and Social Cognition,* 41, 37-56.

Sulin, R. A., & Dooling, D. J. (1974). Intrusion of a thematic idea in retention of prose. *Journal of*

Experimental Psychology, 103, 255-262.

Terman, L. M., & Merrill, M. M. (1937). *Measuring intelligence.* Boston: Houghton Mifflin.

Thurstone, L. L. (1938). *Primary mental abilities.* Psychometric Monographs, 1. Chicago: Chicago University Press.

Tolman, E. C., & Honzik, C. H. (1930). Introduction and removal of reward, and maze performance in rats. *University of California Publications in Psychology,* 4, 257-275.

Tomkins, S. S. (1970). A theory of memory, *In: Antrobus, J. S.* (eds.) 59-130.

Webber, E. (1846). *Der Tastsinn und das Gemeingefühl.* (D. J. Murray. (trans). New York: Academic Press. 1978.

Winter, R. (1994). (新)스트레스 해소법: 긴장을 해소하기 위한 방법(한양심 역). 서울: 문학관.

Wintre, M. G., & Vallence, D. D. (1994). A developmental sequence in the comprehension of emotions: Intensity, multiple emotions, and valence. *Developmental Psychology,* 30, 509-514.

Wolpe, J. (1958). *Psychotherapy by reciprocal inhibition.* Stanford, CA: Stanford University Press.

Wolpe, J. (1969). *The practice of behavior therapy.* Oxford: Pergamon.

Wolpe, J. (1976). Behavior therapy and its malcontents: Multimodel eclecticism, cognitive exclusivism and "exposure" empiricism. *Journal of Behavior Therapy and Experimental Psychiatry,* 7, 109-116.

Yalom, I. D. (1980). *Existential psychotherapy.* New York: Basic Books.

찾아보기

인명

내용

ㄱ

ㅇ

ㅈ

ㅊ

ㅌ

ㅍ

ㅎ

저 / 자 / 소 / 개

■ 김이영

계명대학교 심리학 박사(임상 및 상담심리 전공)
정신보건임상심리사 1급(보건복지부 423호)
전, 사단법인 대한정신보건가족협회 부설 대구재활센터 원장
현, 수성대학교 유아교육과 교수
〈주요 저서〉
정신건강론(공저), 교육심리학(공저), 영유아발달(공저), 특수교육학개론(공저), 유아교육개론(공저), 학교폭력 예방 및 학생의 이해(공저), 영유아 창의성 교육(공저), 성인학습 및 상담(공저) 외 다수

■ 배헌석

계명대학교 심리학 박사과정 수료(임상 및 상담심리 전공)
정신보건임상심리사 1급(보건복지부 357호)
임상심리전문가(한국임상심리학회 657호)
현, 참누리정신건강상담센터 시설장
　수성대학교 사회복지과 겸임교수
　한국정신재활시설협회 부회장
　대구광역시정신보건기관협의회 회장
　황금종합사회복지관 사례관리 자문위원
〈주요 저서〉
스스로 관리하는 스트레스(공저), 아동발달의 이해(공저), 정신보건의 이해와 실천패러다임(공저) 외 다수

■ 이명화

인제대학교 상담심리치료학 박사
전문상담사 1급(한국상담학회 1096호)
상담심리사 1급(한국상담심리학회 2136호)
현, 수성대학교 사회복지과 교수
　수성대학교 학생상담센터 센터장
〈주요 저서〉
아들러기반 부모교육(공저), 심리학개론(공저), 가족복지론(공저), 상담자 정체성 발달 및 정신화 향상에 관한 연구 외 다수

[제4판]

인간이해를 위한 심리학

1판 1쇄 발행 — 2016년 1월 10일
2판 1쇄 발행 — 2018년 6월 30일
3판 1쇄 발행 — 2021년 3월 10일
4판 1쇄 발행 — 2025년 6월 25일

저　　자 - 김이영 배헌석 이명화
발 행 인 - 강철원
발 행 처 - 양성원
주　　소 - 경기도 파주시 검산로 173번길 29-12
전　　화 - 031-946-3861(代)
팩　　스 - 031-946-3864
이 메 일 - tnwpub@naver.com
홈페이지 - tnwpub.co.kr
출판등록 - 2015년 8월 31일 제 2015-000211 호

ISBN 979-11-6126-643-5

정가 23,000원